反恐怖主义系列教材

总主编／贾宇
副总主编／穆赤·云登嘉措　舒洪水

中国国家安全法教程

ZHONGGUO GUOJIA ANQUANFA JIAOCHENG

主　编／贾　宇　舒洪水
副主编／毕雁英　郭永良
撰稿人／贾　宇　舒洪水　王　林　毕雁英
　　　　肖君拥　郭永良　张　波　王东明
　　　　李秀娜　喻洪江　江焕辉　李　恒
　　　　兰　迪　段阳伟

中国政法大学出版社

2021·北京

总　序

西北政法大学反恐怖主义系列教材是西北政法大学反恐怖主义法学院（国家安全学院）与中国政法大学出版社联合推出的供反恐怖主义（法）专业本科生、研究生使用的专业教材。

恐怖主义，是指通过暴力、破坏、恐吓等手段，制造社会恐慌、危害公共安全、侵犯人身财产，或者胁迫国家机关、国际组织，以实现其政治、意识形态等目的的主张和行为。恐怖主义威胁着全人类的安全，严重破坏了各国的民族和睦，引发社会不安与动荡，极大地阻碍各国的经济发展和社会进步，危害甚巨。特别是2001年恐怖分子制造了震惊世界的"9·11"暴恐袭击，恐怖主义问题更是强势进入国际社会视野，引起了世界各国的高度关注。

一段时间来，国内"三股势力"（即暴力恐怖势力、宗教极端势力、民族分裂势力），以分裂为最终目标，以极端主义为思想基础，以恐怖主义为手段，打着民族、宗教等幌子，以歪曲宗教教义等非法方式，大肆宣扬、传播恐怖主义、极端主义思想，制造宗教狂热，煽动仇恨、煽动歧视、鼓吹暴力，制造了一系列暴力恐怖事件。暴恐风险已成为我国最现实的风险，反恐怖斗争形势严峻、复杂、尖锐。特别是新疆地区仍处于暴恐活动的活跃期、反分裂斗争的激烈期和干预治疗的阵痛期"三期叠加"的特殊期。从北京"10·28"金水桥事件到昆明"3·01"事件再到广州"5·6"事件，我国境内暴力恐怖犯罪已呈现出由新疆向内地蔓延并趋于多发的特征和趋势。

面对如此紧迫与现实的国内反恐态势，中共十八届四中全会通过的《中共中央关于全面推进依法治国若干重大问题的决定》指出，"抓紧出台反恐怖等一批急需法律，推进公共安全法治化，构建国家安全法律制度体系"，对反恐立法工作进行了系统化的制度设计。随后，全国人大常委会于2015年12月27日通过了《中华人民共和国反恐怖主义法》，并于2016年1月1日起实施。

西北政法大学的前身是1937年中共中央在延安创办的陕北公学，历经延安大学、西北人民革命大学、西北政法干部学校、中央政法干部学校西北分校、西安政法学院、西北政法学院、西北政法大学等时期。在长期的办学历程中，西北政法大学扎根西北，以全方位服务国家战略需求为自身的责任与担当，在维护西北稳定安全与促进西北经济社会发展、民主法治建设方面形成了自身的办学传统与特色。自 20 世纪 90 年代以来，我校就有一批专家、学者先后主持完成了多个与反恐怖主义相关的国家社科课题和部委课题，发表了一系列有影响力的研究成果。反恐研究团队先后多次深入新疆、西藏等边疆基层进行调研，出版了十多部有关反恐怖主义问题和民族宗教问题研究的专著，发表了数百篇相关领域的学术论文，为国家决策部门提供了许多有影响的对策、建议。2012 年，学校获批"服务西北地区稳定发展与国家安全高级法律人才培养项目"，成为西北地区第一个法学博士学位授权点，承担为国家培养反恐怖主义方向的高级法律人才的任务。2014 年，学校汇聚资源，积极打造新型智库，组建了反恐怖主义研究院和民族宗教研究院。2016 年 1 月 16 日，在《中华人民共和国反恐怖主义法》实施之际，西北政法大学紧紧围绕国家反恐怖主义法治建设的特殊需求，整合校内外法律、公安、民族宗教、国际关系等多领域的学术资源，成立反恐怖主义法学院，实现了本科、硕士、博士完整的教育体系，成为集人才培养、学术研究、社会服务、国家智库等功能于一体的教学科研单位；2019 年 6 月 15 日，为了深入贯彻总体国家安全观、服务国家战略需求，在反恐怖主义法学院的基础上成立国家安全学院。反恐怖主义法学院（国家安全学院）的刑法、民法、刑诉、民诉、经济法、行政法、宪法、法理等法学基础课程，由相应学院的法学教师承担教学任务，反恐怖主义（国家安全）专业则设有三个教研室（国家安全教研室、反恐怖主义法教研室、民族学与宗教学教研室）和两个研究院（反恐怖主义研究院和民族宗教研究院）。

　　西北政法大学反恐怖主义法学院（国家安全学院）在学校"法治信仰、中国立场、国际视野、平民情怀"的育人理念的指引下，建立伊始就确定了"需求导向、理实并重"的根本宗旨，对本科生、硕士研究生、博士研究生提出了不同的培养要求。在本科层次反恐怖主义法律人才培养方面，按照"注重养成、加厚基础、拓宽口径、强化实践"的培养思路，着力培养具有系统扎实的法学专业知识和反恐怖主义专门知识，实践能力强、综合素质高，能够从事防范与打击恐怖主义工作的应用型、复合型专门人才。基于此，我们围绕反恐怖主义法学专业学生必须具备的五个方面的知识结构，在必要的法学基础课程之外，开设了十余门特色课程，并组织反恐怖主义法学院（国家安全学院）的老师编写相应的教材。

目前，该系列教材有多部已经定稿并将陆续出版面世。我们深知"庙廊之材，非一木之枝"，在此，向关注并给予西北政法大学反恐怖主义法学院（国家安全学院）极大帮助的中央和地方的立法、行政、政法、司法部门，各兄弟院校，以及相关的同仁表示真挚的感谢。同时，作为国内首家培养反恐怖主义法律人才的学院，我们没有经验作参考，因此该系列教材难免存在一些缺陷，需要逐步完善，也希望学界、实务界各位同仁能不吝赐教，批评建言。我们深知路漫漫其修远，西北政法大学反恐怖主义法学院（国家安全学院）的各位老师必将团结一心，上下求索。

是为序。

贾 宇
2020 年 6 月 1 日

编写说明

西北政法大学是我国最早开展研究反恐怖主义和国家安全重大问题的高等政法院校之一。从20世纪90年代开始就关注和研究新疆社会经济、民族宗教、危害国家安全犯罪等问题。2006年整合校内各学科资源，成立了全国首家"反恐怖主义犯罪研究所"。2014年分别组建了实体性的反恐怖主义研究院和民族宗教研究院，建立起一支由20多名来自不同民族的专家学者组成的专职研究队伍。尤其是2016年反恐怖主义法学院的成立，是对已有的人才培养和研究平台的整合升级。

为适应人才培养需求，尽快满足教学需要，学校及反恐怖主义法学院多次就教材建设问题召开专题会议，确定了国家安全法教程目录并将编写教程的任务落实到人，组织专业人员开展本教材编写工作。

作为我国法学教育的第一本真实意义上的国家安全法教材，本教材编写组的考量主要在于以下四点：其一，国家安全问题是我国重大问题，这个问题涉及我国人民民主政权的稳定和国家的长治久安，必须认真、严肃对待。其二，自党的十八大以来，在依法治国战略的指引下，总体国家安全观和国家安全法治理念深入人心，日益深化，亟需对其进行系统研究、阐述。其三，自1993年第一部《中华人民共和国国家安全法》制定施行以来，至《中华人民共和国反间谍法》《中华人民共和国反恐怖主义法》以及2015年《中华人民共和国国家安全法》的实施，我国的国家安全法制逐步完善，亦为我国国家安全法学教育提供了系统的研究素材。其四，截至本书出版之时，我国法学教育领域对国家安全法的研究仅停留在对上述法律法规的释义与解读，而并未全面、系统地对国家安全这一课题进行教义学研究，在法学教育层面存在教材缺失，不利于我国法学及国家安全法人才的培养。

经综合考量，本书编委会组织我国国家安全领域专业人员和青年学者，以我国现行有效的国家安全法律法规和政策为基础，通过实地调研、梳理历史资料、考察域外经验等研究方法，最终形成本书。

编委会对于本教材的主要内容力求全面、系统、深入、实效。首先，本教材内容全面、系统，总体分为总论和分论两部分，第一章至第七章为总论，第八章至第十五章为分论。总论部分主要涉及国家安全法学及国家安全法概述问题，论述了国家安全法与国家安全基础理论、国家安全法的基本原则、国家安全法治、国家安全法的发展以及国外国家安全法律制度。分论部分主要论述了维护国家安全的任务、职责、国家安全制度、国家安全保障、公民、组织的义务和权利及危害国家安全的法律责任等内容。其次，本教材对国家安全这一课题的研究较为深入，注重实效。"研究真问题，解决真问题"是本教材编委会始终坚持的研究原则，杜绝一切"假大空"的研究方法。原西北政法大学校长、现任浙江省人民检察院检察长贾宇指出："没有到新疆一线特别是南疆调研，就没有研究中国反恐问题的资格。"本教材很大一部分内容均直接来源于实地调研和与国家安全有关的政策、会议文件，提炼关键突出问题，将理论与实践相统一。这也是本教材的特色之处。

本教材具体分工如下：
第一章　导论（贾宇）
第二章　国家安全法概述（舒洪水）
第三章　国家安全法与国家安全基础理论（王林）
第四章　国家安全法的基本原则（毕雁英）
第五章　国家安全法治（肖君拥）
第六章　国家安全法的发展（郭永良）
第七章　国外国家安全法律制度（张波）
第八章　维护国家安全的任务（上）（王东明）
第九章　维护国家安全的任务（中）（舒洪水）
第十章　维护国家安全的任务（下）（李秀娜）
第十一章　维护国家安全的职责（喻洪江）
第十二章　国家安全制度（江焕辉，李恒）
第十三章　国家安全保障（兰迪）
第十四章　公民、组织的义务和权利（段阳伟）
第十五章　危害国家安全的法律责任（舒洪水，段阳伟）

中国政法大学出版社对本书的编写出版给予了支持；责任编辑艾文婷、郭柯一为本书的面世作出了辛勤而卓有成效的贡献。

感谢西北政法大学教师，刑法学硕士生任昱坤、张文君、张巧巧、刘左鑫惠、史林盆、闫晓敏，反恐方向硕士生邢利莉、黄幸幸、乔琦、刁文然、王圆歌、裴新迪、冀保冰、曹尚昭、于泽晗、高旻锴等为本书的面世付出的辛苦劳动！本书在写作过程中，参考了与国家安全、国家安全法有关的著作、教材、论文，颇受启迪，在此，对作者谨表衷心谢忱！

由于时间和水平有限，多有错谬，敬请读者批评指正。

编著者

2020 年 10 月 1 日

本书主要参考法律文件对照表

全称	简称
《中华人民共和国宪法》（1982 年）	《宪法》
《中华人民共和国宪法修正案》（2018 年）	《宪法修正案》
《中华人民共和国立法法》（2015 年）	《立法法》
《中华人民共和国国家安全法》（2015 年）	《国家安全法》
《中华人民共和国反恐怖主义法》（2018 年）	《反恐怖主义法》
《中华人民共和国反间谍法》（2014 年）	《反间谍法》
《中华人民共和国网络安全法》（2016 年）	《网络安全法》
《中华人民共和国核安全法》（2017 年）	《核安全法》
《中华人民共和国保守国家秘密法》（2010 年）	《保守国家秘密法》
《中华人民共和国突发事件应对法》（2007 年）	《突发事件应对法》
《中华人民共和国集会游行示威法》（2009 年）	《集会游行示威法》
《中华人民共和国戒严法》（1996 年）	《戒严法》
《中华人民共和国国防法》（2009 年）	《国防法》
《中华人民共和国国防动员法》（2010 年）	《国防动员法》
《中华人民共和国人民防空法》（2009 年）	《人民防空法》
《中华人民共和国兵役法》（2011 年）	《兵役法》
《中华人民共和国国防教育法》（2018 年）	《国防教育法》
《中华人民共和国国家情报法》（2018 年）	《国家情报法》
《中华人民共和国人民警察法》（2012 年）	《人民警察法》
《中华人民共和国人民武装警察法》（2020 年）	《人民武装警察法》
《中华人民共和国驻外外交人员法》（2009 年）	《驻外外交人员法》

续表

全称	简称
《中华人民共和国法官法》（2019 年）	《法官法》
《中华人民共和国检察官法》（2019 年）	《检察官法》
《中华人民共和国人民检察院组织法》（2018 年）	《人民检察院组织法》
《中华人民共和国公务员法》（2018 年）	《公务员法》
《中华人民共和国现役军官法》（2000 年）	《现役军官法》
《中华人民共和国预备役军官法》（2010 年）	《预备役军官法》
《中华人民共和国军事设施保护法》（2014 年）	《军事设施保护法》
《中华人民共和国澳门特别行政区基本法》（1993 年）	《澳门特别行政区基本法》
《中华人民共和国香港特别行政区基本法》（1990 年）	《香港特别行政区基本法》
《中华人民共和国刑法》（2017 年）	《刑法》
《中华人民共和国刑事诉讼法》（2018 年）	《刑事诉讼法》
《中华人民共和国民事诉讼法》（2017 年）	《民事诉讼法》
《中华人民共和国行政诉讼法》（2017 年）	《行政诉讼法》
《中华人民共和国海事诉讼特别程序法》（1999 年）	《海事诉讼特别程序法》
《中华人民共和国治安管理处罚法》（2012 年）	《治安管理处罚法》
《中华人民共和国行政处罚法》（2017 年）	《行政处罚法》
《中华人民共和国行政许可法》（2019 年）	《行政许可法》
《中华人民共和国行政强制法》（2011 年）	《行政强制法》
《中华人民共和国行政复议法》（2017 年）	《行政复议法》
《中华人民共和国监察法》（2018 年）	《监察法》
《中华人民共和国民法总则》（2017 年）	《民法总则》
《中华人民共和国物权法》（2007 年）	《物权法》
《中华人民共和国侵权责任法》（2009 年）	《侵权责任法》
《中华人民共和国领海及毗连区法》（1992 年）	《领海及毗连区法》
《中华人民共和国专属经济区和大陆架法》（1998 年）	《专属经济区和大陆架法》
《中华人民共和国海岛保护法》（2009 年）	《海岛保护法》
《中华人民共和国海上交通安全法》（2016 年）	《海上交通安全法》

续表

全称	简称
《中华人民共和国海洋环境保护法》（2017年）	《海洋环境保护法》
《中华人民共和国护照法》（2006年）	《护照法》
《中华人民共和国传染病防治法》（2013年）	《传染病防治法》
《中华人民共和国对外贸易法》（2016年）	《对外贸易法》
《中华人民共和国反垄断法》（2007年）	《反垄断法》
《中华人民共和国境外非政府组织境内活动管理法》（2017年）	《境外非政府组织境内活动管理法》
《中华人民共和国邮政法》（2015年）	《邮政法》
《中华人民共和国出境入境管理法》（2012年）	《出境入境管理法》
《中华人民共和国测绘法》（2017年）	《测绘法》
《中华人民共和国国防交通法》（2016年）	《国防交通法》
《中华人民共和国民用航空法》（2018年）	《民用航空法》
《中华人民共和国产品质量法》（2018年）	《产品质量法》
《中华人民共和国反不正当竞争法》（2019年）	《反不正当竞争法》
《中华人民共和国企业国有资产法》（2008年）	《企业国有资产法》
《中华人民共和国农业法》（2012年）	《农业法》
《中华人民共和国土地管理法》（2019年）	《土地管理法》
《中华人民共和国畜牧法》（2015年）	《畜牧法》
《中华人民共和国矿产资源法》（2009年）	《矿产资源法》
《中华人民共和国电力法》（2018年）	《电力法》
《中华人民共和国煤炭法》（2016年）	《煤炭法》
《中华人民共和国可再生能源法》（2009年）	《可再生能源法》
《中华人民共和国节约能源法》（2018年）	《节约能源法》
《中华人民共和国中国人民银行法》（2003年）	《中国人民银行法》
《中华人民共和国银行业监督管理法》（2006年）	《银行业监督管理法》
《中华人民共和国商业银行法》（2015年）	《商业银行法》
《中华人民共和国反洗钱法》（2006年）	《反洗钱法》

续表

全称	简称
《中华人民共和国保险法》（2015年）	《保险法》
《中华人民共和国证券法》（2019年）	《证券法》
《中华人民共和国缔结条约程序法》（1990年）	《缔结条约程序法》
《中华人民共和国石油天然气管道保护法》（2010年）	《石油天然气管道保护法》
《中华人民共和国价格法》（1997年）	《价格法》
《中华人民共和国文物保护法》（2017年）	《文物保护法》
《中华人民共和国非物质文化遗产法》（2011年）	《非物质文化遗产法》
《中华人民共和国环境保护法》（2014年）	《环境保护法》
《中华人民共和国环境影响评价法》（2018年）	《环境影响评价法》
《中华人民共和国固体废物污染环境防治法》（2020年）	《固体废物污染环境防治法》
《中华人民共和国水土保持法》（2010年）	《水土保持法》
《中华人民共和国防沙治沙法》（2018年）	《防沙治沙法》
《中华人民共和国著作权法》（2010年）	《著作权法》
《中华人民共和国水法》（2016年）	《水法》
《中华人民共和国水污染防治法》（2017年）	《水污染防治法》
《中华人民共和国大气污染防治法》（2018年）	《大气污染防治法》
《中华人民共和国环境噪声污染防治法》（2018年）	《环境噪声污染防治法》
《中华人民共和国森林法》（2019年）	《森林法》
《中华人民共和国草原法》（2013年）	《草原法》
《中华人民共和国科学技术进步法》（2007年）	《科学技术进步法》
《中华人民共和国促进科技成果转化法》（2015年）	《促进科技成果转化法》
《中华人民共和国放射性污染防治法》（2003年）	《放射性污染防治法》
《中华人民共和国审计法》（2006年）	《审计法》
《中华人民共和国地方各级人民代表大会和地方各级人民政府组织法》（2015年）	《地方组织法》
《中华人民共和国各级人民代表大会常务委员会监督法》（2006年）	《监督法》

续表

全称	简称
《中华人民共和国农产品质量安全法》（2018年）	《农产品质量安全法》
《全国人民代表大会常务委员会关于加强网络信息保护的决定》（2012年）	《关于加强网络信息保护的决定》
《中华人民共和国民用核设施安全监督管理条例》（1986年）	《民用核设施安全监督管理条例》
《中华人民共和国核两用品及相关技术出口管制条例》（2007年）	《核两用品及相关技术出口管制条例》
《中华人民共和国导弹及相关物项和技术出口管制条例》（2002年）	《导弹及相关物项和技术出口管制条例》
《中华人民共和国军品出口管理条例》（2002年）	《军品出口管理条例》
《中华人民共和国货物进出口管理条例》（2001年）	《货物进出口管理条例》
《中华人民共和国反倾销条例》（2004年）	《反倾销条例》
《中华人民共和国保障措施条例》（2004年）	《保障措施条例》
《中华人民共和国反补贴条例》（2004年）	《反补贴条例》
《中华人民共和国外资银行管理条例》（2019年）	《外资银行管理条例》
《中华人民共和国对外合作开采陆上石油资源条例》（2013年）	《对外合作开采陆上石油资源条例》
《中华人民共和国对外合作开采海洋石油资源条例》（2013年）	《对外合作开采海洋石油资源条例》
《中华人民共和国外汇管理条例》（2008年）	《外汇管理条例》
《中华人民共和国外资保险公司管理条例》（2019年）	《外资保险公司管理条例》
《中华人民共和国技术进出口管理条例》（2019年）	《技术进出口管理条例》
《中华人民共和国电信条例》（2016年）	《电信条例》
《中华人民共和国自然保护区条例》（2017年）	《自然保护区条例》
《中华人民共和国海洋倾废管理条例》（2017年）	《海洋倾废管理条例》
《中华人民共和国计算机信息系统安全保护条例》（2011年）	《计算机信息系统安全保护条例》
《中华人民共和国人民警察使用警械和武器条例》（1996年）	《人民警察使用警械和武器条例》

续表

全称	简称
《中华人民共和国核材料管制条例实施细则》（1990年）	《核材料管制条例实施细则》
《中华人民共和国国家货币出入境管理办法》（1993年）	《国家货币出入境管理办法》
《中华人民共和国香港特别行政区维护国家安全法》（2020年）	《香港特别行政区维护国家安全法》

| 目 录 |

第一章　导论 …………………………………………………………… 1
　　第一节　国家安全法学的概念、特点和性质 / 1
　　第二节　国家安全法学的研究对象和学习方法 / 5
　　第三节　国家安全法学与国家安全法的关系 / 8

第二章　国家安全法概述 ………………………………………………… 10
　　第一节　我国国家安全法的历史 / 10
　　第二节　国家安全法的概念和特征 / 25
　　第三节　国家安全法的指导思想和根据 / 29
　　第四节　国家安全法的目的、任务和体系 / 31

第三章　国家安全法与国家安全基础理论 ……………………………… 36
　　第一节　总体国家安全观 / 36
　　第二节　中国特色安全道路 / 39
　　第三节　国家安全环境 / 42
　　第四节　国家安全战略 / 45

第四章　国家安全法的基本原则 ………………………………………… 49
　　第一节　法治和保障人权原则 / 49
　　第二节　国家安全与经济社会发展相协调原则 / 54
　　第三节　统筹全面国家安全原则 / 56
　　第四节　预防为主、标本兼治原则 / 61
　　第五节　专门工作与群众路线相结合原则 / 63
　　第六节　共同安全原则 / 65
　　第七节　可持续安全原则 / 69

第五章　国家安全法治 …………………………………………………… 71
　　第一节　国家安全法治的概念与特征 / 71
　　第二节　国家安全法治体系 / 77
　　第三节　国家安全法律的制度建设 / 84

第四节　国家安全法律的实施　/ 93

第六章　国家安全法的发展 105
　　　第一节　国家安全法承载时代使命　/ 105
　　　第二节　国家安全法面临新时代的挑战　/ 109
　　　第三节　国家安全法的时代回应　/ 114

第七章　国外国家安全法律制度 121
　　　第一节　美国国家安全法律制度　/ 121
　　　第二节　法国国家安全法律制度　/ 130
　　　第三节　俄罗斯国家安全法律制度　/ 134

第八章　维护国家安全的任务（上） 140
　　　第一节　维护政治安全的任务　/ 140
　　　第二节　维护人民安全的任务　/ 143
　　　第三节　维护国土安全的任务　/ 146
　　　第四节　维护军事安全的任务　/ 150
　　　第五节　维护经济安全的任务　/ 153
　　　第六节　维护金融安全的任务　/ 157
　　　第七节　维护资源能源安全的任务　/ 162
　　　第八节　维护粮食安全的任务　/ 166
　　　第九节　维护文化安全的任务　/ 171
　　　第十节　维护科技安全的任务　/ 176
　　　第十一节　维护网络信息安全的任务　/ 180

第九章　维护国家安全的任务（中） 186
　　　第十二节　民族领域维护国家安全的任务　/ 186
　　　第十三节　宗教领域维护国家安全的任务　/ 193
　　　第十四节　防范和处置恐怖主义、极端主义的任务　/ 200
　　　第十五节　维护社会安全的任务　/ 210

第十章　维护国家安全的任务（下） 215
　　　第十六节　维护生态安全的任务　/ 215
　　　第十七节　维护核安全的任务　/ 224
　　　第十八节　维护新型领域安全的任务　/ 230
　　　第十九节　维护海外利益安全的任务　/ 240
　　　第二十节　维护其他国家安全的任务　/ 246

第十一章　维护国家安全的职责 250
　　　第一节　中央机关维护国家安全的职责　/ 250

第二节　地方人大及政府维护国家安全的职责 / 259
　　　第三节　司法机关维护国家安全的职责 / 262
　　　第四节　专门机关维护国家安全的职责 / 265
　　　第五节　国家机关及其工作人员履职要求 / 268
第十二章　**国家安全制度** ………………………………………………… 270
　　　第一节　一般规定 / 270
　　　第二节　情报信息 / 278
　　　第三节　风险预防、评估和预警 / 287
　　　第四节　审查监管 / 290
　　　第五节　危机管控 / 297
第十三章　**国家安全保障** ………………………………………………… 306
　　　第一节　总体保障 / 306
　　　第二节　法制保障 / 308
　　　第三节　经费保障 / 310
　　　第四节　物资保障 / 312
　　　第五节　科技保障 / 315
　　　第六节　人才保障 / 317
　　　第七节　专门工作手段保障 / 320
　　　第八节　宣传教育保障 / 321
第十四章　**公民、组织的义务和权利** …………………………………… 325
　　　第一节　公民和组织维护国家安全的一般义务 / 325
　　　第二节　机关、人民团体、企业事业组织和其他
　　　　　　　社会组织的特殊义务 / 329
　　　第三节　企业事业组织配合有关部门的义务 / 331
　　　第四节　公民和组织支持配合国家安全工作受法律保护 / 333
　　　第五节　获得赔偿和抚恤优待的权利 / 336
　　　第六节　提出批评建议以及申诉、控告和检举的权利 / 340
　　　第七节　特别措施的合法性和合理性要求 / 342
第十五章　**危害国家安全的法律责任** …………………………………… 345
　　　第一节　危害国家安全法律责任概述 / 345
　　　第二节　国家机关工作人员危害国家安全的法律责任 / 349
　　　第三节　个人和组织危害国家安全的法律责任 / 353

第一章 导论

第一节 国家安全法学的概念、特点和性质

一、国家安全法学的概念

随着总体国家安全观的提出和2015年7月1日《国家安全法》在第十二届全国人大常委会第十五次会议上的审议通过，我国相对独立的国家安全法律规范体系已经逐渐形成。以《国家安全法》为核心的国家安全法律规范体系的构建和完善，促进了有关国家安全法研究的进一步发展。有关国家安全法的研究逐渐形成了有其自身特点的研究对象、研究范围、研究体系等，使国家安全法学形成了相对独立的学科体系，开始从法学领域中逐渐分离出来。从这一意义上讲，国家安全法学是我国法学理论研究进一步深化和发展的必然产物。同时，国家安全法学来源于国家安全立法和司法实践，反过来又为国家安全立法和司法实践服务，两者相辅相成。

国家安全法学，作为我国法学领域的一个极其重要的组成部分，是法学理论体系中一门新兴的、独立的学科，是研究国家安全立法、执法及司法的一门学科。简单来说，国家安全法学是一门调整国家安全法律关系的法学学科。国家安全法学概念的形成与确立，不仅是法学理论研究的必然产物，更是国家安全工作的客观需求。

1. 21世纪以来，我国法学研究日渐发展和繁荣，拓展研究领域和深化研究内容成为法学理论研究的客观要求，加速了法学各个分支学科的进一步细化。这在客观上催生了国家安全法学概念的产生，使国家安全法学的理论研究日臻成熟，加速确立了国家安全法学作为一门具有自身特色的学科在法学学科体系中的独立地位。可以说，国家安全法学概念的形成，离不开法学理论研究的进步和发展。

2. 在当今世界中，各国之间的政治、经济、军事、外交等关系日新月异。

随着经济的发展和科技的进步，我国对国家安全的内涵和外延的理解与界定也必然有所发展。只有与时俱进地更新我们对于国家安全的认识，加强国家安全法学的学科建设，才能更好地维护我国的国家安全。

3. 自1983年国家安全部成立以来，我国的国家安全工作逐渐专业化、系统化和规范化，需要有关国家安全方面的法律法规保证国家安全机关各项工作的顺利开展。1993年《国家安全法》（已废止）[1]的颁布和实施，为国家安全机关开展工作提供了强有力的法律武器。2014年11月1日《反间谍法》的审议和通过进一步弥补了维护国家安全工作中反间谍方面立法的不足。2015年颁布的《国家安全法》更为全面和系统，为构建国家安全体系、维护我国国家安全提供了坚实的法律制度保障。国家安全立法的不断完善，为国家安全法学的深入研究提供了理论素材和制度支撑。

4. 新时期我国经济建设取得巨大成就，对外交流日益加强，面对国家安全方面的新形势、新任务，我国有关国家安全的工作中出现了许多新问题和新情况，特别是如何应对不断变化的国内、国际形势以维护国家安全，迫切需要理论的指导。国家安全法学的研究作为国家安全立法的先导，是创造国内外稳定环境，实现国家和平与发展的依托和保障。

二、国家安全法学的特点

国家安全法学的特点，是指国家安全法学区别于其他法律学科的特殊方面。国家安全法学是研究有关国家安全法律规范的学科，是在系统、全面地总结我国国家安全的理论与实践，并借鉴和吸取其他国家经验和教训的基础上，对我国国家安全立法和国家安全工作提供决策支持的学科。与其他部门法学相比，国家安全法学有以下几个方面的特点。

1. 政治性。作为上层建筑中最重要的组成部分，国家安全是其他上层建筑存在的前提和基础。国家安全离不开统治阶级的政权建设和国家的主权独立，而各种破坏国家安全活动的最终目的，都是针对一国主权。从本质上看，国家安全是一个政治问题。国家安全法学是对国家安全法律规范的研究，究其根本，是从维护国家的核心利益出发，全面贯彻落实国家安全的方针政策。因此，国家安全法学天然具有很强的政治性。在我国，维护国家安全的根本任务和目的是保卫人民民主专政的政权和中国特色社会主义制度，保护人民的根本利益，

---

[1] 除非特别指出为1993年《国家安全法》，下文所指的《国家安全法》均为2015年7月1日颁布实施的《国家安全法》。

保障改革开放和社会主义现代化建设的顺利进行，实现中华民族的伟大复兴。理解我国国家安全法学研究中的政治性，既要注意对总体国家安全观和中央关于国家安全的一系列方针政策的贯彻落实，又要注意为构建和完善国家安全法律制度体系提供框架。

2. 涉外性。国家安全机关执法工作涉及国家的内政和外交等诸多方面，具有明显的涉外性，这决定了国家安全法学同样具有较强的涉外性。如何更好地适应国际形势的变化以维护国家安全，是提高维护国家安全工作效率的必然要求。因此，在研究这一法学理论和运用这一法律武器时，要特别注意国家安全法学的涉外性特点，不仅要考虑国际政治斗争形势以及国与国之间的关系，还要考虑到国家的整体利益和长远利益，同时还要考虑国家外交的需要，将法律的原则性和执法工作中的灵活性结合起来。

3. 综合性。国家安全法学涉及维护国家安全方方面面的内容，不仅涉及国家安全、总体国家安全观等基本概念，还涉及维护国家安全的任务、职责，以及国家安全制度、国家安全保障和公民、组织的义务和权利等。因此，国家安全法学研究，具有总括性和纲领性的特点。同时，国家安全法学的研究对象涉及社会生活的各个领域，与各种各样的社会存在相关，因而需要利用研究这些不同现象学科的已有成果和研究方法来解决国家安全问题。[1]国家安全法学是一门需要利用众多学科研究成果和方法解决国家安全及其相关问题的综合科学。对国家安全法学的综合性特点的把握，能够进一步指导刑事立法和行政立法，从而使维护国家安全的工作细化到各个领域，真正落到实处。

4. 公开性与秘密性的统一。国家安全机关的具体任务和工作的方式方法具有一定的秘密性，但国家安全法学研究又应当是公开的。因此，如何处理好国家安全工作的秘密性与法学研究的公开性之间的矛盾，就成了国家安全法学的一个研究难点，也是国家安全法学的一个显著特点。在对国家安全法学进行研究的过程中，要注意两种错误的倾向：一是不能过于强调国家安全工作的秘密性，造成国家安全立法和国家安全法学研究的停滞不前，使本该用法律法规加以规范的国家安全事项没有规范，国家安全机关的行为更多依赖行政干预而缺少法律上的依据，进而影响国家安全工作的深入开展。二是不能过于强调国家安全法学交流和研究的公开性，而忽略国家安全机关工作的秘密性需要，造成国家安全工作泄密的情况发生。国家安全法学的研究和交流，尤其是在法律刊物和学术交流中公开发表有关国家安全的内容时，应当在不影响国家安全机关的工作任务以及维护国家安全工作秘密的前提下，对所要公开的内容加以区别

---

[1] 刘跃进主编：《国家安全学》，中国政法大学出版社2004年版，第9页。

和合理选择,避免造成国家安全工作泄密的情况发生。在依法治国的形势下,国家安全法学研究必须处理好国家安全工作和国家安全法学研究之间的关系。国家安全法学研究不得影响国家安全工作,亦不能以国家安全工作为由过度干预国家安全法学的研究。一方面,国家安全工作的内容要在不泄密的原则下有条件地对法学研究予以公开,同时要在工作实践中提炼出问题,以问题为导向,在为研究领域提供实践资料和素材的基础上,向理论领域寻求指导。另一方面,要通过国家安全法学研究的开展,不断推动和完善国家安全立法。提高国家安全立法的技术水平,要注重协调和平衡好公开与保密之间的关系,将法律的公开性和透明性与国家安全工作的特殊性和隐蔽性结合起来,既要解决法律的公开问题,保障公民的知情权,也要依据法律做好安全保密工作,保障国家安全工作顺利开展,逐步形成符合国家安全工作实际的国家安全法律体系,为国家安全机关开展国家安全工作提供强有力的法律支撑和服务。

三、国家安全法学的性质

1. 阶级性。法学具有阶级性,从社会发展的历史看,不同阶级的法学有着不同的任务。奴隶主、封建地主或资产阶级法学的任务是维护和巩固剥削阶级的统治,无产阶级法学即马克思主义法学的任务是为无产阶级解放事业和社会主义建设事业服务。国家安全法学研究的是各种国家安全法律现象和法律关系。例如,国家关于国家安全的方针、政策;危害国家安全和利益的各种行为及其承担的法律责任;公民、法人或其他社会组织的国家安全意识以及在维护国家安全中的义务和权利;国家安全机关及其工作人员的职权及其法律保护等。与环境法学、经济法学、民法学等其他相关法律学科相比,国家安全法学具有更强的阶级性。它的这一性质,不仅是由国家安全和国家安全法律法规的性质和特征决定的,更是由国家安全法学研究的对象和范围决定的。

2. 社会性。法的公共职能的最终目的是维护具有一定阶级关系的社会的存在。所以,法的社会性与法的阶级性是相互统一的。国家安全法学的社会性主要体现在以下两个方面:①国家安全法学的内容不是抽象的意志,而是服务于一定社会关系的,国家安全法是国家安全关系的调节器,能够促进和保护国家安全关系的形成。②在现代社会,国家是政治事物和阶级产物,因此,维护自己与周围人所共同居住的领地和家园,即现代社会的国家安全、民族生存就成为一种本能和责任。国家安全法并不以阶级矛盾的存在为前提,其维系国家与社会成员的安全的作用决定了其社会性的性质,体现了全体社会成员的公共利益和共同意志。从这一角度考虑如何贯彻国家安全法,明确国家安全法学的社会性就显得尤为重要。

第二节 国家安全法学的研究对象和学习方法

一、国家安全法学的研究对象

任何一门科学都有其自身特定的研究对象，国家安全法学亦不例外。国家安全法学是一门调整国家安全法律关系的学科，其所涵盖的研究对象非常广泛，既涉及规范本身，又囊括了规范之外的事项；既要直面现实，又不能忽视历史以及未来。根据对国家安全法学理论和实践的深入研究，通过总结和归纳，国家安全法学的研究对象主要有以下几个方面：

1. 我国现行的国家安全法律规范体系。国家安全法具有特殊性，它涉及的法律关系是多重、复杂的，既包括行政法律关系，又包括刑事法律关系；既包括国内法律关系，也包括国际法律关系。从规范的性质上来看，主体应当是《国家安全法》，另外还包括《宪法》《刑法》《刑事诉讼法》《反间谍法》和《治安管理处罚法》等法律法规中有关国家安全的内容。

2. 国家安全法在我国产生和发展的历史背景。每门学科都是历史的产物，它所研究的范畴也是在历史发展的长河中逐渐形成的。借鉴我国历史上的有益经验，可以达到"古为今用"的目的。因此，对国家安全法的研究离不开其所处的社会环境。在着眼于对国家颁布实施的国家安全法律规范研究的同时，也要关注党和国家关于国家安全的工作路线、方针和政策的变化与发展。在这一研究过程中，就不能忽视对国家安全法律规范产生的历史背景以及流变的研究。只有在结合各个历史时期不同实际的基础上，站在发展的角度去研究国家安全法的变化，才能更好地掌握国家安全工作的本质要求和内在规律。

3. 国家安全法学基础理论。国家安全涉及政治、经济、文化、历史等方方面面的问题，需要多个学科的理论储备。对国家安全的法律哲学和法律社会学基础以及其他学科与国家安全法学交叉的研究，为国家安全法律规范的制定、改进和完善提供了理论基础。

4. 国家安全法的运行和实施。"徒法不足以自行"，法律的运行和实施需要良好的外界环境。国家安全法律规范的实施涉及安全防范、情报信息、风险评估与危机管控等各个方面的内容，需要政府有关部门、网络通信企业等单位以及公民个人的配合。为了有效实施国家安全法，对研究者来说，既要研究国家安全法的立法目的、立法原则、立法技术和立法程序，又要研究国家安全法律规范在实践中的适用，在贯彻执行中遇到的新情况和新问题，以及解决这些问题的有效对策，以进一步推动国家安全法律规范的修改和完善。

5. 外国的国家安全法律制度。对外国的国家安全法律制度的研究，对于我国当前国家安全法律规范的完善和落实具有重要的比较法意义。介绍和研究西方一些发达国家在维护国家安全实践中的有益做法，吸取其经验教训，可以达到"洋为中用"的目的。

二、国家安全法学的学习方法

国家安全法学的学习方法，同其他社会科学一样，要坚持以马克思主义的辩证唯物主义和历史唯物主义为指导思想。同时，国家安全法学由其研究对象的特殊性所决定，还有不同于其他学科的学习方法。对于国家安全法的学习，应坚持以下几种方法。

1. 理论联系实际的方法。理论联系实际是科学研究所遵循的普遍方法。马克思主义哲学告诉我们：理论来源于实践，又指导和推动实践的发展；实践是理论的基础，也是检验理论的唯一标准。美国现代实用主义法学创始人、联邦最高法院法官霍姆斯指出："法律不断演进而从来没有达到一致，这是一个颠扑不破的真理。它永远从生活中汲取新的原则，并总是从历史中保留那些未被删除或未被汲取的东西。只有当法律停滞不前时，它才会达到完全一致。"[1]国家安全法学是一门理论性、实践性均较强的法律科学，也是一门动态发展的法律科学。在学习过程中，一定要坚持理论和实践相结合，同时应当注重以下问题：首先，对于"实践"应作广义的理解，既包括立法的实践，也包括司法的实践；既包括自己的直接实践，也包括他人的间接实践；既包括从书本上获知的实践案例，也包括来源于现实生活中的活生生的实践。其次，要深刻理解党和国家关于国家安全工作方面的路线、方针、政策，理解有关国家安全法律规范的立法意图和立法精神，并努力将有关国家安全的法律规范同党的路线、方针、政策有机结合起来，特别是对那些暂时不宜公开进行国家安全立法的领域，仍需要必要的行政干预。再次，通过学习、研讨等方式对国家安全法律规范和相关政策进行科学研究，将科学研究与国家安全执法工作实践紧密结合，使国家安全执法工作更具有可操作性。最后，国家安全法学理论研究还要注重发现和反映国家安全执法工作的实际需求，不断研究新情况、解决新问题，须通过立法解决的有关问题要及时提出立法建议。只有坚持理论联系实际的方法，掌握我

---

[1] 冯玉军、邱婷："法律的生命不在于逻辑，而在于经验"，载《人民法院报》2010年8月13日，第7版。

国国家安全工作以及国家安全政策、措施的实践情况，才能学好、学活国家安全法，才能促进和推动国家安全立法和国家安全执法实践的健康发展，才能产生推动国家安全法学理论发展的动力。而正确的、科学的国家安全法学理论研究，又可以服务于国家安全立法和执法实践，为之提供理论上的指导。

2. 历史考察的方法。国家安全法的学习和研究应当针对国家安全法律规范和法治建设的历史发展来进行。每一门学科形成、发展的历史是该学科确立的基础，国家安全法学的概念和范畴建立在各国历史和不同国情的基础上。自中华人民共和国成立以来，我国有关国家安全的法律规范，经历了从1993年的《国家安全法》到2014年的《反间谍法》，再到2015年的《国家安全法》的发展和变化。只有用历史考察的方法学习国家安全法，才能增进对我国不同时期国家安全立法、国家安全执法和国家安全理论的掌握，更好地获得规律性的认识，才能避免对国家安全法律规范的机械理解和运用。

3. 比较的方法。比较的方法是通过比较来认识事物的一种方法。运用比较的方法研究问题，是发现真理、发展真理的有效途径。实践证明，人们总是在不同程度上通过比较的方法来获取对事物发展过程的认识。在学习和研究国家安全法的过程中，运用比较的方法主要是对不同法系、不同国家的国家安全法律规范体系、立法特点、国家安全法律规范的具体内容以及国家安全法学学说等进行比较分析和研究。在国家安全法学研究中采用比较研究的方法，有助于借鉴域外国家安全立法、司法以及防范管理方面的成功经验，吸取失败的教训，拓宽国家安全法学研究的广度和深度，避免我国国家安全法学的研究走弯路，推动国家安全法学的研究不断深入。

4. 系统论的方法。系统论就是在已经认识到事物本质的基础上，将对象的各方面本质有机地联合成一体的研究方法。系统论与唯物辩证法的全面的、联系的、发展的观点是一致的。系统论的方法是国家安全法学学习的基本方法之一。首先，运用系统论的方法学习国家安全法学，要将国家安全法作为一个子系统与整个国家法制建设的大系统联系起来，以促进国家安全法学的协调发展，推动社会主义法制建设的进一步完善。其次，运用系统论的方法学习国家安全法学，要坚持科学的态度，除了肯定国家安全法学固有的阶级性和政治性外，还应重视其社会性的一面。最后，运用系统论的方法学习国家安全法学，要求将国家安全法学体系中的各个构成要素尽量科学搭配，达到协调一致的发展，这样才能充分发挥学科体系对国家安全工作的指导作用。

5. 规范分析的方法。规范分析的方法是以规范法学为基础的。从法学方法论的角度而言，规范分析的方法以规范法学作为基本立足点，以一定价值判断为基础对法律规范进行完善、解释。规范分析的方法是国家安全法学学习的基本方法之一。学习国家安全法学离不开对我国现行国家安全法律规范的研究，特别是要处理好国家安全法律规范与其他法律法规的关系。只有了解国家安全法律规范同其他法律法规之间的区别和衔接，才能对国家安全法学有一个全面、深入的了解，才能为国家安全法的运行、解释提供基础。

第三节　国家安全法学与国家安全法的关系

法学随着法的出现而出现，是研究法的学问。"法学"这一语词的拉丁文Jurisprudentia，至少在公元前3世纪末罗马共和国时代就已经出现，表示有系统、有组织的法律知识、法律学问。在我国先秦时期则有"刑名法术之学"。[1] 我国古代"法学"一词的含义更接近"律学"，与来自近现代西方的"法学"概念有所区别。但总的来说，法是规范体系，法学是研究体系。从上述关系出发，国家安全法学与国家安全法的关系是研究体系与法律规范体系的关系。

一、国家安全法学与国家安全法的联系

国家安全法学是以国家安全法为主要研究对象的，二者之间具有密切的联系。

1. 国家安全法的产生和发展是国家安全法学产生和发展的重要基础。法学是研究法的学问，脱离了国家安全法空谈国家安全法学是不切实际的。虽然国家安全法学的研究有可能先于国家安全的立法而产生和发展，但从历史发展的总体进程来看，国家安全法学还是立足于国家安全法的发展而发展的。

2. 国家安全法为国家安全法学的研究提供了基础材料和问题导向。国家安全法学主要是以国家安全法作为研究对象，国家安全法律规范的制定和实施，为国家安全法学的研究提供了最主要的研究内容。同时，由于立法技术不成熟和法天然的滞后性等原因，国家安全法的立法体系存在不尽完善之处，在法的实施过程中也会出现一些问题，这同样为国家安全法学的研究提供了方向。

3. 国家安全法学研究是促进国家安全法完善的动力。国家安全法因法固有的滞后性等特征，总是无法解决实践中的一些新情况、新问题。针对这些新情况、新问题，寻求更好的解决方案和完善立法，是国家安全法学研究能够发挥积极作用的方面。国家安全法学的深入研究，不仅针对现行国家安全法，还要针对实践中的新问题，立足于古今中外，结合我国的具体国情和国家的核心利

---

[1] 司马迁《史记·老子韩非列传》："喜刑名法术之学，而其归本于黄老。"

益，为国家安全法律规范的完善和发展提出新的解决思路，进一步推动国家安全法的修改和法律体系的完善。

二、国家安全法学和国家安全法的区别

虽然说国家安全法学是研究国家安全法的学科，但不能简单地认为，国家安全法学只是对国家安全法律规范体系本身进行研究。

1. 国家安全法学作为一门独立的学科，有自己的学科体系。这个体系与国家安全法的体系虽有相似之处，但又有所区别。国家安全法学研究体系不是对法律条文的简单排列或者罗列，而是以研究有关国家安全法的法律规范为主，但又不局限于国家安全法律规范所形成的学科体系。

2. 我国现行的国家安全法律规范存在数量少、空白多、作用小的问题，难以覆盖整个国家安全的工作范围。立法研究的完善与深入仍是我国国家安全法学研究的关注焦点。如何配套实施《国家安全法》所确立的机制，如何衔接《反恐怖主义法》《网络安全法》《反间谍法》和《核安全法》等相关法律，如何统筹考虑完善各个传统安全领域与非传统安全领域中的崭新问题解决和管理体制，是深化国家安全立法建设的前沿命题。

3. 国家安全法学需要研究国家安全法律规范与刑法、刑事诉讼法，以及行政法律规范等相关法律规范的关系。相关法律规范中涉及国家安全内容的目的和任务均相同，都是更好地维护国家安全以及预防、打击和惩处危害国家安全的违法犯罪行为。因此，国家安全法律规范与其他法律渊源应互为补充、相互支持，形成统一协调的国家安全法律体系。国家安全法学的研究，不仅要注意对国家安全法的研究，更要注意国家安全法与其他法律规范的衔接问题。

第二章 国家安全法概述

第一节 我国国家安全法的历史

国家是居于统治地位的阶级利用手中的权力建立的社会关系。为了维护整个社会政治经济的正常运转，国家必然要行使维护统治和社会管理的职权。法律作为阶级统治的重要工具，其首要目的就是保护统治阶级的统治地位不受威胁，这一点在国家安全法方面体现得更为明显。特别是在古代，统治者往往通过国家安全立法巩固政权与皇权、中央集权。从历史角度考察我国的国家安全立法，可以发现，法律的演变过程是有一定的规律与原则的，法律体系的完善与法律的发展过程有着密切的联系。研究国家安全法的历史，需要特别注意不同历史时期危害国家安全犯罪罪名的规定。

一、奴隶社会时期的国家安全法

在原始社会初期，没有国家的概念，安全问题主要是指全体社会成员防御其他部落或氏族。原始社会末期，随着私有制的出现和阶级矛盾的不可调和，国家由此产生。但最初并没有明确的律条惩治危害国家安全的犯罪和保护国家安全。进入奴隶社会后，奴隶主和奴隶的阶级对立开始出现；奴隶主阶级内部也逐渐发生变化，形成了奴隶主贵族阶层和庶族阶层，以及依附于奴隶主贵族的自由民。但这一时期仍然没有有关国家安全的立法，危害国家安全的行为更多是基于权力斗争或领土扩张的目的而做出的，国家生存和发展的主题是维护以政治安全为主的国家安全。据《左传·哀公元年》记载："（少康）使女艾谍浇，使季杼诱豷，遂灭过、戈，复禹之绩。"此处意思是说，约公元前20年，夏朝帝王少康派女子艾到敌人浇之处进行间谍活动，并以此灭掉了过国和戈国。另据《大戴礼记·千乘》载："以中情出，小曰间（一作问），大曰谍（一作讲）。"即小的窃密活动叫作"间"，大的窃密活动叫作"谍"。由此可知，我国早在夏代少康时期[1]就使用间谍进行国家之间的斗争，虽然彼时还没有确立间谍犯罪，但这已是可考证的危害国家安全犯罪中间谍犯罪的雏形。

在商、周时期，国家暴力机器逐步建立并完备，危害国家安全的行为逐渐被统治阶级明确规定为最严重的犯罪，并以重刑处罚。据《左传·昭公六年》载："夏有乱政，而作《禹刑》。商有乱政，而作《汤刑》。周有乱政，而作《九刑》。"由此可以得出，"有乱政"成为当时立法的指导思想，即立法目的主要在于维护国家安全和政权的稳定。西周后期，国家安全异化为维护统治者权位安全，实质上成为以皇家为核心的政治安全，统治阶级对危害政权犯罪的刑罚也愈发严酷。周厉王时期，"国人"在背后议论他便构成死罪。据《邵公谏厉王弭谤》载："厉王虐，国人谤王……王怒，得卫巫，使监谤者。以告，则杀之。"[2]

为了防止奴隶们聚众生事，危及国家政权，先秦以前的统治者还规定"众庶""奚隶"，聚众出入者，皆处死刑。《尚书·盘庚》还列有"颠越不恭"罪，也就是颠狂逾法罪，这种犯罪显然危及统治者政权的稳定，因而也处以重刑。[3]

二、封建社会时期的国家安全法

（一）秦、汉时期的国家安全法

秦始皇二十六年（公元前221年），秦统一六国，建立了我国历史上第一个统一的中央集权封建国家。秦国的历史经验使秦始皇充分认识到维护皇权是秦代法制的首要任务。秦代以来的封建社会，逐渐将国家安全问题化为"维护其一姓之天下万世永存"，所谓"治国平天下"的理念从实质上讲也是为皇家的统治服务的。因此，封建社会国家安全的构成要素中，政治安全始终处于首位。秦朝是以皇帝为最高权威的封建专制国家，因此，凡属反抗和触犯秦朝阶级统治和基本政治制度的言论和行为，都是危害政权的犯罪。属于这一类犯罪的罪名很多，谋反在当时是最严重的犯罪。此外，还有操国事不道（主要是指操纵国家政务大权，发动政变以及其他倒行逆施的行为）；泄露皇帝行踪、住所、言语机密；偶语诗书、以古非今；[4]诽谤、妖言；诅咒、妄言；投书（投寄匿名

---

[1] 少康中兴：姒少康的伯祖夏王姒太康在东夷有穷氏首领羿叛乱下失国，姒少康的父亲夏后氏首领姒相被寒浞杀死，姒少康是姒相的遗腹子。姒少康积极争取夏后氏遗民，志在复国，派间谍女艾于浇，在同姓部落斟灌氏与斟鄩氏的帮助下，与夏后氏遗臣伯靡等人合力攻灭了寒浞，恢复了夏王朝的统治。姒少康大有作为，史称少康中兴。

[2] 《国语·周语》。

[3] 王京建：《国家安全法学教程》，中国社会出版社2008年版，第30~31页。

[4] 秦始皇颁布挟书令："偶语诗书者，弃市；以古非今者，族。"

信）；不行军令；等等。[1]

在汉朝时期，随着封建经济、政治的发展，犯罪的种类也大为增多，出现了一系列的新罪名，但侵害君主及皇权的安全还是最为严重的危害国家类犯罪。如韩信、英布、彭越等人，因谋反见诛；吴王刘濞等七国进行叛乱，或被迫自杀身亡，或被俘后处以极刑，诛及家属；李陵投降匈奴被诛，老母年高犹不免一死。在危害国家政权的罪名设置方面，主要有：①欺谩、诋欺、诬罔罪。"欺谩"是对皇帝不忠、欺骗、轻慢的行为；"诋欺"是对皇帝的毁辱行为；"诬罔"是对皇帝诬蔑欺罔的行为。汉武帝时，舍人怀恨东方朔，曾在武帝面前告发"朔擅诋欺天子从官，当弃市"。[2]汉昭帝始元元年（公元前86年），"司隶校尉雒阳李仲季主为廷尉，四年坐诬罔下狱弃市"。[3]②反逆罪，即谋反和大逆罪。谋反是危及汉朝政权的最严重犯罪。汉高帝十一年（公元前196年），淮阴侯韩信谋反长安，夷三族；梁王彭越谋反长安，夷三族。汉景帝时，晁错因所谓的大逆不道，本人被腰斩，"父母妻子同产无少长皆弃市"。[4]③群盗罪及相关罪。群盗罪，即成群结伙的反抗活动，多指农民起义。这种严重对抗封建统治的行为无疑要受到严厉镇压。对于隐藏"群盗"罪人者，汉律中还规定了"首匿"罪，并处以重刑。为起义农民通情报、做向导者，汉律规定为通行饮食罪，处以大辟刑罚（斩首）。汉武帝时，"以法诛通行饮食，坐相连郡，甚者数千人"。[5]东汉也有"通行饮食，罪致大辟"[6]的规定。另外，对缉捕不力的官吏，也处刑极重。据汉武帝《沈命法》规定："群盗起不发觉，发觉而弗捕满品者，二千石以下至小吏主者皆死。"[7]④投降罪。降敌罪本人处死，并株连其家；投书罪者，弃市。

（二）隋、唐时期的国家安全法

经过三国两晋南北朝三四百年的分裂割据之后，中国封建社会发展到隋唐，已进入鼎盛时期，中国封建法律的发展也进入了定型化阶段，对于国家安全的立法更加完备化。在隋、唐时期，关于危害国家安全方面的犯罪规定得尤为详尽，处刑之重仍为各罪之首。

隋承继了北齐的"十罪"制度，并将十种重罪更名为"十恶"。《隋书·刑法志》载："又置十恶之条，多采后齐之制，而颇有损益。一曰谋反，二曰谋大

---

[1] 曾宪义主编：《中国法制史》，北京大学出版社、高等教育出版社2000年版，第74~75页。
[2] 曾宪义主编：《中国法制史》，北京大学出版社、高等教育出版社2000年版，第103页。
[3] 见《汉书·百官公卿表下》。
[4] 见《汉书·爰盎晁错传》。
[5] 见《汉书·酷吏传·咸宣》。
[6] 见《后汉书·郭陈列传·陈忠》。
[7] 见《汉书·酷吏传·咸宣》。

逆，三曰谋叛，四曰恶逆，五曰不道，六曰大不敬，七曰不孝，八曰不睦，九曰不义，十曰内乱。犯十恶及故杀人狱成者，虽会赦，犹除名。"恶是罪之重者，隋的"十恶"概念更能反映这十类犯罪的本质特征。其中，谋反、谋大逆、谋叛是主要的危害国家安全的犯罪。需要注意的是，隋律改北齐"反逆"为"谋反"，改"大逆"为"谋大逆"，并将"降""叛"两种重罪合为"谋叛"。隋律在"反逆""大逆""降""叛"等重罪之前冠以"谋"字（指在未着手实施时即认为是犯罪），将"降""叛"合为"谋叛"一罪，更全面地体现了这类犯罪对封建王朝危害的严重程度，反映了立法技术的进步。

唐律随隋制，《名例·十恶》载："一曰谋反；二曰谋大逆；三曰谋叛；四曰恶逆；五曰不道；六曰大不敬；七曰不孝；八曰不睦；九曰不义；十曰内乱。"依据"十恶"律注，危害政权安全的犯罪主要表现为谋反罪、谋大逆罪、谋叛罪。①谋反罪。"谋反，谓谋危社稷。"[1]其实际上是预谋危害皇帝，谋划反对皇权和推翻封建国家政权的行为，因而居于"十恶"之首。盘踞山泽，揭竿而起，则认为是反。②谋大逆罪。谋大逆，"谓谋毁宗庙、山陵及宫阙"，[2]指谋划毁坏皇帝宗庙、陵墓及宫殿的行为。宗庙是皇帝列祖列宗的庙宇，山陵是皇帝和皇后的陵墓，宫阙是皇帝居住的宫院。"谋反"和"谋大逆"两个罪名常常并为一条加以规定。《唐律·贼盗》载："诸谋反及大逆者当斩；父子年十六以上皆绞，十五以下及母、女、妻、妾、祖孙、兄弟、姊妹若部曲、资财、田宅并没官，男夫年八十及笃疾、妇人年六十及废疾者，并免。伯叔父、兄弟之子皆流三千里，不限籍之同异。即虽谋反词理不能动众，威力不足率人者，亦皆斩；父子、母女、妻妾并流三千里，资财不在没限。其谋大逆者，绞。"依据这一规定，"谋反"和"谋大逆"同罪，但"谋大逆"只限于绞的死刑。[3]③谋叛罪。谋判指背叛原来的封建王朝，私通和投奔敌人的行为。"背"与"叛"字异义同。"谋叛"这一犯罪，仅次于"谋反""谋大逆"。"诸谋叛者，绞。已上道者皆斩，妻、子流二千里；若率部众百人以上，父母、妻、子流三千里；所率虽不满百人，以故为害者，以百人以上论。即亡命山泽，不从追唤者，以谋叛论，其抗拒将吏者，以已上道论。"[4]④其他涉及封建国家安全及皇帝权威的犯罪。在唐律中还有妖书妖言、隐匿谋反逆叛、诬告谋反逆叛、制造御用品有误、宿卫人员失职、祭祀不如法、盗毁大祀神物、上书误犯神讳、指斥乘舆、无人臣

---

[1] 见《唐律疏议·名例》。
[2] 见《唐律疏议·名例》。
[3] 宁汉林、魏克家：《中国刑法简史》，中国检察出版社1997年版，第69～70页。
[4] 《唐律·贼盗》。

之礼、泄露机密等危害国家安全的犯罪。

（三）明、清时期的国家安全法

在明朝时期，危害国家安全方面的罪名主要还是以"三谋"（谋反、谋大逆、谋叛）为重，由于这类犯罪直接危害封建统治，严重动摇封建统治的政治基础、经济基础，因此，统治者认为对于此类犯罪，非重罚不足以止奸。这一特点在明朝体现得尤为明显。明太祖朱元璋曾目睹了元代亡国，认识到"元政弛极，豪杰蜂起，皆不修法度以明军政"。[1]因此，在明朝建国之后，"明刑弼教"和"重典治国"就成为明代立法和维护国家安全的指导思想，并以此为原则制定和颁布了《大明律》《明大诰》等法律。为了吸取元朝昏乱，法度不行致天下大乱的教训，明朝以"猛"治国，刑罚极其残酷，规定了诸如凌迟、诛族、剥皮、弃市、阉割为奴等酷刑。对于直接危害封建统治、封建君主的犯罪，明律与唐律相比，处刑都普遍加重。如"十恶"中"谋反""谋大逆"等罪，唐律规定本人不分首从皆处以斩刑，十六岁以上的父子处以绞刑，其他亲属可不处死刑。明律则规定本人处以凌迟刑，其祖父母、子、孙、兄弟及同居之人不分异姓，以及伯叔父、兄弟之子，凡十六岁以上者，不限籍之异同，不论笃疾残疾，一律处斩刑。

在清朝时期，危害国家安全方面的罪名，主要涉及以下几个种类：①反逆罪。谋反是指不利于国，谋大逆是指不利于君。该罪仍被明朝、清朝列为十恶大罪之首，凡其谋者主犯、从犯，已行、未行均凌迟处死；正犯的祖父、父、子孙、兄弟、同居之人（不论同姓、异姓）及伯叔父、兄弟之子，不限是否析产、户籍之异同，也不论笃疾废疾，男年十六以上皆斩，十五以下及母女妻妾、子之妻妾均入宫为奴，财产入宫。总的来说，对反逆罪的处刑，明重于唐，清重于明。②奸党罪。具体包括下列三种罪名：一是执左道乱朝政罪。内侍官挟私"嫉贤妒能"，借皇帝忌讳之事或人主之隐私，激怒其感情以达杀人之目的；对罪该处死的官员、大臣等掩盖事实，捏造情节，"巧言进谏"，以求免死者，均处斩刑。在朝官员，交结朋党，紊乱朝政者，则不分首从，皆斩。二是交结近侍官员罪。法律禁止内官及内侍人员与外官相互勾结，违反以致泄露朝廷机密者，皆斩。三是上言大臣德政罪。衙门官吏、平民上书皇帝，赞扬大臣"善政美德"，均按奸党论罪。《大清律例》中涉及危害国家政权及皇室安全的犯罪，还有侵犯帝室罪、泄露军情大事罪、私越冒渡关津罪等。[2]

我国现代意义上的国家安全法的雏形是《大清新刑律》，刑律中规定的危害

---

[1]《明史纪事本末》卷十四。

[2] 王京建：《国家安全法学教程》，中国社会出版社2008年版，第34~35页。

国家安全的犯罪，主要有侵犯皇室罪、内乱罪、外患罪、妨碍国交罪、泄露机务罪等。自此，危害国家安全的犯罪开始与普通危害社会安全的犯罪相剥离。

三、近代及中华人民共和国成立之前的国家安全法

（一）北洋军阀时期至国民党政权时期的国家安全法

北洋军阀统治时期危害国家安全方面的罪名，是在《大清新刑律》所规定的基础上不断确定的，沿袭的特点比较突出，在危害国家安全罪方面，仅删去了"侵犯皇室罪"，其余基本保留。

国民党政权建立之初，一度沿用北洋政府时期的《暂行新刑律》。1927 年 3 月 30 日，武汉国民政府公布了我国近代史上第一部惩治反革命罪的法律——《反革命罪条例》。该条例第 1 条规定："凡意图颠覆国民政府，或推翻国民革命之权力而为各种敌对行为者，以及利用外力，或勾结军队，或使用金钱，而破坏国民革命之政策者，均为反革命行为。"1928 年，国民党政府公布了《中华民国刑法》，1935 年又修正公布了新的《中华民国刑法》。关于危害国家安全的犯罪，国民党政府的刑法典主要规定有以下几种：①内乱罪，包括普通内乱罪和暴动内乱罪两种。前者是指意图破坏国体，窃据国土，或以非法之方法变更国宪、颠覆政府的行为。后者为普通内乱罪的加重犯，是指以暴动的方法犯普通内乱罪的行为。②外患罪，共包括 14 个罪名，即通谍开战罪、通谋丧失领域罪、直接敌对民国罪、单纯助敌罪、加重助敌罪、战时不履行军需契约罪、战时过失不履行军需契约罪、泄露或交付国防秘密罪、公务员过失泄露或交付国防秘密罪、刺探或收集国防秘密罪、侵入军用处所建筑物罪、私与外国订约罪、处理对外事务违背委任罪以及伪造、变造或毁匿国权书证罪。③妨害国交罪，包括侵害友邦元首或外国代表罪、违背局外中立命令罪、侮辱外国国旗罪等。

除此之外，国民党统治时期，还颁布了大量的单行刑事法规。例如，1931 年的《煽动叛乱法》、1936 年的《公共秩序法》、1940 年的《叛国法》等。这些单行的刑事立法增设了反革命罪、危害民国罪、叛乱罪、妨害国家总动员罪、盗匪罪等危害国家安全的犯罪。国民党政府如此繁密的立法，完全体现了国民党反动政权对外投敌卖国、对内残酷镇压中国共产党和革命人民的反动本质。

（二）中国共产党领导下人民政权（根据地）时期的国家安全法

中国共产党自 1921 年 7 月 1 日成立后，就高举反对帝国主义、反对封建主义、反对买办资产阶级的旗帜，并注意运用刑法这一锐利武器，同国内外反动势力及一切犯罪分子进行不懈的斗争。1925 年"五卅"运动后，针对帝国主义派遣间谍侦探或策动工贼对罢工进行破坏活动，省港罢工工人代表大会和省港

罢工委员会以及特别法庭于 1925 年 7 月公布了《省港罢工委员会纠察队应守的纪律》，其中规定，"纠察队要负责镇压一切反革命行为"，"队员发现敌人间谍及侦探时，不得任意去殴打，即送队本部审讯处分"。[1] 根据现有史料考证，它是我国革命刑法史上最早提出反革命罪的主要文献之一。

在中国共产党领导下的农民运动兴起后，为了惩治土豪劣绅和贪官污吏，1927 年 1 月，湖南省民主政府由谢觉哉等组成的起草委员会制定并颁布了《湖南省惩治土豪劣绅暂行条例》，共 11 条，其中第 1 条规定："凭借政治力量、经济力量或其他特殊势力（如团防等），在地方有下列行为之土豪劣绅，依本条例惩治之：①反抗或阻挠革命者；②反抗或阻挠民众运动者；③勾结军匪蹂躏地方者；④杀害人民及纵火、决水、强奸、掳掠者；⑤压迫平民致死伤或损失者；⑥苛索民财或假借名义敛财肥己者；⑦擅理民刑诉讼压迫平民者；⑧破坏地方公益者；⑨侵蚀公款者。"同时还规定了下列刑罚：①死刑；②无期徒刑；③有期徒刑（又分为 5 个等级）；④拘役；⑤罚金；⑥没收财产；⑦剥夺公权。

在《湖南省惩治土豪劣绅暂行条例》的基础上，湖北省民主政府根据当时阶级斗争的发展，1927 年 3 月制定了《湖北省惩治土豪劣绅暂行条例》，《湖北省惩治土豪劣绅暂行条例》规定了以下 11 项罪行：①反抗革命或阻挠革命及作反革命宣传者；②反抗或阻挠本党及本党所领导的民众运动（如农民运动、工人运动、商民运动、青年运动、妇女运动）者；③勾结军匪蹂躏地方党部或党部人员者；④与匪通谋坐地分赃者；⑤借敌压迫平民，致人于死亡者；⑥借故压迫平民，致人有死伤或损失者；⑦包揽乡间政权，武断乡曲，劣迹昭著者；⑧欺凌孤弱，强迫婚姻，或聚徒掳掠为婚者；⑨挑拨民刑诉讼，从中包揽，图骗图诈者；⑩破坏或阻挠地方公益者；⑪侵蚀公款或假借名义敛财肥己者。

1931 年 11 月，中华苏维埃共和国成立后，先后由地方和中央政府制定了许多刑事法规，主要是对于反革命罪的惩治和打击。1931 年 12 月 13 日，中央执行委员会通过了第六号训令，规定了对反革命罪犯的处理原则。1934 年 4 月 8 日，中华苏维埃共和国中央执行委员会总结几年来各地与反革命罪犯作斗争的经验，正式公布了《中华苏维埃共和国惩治反革命条例》，这是第二次国内革命战争时期最为典型、影响最大的刑事法规，共 41 条，其中第 2 条规定："凡一切图谋推翻或破坏苏维埃政府及工农民主革命所得到的权力，意图保持或恢复豪绅地主资产阶级的统治者，不论用何种方法，都是反革命行为。"该条例还列举了组织反革命武装侵犯苏维埃领土、组织反苏维埃暴动等 28 种反革命罪行：①组织反革命武装侵犯苏区，或在苏区内举行反革命暴动者；②勾结帝国主义军阀，武力进攻

---

[1]《工人之路》（省港罢工委员会机关报），1925 年 7 月 5 日，第 2 版。

苏区，或抵抗红军运动者；③组织反革命团体，反对或破坏革命政权，意图维持或恢复反动统治者；④组织或煽动居民拒绝纳税，或不履行其他义务，企图危害革命政权者；⑤以反革命为目的，破坏革命法令及各种革命事业者；⑥以反革命为目的，混入革命机关进行破坏活动者；⑦以反革命为目的，谋杀革命工作人员者；⑧以反革命为目的，进行间谍活动，或窃取国家机密者；⑨在反动统治方面曾担负重要责任，积极反对工农利益和革命运动者；⑩以反革命为目的，制造或散布谣言者；⑪制造或保存反动文字图画，进行反革命宣传者；⑫以反革命为目的，利用宗教迷信，煽惑居民破坏政府法令者；⑬投降敌人的革命叛徒；⑭携枪投敌或教唆他人投敌者；⑮以反革命为目的，混入革命部队进行破坏活动者；⑯领导或组织红色战士逃跑者；⑰以反革命为目的，故意破坏、抛弃或偷卖枪支及其他军用品者；⑱以反革命为目的，故意违抗命令、意图破坏战斗任务，或在前线故意向自己部队打枪者；⑲以反革命为目的，杀害民众，抢夺民众财物者；⑳藏匿军火，意图达到反革命目的者；㉑以反革命为目的，破坏水陆交通、公共仓库、国营企业及各项建筑物者；㉒以反革命为目的，放火焚烧房屋或山林者；㉓以破坏苏维埃经济为目的，制造或输入假的苏维埃货币、公债券者；㉔以反革命为目的，破坏苏区贸易，造成重大损失者；㉕假冒红军或革命团体名义，或假造公私印章、文件进行反革命活动者；㉖以反革命为目的，混入革命机关，故意纵容、唆使反革命分子或其他犯罪分子逃跑者；㉗被政府驱逐出境，又进入苏区进行反革命活动者；㉘藏匿与协助上述各种罪犯者。

根据以上罪行的具体情节，该条例还分别规定了各种处刑办法，并规定可以类推适用该条例，"凡本条例所未包括的反革命犯罪行为，得按照本条例相类似的条文处罚之"。该条例规定对于反革命的处罚原则是严惩反革命首犯、主犯；未遂犯、附和参与者可以减轻刑罚；被胁迫、被欺骗而参与者可减轻或免除刑罚；在罪行败露前自首，或罪行已被发现但能检举同犯者可以减轻刑罚。规定无论中国人、外国人，无论是否在苏维埃领土上，犯有反革命罪行者都要按照本条例处罚。未满 16 岁的未成年人可减轻刑罚，未满 14 岁的幼年人交由教育机关实施感化教育；工农分子犯有并非领导的或重要的反革命罪，可以酌情减轻刑罚；对苏维埃有功绩者，也可以减轻刑罚。该条例所规定的主刑有死刑、6 个月～10 年的监禁；附加刑有没收财产（全部或部分）和剥夺公民权（全部或部分）。

抗日战争时期，抗日根据地刑事单行法规内容繁多。由于处于抗日救国的特殊时期，法规的目的主要是惩治汉奸特务。1939 年，根据当时的情况和形势，在中国共产党的领导下，陕甘宁边区人民政府出台了《陕甘宁边区抗战时期惩治汉奸条例》，共 13 条，其中第 3 条规定，"凡有下列行为之一者，即以汉奸论罪"，接着列举了 18 项具体罪行，包括：①企图颠覆革命政府，阴谋建立傀儡政权者；②破坏人民抗日运动或抗战动员者；③进行各种侦控间谍及一切秘密特务工作者；④组织及领导土匪扰乱活动者；⑤施放信号，显示敌人轰炸或射击目标者；⑥组织领导军队叛变或逃跑者；⑦宣传煽惑人民，组织领导叛乱者；⑧谋害党政军及人民团体之领袖或其负责人者；⑨诱逼人民以供敌人使用，侮辱凌虐或毒害人民生命者；⑩抢枪逃跑哗变投降敌人者；⑪藏匿贩运及买卖军火意图叛乱者；⑫以粮食军器资送敌人者；⑬破坏交通，妨碍交通运输者；⑭破坏货币，紊乱金融财政者；⑮捏造或散布谣言者；⑯乘机纵火抢劫者；⑰以文字、图画、书报宣传或以宗教迷信破坏抗战者；⑱有意放纵汉奸分子逃跑者，或诬捏别人为汉奸者。犯以上各款之罪，视情节轻重，判处有期徒刑或死刑，并没收本犯之全部财产，或处以罚金。教唆、放纵或协助上述各罪者，与本犯同罪。胁从分子和自首分子，酌以减刑。

在此期间，晋察冀、山东等抗日根据地也制定了有关这一方面的刑事单行条例。如《晋察冀边区处理伪军伪组织人员办法》《晋察冀边区行政委员会处理汉奸财产办法》《晋冀鲁豫边区汉奸财产没收处理暂行办法》《山东省惩治战争罪犯及汉奸暂行条例》《苏中区处理汉奸军事间谍办法》《苏中区汉奸自首自新暂行条例》《苏中行政公署、苏中军区司令部联合公布处理汉奸军事间谍办法》等。由此不难看出，抗日战争时期的国家安全立法，是我党国家安全法制史上的一个重要发展阶段。它为维护国家安全，打击敌人，惩罚犯罪，巩固抗日民主政权，保障边区经济、军事建设，积累革命力量，最终赢得抗战的胜利发挥了重要作用。

解放战争时期，除继续执行抗日战争时期的既定方针外，我党又根据新形势发展的需要，作了一定的补充规定。例如，1947 年 10 月 10 日《中国人民解放军宣言》提出："本军对于蒋方人员，并不一概排斥，而是采取分别对待的方针。这就是首恶者必办，胁从者不问，立功者受奖。"1949 年《华北人民政府关于重大案件量刑标准的通报》规定："凡危害新民主主义国家及由国家所制定的法律程序，或危害个人权益致对社会有严重影响者，即为犯罪。犯罪处罚以及危害国家社会人民之利益的严重与否，而为科刑之标准。"在此期间，面对国民党蒋介石反动统治的崩溃，我党在加强国家安全立法的同时，还取缔和镇压了以下五方面的反革命分子：①肃清政治土匪，逮捕、惩办了一批重要匪首。②镇压地主恶霸分子。③惩治战争罪犯。④取缔反动党团及一切特务组织。1948 年 11 月 15 日，《中共中央关于军事管制问题的请示》规定："解散国民党三青团、民社党、青年党及南京政府系统下的一切反动党派和团体，并收缴其反动证件，登记其各级负责人员。"如反动特务组织"中统""军统"等，是反动派进行法西斯统治、摧残人民的反动工具，每个特务分子必须在限期内向公安机关进行登记。⑤解散反动会道门封建迷信组织，对拒不向公安机关登记，继续活动者，予以严惩。上述措施，在中华人民共和国建立的征程中迈出了具有重要意义的一步。

四、中华人民共和国的国家安全法

（一）分散式的立法规定

1.《中国人民政治协商会议共同纲领》和《关于镇压反革命活动的指示》。1949年10月1日，中华人民共和国正式成立。在中华人民共和国成立的最初几年内，国家的主要任务是积极创造条件，实现从新民主主义到社会主义的转变。维护国家安全的突出任务就是保卫新生的人民政权，因此，打击"反革命"成为国家安全立法的重点。1949年，中央人民政府起草了《中国人民政治协商会议共同纲领》（以下简称《共同纲领》），它具有临时宪法的作用。《共同纲领》第7条规定："中华人民共和国必须镇压一切反革命活动，严厉惩罚一切勾结帝国主义、背叛祖国、反对人民民主事业的国民党反革命战争罪犯和其他怙恶不悛的反革命首要分子……"

为了保卫新生的人民政权，政务院、最高人民法院于1950年7月21日联合发布了《关于镇压反革命活动的指示》，其中规定："各级人民政府必须遵照共同纲领的规定，对一切反革命活动采取严厉的及时的镇压，而在实行镇压和处理一切反革命案件中，又必须贯彻实行镇压与宽大相结合的政策，即首恶者必办、胁从者不问、立功者受奖的政策，不可偏废，以期团结人民、孤立反革命分子而达到逐步肃清反革命分子的目的。"对反革命犯罪行为及其法律责任，具体规定为：①对一切手执武器、聚众叛乱的匪众，必须坚决镇压剿灭，并将其主谋者、指挥者及罪恶重大者，依法处以死刑；②对以反革命为目的而杀害公职人员和人民、破坏工矿仓库交通及其他公共财物、抢劫国家和人民的物资、偷窃国家机密及煽动落后分子反对人民政权的一切活动、组织或谍报、暗杀机关，应彻底破获并逮捕其组织者及罪恶重大者，依法处以死刑或长期徒刑；③对怙恶不悛的匪特分子和惯匪，依法处以长期徒刑或死刑；④凡勾结、窝藏上述3项重要反革命分子而情节重大者，依法处以长期徒刑或死刑。

2.《中华人民共和国惩治反革命条例》以及配套的法律法规。1950年，为了维护新生的人民政权，中央人民政府在全国范围内开展大规模的"镇压反革命运动"。1951年，我国镇压反革命运动达到了高潮，全国各地揭发出大批反革命分子，运动转入处理阶段。为了保证这项运动的顺利开展，确保对反革命分子的正确处理，中央人民政府政务院政法委员会根据《共同纲领》第 7 条的原则，草拟了《中华人民共和国惩治反革命条例（草案）》，于 1951 年 2 月 20 日提交中央人民政府委员会第 11 次会议批准，同年 2 月 20 日公布施行。该条例共 21 条，主要内容有：①确立了反革命罪概念。该条例第 2 条规定："凡以推翻人民民主政权，破坏人民民主事业为目的之各种反革命罪犯，皆依本条例治罪。"该条特别强调了"以推翻人民民主政权，破坏人民民主事业为目的"，作为区分反革命罪与一般刑事犯罪的基本标志。②列举了背叛祖国罪、叛变或策动叛乱罪、持械聚众叛乱罪、间谍或资敌罪、组织或参加特务组织进行反革命活动罪、利用封建会道门进行反革命活动罪、反革命杀人破坏罪、反革命煽惑挑拨罪、反革命偷越国境罪、聚众劫狱或暴动越狱罪、窝藏包庇反革命罪犯罪 11 项主要的反革命犯罪行为。③规定了从轻、减轻或免于处刑的条件。包括自动向人民政府真诚自首悔过者，揭发检举前或以后真诚悔过立功赎罪者，被反革命分子胁迫、确非自愿者，解放前反革命罪行并不重大，解放后又确已悔改并与反革命组织断绝联系者，等等。④规定了溯及既往和类推的原则。例如，该条例规定，"本条例施行以前的反革命罪犯，亦适用本条例之规定"，"以反革命为目的之其他罪犯未经本条例规定者，得比照本条例类似之罪处刑"。该条例同时还就具体的刑罚适用等问题作了规定。

与此同时，还出台了其他相关的处理反革命案件的单行法规，主要有：1951 年 2 月 4 日《中央人民政府政务院关于没收战犯、汉奸、官僚资本家及反革命分子财产的指示》，规定了对战犯、汉奸、官僚资本家及反革命分子在企业中的股份财产依法没收的处理程序；1951 年 6 月 22 日《中央人民政府政务院关于没收反革命罪犯财产的规定》，规定了没收反革命罪犯财产的范围和处理办法；1952 年 6 月 27 日《管制反革命分子暂行办法》，规定了管制的目的和对象、管制的内容以及管制的期限和执行办法；1951 年 6 月 1 日《保守国家机密暂行条例》，就国家机密的等级及保护、相应的法律责任等作出了明确的规定。值得强调的是，这些法律法规的颁布实施虽然对于保卫新生的人民政权发挥了重要作用，但是，由于受当时特定历史条件的限制，一些法律法规具有明显的局限性，特别是在其贯彻执行中，造成了镇压反革命运动和适用反革命罪扩大化的倾向。

3.《中华人民共和国刑法》。中华人民共和国第一部刑法典于 1979 年 7 月 1 日通过，自 1980 年 1 月 1 日起施行。在国家安全立法方面，1979 年《刑法》对 1951 年《中华人民共和国惩治反革命条例》有所增删和修改，但基本延续了其主要内容，将"反革命罪"作为分则第一章，共规定 15 个条文、12 个罪名。制定刑法典的过程中总结了"文化大革命"的教训，为避免动辄扣上"反革命"帽子，使对敌斗争扩大化，对反革命罪的构成要件严格加以限制。1979年《刑法》第90条对反革命罪的定义十分严格："以推翻无产阶级专政的政权和社会主义制度为目的、危害中华人民共和国的行为，都是反革命罪。"构成反革命罪必须同时具备两个基本条件：一是客观上要有危害中华人民共和国的行为，即反革命行为；二是主观上要有推翻无产阶级专政的政权和社会主义制度的目的，即反革命目的。1989年8月1日最高人民法院、最高人民检察院《关于办理反革命暴乱和政治动乱中犯罪案件具体应用法律的若干问题的意见》强调了关于反革命犯罪案件的定罪问题，指出"'以反革命为目的'，是刑法规定的构成反革命罪的必要条件"。

1979年《刑法》规定的反革命罪具体罪名有：背叛祖国罪（第91条），阴谋颠覆政府、分裂国家罪（第92条），策动投敌叛变或者叛乱罪（第93条），投敌叛变罪（第94条），持械聚众叛乱罪（第95条），聚众劫狱、组织越狱罪（第96条），间谍、资敌罪（第97条），反革命集团罪（第98条），组织、利用封建迷信、会道门进行反革命活动罪（第99条），反革命破坏罪（第100条），反革命杀人、伤人罪（第101条），反革命煽动罪（第102条）。

1980年9月29日，第五届全国人大常委会第十六次会议根据最高人民检察院的建议，作出《关于成立最高人民检察院特别检察厅和最高人民法院特别法庭检察、审判林彪、江青反革命集团案主犯的决定》。特别法庭根据1979年《刑法》第90条、第92条、第93条、第98条、第101条、第102条、第103条等的规定对10名主犯分别判处了刑罚。林彪、江青反革命集团案，是中国历史上前所未有的一次重大反革命案件。

1997年《刑法》将"反革命罪"修改为"危害国家安全罪"，使罪名更加符合行为的实质内容。将反革命罪修改为危害国家安全的犯罪，不仅是类罪名的名称上的变更，更是去除了"反革命罪"的政治色彩，恢复了对危害国家安全犯罪严格追究刑事责任的法律本色。同时，这一重大更改适应了改革开放的需要，避免了政治犯引渡在国际司法协助中所处的困境，有利于国际刑事司法协助与合作。2012年3月修订的《刑事诉讼法》将"反革命案件"的表述删除，同样是适应时代需要，体现了依法治国的精神。

4.《中华人民共和国宪法》。1954年9月20日、1975年1月17日、1978年3月5日，我国第一部、第二部、第三部宪法出台。这三部宪法虽有较大的历史局限性，不尽完善，但是，它都将维护国家安全、确保人民政权稳定作为重要内容之一。例如，1954年《宪法》第19条规定："中华人民共和国保卫人民民主制度，镇压一切叛国的和反革命的活动，惩办一切卖国贼和反革命分子……"

1975年《宪法》第14条规定："国家保卫社会主义制度，镇压一切叛国的和反革命的活动，惩办一切卖国贼和反革命分子……"1978年《宪法》第18条规定："国家保卫社会主义制度，镇压一切叛国的和反革命的活动，惩办一切卖国贼和反革命分子，惩办新生资产阶级分子和其他坏分子……"

1982年12月4日，我国第四部宪法在第五届全国人大第五次会议上正式通过并颁布。这是我国的现行宪法。1982年《宪法》第28条同样规定："国家维护社会秩序，镇压叛国和其他反革命的活动，制裁危害社会治安、破坏社会主义经济和其他犯罪的活动，惩办和改造犯罪分子。"在此基础上，1999年3月15日《宪法修正案》第17条，将《宪法》第28条修改为，"国家维护社会秩序，镇压叛国和其他危害国家安全的犯罪活动，制裁危害社会治安、破坏社会主义经济和其他犯罪的活动，惩办和改造犯罪分子。"可以说，1999年《宪法修正案》将原来的"反革命的活动"正式修改为"危害国家安全的犯罪活动"，从而和《刑法》的修改保持了一致，也为《国家安全法》有关内容的修订创造了条件。

（二）专门式的立法规定

1. 1993年《中华人民共和国国家安全法》。1983年我国的国家安全部成立后，为保障国家安全机关各项工作的顺利开展，适应社会主义民主法制建设的要求，国家安全部组织专门力量着手研究国家安全法的立法问题。经过长达近10年的起草、修改和征求意见的过程，《国家安全法》于1993年2月22日第七届全国人大常委会第三十次会议审议通过。它是中华人民共和国颁布实施的第一部维护国家安全的专门性法律。1993年《国家安全法》从起草、制定、修改到实施大致经过以下几个阶段。

第一，酝酿阶段（1987年~1990年）。1983年国家安全部成立后，于1987年正式成立了国家安全法起草小组，在进行大量调查研究、反复论证的基础上，起草了《国家安全法（草案）》。在起草过程中，国家安全部先后多次向全国人大内务司法委员会、人大常委会法制工作委员会和国务院法制局的领导汇报起草的有关情况，听取了各有关部门对该草案提出的修改意见和建议，同时征求了法学界一些专家的意见。国家安全部起草小组根据各方面的意见，对《国家安全法（草案）》进行了多次修改，于1990年12月将草案的送审稿正式报送国务院。

第二，上报和提请阶段（1990年12月~1992年12月）。在国务院接到国家安全部上报的《国家安全法（草案）》后，国务院法制局将该草案发各省、自治区、直辖市和中央国家机关各部委、军队以及民主党派广泛征求意见，并多次召开座谈会，听取有关部门和一些专家的意见，又多次对《国家安全法（草案)》进行修改，于 1992 年 12 月提交国务院第 117 次常委会讨论通过后，由李鹏总理签署议案，提请同年 12 月召开的第七届全国人大常委会第二十九次会议审议。

第三，审议、通过阶段（1992 年 12 月～1993 年 2 月）。1992 年 12 月召开的第七届全国人大常委会第二十九次会议审议了《国家安全法（草案）》，对该草案提出了多处修改意见。起草小组针对提出的有关修改意见，又进行了调整和修改。经过多方面的工作，1993 年 2 月 22 日第七届全国人大常委会第三十次会议审议并高票通过了《国家安全法》。审议时，参加表决的 106 名委员中，投赞成票的 103 人，弃权票的 2 人，未投票的 1 人。1993 年 2 月 22 日，中华人民共和国主席令第 68 号公布，《国家安全法》自公布之日起实施。[1]

1994 年 6 月 4 日，国务院颁布实施了《中华人民共和国国家安全法实施细则》。《中华人民共和国国家安全法实施细则》的实施，是对《国家安全法》的具体化，保障了《国家安全法》得以顺利贯彻和实施，确保了国家安全机关的各项工作能够顺利开展。《国家安全法》及其实施细则的颁布和实施，保证了国家安全机关职能任务的充分履行，对于防范和制止各种危害国家安全行为的发生、保障国家和社会安全发挥了十分重要的作用。

2. 2015 年《中华人民共和国国家安全法》。党的十八大以来，为适应我国国家安全面临的新形势新任务，以习近平同志为总书记的党中央提出总体国家安全观，强调全面维护各领域国家安全，对加强国家安全工作作出了重要部署。按照中央部署和贯彻落实总体国家安全观的要求，为适应我国国家安全面临的新形势新任务，制定一部具有综合性、全局性、基础性的国家安全法，是十分必要的。

第一，当前，随着我国综合国力和国际地位的历史性提升，国际力量对比向更为均衡的方向发展，我国与美国等西方国家在发展模式、发展利益、发展空间、发展理念方面的竞争日趋激烈，严峻的国家安全形势，呼唤新的《国家安全法》出台。

第二，2014 年 4 月 15 日上午，习近平同志在主持召开中央国家安全委员会第一次会议时提出，坚持总体国家安全观，走出一条中国特色国家安全道路。这里首次提出总体国家安全观，强调必须既重视外部安全，又重视内部安全；既重视国土安全，又重视国民安全；既重视传统安全，又重视非传统安全；既重视发展问题，又重视安全问题；既重视自身安全，又重视共同安全的理念；这里首次提出了国家安全体系囊括的"11 种安全"。为此，有必要以法律的形

---

[1] 王京建：《国家安全法学教程》，中国社会出版社 2008 年版，第 48～50 页。

式确立总体国家安全观的指导地位，科学界定国家安全的内涵和外延，明确维护国家安全的各项任务，建立健全国家安全制度和国家安全保障，为构建国家安全体系，走出一条中国特色国家安全道路奠定坚实的法律基础。

第三，为落实党的十八届三中全会要求，党中央成立了中央国家安全委员会，建立了集中统一、高效权威的国家安全领导体制。针对维护国家安全工作存在的国家安全资源和力量分散、统筹协调不够，国家安全战略规划缺乏、顶层设计不足，情报信息捕捉滞后、综合研判不够，应对机制运转迟缓、快速反应不够等问题，有必要以法律的形式确立国家安全工作的相关制度，明确各部门、各地方维护国家安全的职责，规范国家机关、公民和组织维护国家安全的责任、权利和义务，形成维护国家安全的整体合力。

第四，党的十八届四中全会要求，贯彻落实总体国家安全观，加快国家安全法治建设，抓紧出台反恐怖等一批急需法律，推进公共安全法治化，构建国家安全法律制度体系。1993年《国家安全法》，主要是规定国家安全机关履行的职责，特别是反间谍工作方面的职责，已难以适应全面维护各领域国家安全的需要。为此，2014年11月1日，第十二届全国人大常委会第十一次会议审议通过了《反间谍法》，相应废止了1993年《国家安全法》。在此基础上，制定一部立足全局、统领国家安全各领域工作的综合性法律，同时为制定其他有关维护国家安全的法律法规提供基础支撑，有利于形成与维护国家安全需要相适应，立足我国国情、体现时代特点，系统完备、科学规范、运行有效的中国特色国家安全法律制度体系，为维护我国国家安全提供坚实的法律制度保障。

按照中央的部署，2014年4月国家安全法立法工作领导小组成立。中央国家安全委员会办公室会同全国人大常委会法制工作委员会组建了由十几个有关部门参加的工作专班，着手国家安全法起草工作。在起草过程中，认真研究近年来全国人大代表、政协委员和社会各界人士有关意见建议；分类整理国内外有关立法资料，特别是美国、俄罗斯等主要国家相关法律；书面征求53个中央部门意见，召开多场座谈会，并到广东等十几个地方调研或者召开地方座谈会，广泛听取部门、地方和专家学者的意见。在形成国家安全法草案稿后，又分别征求了中央有关方面和国务院法制办、最高人民法院、最高人民检察院以及有关专家的意见，经反复研究沟通，对修改稿进行进一步完善，形成了《中华人民共和国国家安全法（草案）》。经2015年7月1日第十二届全国人民代表大会常务委员会第十五次会议审议，现行的《国家安全法》通过并施行。

第二节 国家安全法的概念和特征

一、国家安全法的概念

国家安全法的概念，有广义和狭义之分。狭义的国家安全法，是指系统规定维护国家安全的法律规范。在我国，即指 2015 年 7 月 1 日第十二届全国人大常委会第十五次会议审议通过的《中华人民共和国国家安全法》。广义的国家安全法，是指一切有关维护国家安全的法律规范的总称，它不仅包括《国家安全法》，还包括其他法律法规，如《刑法》《刑事诉讼法》《网络安全法》《反间谍法》《反分裂国家法》《反恐怖主义法》《保守国家秘密法》《行政强制法》《突发事件应对法》等一系列涉及国家安全的法律法规。

具体说来，我国国家安全法律制度主要由以下三个层次构成：①《宪法》。《宪法》在总纲、公民基本权利和义务、国家机构等部分对国家安全问题作了规定，如《宪法》第 28 条规定，"国家维护社会秩序，镇压叛国和其他危害国家安全的犯罪活动"。②专门立法。主要包括《国家安全法》《反间谍法》《反分裂国家法》《反恐怖主义法》《保守国家秘密法》及其实施条例等。③部分内容涉及国家安全的法律。这部分法律较多，包括维护国家统一和领土完整的法律，如《领海及毗连区法》；维护国家政治秩序和社会秩序的法律，如《集会游行示威法》及其实施条例、《戒严法》；维护国防和军事安全的法律，如《国防法》《国防动员法》《人民防空法》。还有大量涉及政治、经济、社会、文化、生态等领域安全的法律规定，如《刑法》专章规定危害国家安全罪和危害国防利益罪，《刑事诉讼法》用 9 个条款规定危害国家安全罪的特别诉讼程序，根据《对外贸易法》第 16 条的规定，为维护国家安全，国家可以限制或者禁止有关货物、技术的进口或者出口等。[1]

二、《国家安全法》与其他相关法律的关系

国家安全法作为一门独立的部门法，具有其相对独立的特征，使之与其他法律区别开来。但《国家安全法》不是孤立存在的，它与一些法律有着密切的联系，是一种不可分的关系。从这一角度看，我们研究《国家安全法》，就必须弄清它与其他相关法律之间的关系。在此重点介绍《国家安全法》与《宪法》

---

[1] 李忠："加快构建国家安全法律制度体系"，载《人民法治》2016 年第 8 期。

《刑法》《刑事诉讼法》《反恐怖主义法》和相关行政法律规范等的关系。

1.《国家安全法》与《宪法》的关系。《宪法》是我国的根本大法，是《国家安全法》的立法依据和授权来源。例如，《宪法》序言、第 28 条、第 40 条、第 54 条均涉及国家安全的内容。未来，《宪法》可在国家安全问题上发挥更大的作用。例如，我国当前应参照"中央军事委员会"的做法，确定"总体国家安全观"的指导地位，把"国安委"的职能和组织机构等内容以宪法形式予以确定。同时厘清"国安委"与全国人大及其常委会、国家主席、国务院、中央军委等部门的相互关系。这一方面是贯彻"依法治国"的方略，另一方面可为相关的国家安全立法提供法律依据。

2.《国家安全法》与《刑法》《刑事诉讼法》的关系。《刑法》和《刑事诉讼法》内有很多有关国家安全的规定。例如，《刑法》分则第一章规定了 12 个危害国家安全犯罪的罪状、刑罚等内容，还在总则规定了与上述犯罪相关的犯罪形态、追诉时效、刑罚种类、特别累犯等；《刑事诉讼法》用 9 个条款规定了危害国家安全罪的特别诉讼程序。可以说，在刑事犯罪的规制领域，《国家安全法》与《刑法》《刑事诉讼法》是特殊法和一般法的关系。离开了《刑法》《刑事诉讼法》，危害国家安全的犯罪便无法得到有效的预防和惩处。因此，《刑法》《刑事诉讼法》有关危害国家安全犯罪的规定对国家安全活动具有重要的指导作用，是国家安全法律体系不可或缺的部分，而上述法律的修订与完善，也是对国家安全法律体系的完善。

3.《国家安全法》与相关行政法律规范的关系。《国家安全法》与行政法律规范关系密切。行政法律规范是指调整行政主体在行使行政职权和接受行政法制监督过程中与行政相对人、行政法制监督主体之间发生的各种关系，以及行政主体内部发生的各种关系的法律规范。从范围上看，行政法律规范更为宽泛，行政法律规范的内容涵盖了国防、公安、国家安全、民政、司法行政、金融、工业、农业、交通、科技、教育、文化、卫生等各个行政部门；《国家安全法》与行政法律规范相比领域较为狭窄，侧重点是事关国家安全与发展的条件及环境、国家政权及政治制度、社会制度的保护等方面。从内容上看，二者是相互包容的，行政法学的一般原则、一般原理，如依法行政、行政行为的合法性与合理性原则，行政处罚权力、行政执法程序及行政法律救济等，同样适用于国家安全行政执法工作；由于国家安全机关具有行政机关性质，因此，《国家安全法》也涉及行政立法、行政执法等问题。

4.《国家安全法》与《反恐怖主义法》的关系。《国家安全法》的出台是"为了维护国家安全，保卫人民民主专政的政权和中国特色社会主义制度，保护人民的根本利益，保障改革开放和社会主义现代化建设的顺利进行，实现中华民族伟大复兴"。而《反恐怖主义法》的出台是"为了防范和惩治恐怖活动,加强反恐怖主义工作,维护国家安全、公共安全和人民生命财产安全"。恐怖主义和国家安全并不是两个独立的、互不关涉的问题,恐怖主义问题是当今世界各国所面临的最严重的非传统安全问题之一。和其他国家相比,我国深受"暴力恐怖、宗教极端、民族分裂"三股势力之害,暴恐问题是目前对我国国家安全的最大威胁。恐怖主义不但威胁国际安全,还威胁国内安全,进而对总体国家安全构成威胁。

从制定主体上看,《国家安全法》和《反恐怖主义法》具有相同的效力等级,并不存在上位法和下位法的关系。虽然《国家安全法》制定在先,但也不能说《反恐怖主义法》完全依照《国家安全法》制定,当二者存在冲突时,也不能简单地说,《国家安全法》的效力优先于《反恐怖主义法》。当然,反过来也是不能成立的。但从内容上看,二者还是有一定的层次性,恐怖主义问题是国家安全问题的一部分,国家安全问题和恐怖主义问题是一般和具体的关系。但恐怖主义问题有其特殊性,不能完全被国家安全问题所"涵摄",因此在二者的关系上,不能简单适用传统的特别法优于一般法的原则。但是,《国家安全法》可以为《反恐怖主义法》和我国的反恐提供方向性指导。[1]

5.《国家安全法》与国际公约和国际条约的关系。我国签署的国际公约和国际条约与我国国内法一样具有约束力。因此,我国要加强对国际公约和国际条约的分析和研究,与签约国相应机构建立完善合作机制,在国内、国际两个战场维护我国国家安全利益。以反恐为例,近年来我国境内的恐怖袭击都有境外恐怖势力的影子。恐怖主义的枝叶在国内,但根却在国外,这是当前难以彻底铲除恐怖主义的重要原因。因此,加强国际反恐合作、建立长效合作机制十分必要。

三、国家安全法的特征

国家安全法的特征,是指国家安全法区别于其他法律的特殊方面。《国家安全法》,是一部以《宪法》为根据,以维护国家安全为目的,同时兼顾保障人权内容的综合性法律。它具有以下几个方面的特征:

1.《国家安全法》是国家安全领域的"基本法"。《国家安全法》根据《宪法》制定,在各个方面对国家安全领域做了总体性的顶层设计:①从社会稳定、国家发展、人民利益和民族振兴等角度,明确了我国维护国家安全的根本任务;②结合当前国家安全的新发展和新特点,从传统安全和非传统安全两个方面确定了"国家安全"的内涵;③从指导思想、宗旨等方面,确定了国家安全工作

---

[1] 王林:"《国家安全法》与《反恐怖主义法》衔接研究",载《商丘师范学院学报》2017年第8期。

的工作体制、领导机制；④规定了遵守宪法和法律、坚持社会主义法治、尊重和保障人权等原则；⑤规定了"维护国家安全与经济社会发展相协调"、统筹"内部和外部安全、国土安全和国民安全、传统安全和非传统安全、自身安全和共同安全"的工作要求；⑥提出了坚持"专群结合"和"内外结合"的工作方针；⑦规定了国家安全制度、机制以及公民和组织的义务和权利等。

可以说，《国家安全法》基本覆盖了一部国家安全事务基本法应该含有的大部分内容，对国家安全事务作出了一系列原则性和指导性的规定，对我国国家安全领域立法起到了一种统领作用。因此，应将其置于国家安全领域立法的核心位置，作为《反恐怖主义法》《反间谍法》《核安全法》以及未来的《太空法》等国家安全领域立法的法律渊源。可结合各专门领域的特点、立法成熟条件、具体发展态势等，根据《国家安全法》的一般性原则和总体制度机制，出台专门性立法或补充性、技术性规范，形成以《国家安全法》为纲、各专门性立法为骨架、各领域的补充性和技术性规范为血肉的国家安全法律体系之有机整体。

2.《国家安全法》在本质上属于行政法范畴。随着现代经济社会的发展，在客观上要求社会事务和社会关系得到有序安排，政府权力的扩张就成为合理的客观必需。由此，各国政府被赋予的管理职权急剧扩张，并获得与国家立法机关类似的立法职权。行政法是管理政府行政活动的部门法，它规定行政机关可以行使的权力、行政活动原则及法律补偿。《国家安全法》的行政法性质表现在以下几个方面：①规定了国家安全领导机构是"中央国家安全领导机构"；②规定了维护国家安全的主体是公安机关、安全机关和外交机关等，包括在情报信息搜集、配合调查、公民保护等方面的职责；③规定了包括"行政处罚"在内的法律责任；④规定了因"支持、协助国家安全工作导致财产损失、人身伤害或者死亡的"可给予法律补偿的内容。由此可见，通过《国家安全法》，国家行政部门广泛维护着各个领域的国家安全。

3.《国家安全法》以人民安全为宗旨。《国家安全法》第3条规定，国家安全工作以人民安全为宗旨。这表明，人民的安全和利益是国家安全的核心，是国家安全活动的根本目的，体现了以人为本、以民为本的安全观，体现了我国社会主义国家政权的民主本质。"皮之不存，毛将焉附。"人是国家存在和发展的第一要素，没有人便没有国家。人民安全天然是国家安全第一位的重要内容，是国家安全不可分割的最核心组成部分。《国家安全法》把"保护人民的根本利益"确定为立法目的（第1条），把"人民福祉"确定为国家核心利益（第2条），把"尊重和保障人权，依法保护公民的权利和自由"确定为维护国家安全的重要原则（第7条），把"保卫人民安全"确定为维护国家安全的重要任务

(第16条），为维护人民的安全和利益提供了坚固屏障。

第三节　国家安全法的指导思想和根据

一、国家安全法的指导思想

制定国家安全法的指导思想是，坚持以马克思列宁主义、毛泽东思想、邓小平理论、"三个代表"重要思想、科学发展观、习近平新时代中国特色社会主义思想为指导，深入贯彻落实总体国家安全观，以人民安全为宗旨，以政治安全为根本，以经济安全为基础，以军事、文化、社会安全为保障，以促进国际安全为依托，构建中国特色国家安全制度体系，推进国家治理体系和治理能力现代化，为实现国家长期可持续安全提供坚实的法治保障。

二、国家安全法的根据

1. 以《宪法》为根据。《宪法》是国家的根本大法，也是《国家安全法》制定的法律根据。《宪法》是关于国家的政治、经济基本制度的规定，是关于国家机关组织和活动原则的规定，是关于公民基本权利和义务的规定，这都是制定《国家安全法》所必须遵循的。《国家安全法》必须以《宪法》为立法根据，必须在国家安全领域内贯彻《宪法》的精神和原则，通过具体的国家安全法律规范及其适用，保障《宪法》的实施。《国家安全法》的规定及其解释，不能与《宪法》相抵触；国家安全立法必须根据《宪法》所规定的立法权限和立法程序进行。可以说，《宪法》是《国家安全法》的母法，《国家安全法》是《宪法》的子法；子法必须贯彻母法的基本要求，并为保障母法的实施服务。

例如，《宪法》第5条第1款规定，"中华人民共和国实行依法治国，建设社会主义法治国家"，第33条第3款规定，"国家尊重和保障人权"；《国家安全法》第7条规定，"维护国家安全，应当遵守宪法和法律，坚持社会主义法治原则，尊重和保障人权，依法保护公民的权利和自由"。《宪法》第67条规定，"全国人民代表大会常务委员会行使下列职权：……㉑决定全国或者个别省、自治区、直辖市进入紧急状态"，第89条规定，"国务院行使下列职权：……⑯依照法律规定决定省、自治区、直辖市的范围内部分地区进入紧急状态"；《国家安全法》第64条规定，"发生危及国家安全的特别重大事件，需要进入紧急状态、战争状态或者进行全国总动员、局部动员的，由全国人民代表大会、全国人民代表大会常务委员会或者国务院依照宪法和有关法律规定的权限和程序决定"。《宪法》第

93条第1款规定,"中华人民共和国中央军事委员会领导全国武装力量";《国家安全法》第38条规定,"中央军事委员会领导全国武装力量,决定军事战略和武装力量的作战方针,统一指挥维护国家安全的军事行动,制定涉及国家安全的军事法规,发布有关决定和命令"。这些均体现了《国家安全法》的具体规定是对《宪法》的精神和原则的贯彻。

2. 以总体国家安全观的要求为根据。随着我国经济、社会的发展和国际地位的提高,我国的国家安全面临着新的形势和挑战。贯彻落实总体国家安全观,必须既重视外部安全,又重视内部安全,对内求发展、求变革、求稳定、建设平安中国,对外求和平、求合作、求共赢、建设和谐世界;既重视国土安全,又重视国民安全,坚持以民为本、以人为本,坚持国家安全一切为了人民、一切依靠人民,真正夯实国家安全的群众基础;既重视传统安全,又重视非传统安全,构建集政治安全、国土安全、军事安全、经济安全、文化安全、社会安全、科技安全、信息安全、生态安全、资源安全、核安全等于一体的国家安全体系;既重视发展问题,又重视安全问题,发展是安全的基础,安全是发展的条件,富国才能强兵,强兵才能卫国;既重视自身安全,又重视共同安全,打造命运共同体,推动各方朝着互利互惠、共同安全的目标相向而行。《中共中央关于全面推进依法治国若干重大问题的决定》明确提出,贯彻落实总体国家安全观,加快国家安全法治建设,抓紧出台反恐怖等一批急需法律,推进公共安全法治化,构建国家安全法律制度体系。

《国家安全法》第3条明确指出,国家安全工作应当坚持总体国家安全观。总体国家安全观是国家安全领域总结以往历史经验、适应当前形势任务的重要战略思想,是维护国家安全必须遵循的重要指导原则。以法律的形式确立总体国家安全观在国家安全工作中的指导思想地位,标志着总体国家安全观实现了从战略思想到法律制度的转化,这是适应形势任务发展需要的重大举措,也是做好国家安全工作、切实维护国家安全的迫切要求。在总体国家安全观的指导下,国家安全立法坚持问题导向,总结了近年来我国防范和打击危害国家安全行为的经验,并借鉴了国外的一些有益做法,明确了国家安全的相关概念以及国家安全工作的基本原则,完善了体制机制和防范措施,增强了应对处置能力。

3. 以我国的国情为根据。《国家安全法》的制定,必须从我国国情出发,体现中国特色。要做到统筹国内国际两个大局,借鉴别国有益经验,但绝不照抄照搬;要立足我国基本国情,从我国国家安全面临的新形势新任务出发,走中国特色国家安全道路;要以问题为导向,着力解决国家安全领域的突出问题。根据国家安全的新形势新特点,明确维护国家安全的基本原则和任务,重点解决国家安全各领域带有普遍性的问题和亟待立法填补空白的问题,同时为今后制定相关法律法规预留空间、预留接口。

第四节 国家安全法的目的、任务和体系

一、国家安全法的目的

法的目的也就是立法所要达到的目标，国家安全法的目的就是指国家安全法的立法目的。《国家安全法》第1条规定："为了维护国家安全，保卫人民民主专政的政权和中国特色社会主义制度，保护人民的根本利益，保障改革开放和社会主义现代化建设的顺利进行，实现中华民族的伟大复兴，根据宪法，制定本法。"由此可以看出，维护国家安全，保卫我国人民民主专政的政权和社会主义制度，保护人民的根本利益，保障改革开放和社会主义现代化建设的顺利进行，实现中华民族的伟大复兴，就是国家安全法的根本目的。它包含以下五个方面的内容。

1. 维护国家安全。国家安全包括政治安全、经济安全、军事安全、金融安全、文化安全、信息安全等各个不同的组成部分和领域，但其中最为重要的是政治安全、军事安全和经济安全。以这三个领域为主要内容和根基的国家安全如果得不到保障，其他与之相关或依附于国家安全的各种利益也就不复存在。中华人民共和国建立以来，境外间谍情报机关、敌对势力、民族分裂势力、宗教极端势力危害我国国家安全的行为一直没有停止过，反渗透、反颠覆、反分裂、反破坏的斗争始终十分尖锐和复杂。改革开放后，在以美国为首的西方反华势力的"西化""分化"政策的指导下，各种危害我国国家安全的行为不仅没有停止，反而愈演愈烈，维护国家安全的任务更加艰巨。国家的主权独立、领土完整、国家统一是一国立国之本，维护国家安全是指通过积极防范、制止和严厉惩治危害国家安全的行为，保证我国国家安全和重大利益不受侵害。维护国家安全涉及国家的领土完整、主权独立，关系到社会稳定、经济繁荣和人民的安居乐业。

2. 保卫人民民主专政政权和社会主义制度。维护国家安全，首要的是维护国家政权和社会制度。我国的国体是以工人阶级为领导、以工农联盟为基础的人民民主专政的社会主义国家，我国实行的是以生产资料公有制为基础、多种经济成分并存的社会主义制度。人民民主专政政权和社会主义制度是一个不可分割的整体。政权是社会制度的保证，社会制度则是政权的基础。人民民主政权和社会主义制度的巩固，关系到国家安全，关系到国家、民族的前途和命运。

人民民主政权和社会主义制度是我国人民历经长期艰苦卓绝的革命斗争所取得的胜利成果，是革命斗争和社会主义现代化实践经验的总结，它集中反映和体现了我国各族人民的根本利益。政权安全和社会制度的稳定是国家安全的重要内容，是国家安全的基石。

3. 保护人民的根本利益。在我国现有的社会主义制度下，"人民"是一个具有高度政治性的集合性概念，它指称所有拥护、赞成和不反对现行政权的人群集合，是社会公众群体与公民个人的有机组合体，其群体规模小于构成一个主权国家的"居民"概念。《宪法》序言对具有"人民"特性的群体作了比较全面的规定。《宪法》序言明确规定："在长期的革命、建设、改革过程中，已经结成由中国共产党领导的，有各民主党派和各人民团体参加的，包括全体社会主义劳动者、社会主义事业的建设者、拥护社会主义的爱国者、拥护祖国统一和致力于中华民族伟大复兴的爱国者的广泛的爱国统一战线，这个统一战线将继续巩固和发展。"在我国，国家的一切权力属于人民，人民是国家的主人。中国特色社会主义是亿万人民自己的事业。中国共产党的根本宗旨是全心全意为人民服务，党始终坚持"立党为公、执政为民"，始终把实现好、维护好、发展好最广大人民的根本利益作为党和国家一切工作的出发点和落脚点。《国家安全法》第16条规定："国家维护和发展最广大人民的根本利益，保卫人民安全，创造良好生存发展条件和安定工作生活环境，保障公民的生命财产安全和其他合法权益。"

4. 保障改革开放和社会主义现代化建设的顺利进行。党的十一届三中全会决定将党和国家的工作重心转移到经济建设上来，实行改革开放政策。自此，我国进入了一个新的历史发展时期，我国经济保持持续快速增长的发展势头，取得了举世瞩目的成就。稳定是发展和改革的前提，发展和改革必须要有稳定的政治和社会环境；在社会稳定中推进改革发展，通过改革发展促进社会稳定。如果国家安全和社会稳定得不到保障，改革开放和社会主义现代化建设就会失去发展条件和社会基础，必将无法进行。国家安全必须服从和服务于国家的根本战略，国家安全是确保建设中国特色社会主义事业稳定、有序、健康发展的保障。

5. 实现中华民族的伟大复兴。新时代中国特色社会主义建设和中华民族伟大复兴的实现，需要坚持总体国家安全观。统筹发展和安全，增强忧患意识，做到居安思危，是我们党治国理政的一个重大原则。必须坚持国家利益至上，以人民安全为宗旨，以政治安全为根本，统筹外部安全和内部安全、国土安全和国民安全、传统安全和非传统安全、自身安全和共同安全，完善国家安全制度体系，加强国家安全能力建设，坚决维护国家主权、安全、发展利益。有效维护国家安全，要严密防范和坚决打击各种渗透颠覆破坏活动、暴力恐怖活动、民族分裂活动、宗教极端活动。今天，我们比历史上任何时期都更接近、更有信心和能力实现中华民族伟大复兴的目标。

二、国家安全法的任务

国家安全法的任务是国家安全法目的的具体化，是国家安全法在调整不同的社会关系时的具体体现。通过国家安全法的实施，使国家安全法的目的最终得以实现。

1. 对危害国家安全的违法犯罪活动予以防范和惩治。维护国家安全，是我国的一项持久的任务。自中华人民共和国成立以来，境外间谍情报机关和境内外其他各种敌对势力、反华势力、反共势力危害我国国家安全的活动就从未停止过，隐蔽战线的斗争一直十分尖锐、复杂。境外间谍情报机关和各种敌对势力、民族分裂势力、宗教极端势力对我国的渗透、颠覆、分裂和各种破坏活动日趋猖獗，政治思想渗透、颠覆分裂、情报窃密、勾联策反、行动破坏活动的范围不断扩大，还出现了公开掩护秘密、合法掩护非法、境内境外相勾结的方式。间谍情报人员讲求长期"效应"，向我要害部门渗透，或策动、勾引、收买我要害部门工作人员，物色或"培养"有政治前途的青年，企图在我内部寻找政治代言人；国内少数敌对分子也极力寻求境外间谍情报机关和其他敌对势力、政治势力的支持，甚至内外勾结，出卖国家利益。这些形形色色行为的危害对我国的国家安全和利益造成重大损害或者构成威胁，严重影响和干扰了我国的民主与政权建设，破坏了改革开放和社会主义现代化建设事业，影响了中华民族的伟大复兴的实现，对此必须予以严厉打击，坚决防控。

2. 对国家安全机关依法履行职责和顺利开展工作的保障。国家安全工作需要各方面的支持、协助和配合。从国家安全机关成立以来的情况看，大多数公民、组织能够积极支持、协助国家安全机关工作。但由于各方面的原因，国家安全工作遇到了不少困难。长期以来，由于历史的原因，国家安全机关的职责、权限和任务等主要规定在党和国家的内部文件里，属于保密范围且往往密级较高，大部分群众对国家安全工作不了解、不理解，国家安全机关在工作中很难得到人民群众的支持和配合。由于政策、文件不具有法律效力和国家强制力，一定程度地影响和制约了国家安全事业的发展，同时也不利于外界监督，不符合我国的民主与法治建设的要求。因此，非常有必要将党和国家关于国家安全工作方面的方针、政策，通过法定程序上升为法律，使其条文化、固定化、制度化，通过法律强制的方式教育和制裁各种妨碍国家安全机关依法开展工作的行为，为国家安全机关履行职责、开展工作提供有力保障。

3. 对宪法中公民、组织维护国家安全的规定的落实。《宪法》第54条规定："中华人民共和国公民有维护祖国的安全、荣誉和利益的义务，不得有危害祖国的安全、荣誉和利益的行为。"但该规定是一条原则性规定。特别是我国长期处于和平环境，一些单位、群众的国家安全意识淡薄，敌情观念不强，警惕性不高，给了境内外间谍情报人员和敌对分子以可乘之机；缺乏广泛、牢固的人民防线，不适应新形势下维护国家安全的需要。国家安全法的重要任务之一就是要进一步细化宪法的相关规定，教育、宣传和发动人民群众，通过各种形式建立起维护国家安全的人民防线。为此，《国家安全法》第11条第1款明确规定："中华人民共和国公民、一切国家机关和武装力量、各政党和各人民团体、企业事业组织和其他社会组织，都有维护国家安全的责任和义务。"并在第六章对公民和组织维护国家安全的义务和权利进行了明确规定，从而建立起广泛、坚固的人民防线，保障国家安全。

三、《国家安全法》的体系

《国家安全法》总结了我国多年来维护国家安全的工作经验，同时借鉴了国际通行做法和一些国家的成功立法，结合了我国当前和今后一个时期内国家安全工作的实际需要，是我国第一部全面系统地规范国家安全工作的综合性法律，对贯彻落实总体国家安全观，构建国家安全法律制度体系，防范和惩治危害国家安全的违法犯罪活动，维护国家安全、公共安全和人民生命财产安全，具有重大意义。《国家安全法》一共七章84条，正文六章，第七章是附则。正文六章包括了总则，维护国家安全的任务，维护国家安全的职责，国家安全制度，国家安全保障，公民、组织的义务和权利。

第一章是总则。包括一些基本的法律概念和法律原则等。如国家安全的含义、立法宗旨、指导思想、领导体制、机构职责、国家安全战略等。立法原则包括法治原则、尊重和保障人权原则、统筹兼顾原则、标本兼治、专群结合原则、共同安全原则等。

第二章是维护国家安全的任务。具体任务包括维护政治安全、维护人民安全、维护国土安全、维护军事安全、维护经济安全、维护金融安全、维护资源能源安全、维护粮食安全、维护文化安全、维护科技安全、维护网络信息安全、维护社会安全、维护生态安全、维护核安全、维护新型领域安全、维护海外利益安全等任务；同时，还规定了民族领域维护国家安全的任务、宗教领域维护国家安全的任务、防范和处置恐怖主义和极端主义的任务。

第三章是维护国家安全的职责。具体而言，包括全国人大及其常委会维护国家安全的职责、国家主席维护国家安全的职责、国务院维护国家安全的职责、中央军委维护国家安全的职责、中央国家机关各部门维护国家安全的职责、地方维护国家安全的职责、司法机关维护国家安全的职责、专门机关维护国家安全的职责，以及国家机关及其工作人员的履职要求。

第四章是国家安全制度。除了一般规定之外，还从情报信息，风险预防、评估和预警，审查监管，危机管控等方面作出了制度设计。其中，一般规定包括基本的要求和目标，以及重点领域工作的协调机制、督促检查和责任追究机制、国家安全战略贯彻实施机制、跨部门会商工作机制、协同联动机制、决策咨询机制；情报信息包括情报工作制度、各部门搜集上报信息的职责、情报信息工作运用现代科技手段和加强研判分析以及情报信息的报送要求；风险预防、评估和预警包括制定完善应对各领域国家安全风险预案，建立国家安全风险评估机制，定期开展各领域国家安全风险调查评估，健全国家安全风险监测预警制度；审查监管包括国家安全的审查范围和各部门审查的职责；危机管控包括国家安全危机管控的制度、决策与实施等。

第五章是国家安全保障。包括法制保障、经费保障、物资保障、科技保障、人才保障、专门工作手段保障、宣传教育保障。

第六章是公民、组织的义务和权利。在义务方面规定了公民和组织维护国家安全的一般义务，机关、人民团体、企业事业组织和其他社会组织的特殊义务，企业事业组织配合有关部门的义务；在权利方面规定了获得赔偿和抚恤优待的权利，提出批评建议以及申诉、控告和检举的权利，等等。

第七章是附则。规定了《国家安全法》的实施日期。

第三章 国家安全法与国家安全基础理论

第一节 总体国家安全观

一、总体国家安全观的概念和特征

所谓总体国家安全观,就是站在国家全局高度、统筹把握国内国际因素、兼顾各领域安全形势来审视国家安全而形成的一系列观点、理念和战略方针。总体国家安全观是党中央在准确把握中国国家安全形势新特点新趋势的基础上提出的重大战略思想。

2014年4月15日,习近平同志在中央国家安全委员会第一次会议上指出,"增强忧患意识,做到居安思危,是我们治党治国必须始终坚持的一个重大原则。我们党要巩固执政地位,要团结带领人民坚持和发展中国特色社会主义,保证国家安全是头等大事";"党的十八届三中全会决定成立国家安全委员会,是推进国家治理体系和治理能力现代化、实现国家长治久安的迫切要求,是全面建成小康社会、实现中华民族伟大复兴中国梦的重要保障,目的就是更好适应我国国家安全面临的新形势新任务,建立集中统一、高效权威的国家安全体制,加强对国家安全工作的领导"。[1]中央国家安全委员会第一次会议是党中央为做好新形势下国家安全工作召开的一次重要会议,在这次会议上,总体国家安全观被首次正式提出。习近平同志站在统筹两个大局的战略高度阐述了总体国家安全观的基本内涵、指导思想和原则,为开创国家安全工作新局面指明了方向。

和传统的国家安全观相比,总体国家安全观是一种全新的国家安全观,其主要"新"在以下几个方面:

(一)系统性

既然是体系,就不是若干局部的简单组合。习近平同志指出:"必须坚持总

---

[1]《习近平谈治国理政》(第一卷),外文出版社2018年版,第200页。

体国家安全观,以人民安全为宗旨,以政治安全为根本,以经济安全为基础,以军事、文化、社会安全为保障,以促进国际安全为依托,走出一条中国特色国家安全道路。"[1]这清楚地表明,各领域安全在中国总体国家安全中的地位是不同的,但又都在系统的中国特色国家安全道路的范畴之内。以人民安全为宗旨、政治安全为根本、经济安全为基础、国际安全为依托,体现了中国特色国家安全体系的时代特征以及社会主义国家的本质属性。人民是社会主义国家的主人,国家的一切事业包括安全都要以人为本。突出政治安全和经济安全,既体现了当今世界国家安全形势的新特点新趋势,又与以人为本的要求相吻合。在全球化时代,高质量、可持续的国家安全必须在国际合作而不是对抗中实现,要抛弃"零和"思维,培养人类命运共同体意识。

（二）开放性

总体国家安全观视域下的国家安全体系是一个具有动态性的开放体系,其内涵和外延会随着时间的推移、形势的变化而不断发展。习近平同志指出要"构建集政治安全、国土安全、军事安全、经济安全、文化安全、社会安全、科技安全、信息安全、生态安全、资源安全、核安全等于一体的国家安全体系"[2]。这11种安全只是目前中国较为突出的领域,随着形势的发展,还会有新的领域出现。有些目前还不突出的领域会变得越来越突出,比如外层空间、国际海底区域、极地等。此外,现有11个领域中的某些方面会变得相对突出,从而具有一定的独特性,比如金融安全、粮食安全、能源安全、网络安全、意识形态安全等,它们虽然目前从属于11个领域中的某个领域,但是其地位突出,需要引起特别关注。

（三）互动性

各安全领域虽然相对独立,但又不是相互割裂,而是相互交叉、作用,构成一个有机整体。每一个领域的安全如果出现颠覆性危机,都会影响到其他领域,甚至导致总体国家安全危机。[3]

二、总体国家安全观的内涵

总体国家安全观是一个富有中国特色的安全概念。习近平同志指出,"当前

---

[1] "坚持总体国家安全观,走中国特色国家安全道路",载中国共产党新闻网:http://cpc.people.com.cn/xuexi/n/2015/0720/c397563-27331861.html,2019年8月7日访问。

[2] "坚持总体国家安全观,走中国特色国家安全道路",载中国共产党新闻网:http://cpc.people.com.cn/xuexi/n/2015/0720/c397563-27331861.html,2019年8月7日访问。

[3] 刘建飞主编:《中国特色国家安全战略研究》,中共中央党校出版社2016年版,第2~3页。

我国国家安全内涵和外延比历史上任何时候都要丰富，时空领域比历史上任何时候都要宽广，内外因素比历史上任何时候都要复杂，必须坚持总体国家安全观"。[1]总体国家安全观对国家安全的内涵和外延的概括，可以归结为五大要素、五对关系和五个坚持。

（一）五大要素

五大要素，就是以人民安全为宗旨，以政治安全为根本，以经济安全为基础，以军事、文化、社会安全为保障，以促进国际安全为依托。以人民安全为宗旨，就是要坚持以民为本、以人为本，坚持国家安全一切为了人民、一切依靠人民，真正夯实国家安全的群众基础。以政治安全为根本，就是要坚持中国共产党的领导和中国特色社会主义制度不动摇，将制度安全、政权安全放在首要位置，为国家安全提供根本政治保证。以经济安全为基础，就是要确保国家经济发展不受侵害，促进经济持续稳定健康发展，提高国家经济实力，为国家安全提供坚实物质基础。以军事、文化、社会安全为保障，就是要注意这些领域面临的大量新情况新问题，遵循不同领域国家安全的特点和规律，建立完善强基固本、化险为夷的各项对策措施，为维护国家安全提供硬实力和软实力保障。以促进国际安全为依托，就是要始终不渝走和平发展道路，在注重维护本国安全利益的同时，注重维护共同安全，推动建设持久和平、共同繁荣的和谐世界。上述五大要素，清晰地反映了国家安全的内在逻辑关系。

（二）五对关系

五对关系，就是既重视外部安全，又重视内部安全，强调外部安全与内部安全彼此联系，相互影响；既重视国土安全，又重视国民安全，强调国土安全和国民安全存在有机的统一；既重视传统安全，又重视非传统安全，强调传统安全威胁与非传统安全威胁相互影响，并在一定条件下可能相互转化；既重视发展问题，又重视安全问题，强调发展和安全是一体之两面，只以其中一项为目标，两个目标均不可实现；既重视自身安全，又重视共同安全，强调全球化和相互依赖使得中国和世界的安全已密不可分。也就是说，国家安全是一个不可分割的安全体系，每一个要素虽各有侧重，但是都必然、必须与其他要素相互联系、相互影响。上述五对关系，准确反映了辩证、全面、系统的国家安全理念，是对传统安全理念的超越。

（三）五个坚持

2018年4月17日，习近平同志在十九届中央国家安全委员会第一次会议上

---

[1] "坚持总体国家安全观，走中国特色国家安全道路"，载中国共产党新闻网：http://cpc.people.com.cn/xuexi/n/2015/0720/c397563-27331861.html，2019年8月7日访问。

指出:"全面贯彻落实总体国家安全观,必须坚持统筹发展和安全两件大事,既要善于运用发展成果夯实国家安全的实力基础,又要善于塑造有利于经济社会发展的安全环境;坚持人民安全、政治安全、国家利益至上的有机统一,人民安全是国家安全的宗旨,政治安全是国家安全的根本,国家利益至上是国家安全的准则,实现人民安居乐业、党的长期执政、国家长治久安;坚持立足于防,又有效处置风险;坚持维护和塑造国家安全,塑造是更高层次更具前瞻性的维护,要发挥负责任大国作用,同世界各国一道,推动构建人类命运共同体;坚持科学统筹,始终把国家安全置于中国特色社会主义事业全局中来把握,充分调动各方面积极性,形成维护国家安全合力。"[1]

五大要素、五对关系和五个坚持是理解总体国家安全观的关键所在。这就要求我们必须全面地、准确地理解总体国家安全观的丰富内涵,辩证地看待国家安全外延的创新发展,从全局和战略的高度审视国家安全问题,统筹好不同领域、不同性质的安全工作,形成维护国家安全的强大合力。

第二节 中国特色安全道路

国家安全工作能不能掌握主动权,迈上新高度,道路选择是关键。走中国特色国家安全道路,是顺应国家安全形势新变化,创造国家安全工作新局面,推进国家治理体系和治理能力现代化的迫切需要。

一、坚持党对国家安全工作的绝对领导

中国共产党是中国特色社会主义事业的领导核心。"中国由共产党领导,中国的社会主义现代化建设事业由共产党领导,这个原则是不能动摇的;动摇了,中国就要倒退到分裂和混乱,就不可能实现现代化。"[2]《国家安全法》第4条明确规定:"坚持中国共产党对国家安全工作的领导,建立集中统一、高效权威的国家安全领导体制。"

1. 坚持党的绝对领导是国家安全工作的根本政治原则。坚持党对国家安全工作的绝对领导关系社会主义的前途命运,关系国家的长治久安,关系"两个一百年"奋斗目标的顺利实现。

---

[1] "习近平在十九届中央国家安全委员会第一次会议上强调:全面贯彻落实总体国家安全观 开创新时代国家安全工作新局面",载中国日报网:http://www.chinadaily.com.cn/interface/toutiaonew/53002523/2018-04-17/cd_36047183.html,2019年8月7日访问。

[2]《邓小平文选》(第二卷),人民出版社1994年版,第267~268页。

2. 国家安全工作以保证政权安全和制度安全为首要任务。国家安全工作要立足于巩固人民民主专政，要立足于确保中国特色社会主义制度安全，国家安全工作要旗帜鲜明地维护党的领导权威。

3. 切实加强党对国家安全工作的绝对领导。要充分认识坚持党的绝对领导的重要性，切实加强党对国家安全工作的集中统一领导，不断提升党对国家安全工作的领导能力。

二、坚持国家利益至上

国家利益是指一个主权国家在国际社会中的生存需求和发展需求的总和。必要的条件不存在，国家就不能生存，如国土、人口和主权等。需要的条件不存在，国家就不能发展，如和平的周边环境、充分的能源供应和平等的贸易关系等。

国家利益有排他的一面，国家作为国际社会中独立自主的一员，其上没有更高的权威，自然会有一些不容侵犯的特殊利益。例如，主权是国家独立的根本标志，也是国家利益的根本体现和可靠保证。但国家利益也有共同的一面，国家所谋求的利益也可以共享，即共同利益。随着全球范围内各国相互依赖进程的发展，国家利益的重叠性日益显现出来。在军控、生态、反恐、打击跨国犯罪等诸多领域，国家间合作都有成功实践。国家利益的这种两重性，往往导致产生两种性质不同的国家安全战略：一种战略是排他性的，体现为一国利益的追求是他国利益的损失；另一种战略是包容性的，重视国际合作必然会推动国家间共享利益。

三、坚持以人民安全为宗旨

人民安全高于一切，是总体国家安全观的精髓所在。人民安全是国家安全最核心的部分，其他安全都应该统一于人民安全。总体国家安全观坚持以人民安全为宗旨，继承和发扬了中国共产党全心全意为人民服务的立党宗旨和优良传统，彰显了深厚的人民情怀，既符合历史规律，也体现了时代与发展的新要求、新方向，对走出一条中国特色国家安全道路具有重要的现实指导意义。国家安全依靠人民、服务人民是历史的必然选择，保障人民安全是国家安全工作的根本任务，做好国家安全工作要坚决贯彻党的群众路线，坚持"从群众中来、到群众中去"的国家安全工作方针。

四、坚持共同安全

冷战时期,两大阵营对峙的中心是欧洲。1982年,"裁军与安全问题独立委员会"率先提出了"共同安全"的概念,认为持久的安全只有在全体国家能够共享安全的时候才能实现。此后,西方国家对共同安全的内涵有所发展,如欧洲学者提出复合安全共同体,但是始终难以超越霸权和平等传统思维定式。

以习近平同志为总书记的党中央提出的共同安全理念,顺应了地区和国际安全合作潮流。冷战结束以来,中国领导人多次倡议摒弃旧式安全观,摆脱"零和"博弈思维,消除"以邻为壑"和消极对抗的安全意识,建立与时代前进方向相符的新型安全框架。2014年5月,习近平同志在亚洲相互协作与信任措施会议第四次峰会上指出:"应该积极倡导共同、综合、合作、可持续的亚洲安全观,创新安全理念,搭建地区安全和合作新架构,努力走出一条共建、共享、共赢的亚洲安全之路。"[1]共同安全是党中央在新时期对国际安全形势发展规律的新探索,明确传达了中国制定对外安全政策和处理国际安全问题的价值观和基本原则。

安全应该是普遍的,共同安全所提倡的安全框架理应包含所有的国家,只有在具有普遍性的安全体制中,才具备让所有国家实现共同安全的条件。安全应该是平等的,各国作为独立平等的主权行为体,都享有平等地获得安全保障的权利。坚决反对大国垄断的霸权主义,抵制借助实力主导安全决议的强权政治,更不容许对小国、弱国安全利益的漠视与排除。简言之,要赋予每个国家平等的安全地位。

五、坚持促进中华民族伟大复兴

习近平同志提出实现中华民族伟大复兴的中国梦,展示了国家富裕、民族振兴、人民幸福的美好前景,为坚持和发展中国特色社会主义注入新的内涵。当代中国正处于关键而特殊的阶段,把国家安全工作放到中华民族伟大复兴的历史征程中加以领导和运筹,是中国特色国家安全道路的基本发展方向。维护国家安全是中华民族伟大复兴的重要保障,对内求发展、求变革、求稳定,对外求和平、求合作、求共赢。

走中国特色国家安全道路,是我们党对国际社会关注我国国家安全战略走向的妥善回应,也是我们党对推动国家安全工作迈上新高度的战略自信和实践

---

[1]《习近平谈治国理政》(第一卷),外文出版社2018年版,第354页。

自觉。这种自信和自觉,来源于对当今世界发展潮流的主动顺应,来源于对国家安全形势变化的新特点、新趋势的准确把握,更来源于国家治理体系和治理能力现代化水平的稳步提升。[1]

第三节 国家安全环境

一、我国国家安全环境的概念和特征

《国家安全法》第6条规定:"国家制定并不断完善国家安全战略,全面评估国际、国内安全形势,明确国家安全战略的指导方针、中长期目标、重点领域的国家安全政策、工作任务和措施。"可见,国际、国内安全形势即国家安全环境,是国家安全战略的制定依据。

造成不同国家和同一国家不同时期安全度差异的因素是各种各样的,其中既有国际的因素,也有国内的因素;既有社会因素,也有自然因素;既有政治经济因素,也有社会文化因素;既有客观的因素,也有主观的因素;既有积极因素,也有消极因素;既有直接的威胁因素,也有间接的危害因素。这些从不同方面在不同程度上影响国家安全的因素的总和,就是国家安全环境。因此,可以说国家安全环境就是影响国家安全的因素的总和,是由各种各样影响国家安全的因素构成的大系统。[2]

中国国家安全面临的地缘政治环境首先与中国的地理位置有关。中国位于北半球,在全球最大的大陆——欧亚大陆的东部和全球最大的海洋——太平洋的西岸,西南面距印度洋不远。中国国土陆地总面积约为960万平方公里,约占全球陆地总面积的1/15,亚洲面积的1/4。在世界各国中,中国的面积仅次于俄罗斯和加拿大,居第3位。中国陆地疆界长2万多公里,与中国接壤的邻国有14个:东北有朝鲜,北有俄罗斯和蒙古,西和西南有哈萨克斯坦、吉尔吉斯斯坦、塔吉克斯坦、阿富汗、巴基斯坦、印度、尼泊尔和不丹,南有缅甸、老挝和越南。同中国隔海相望的国家有6个:东有韩国、日本,东南有菲律宾、马来西亚、文莱和印度尼西亚。这些表明,中国国家安全面临的地缘政治环境是世界各大国中较为复杂的:①与中国接壤和隔海相望的国家达20个,其数量之多是其他任何国家所没有的;②中国与一些邻国仍有未解决的领土争端和海上权益争端,这在世

---

[1] 《总体国家安全观干部读本》编委会编著:《总体国家安全观干部读本》,人民出版社2016年版,第39~78页。
[2] 刘跃进主编:《国家安全学》,中国政法大学出版社2004年版,第201页。

界上近代以来迅速崛起的大国中是极为罕见的;③中国大陆和台湾地区还未能实现和平统一,这在迅速崛起的大国中也是少见的;④与中国接壤的国家中既有强邻,也有在历史上侵略过中国的国家,还有对中国迅速崛起深感担心的邻国。

二、我国国家安全环境的具体内容

随着伊拉克、阿富汗战争的结束,美国的军事重心逐步向亚太地区转移,重点是中国南海、台湾海峡以及朝鲜半岛。北约在美国的主导之下,进一步向东扩展,将苏联解体后的独联体国家纳入北约体系,压缩俄罗斯崛起的空间。同时,加强在中国周边地区国家(日本、越南、印度、菲律宾等)的军事部署,挑起区域军备竞赛,遏制中国发展军力。俄罗斯军事改革以后,强势崛起;韩国、日本随美国一边倒;中国进入改革转型期,社会矛盾日益突出。"疆独""藏独""台独""港独""蒙独"等有合流之势,背后当然也隐藏有美国的影子。可以看出,中国当前安全形势比较严峻,具体来说,中国国家安全面临的全球地缘政治环境主要有以下内容:

1. 非传统安全威胁上升。非传统安全威胁又称为全球问题、跨国问题或低政治问题,包括环境污染、全球变暖、人口爆炸、毒品走私、国际犯罪、恐怖主义、食品安全等。非传统安全威胁有两个重要特点:一是具有全球性和全人类性,这些问题不是某些国家和局部地区存在的个别问题,而是世界范围内普遍存在并且关系到整个人类的问题;二是就其后果来说非常严重,它不是人类社会发展中遇到的一般困难和障碍,而是威胁人类的生存和发展,决定人类命运的重大问题。[1]

非传统安全威胁有时也与传统安全威胁交织在一起。传统安全威胁有可能转化为非传统安全威胁,非传统安全威胁也有可能导致传统意义上的战争与武装冲突。例如,大规模杀伤性武器是传统安全威胁,但如果恐怖分子掌握了大规模杀伤性武器,就成为非传统安全威胁和跨国问题。又如,在非洲某些国家和波黑发生的武装冲突中,叛军或参战军队强奸成千上万名妇女,造成艾滋病的大范围流行。

2. 国内政治国际化、国际政治国内化、民族主义强化、宗教政治化成为新的趋势:①一些国家国内的政治矛盾和冲突,导致国际干预,出现国内政治国际化。例如,国内复杂的政治、宗教矛盾,导致叙利亚国内战乱不断,现在的叙利亚成为美国、俄罗斯、土耳其、伊朗等世界和地区大国博弈的战场。②由

---

[1] 尹希成等:《全球问题与中国》,湖北教育出版社1996年版,第2~3页。

于全球化的发展，各国之间在许多领域的交流和接触大大增加，世界上没有任何一个国家可以关起门来搞建设，国际政治和国际形势的发展变化不可避免地会对国内政治产生连锁反应。美国特朗普政府上台后，奉行"美国优先"政策，退出巴黎协定和联合国教科文组织，逆全球化大潮流而行，搅动国际政治大局，进而影响到国内政治局势。③宗教及其组织一般具有广泛的社会动员力、跨国联系、使世俗权威相对化以及使暴力合法化的特征，故宗教问题较易被国家视为安全问题或加以安全化。因此，具有高度神圣性的宗教与具有高度现实性的国家安全之间存在着"基本的结构上的亲密关系"。20世纪70年代以来的全球宗教复兴，宗教政治化、国际化以及暴力性宗教极端主义的肆虐，更是对国家主权和国际秩序提出了严重挑战，宗教对国家安全的影响业已成为当前世界各国难以回避的问题。[1]

中国处于全面建设小康社会的关键时期，这一时期国内的政治、经济、社会和文化矛盾都相当突出，处理好内部发展与外部压力的关系至关重要，和平发展的方向将有助于解决内外矛盾。

3. 冷战残余和传统安全威胁仍然存在。冷战或内战所造成的有些民族和国家的分裂仍然存在，如朝鲜半岛、中国台湾等。特别是近年来，这些分裂地区已经或曾经成为矛盾热点。第二次朝核危机发生后，朝鲜半岛紧张局势升级，这给亚太地区和世界的和平稳定投下了阴影。

同时，美国为维持其"世界领导地位"，企图保持其军事力量"无与伦比的优势"。为此，它不允许其他国家谋求军事优势或与美国平起平坐的军事地位。2017年12月18日，美国总统特朗普发布了其上任后首份《国家安全战略报告》。特朗普阐述了美国当今面临的威胁来自于朝鲜和伊朗核武器、流氓政权、恐怖主义组织、跨国犯罪网络以及在世界各地传播暴力和邪恶的其他组织，并且提出中国和俄罗斯是美国面临的竞争对手，认为中俄寻求挑战美国的影响力。在《国家安全战略报告》中，特朗普明确提出了四个核心国家利益，即：①保护美国人民和国土安全。美国的根本责任是保护美国人民和国土安全，这要求保卫边界、修建隔离墙、终止移民政策和大力支持在这些岗位上的工作人员。②促进美国繁荣。经济是促进美国繁荣的重要手段，不仅要减税和取消不必要的规定，还要求以公平互利为原则进行贸易；必须重建美国基础设施，加大对其投资力度。③用军事力量维护和平。"我们的战略将摆脱以往破坏性的防守封锁，全面实现军队现代化，推翻之前哪怕威胁到国家安全，也要减少武装力量

---

[1] 徐以骅："当代中国宗教与国家安全"，载晏可佳主编：《辉煌六十年——中国宗教与宗教工作》，上海人民出版社2010年版，第160~168页。

的决定。"[1]可见，特朗普政府特别强调军事手段。④推进美国在世界上的影响力。将美国人民摆在首位，强调美国利益优先，并且力图重新建立美国"一超多强"的国际地位；"美国将再次领先、重塑爱国精神，繁荣和骄傲"。[2]

总之，和平与发展作为时代主题将是长期的，但是世界政治经济形势将表现出"总体和平、局部战争"，"总体稳定、局部动荡"，"总体缓和、局部紧张"的特点，也将是长期的。[3]

第四节 国家安全战略

一、国家安全战略的概念

"国家安全战略"一词作为法律用语，最早出现在1986年美国国会通过的《戈德华特—尼科尔斯国防部改组法》中。1997年美国参谋长联席会议出版的《军语及相关术语》正式对"国家安全战略"进行了界定，即"为达到巩固国家安全目标而发展、运用和协调国力的各部分（包括外交、经济、军事和信息等）的艺术和科学，也称国家战略或大战略"。2009年《俄罗斯联邦2020年前国家安全战略》对"国家安全战略"的定义是："本战略是俄罗斯联邦国家安全保障体系发展规划的基础性文件，是对确保国家安全的行为方式和措施的阐述，是国家权力机关、组织和社会团体为保障俄罗斯联邦国家利益及个人、社会和国家安全而进行建设性协作的基础。"

国家安全战略是关于国家安全的综合性的指导方略，是运用综合国力维护国家安全利益的总体构想，既包括传统的军事战略，也包括政治、经济、科技、文化、信息、资源、生态等各方面涉及国家安全问题的筹划。从各国实际情况看，不同国家对"国家安全战略"的定义不同，但都制定了维护本国国家安全的战略或者政策。国家安全战略的表现形式可能是成文的，也可能是不成文的；可能是系统的，也可能是不系统的；可能表现为一份完整而统一的文献，也可能存在于不同的文献中；可能是公开的，也可能是不公开的。

从目前各国公开的国家安全战略分析，其主要内容通常包括：①影响国家安全战略的因素。主要有国家安全利益、国家实力、战略环境、战略文化和安

---

[1] 侯新华、王林："特朗普《国家安全战略报告》评析"，载搜狐网：https://www.sohu.com/a/217095494_774715，2019年8月7日访问。
[2] 特朗普国安战略演讲全文："美国人民从此站起来了"，载《深蓝财经》2017年12月20日。
[3] 夏立平：《中国国家安全与地缘政治》，中国社会科学出版社2013年版，第52~55页。

全观。②国家安全战略的构成因素。主要有战略目标、战略方针和原则、战略能力、战略途径。③国家安全战略的政策、涉及政策的程序、机制和体制等问题。④国家安全战略的实施。主要包括战略目标的分解、战略阶段的划分、战略途径的选择、战略实力的动员以及战略能力的运用等。⑤国家安全战略的调整。包括国家安全战略的充实、完善以及转换的原因和条件等。

各国制定并实施国家安全战略的目标有共性,通常规定:保障国家的领土、主权完整,维护国家政治稳定,确保国家经济科技发展利益不受侵害,做好战争准备和非传统安全领域的斗争准备,增强抵御各种安全威胁的能力。

二、世界主要国家的国家安全战略

(一) 美国

美国"二战"后一直从维护自身在全球领导力的角度考虑和筹划国家安全问题。冷战后期,美国奉行的国家安全战略是"遏制战略"。1950年4月,美国国家安全委员会制定NSC-68号文件,阐明了遏制战略的基本内容。遏制战略是美国与苏联全面对抗的综合性和全球性战略,威慑是军事战略的核心。冷战结束后,G.H.布什总统于1990年提出"超越遏制战略",强调要把剧变后的苏联和东欧国家纳入西方建立的国际体系。克林顿总统于1996年向国会提交《国家参与和扩展安全战略报告》,提出"参与和扩展"战略,强调美国的安全防卫、增强美国的经济实力和促进国外民主是美国国家安全的基本目标。2000年,克林顿在第二任期内提出《新世纪国家安全战略》,延续了其第一任期的国家安全战略。G.W.布什总统分别于2002年和2006年两次向国会提交《美国国家安全战略报告》。2002年的报告强调首要任务是打赢反恐战争,以及防止大规模杀伤性武器的扩散,重申"先发制人"的用兵方针,强调美军转型,以军事力量确保美国21世纪战略目标的实现。2006年的报告将美国面临的战略环境定性为"处于战争状态",提出促进"民主自由"和确保美国领导地位是两大战略支柱。2010年奥巴马政府出台《国家安全战略报告》,明确了"重振美国、领导全球"的新国家安全战略,提出要着手应对全球多样化挑战,特别是为核扩散的挑战做好准备;提出要以重振美国和领导全球为目标,以强化国内力量建设为重点,以加强与世界各种力量中心的全面接触为主要标志,以外交、经济、军事、政治、法律和文化等多种手段的综合运用为支撑,维护美国利益。2015年2月6日,奥巴马政府公布了其任期内第二份《国家安全战略报告》,全面阐述美国的主要安全关切,突出强调对暴力极端主义和恐怖主义、大规模杀伤性武器、气候变化及其灾害、网络攻击、日益增强的流行性疾病等非传统领域安全风险的关注和应对思路。2017年12月18日，特朗普总统公布了任期内的首份《国家安全战略报告》，该报告改变了美国过去的"接触"或者说"参与"战略，开始用"有原则的现实主义"来界定美国的国家利益，指导其地区战略和行事方式，具有较强的特朗普个人烙印。

（二）俄罗斯

1997年俄罗斯公布第一部《国家安全构想》，主要包括对国际形势的判断、俄罗斯安全状况、对国内利益和对外利益的分析、国家安全面临的主要威胁、国家安全的目标和战略。2000年俄罗斯公布第二部《国家安全构想》，在坚持1997年确定的国家利益的同时，对国家安全格局和威胁判断作出重大修正，强调军事威胁是俄罗斯面临的主要威胁；强调继续奉行现实威慑战略，建立足够防御的军事力量。2009年公布的《俄罗斯联邦2020年前国家安全战略》，被称为国家"综合性基础文件"，阐述了俄罗斯在国防、内政、外交及经济等领域面临的主要安全威胁及应对手段，界定了俄罗斯国家安全利益，突出了综合安全观，提出俄罗斯国家安全体系的目标和发展任务。

（三）日本

"二战"之后至2013年12月，日本官方从未出台过以"国家安全战略"命名的战略文件，其国家安全战略基本反映在不同时期首相咨询机构提交的有关国家安全政策建议的报告中。2013年12月，日本内阁会议首次通过《国家安全保障战略》，明确国家安全战略的宗旨是在国家安全保障环境日益严峻的情况下，为使社会繁荣、和平得以持续发展，从长远的角度考虑日本国家利益以及日本在国际社会的地位。该战略还明确了日本奉行的国家安全保障的基本理念、国家利益及国家安全保障的目标；日本周边的安全保障环境及国家安全保障的课题；日本在国家安全保障上应采取的战略举措；等等。

近年来，各国依据国家安全形势的变化和战略力量的对比，都在调整各自的国家安全战略，主要的特点和趋势表现为以下几点：一是在战略目标上，将维护本国的利益和国际地位作为战略的出发点和归宿。二是在威胁判断上，在重视传统威胁的同时，重视非传统威胁，如经济安全、生态安全、资源安全、网络安全、国际恐怖主义等。三是在战略措施上，在强调军事手段的同时，更加重视政治、经济、文化、社会手段的运用，越来越注重国家之间的合作，重视利用国际组织、国际机制等多边主义手段和措施来维护国家的安全。

三、我国的国家安全战略

中国在抵御外来威胁，维护国家安全的实践中，形成了具有时代特征和中国特色的国家安全战略思想。中华人民共和国成立以后的一段时间，我们党和国家将维护国家主权和领土完整作为国家安全的根本，强调国家安全的根本任务是保卫新生的民主政权、国家独立和领土完整，保卫革命成功和人民的合法权益；维护国家安全的手段主要是国防和军事。改革开放以后，在和平发展成为时代主题的新形势下，我们党和国家将国家利益和国家安全作为国家安全战略的最高原则，提出摒弃冷战思维，倡导互信、互利、平等、协作的新安全理念。

2012年党的十八大报告提出："完善国家安全战略和工作机制，高度警惕和坚决防范敌对势力的分裂、渗透、颠覆活动，确保国家安全。"2013年党的十八届三中全会决定提出："设立国家安全委员会，完善国家安全体制和国家安全战略，确保国家安全。"2014年4月，以习近平同志为总书记的党中央，准确把握了国家安全形势变化的新特点和新趋势，继承和发展了以往国家安全战略思想，提出了总体国家安全观这一重大战略思想。

2015年1月23日，中国共产党中央政治局召开会议，审议通过《国家安全战略纲要》。当前，国际形势风云变幻，我国经济社会发生深刻变化，改革进入攻坚期和深水期，社会矛盾多发叠加，各种可以预见和难以预见的安全风险挑战前所未有，必须始终增强忧患意识，做到居安思危。制定和实施《国家安全战略纲要》，是有效维护国家安全的迫切需要，是完善中国特色社会主义制度、推进国家治理体系和治理能力现代化的必然要求。

在新形势下维护国家安全，必须坚持以总体国家安全观为指导，坚决维护国家核心和重大利益，以人民安全为宗旨，在发展和改革开放中促安全，走中国特色国家安全道路。要做好各领域国家安全工作，大力推进国家安全各种保障能力建设，把法治贯穿于维护国家安全的全过程。要坚持正确义利观，实现全面、共同、合作、可持续安全，在积极维护我国利益的同时，促进世界各国共同繁荣。要运筹好大国关系，塑造周边安全环境，加强同发展中国家的团结合作，积极参与地区和全球治理，为世界和平与发展作出应有贡献。

《国家安全战略纲要》制定后，贯彻实施是重要任务，需要地方、部门和单位根据《国家安全战略纲要》的精神和要求，推动本地区、本部门、本领域维护国家安全工作。《国家安全法》第46条规定："国家建立国家安全工作督促检查和责任追究机制，确保国家安全战略和重大部署贯彻落实。"第47条规定："各部门、各地区应当采取有效措施，贯彻实施国家安全战略。"这两条内容对国家安全战略的贯彻落实和责任追究作出了明确规定，提供了法律保障。[1]

---

[1] 郑淑娜主编：《中华人民共和国国家安全法解读》，中国法制出版社2016年版，第24~29页。

第四章 国家安全法的基本原则

国家安全法的基本原则，是指普遍适用于全部国家安全法领域，规范所有国家安全领域的活动并具有基础性作用的法律原则。基于基本原则的属性，国家安全法的基本原则所具有的抽象性、基础性、普遍性和法律性等特征使其在国家安全法学理论体系和国家安全法的社会实践中发挥着极其重要的作用。①揭示国家安全法的主要矛盾和本质，界定国家安全法发展的框架和方向；②指导和约束国家安全法的制定、解释和适用，确保国家安全法律体系的完整性和统一性；③弥补国家安全法规范的漏洞，为立法、执法和司法活动提供参照，甚至直接用以解决问题。

近年来，中国国家安全法制发展迅速，关于国家安全法的理论研究和立法实践已经取得了较为丰硕的成果，逐渐形成了较为完善的有关国家安全法的基本原则。这些基本原则主要包括法治和保障人权原则，国家安全与经济社会发展相协调原则，统筹全面国家安全原则，预防为主、标本兼治原则，专门工作与群众路线相结合原则，共同安全原则以及可持续安全原则。

第一节 法治和保障人权原则

法治和保障人权原则体现了法律存在的核心价值，被明确写入《国家安全法》第7条，即"维护国家安全，应当遵守宪法和法律，坚持社会主义法治原则，尊重和保障人权，依法保护公民的权利和自由"。

一、法治原则

法治作为一种悠久的社会治理理论，人们对其已经形成了共识，即法律是一种最文明和最有效的治理手段。因此，以法律为主，综合利用各种手段所建立的社会秩序是一种最好的、最理想的社会秩序。这一共识所形成的价值观念即是法治观念。法治原则不仅体现了法治观念的目标追求，也使法治观念技术化并更具准则性和应用性。

(一) 法治原则的概念

"法治"是相对"人治"而言的,实行"法治"意味着对"人治"的否定。法治是历史的积淀,是人类文化的结晶。法治原则的发展在不同阶段和不同地域结出的果实不尽相同,在内涵和外延上都呈现出不断发展演化的轨迹。

法治不等于"用法来治"(rule by law)。"用法来治",是把法当作实现自己目的的工具和手段。统治者可以以其为工具或者手段来治理国家和百姓,其实质是统治者高于人民,以统治者身份自居高位,人民被视为消极、被动的被统治者。现代社会达成共识的法治(rule of law),其最主要的核心要素是要求政府在法律范围内活动,依法办事,政府及其工作人员如果违反法律,超越法律活动,即要承担法律责任。法治的实质是人民高于政府、政府服从人民。因为法治的"法"反映和体现的是人民的意志和利益。

如果说法治是指"法律的统治",即政府官员和公民个人都应受到法律的约束并遵守法律,那么法治原则就是"法律的统治"应遵循的原则或应具有的要素。就国家安全法治原则应具有的内涵而言,首先,法治是关于法律的。要实行法治,就必然对国家安全法律制度本身提出要求,并能够展现出两个维度:一是与法律的形式要素有关,即法律应让所有人能够遵守,例如,法律必须公开、明确、可预期、前后一致等;二是与法律的实质内容有关,即法律内容是否良好、是否符合正义等道德要求。其次,国家安全法治并非仅仅与法律本身有关,还与保障法律落实有关,即如何保障法律为政府官员和民众所共同遵守。如果法律不能被所有人尤其是立法者和实施者遵守,则可以说国家安全工作中有法律而无法治。

因此,国家安全法治原则的基本含义是指在维护国家安全的立法、行政执法和刑事执法、司法过程中应以科学民主立法、依法办事为核心,依法打击危害国家安全的违法、犯罪行为,为受到不法损害者提供司法救济,依法维护国家安全、社会公平正义和社会稳定。国家安全法治原则要求所有涉及维护国家安全领域的活动都应遵从法律的规定,没有凌驾于法律之上的特权。

(二) 法治原则的内容

法治原则通常包括宪法至上、权力必须依法行使等内容。维护国家安全应当坚持法治原则,除了要遵循一般意义上的法治原则,还尤其要突出强调依法维护国家安全,坚持人民主体地位,坚持法律面前人人平等,坚持从中国实际出发。

1. 依法维护国家安全,强调的是思想方法问题。维护国家安全的各项工作,都要高度重视运用法治思维和法治方式,发挥法治的引领和推动作用,确保在法治轨道上运行,要推进科学立法、民主立法,逐步构建起以《国家安全法》为基础的国家安全法律制度体系;要加强国家安全领域的严格执法和公正司法,防范、制止和依法惩治一切危害国家安全的行为;要推进全民守法,坚持全民国家安全法治教育,增强全民国家安全法治观念,尤其是各级领导干部要成为学习和遵守国家安全法律制度的模范。

2. 坚持人民主体地位,强调的是力量源泉问题。人民是我们国家和社会的主人,是依法维护国家安全的主体,必须坚持维护国家安全为了人民、依靠人民,要将体现人民利益、反映人民愿望、维护人民权益、增进人民福祉落实到依法维护国家安全的各个方面、各个环节,使国家安全法律及其实施充分体现人民意志。《国家安全法》第 2 条对国家安全的定义中,就将"人民福祉"列为国家核心利益,必须坚决予以维护。

3. 坚持法律面前人人平等,强调的是价值追求问题,体现在立法、执法、司法、守法等各个方面。《宪法》第 5 条第 4 款、第 5 款规定:"一切国家机关和武装力量、各政党和各社会团体、各企业事业组织都必须遵守宪法和法律。一切违反宪法和法律的行为,必须予以追究。任何组织或者个人都不得有超越宪法和法律的特权。"任何组织和个人都必须维护宪法法律权威,都必须依照宪法法律的规定行使维护国家安全的权力或权利、履行维护国家安全的职责或义务,都不得有超越宪法法律的特权。维护国家安全有其特殊性,但依然要在宪法法律范围内行事,遵循权依法使的要求。《国家安全法》第 13 条第 1 款也规定:"国家机关工作人员在国家安全工作和涉及国家安全活动中,滥用职权、玩忽职守、徇私舞弊的,依法追究法律责任。"《国家安全法》第 66 条还对公民、组织权利保护作出了"应当选择有利于最大程度保护公民、组织权益的措施"的规定。

4. 坚持从中国实际出发,强调的是现实选择问题。选择以何种方式维护国家安全、实现什么样的国家安全目标,是由一个国家的基本国情决定的。要汲取中华法律文化精华,借鉴国外法治有益经验,但绝不照搬外国法治理念和模式。这一思想,对于维护国家安全来说尤其现实和重要。作为一个主权国家,维护什么样的国家安全、怎样维护国家安全,应当根据本国国情、由本国人民决定。

二、尊重和保障人权原则

尊重和保障人权原则既是宪法的基本原则,也是国家安全法的基本原则。作为法治政府,应当尊重和保障人权,切实维护公民的合法权益,使之不受侵犯。

(一)尊重和保障人权原则的概念

人之所以为人,乃在于人有其人格尊严、地位与价值。人格尊严的核心在于个体人的存在价值具有独立性,既不因其身份、年龄、职业、性别、地位、阶级、党派、信仰、种族、能力等不同而有所不同,也不因其对社会贡献程度不同而有所不同。人权,简单来说就是人类的权利,是指在一定的社会历史条件下所有人类成员按其本质和尊严享有或应该享有的基本权利,是现代社会的道德和法律对人的主体地位、尊严、自由和利益的最低限度的确认。人权是权利最一般的形式,其核心就是使人在自由平等的基础上生存和发展。

卢梭的"社会契约论"、霍布斯的"自然权利的论述"和洛克的"天赋人权论"等都从不同角度阐述了"国家的一切权力来自于人民的授权,国家存在的目的就是保护人民权利"的基本思想。人权先于政府而存在,国家有义务保护公民的基本权利。基本人权是当代国际社会公认的一切人所应当共同具备的权利,根据《联合国宪章》《世界人权宣言》等国际法文件,基本人权包括生存权、平等权、社会保障权、环境权、自决权、发展权、知情权、接受公正审判权、安全权、基本自由、接受教育权以及和平权。国际公认,基本人权在人权中享有优先保障地位。

我国在 2004 年《宪法修正案》中增加了"国家尊重和保障人权"条款,确立了尊重和保障人权原则。《国家安全法》第 7 条也明确规定:"维护国家安全,应当尊重和保障人权,依法保护公民的权利和自由。"

"尊重和保障人权"作为国家安全法的基本原则,对立法、执法和司法均有重要的指导作用。这意味着,在立法中,要充分确认和保护公民的各项基本权利,合理配置个人与社会、个人与个人的权利义务关系,实现社会的和谐有序发展;在执法中,国家机关及其工作人员要摆正自己的位置,履行公仆职责,不得滥用手中的权力,侵犯公民、法人的合法权益;在司法活动中,要通过司法权的行使为公民的合法权益提供有效保障。

(二) 尊重和保障人权原则的内容

人权是社会文明进步的标尺和动力,体现了现代法律的精神,是现代法律的合理性基础,因而世界各国法律中都有关于保障人权的规定。《国家安全法》第 7 条规定,"尊重和保障人权,依法保护公民的权利和自由",一方面体现了现代法治精神,有利于在维护国家安全工作中保障和实现人权,有效提升国家安全法治化水平;另一方面也有利于回应国际舆论质疑,有助于树立我国民主、开放的大国形象。

在维护国家安全的立法、司法中体现尊重和保障人权的原则,需要注意的是在维护国家安全的执法实践中,执法权应当恪守尊重和保障人权原则的以下

几点要求:[1]

1. 执法权与公民权利发生关系时,必须针对性地考虑"尊重和保障人权"的内容。其内容主要包括:执法权限制和剥夺公民的人身自由时,不仅需要规定正当理由、正当程序,而且依据《宪法》和《立法法》的规定,要求必须遵循法律保留原则;执法权剥夺当事人的财产时,同样也需要规定正当理由和正当程序的要件,还须规定在法定范围内剥夺而不能过度剥夺,并须规定妥善保管的义务;执法者获得、掌握公民的信息和资料时,涉及执法权与公民隐私权的问题,立法中应当规定其合理使用的原则和使用的边界;执法权无论在何种情况下都有必要对公民的人格尊严和宗教信仰自由保持必要的尊重;等等。

2. 即使在紧急情形之下对公民的自由和财产进行限制或者剥夺,也不得克减公民最基本的权利。从宪制角度来看,即使处于紧急状态之下也有一些权利不可被剥夺,何况紧急情形较之紧急状态还不是那么迫切,因此,确定最基本的不可克减的权利非常重要。这一点可以参照《公民权利和政治权利国际公约》中规定的内容,其中规定不可克减的权利包括:免于因无力履行约定义务而被监禁的权利、被承认在法律面前的人格的权利以及思想、良心和宗教自由权利等。

3. 对武器和警械的使用必须规定正当的理由、严格的条件以及适当的程序。武器和警械的使用是警察权最具暴力性特点的一环,其涉及内容很多,需要遵循专门的法律规定,主要依据为《警察法》和《人民警察使用警械和武器条例》。针对这两部立法的不足之处,今后进行修改时应进一步明确一些基本内容,包括使用的理由、条件和程序等问题,避免武器和警械的滥用造成对人权的严重侵害。

4. 当出现执法权与公民权利之间的争议时,应当为公民权利提供司法救济的途径和渠道。执法权与公民权利的争议一般体现在两个方面,一是执法权违法行使给公民权利造成侵害,这时应当保障公民的诉讼权,并设计合理的赔偿制度;二是执法权并未违法行使,但是增加了公民的义务或者减少了公民的权利时,应当为公民义务增加或者权利减少提供必要的补偿,因此,有必要建立补偿制度。

5. 执法权的行使要考虑的人权范围较广,不仅要考虑相对人的人权,也要考虑执法行为可能涉及的其他公民的人权。警察执法权的暴力性特点导致其行使职权时不仅可能伤及相对人,还可能伤及现场无关人员,这时警察应尽到及

---

[1] 田双铭:"'尊重和保障人权'的法律地位——以《警察法》的修改为视野",载《中共太原市委党校学报》2016年第6期。

时救助的义务。

第二节　国家安全与经济社会发展相协调原则

国家安全是安邦定国的重要基石，经济社会发展是国家安全的基础。《国家安全法》第8条第1款规定："维护国家安全，应当与经济社会发展相协调。"

一、国家安全与经济社会发展相协调原则的概念

随着科学技术的发展和世界政治经济格局的变化，国家安全问题已不仅仅局限于传统意义上的安全定位，我国当前确立的总体国家安全观所涵盖的内涵和外延已经比历史上任何时期都更加广泛和丰富，以经济安全为基础、经济和社会协调发展成为总体国家安全观的一个重要组成部分。

国家安全与经济社会发展相协调原则指的是维护国家安全既要重视发展问题，又要重视安全问题，发展是安全的基础，富国才能强兵，强兵才能卫国；安全是发展的条件，没有国家的安全和社会的稳定，经济与社会发展就会失去生存环境和发展根基，发展就无法持续下去。

1. 经济利益是国家利益的核心和基础，没有经济和社会的协调发展以及人民生活的不断改善，也就谈不上社会的稳定和国家的安全。纵观当今世界，各国之间综合国力的竞争归根到底都是以经济实力和发展水平为基础的，经济发展的水平与质量直接关系到国家的发展与稳定。许多国家都是因为经济发展决策失误、国家经济主权受制于人等原因而使得社会发展陷入停滞，进而引发严重的社会动荡与危机，直接威胁政权稳定和国家安全。只有加快发展经济，增强国家的综合国力，提高本国经济的竞争力，提升预防和抵御风险以及应对突发事件的能力，才能保证国家经济和社会的持续发展，保证国家利益的不断实现，维护本国安全。"经济的发展离不开社会的发展，社会发展的各个领域与人民群众的切身利益以及国家的长治久安息息相关，调节各种社会矛盾和利益关系，切实解决制约经济发展和国家安全的诸多社会问题，提高社会公平和文明的程度，就可以保持国家长期稳定，为经济建设创造出良好的社会环境。"[1]

2. 国家不稳定将直接影响经济社会发展。许多研究表明，政治状况与经济表现是互相联系的，而且往往是政治状况影响经济表现，政治不稳定往往会导致经济显著下滑。经济发展需要有稳定的社会环境、接受了良好教育的人力资

---

[1] 叶政："国家安全与我国经济关系协调及社会综合治理"，载《世界经济与政治论坛》2003年第5期。

源、适合的经济发展环境和政策等。当前世界上部分国家的政局动荡、战乱打乱了该地区经济复苏的脚步，影响经济发展模式的调整。21世纪初，政局动荡给西亚、北非地区的国家造成了巨大的经济损失，甚至导致人民流离失所，经济社会发展陷入困局。

国家安全与经济社会发展相协调原则的上述含义在一定程度上也体现为维护国家安全发展要统筹兼顾诸多因素的思想，同时，也只有实现国家经济社会的可持续发展才能为国家安全提供根本保障。因此，在这个意义上说，国家安全与经济社会发展相协调原则与下文论及的统筹全面国家安全原则及可持续安全原则存在较为紧密的联系。

二、国家安全与经济社会发展相协调原则的内容

国家安全与经济社会发展相协调原则要求，在维护国家安全的立法、执法与司法工作中要做到以下几点：

1. 坚持维护国家主权、安全和发展利益，是国家繁荣发展、民族兴旺发达的重要保障和基础。中华人民共和国成立以来，特别是改革开放40年来，党和国家始终将建设巩固国防和强大军队作为中国特色社会主义事业的重要组成部分，始终坚定维护国家统一、领土完整、人民安全，始终着力营造和平发展的内外环境，为社会主义现代化建设赢得了宝贵时间，确保了我国各项事业取得长足发展，确保了人民生活水平不断提高、国家实力不断增强。如果国家安全受到威胁，甚至政权不稳，边境不宁，人民处于流离失所的境地，经济社会各项事业仰人鼻息、漏洞频现，那还有什么资格谈论发展，谈论中华民族伟大复兴？因此，要将坚定维护国家安全作为头等大事，始终保持头脑清醒，做到居安思危，防患于未然。我们坚定维护国家核心利益，绝不会有半点妥协、绝不容许拿原则来做交易。根据《国家安全法》第2条对国家安全的定义，"国家政权、主权、统一和领土完整、人民福祉、经济社会可持续发展"是国家核心利益，这是国家存在和发展的根本，是民族生存和发展的根本，也是在任何发展阶段、发展水平都必须坚守的国家安全底线。

2. 维护国家安全要从国情出发，坚持发展是解决我国所有问题的关键这一重大战略判断。中国作为发展中大国，仍将长期处于社会主义初级阶段，发展不平衡、不协调、不可持续的问题依然突出，有些还相当尖锐；经济发展与资源环境的矛盾突出，贫富分化、收入分配不合理问题受到高度关注；同时，我国尚未完成祖国统一大业，为了建设和维持强大的国防、进行有效的军事斗争还需要强大的经济后盾做支持。这些都要求我们清醒认识基本国情并判断国家所处的历史方位,踏踏实实进行社会主义建设,下力气增强国家综合国力、核心竞争力、抵御风险的能力,为维护国家安全提供坚实保障。[1]

传统的安全要素日益融入经济与社会等其他要素之中,这些要素相互渗透、相互影响、互为补充,共同奠定了总体国家安全观形成与发展的客观基础,也促使我们在考察国家安全问题时,更加关注其与经济和社会协调发展之间的内在联系,继而作出有利于从根本上维护国家安全的正确抉择。

第三节 统筹全面国家安全原则

统筹兼顾就是要总揽全局、科学筹划、协调发展、兼顾各方。国家安全工作应当统筹内部安全和外部安全、国土安全和国民安全、传统安全和非传统安全、自身安全和共同安全。

一、统筹全面国家安全原则的概念

国家安全并不单纯是一个战争或政治问题,而是以国家利益、核心利益为灵魂的一套复杂系统。因此,维护国家安全要把握全局、统筹兼顾,协调好各方面利益关系,调动一切积极因素,促进国家发展。

党的十一届三中全会以来,特别是形成抓住机遇、深化改革、扩大开放、促进发展、保持稳定的基本方针以来,我们党在把握全局、统筹兼顾问题上的理论和实践都有了新的重大发展。随着改革开放的深入,我国综合国力不断增强,在国际舞台上的地位也越来越重要,我们面对的风险挑战更大、利益关系更复杂,对统筹兼顾的要求也更高。

习近平同志在中央国家安全委员会第一次会议上提出总体国家安全观的重要思想,指出贯彻落实总体国家安全观,必须既重视外部安全,又重视内部安全,对内求发展、求变革、求稳定、建设平安中国,对外求和平、求合作、求共赢、建设和谐世界;既重视国土安全,又重视国民安全,坚持以民为本、以人为本,坚持国家安全一切为了人民、一切依靠人民,真正夯实国家安全的群众基础;既重视传统安全,又重视非传统安全,构建集政治安全、国土安全、军事安全、经济安全、文化安全、社会安全、科技安全、信息安全、生态安全、资源安全、核安全等于一体的国家安全体系;既重视发展问题,又重视安全问题,发展是安全的基础,安全是发展的条件,富国才能强兵,强兵才能卫国;

---

[1] 乔晓阳主编:《中华人民共和国国家安全法释义》,法律出版社2016年版,第35~36页。

既重视自身安全，又重视共同安全，打造命运共同体，推动各方朝着互利互惠、共同安全的目标同向而行。

综上所述，统筹全面国家安全原则指的是，维护国家安全的工作应当统筹内部安全和外部安全、国土安全和国民安全、传统安全和非传统安全、自身安全和共同安全，统筹全面国家安全原则、国家安全与经济社会发展相协调原则共同构成了五对关系，成为总体国家安全观的五项丰富内涵。统筹全面国家安全原则是2015年《国家安全法》与1993年《国家安全法》最大的区别，2015年《国家安全法》的"新"主要就新在其全面贯彻了上述总体国家安全观的丰富内涵和重大战略思想。

二、统筹全面国家安全原则的内容

统筹全面国家安全原则明确了当前和今后一个时期我国国家安全工作必须坚持的根本工作纲领和行动指南，即应对国家安全新形势新任务必须要统筹处理好以下几对关系。[1]

（一）内部安全和外部安全的关系

改革开放以来，党和国家始终高度重视正确处理改革发展稳定关系，始终把维护国家安全和社会安定作为一项基础性工作，为改革开放和社会主义现代化建设营造了良好环境。同时，新形势下，我国国家安全和社会安定面临的威胁和挑战增多，特别是各种威胁和挑战联动效应明显。

外部安全主要强调世界和地区因素对我国安全环境的影响。当前，国际力量对比、全球治理体系结构、亚太地缘战略格局和国际经济、科技、军事竞争格局正在发生历史性变化。维护和平的力量上升，制约战争的因素增多，在可预见的未来，世界大战不会发生，总体和平态势可望保持。但是，霸权主义、强权政治和新干涉主义将有新的发展，各种国际力量围绕权力和权益再分配的斗争趋于激烈，恐怖主义活动日益活跃，民族宗教矛盾、边界领土争端等问题复杂多变，小战不断、冲突不止、危机频发仍是一些地区的常态。我国作为一个发展中大国，仍然面临多元复杂的安全威胁，遇到的外部阻力和挑战逐步增多，外部安全环境中的不稳定不确定因素对国家安全和发展的影响增大。

内部安全主要强调我国社会内部因素对国家安全的影响。从维护我国内部社会和谐稳定看，重点在预防和化解社会矛盾，增强发展的全面性、协调性、可持续性，加强保障和改善民生工作，从源头上预防和减少社会矛盾的产生；

---

[1] 乔晓阳主编：《中华人民共和国国家安全法释义》，法律出版社2016年版，第36~43页。

以促进社会公平正义、增进人民福祉为出发点和落脚点，推动发展成果更多更公平惠及全体人民；完善和落实维护群众合法权益的体制机制和社会稳定风险评估机制，预防和减少利益冲突；全面推进依法治国，更好地维护人民群众合法权益。此外，特别重大自然灾害、事故灾难、公共卫生事件、社会安全事件也可能造成严重社会危害，成为威胁国家安全的重要内部因素，故需加强监测预警和及时采取应急处置措施，努力将损失和影响控制在最小范围内。

统筹内部安全和外部安全，二者不能顾此失彼，尤其要防止内外因素相互联动，形成叠加效应，冲击国家安全底线，冲击社会主义制度和党的执政根基。

（二）国土安全和国民安全的关系

国土安全更多地强调国家领土主权完整统一，国民安全则更多地强调一国之民的安全、利益得到有效保护。统筹维护国土安全和国民安全，既要考虑静态的固有领土主权安全，又要考虑领土之上人们动态的各项生存发展需求。

作为一个发展中大国，中国维护国家统一、维护领土完整、维护发展利益的任务艰巨繁重。一是随着世界经济和战略重心加速向亚太地区转移，美国看待世界的观念正在发生根本性变化，过去支撑美国外交政策根基的"接触战略"正逐渐崩溃。因此，其需要用"有原则的现实主义"来指导美国外交，并由此界定美国的国家利益、地区战略和行事方式等。同时，2017年美国《国家安全战略报告》所显示的对华的警惕，或将在双边互动、地区竞合与全球治理三个层面上给两国关系带来一定挑战。日本积极谋求摆脱战后体制，大幅调整军事安全政策，其国家发展走向引起地区国家高度关注。个别海上邻国在涉及中国领土主权和海洋权益的问题上采取挑衅性举动，在非法"占据"的中方岛礁上加强军事存在。一些域外国家也极力插手南海事务，个别国家对中国保持高频度海空抵近侦察，海上维权斗争将长期存在。一些陆地领土争端也依然存在，朝鲜半岛和东北亚地区局势存在诸多不稳定和不确定因素。地区恐怖主义、分裂主义、极端主义活动猖獗，对中国周边安全稳定带来不利影响。二是台湾问题事关我国国家统一和长远发展，近年来两岸关系保持和平发展良好势头，但影响台海局势稳定的根源并未消除，"台独"分裂势力及其分裂活动仍然是两岸关系和平发展的最大威胁。"东突""藏独"分裂势力危害严重，特别是"东突"暴力恐怖活动威胁升级，反华势力图谋制造"颜色革命"。三是随着国家利益不断拓展，国际和地区局势动荡、恐怖主义、海盗活动、重大自然灾害和疾病疫情等都可能对国家安全构成威胁，海外能源资源、战略通道安全以及海外机构、人员和资产安全等海外利益安全问题凸显。

贯彻落实总体国家安全观，要做到既重视国土安全又重视国民安全，这是相辅相成、紧密相关的。总体国家安全观强调以人民安全为宗旨，人民的安全和利益是国家安全的核心，是国家安全活动的根本目的，这是我国社会主义国家政权的民主本质。"皮之不存，毛将焉附。"人是国家存在和发展的第一要素，没有人便没有国家。人民安全是处于国家安全第一位的重要内容，是国家安全不可分割的最核心组成部分。为了确保人民安居乐业，首要的就是保卫国土安全，保卫国家核心利益。同时要牢记人民是真正的主人，维护国家安全要紧紧依靠人民。2015 年北京市公安局在朝阳区群众的多次举报协助下，破获了多起涉黄涉毒重大刑事犯罪案件，一时间在网络上形成了有关"朝阳群众"的热点新闻，这就是拓展人民群众参与公共安全治理的有效途径，形成动员全社会力量维护公共安全的良好氛围。国民安全的另一重要内容体现为维护海外中国公民和法人的合法权益。近些年，随着中国公民和企业"走出去"步伐的不断加快，我国国家利益遍布全球，也面临着比以往更多的安全风险。2015 年 3 月，沙特等国对也门胡塞武装发起空袭，当一些在当地有侨民的国家还在考虑如何撤侨时，中国军舰已经陆续从也门撤离了 500 多名中国公民，体现了中国的危机管理、应急指挥、应急保障、国际协调等能力的不断增强。与这项原则相关联，《国家安全法》第二章"维护国家安全的任务"有两处明确规定：一处是第 33 条专门对维护国家海外利益作出了规定；一处是第 18 条在军事安全任务中规定"实施联合国维和、国际救援、海上护航和维护国家海外利益的军事行动"，为切实维护国土安全和国民安全提供坚实的法律支撑。

（三）传统安全和非传统安全的关系

传统的安全观将主权、领土、政治安全作为国家安全的重中之重，维护国家安全主要依靠军事力量和手段。随着人类社会的不断发展和世界形势的不断变化，恐怖主义、自然灾害、网络信息等非传统领域的安全问题日益突出，也成为威胁国家安全的重要因素。传统安全和非传统安全因素有时会相互交织、相互影响，统筹好这一关系，需要不断拓展和加深对国家安全的理解认识，不断掌握和应用维护各领域国家安全的新思路新方法。2014 年 5 月 21 日，习近平同志在亚洲相互协作与信任措施会议第四次峰会上提出"共同、综合、合作、可持续的亚洲安全观"。其中，"综合"就是指要统筹维护传统领域和非传统领域安全。

从亚洲情况看，地区安全问题极为复杂，既有热点敏感问题又有民族宗教矛盾，恐怖主义、跨国犯罪、环境安全、网络安全、能源资源安全、重大自然灾害等带来的挑战明显增多，传统安全威胁和非传统安全威胁相互交织，安全问题的内涵和外延都在进一步拓展。从世界范围看，气候变化、武器扩散、跨国犯罪、贩毒走私等非传统安全问题日益成为影响各国甚至全人类安全的重大因素。2015 年的美国国家安全战略就将暴力极端主义和恐怖主义、大规模杀伤性武器、气候变化及其灾害、网络攻击、日益增强的流行性疾病等非传统领域安全风险列为美国的主要安全关切。《俄罗斯联邦2020年前国家安全战略》也体现了俄罗斯的综合安全观,其将安全的内容涵盖内政、经济、社会、军事、信息和生态等领域;在安全保障手段上,强调军事手段和非军事手段的综合运用,既强调军事实力在保障国家安全中的基础和支柱作用,又突出经济和内政在保障国家安全中的作用。

总体国家安全观提出构建集政治安全、国土安全、军事安全、经济安全、文化安全、社会安全、科技安全、信息安全、生态安全、资源安全、核安全等于一体的国家安全体系。随着形势任务不断发展变化,国家安全的重点领域包括但不限于以上领域,还会不断拓展和延伸。《国家安全法》第二章"维护国家安全的任务"中,网络信息安全、恐怖主义、重特大突发事件、生态安全、核安全以及新兴领域安全和维护海外利益安全等都可以认为属于非传统安全领域。

(四)自身安全和共同安全的关系

自身安全更多地强调从一国本身角度出发考虑的安全状态,共同安全则是从全局出发,充分考虑国与国在维护各自安全中的相互关系,努力形成1+1>2的安全状态。统筹自身安全和共同安全,要求将本国的安全需求放到世界安全形势中考虑,寻求与其他国家交流合作,维护共同安全。统筹自身安全和共同安全的思想,继承和发扬了中国传统文化精髓,有力冲击了西方大国一贯秉承的弱肉强食、国强必霸的丛林法则,是我国对于世界安全理念的重大贡献。

党的十八大以来,党中央关于处理国际关系和我国外交战略的中心思想是:顺应时代前进潮流和维护国家根本利益需要,高举和平、发展、合作、共赢的旗帜,更好地统筹国际国内两个大局,始终坚持走和平发展道路,坚持开放的发展、合作的发展、共赢的发展,通过争取和平国际环境发展自己,维护国家主权、安全、发展利益,实现中华民族伟大复兴的中国梦。同时积极奉行综合安全、共同安全、合作安全理念,以自身发展维护和促进世界和平,促进共同发展。

当今世界,和平、发展、合作、共赢是新的时代特点,没有和平,发展就无从谈起。全球化形成了各国之间一荣俱荣、一损俱损的利益关联。鉴于此,各国应该共同推动建立以合作共赢为核心的新型国际关系,共同享受尊严,共同享受发展成果,共同享受安全保障,面对错综复杂的国际安全威胁,单打独斗不行,迷信武力更不行,合作安全、集体安全、共同安全才是解决问题的正确选择。

中国的发展离不开和平的外部环境,实现中华民族伟大复兴的中国梦的奋斗目标必须有和平的国际环境。没有和平,中国和世界都不可能顺利发展;没有发展,中国和世界也不可能持久和平。世界繁荣稳定是中国的机遇,中国发展稳定也是世界的机遇。

第四节 预防为主、标本兼治原则

为有效维护国家安全，《国家安全法》确立了预防为主、标本兼治原则。《国家安全法》第9条规定："维护国家安全，应当坚持预防为主、标本兼治……"

一、预防为主、标本兼治原则的概念

维护国家安全工作要适应新形势新任务，要使工作更加规范高效地开展，一方面需要在工作中不断地总结新的经验做法，另一方面要及时将已有的原则、制度通过立法上升为法律制度。这不仅可以提升有效维护国家安全工作的能力，也更有利于动员各方面力量广泛参与和支持国家安全工作。预防为主、标本兼治原则就是中国共产党领导中国人民从革命战争年代到社会主义建设时期的长期对敌斗争实践中，形成并坚持的基本原则和经验、做法，对克敌制胜发挥了重要的指导和保障作用，是对实践经验的总结。

预防为主、标本兼治原则指的是，在国家安全工作中要有预见性，努力将危害国家安全的因素尽早控制或者消除，所采取的措施要既能够解决眼前的困难和危机，又有利于解决长远的根本问题。

二、预防为主、标本兼治原则的内容

预防为主、标本兼治原则就是要坚持将预防和治乱结合起来，既防患于未然，又正本清源；既要坚持充分发挥专门机关和其他有关机关维护国家安全的职能作用，又要广泛动员公民和组织，防范、制止和依法惩治危害国家安全的行为，建立起维护国家安全的强大防线。[1]

"预防为主"就是要立足长远、立足基础，尊重国家安全工作的客观规律，注重及时发现影响国家安全的苗头、隐患，及时采取措施，并不断强化维护国家安全的能力，就国家安全工作来说，尤其重在预防。"标本兼治"指的是既要解决问题的表象病症，又要根除病源、病因。正如习近平同志所说，"当前我国国家安全内涵和外延比历史上任何时候都要丰富，时空领域比历史上任何时候都要宽广，内外因素比历史上任何时候都要复杂"，[2]影响国家安全的因素非常

---

[1] 郑淑娜主编：《〈中华人民共和国国家安全法〉导读与释义》，中国民主法制出版社2016年版，第25、65页。

[2] "坚持总体国家安全观，走中国特色国家安全道路"，载中国共产党新闻网：http://cpc.people.com.cn/xuexi/n/2015/0720/c397563-27331861.html，2019年8月7日访问。

复杂，威胁国家安全的隐患不会完全消除，维护国家安全是一个动态的、不断发展的过程。因此，国家安全工作要坚持预防为主、标本兼治。

"凡事预则立，不预则废。""居安思危，思则有备，有备无患。"各有关部门要按照国家安全高于一切的要求，将预防为主、标本兼治的原则落实到维护国家安全的实际工作中，将危害国家安全事件的风险预警、危害评估、应急预案、紧急处置作为维护国家安全工作的首要任务，而不是将工作的重点放在如何应对已经发生的危害国家安全事件，或者如何惩治已经发生的危害国家安全行为上。现实危害一旦已经形成或出现，将对国家安全造成不可估量的损失。因此，要谋事在先，防范在前，尊重科学，探索规律，采取有效的预防控制措施，千方百计地预防可能危害国家安全的事件发生，做到防患于未然，将国家安全风险和危机消灭在萌芽状态。

同时，又要从危害国家安全的个别行为现象中挖掘幕后的、深层次的背景、动机等，研究其破坏活动的规律，从而做到标本兼治，斩草除根，将对国家安全的危害降到最低程度。在国家安全工作中，"治本"是普遍手段和最终目的，"治标"是特殊手段和现实目的。只有正确处理"治本"和"治标"的关系，才能谋长远之策、行固本之举，才能建久安之势、成长治之业。例如，自2014年以来，我国以新疆为主战场开展了严厉打击暴力恐怖活动专项行动，显然，其短期策略是为长远目标创造条件的，但是如果长期坚持治标行为，使国家安全工作中充斥各种应急策略和应对手段，则往往会变成权宜式治理、运动式反恐，进而势必会付出现实代价，出现对抗情绪和激烈行为，孳生出新的安全隐患，破坏长远之举。因此，我们强调标本兼治，即正确处理"治本"和"治标"的关系，明确"治标"是为"治本"服务，是为"治本"赢得时间、创造条件，"治本"是为"治标"巩固成果、根除病源的内在逻辑关系。在实践中，应将二者有机结合，妥善处理，使它们的功能最大化，服务于国家安全工作的现实和未来需要。

"预防为主""标本兼治"适用于各国家安全领域。比如政治安全领域中，《中国共产党章程》规定："党坚持标本兼治、综合治理、惩防并举、注重预防的方针，建立健全惩治和预防腐败体系，坚持不懈地反对腐败，加强党风建设和廉政建设。"社会安全领域中，2006年《中共中央关于构建社会主义和谐社会若干重大问题的决定》提出："加强社会治安综合治理，增强人民群众安全感。坚持打防结合、预防为主、专群结合、依靠群众的方针。"国土安全领域中，《水法》第4条规定："开发、利用、节约、保护水资源和防治水害，应当全面规划、统筹兼顾、标本兼治、综合利用、讲求效益，发挥水资源的多种功能，协调好生活、生产经营和生态环境用水。"

第五节 专门工作与群众路线相结合原则

《国家安全法》第9条既确立了维护国家安全,应当坚持预防为主、标本兼治的原则,又指出做好国家安全工作,需要将"专门工作与群众路线相结合,充分发挥专门机关和其他有关机关维护国家安全的职能作用,广泛动员公民和组织,防范、制止和依法惩治危害国家安全的行为",确立了专门工作与群众路线相结合的原则。

一、专门工作与群众路线相结合原则的概念

依靠人民群众是我国国家安全工作的基本原则,是同危害国家安全行为作斗争的优良传统和经验总结,也是我国国家安全工作的一个重要特点。专门工作与群众路线相结合原则包含两层含义:

1. 专门工作。维护国家安全的专门工作,主要是指专门机关和其他有关机关依照职权开展的有关国家安全的专业工作,包括依法搜集涉及国家安全的情报信息,依法行使行政执法和刑事执法职权,对危害国家安全的活动开展有关侦查、调查工作,等等。

2. 群众路线。坚持"一切为了群众,一切依靠群众","从群众中来,到群众中去"的群众路线,一直是我们党的优良传统。专门工作与群众路线相结合,是国家安全工作的政治优势和重要原则,是我们克敌制胜的重要法宝和鲜明特色。没有人民群众的积极参与和大力支持,国家安全工作就成为"无源之水、无本之木",失去了基础,也就失去了胜利的保障。

二、专门工作与群众路线相结合原则的内容

(一)坚持专门机关与有关部门相结合

坚持专门机关与有关部门相结合,就是要充分发挥专门机关和其他有关部门维护国家安全的职能作用,形成维护国家安全的整体合力,战无不胜,百战不殆。

《国家安全法》第11条规定,一切国家机关和武装力量都有维护国家安全的责任。第三章专章规定了维护国家安全的职责,并在第39条、第40条分别规定了中央国家机关各部门和地方维护国家安全的职责,第39条明确指出:"中央国家机关各部门按照职责分工,贯彻执行国家安全方针政策和法律法规,管理指导本系统、本领域国家安全工作。"第40条规定:"地方各级人民代表大会

和县级以上地方各级人民代表大会常委会在本行政区域内，保证国家安全法律法规的遵守和执行。地方各级人民政府依照法律法规规定管理本行政区域内的国家安全工作。香港特别行政区、澳门特别行政区应当履行维护国家安全的责任。"第41条规定了人民法院、人民检察院依法惩治危害国家安全的犯罪。第75条规定，国家安全机关、公安机关、有关军事机关开展国家安全专门工作，有关部门和地方应当在职责范围内提供支持和配合。第78条规定，机关应当对本单位人员进行维护国家安全的教育，动员、组织本单位的人员防范、制止危害国家安全的行为。第80条规定，公民和组织支持、协助国家安全工作，需要予以保护的，公安机关、国家安全机关应当会同有关部门依法采取保护措施。这些规定都体现了专门机关与有关部门相结合的原则。

国家安全机关、公安机关、有关军事机关等维护国家安全的专门机关，要依法履行维护国家安全的职责及使命。开展维护国家安全的专门工作，不仅要将本领域危害国家安全事件的风险预警、危害评估、应急预案、紧急处置工作做好，还要依法防范、制止和惩治各种危害国家安全的活动。有关部门和地方也要切实履行《国家安全法》规定的维护国家安全的职责和支持配合专门机关开展专门工作的责任，做好维护国家安全工作。各机关在做好本职工作的同时，要相互配合，形成合力，做到维护国家安全全国一盘棋。

（二）坚持群众路线

国家安全工作虽然是一项专业性很强的工作，但是做好此项工作、切实维护国家安全离不开人民群众的支持与参与。

维护国家安全要坚持以民为本、以人为本，坚持国家安全一切为了人民、一切依靠人民，这样才能真正夯实国家安全的群众基础。在长期的工作实践中，我们通过坚持这一优良传统取得了许多维护国家安全工作的重要成功经验。实践证明，危害国家安全的活动大多是秘密进行的，但这些活动又都是在社会生活中进行的，很多情况下，人民群众的发现、及时报告和协助配合，是专门机关开展侦察调查工作所必需的，对及时发现、防范和处置危害国家安全的活动非常重要。[1]

专门机关在具体案件的调查、侦查等活动中，也需要与案件有关或者了解案情的公民客观、充分地提供证据，甚至可以吸收他们协助调查、了解情况、开展工作；需要广大群众的支持配合和保密，甚至有时还需要人民群众配合完成相关秘密工作等。在调查情况、收集证据时，专门机关也离不开人民群众的

---

[1] 郑淑娜主编：《〈中华人民共和国国家安全法〉导读与释义》，中国民主法制出版社2016年版，第67页。

支持和协助。因此，只有在充分发挥专门机关主导作用和职能优势的前提下，广泛动员、组织、依靠全社会力量，发挥广大人民群众的积极性，形成以专门机关为骨干，以政权优势为依托，以广大人民群众广泛参与为基础的工作格局，才能真正做好国家安全工作，打好维护国家安全和社会政治稳定的人民战争。尤其是在当今改革开放的环境下，国家安全工作面临的形势更为复杂，涉及面也更广，更要充分发动群众、依靠群众，建立起群众性的防线，形成维护国家安全的"铜墙铁壁"，切实有效地做好维护国家安全工作。

《国家安全法》中多处体现了专门工作与群众路线相结合的原则。比如，关于专门工作，第42条明确了国家安全机关、公安机关、有关军事机关开展维护国家安全专门工作的职权；第74条规定，国家采取必要措施，招录、培养和管理国家安全工作专门人才和特殊人才，依法保护有关机关专门从事国家安全工作人员的身份和合法权益，加大人身保护和安置保障力度；第75条规定，国家安全机关、公安机关、有关军事机关开展国家安全专门工作，可以依法采取必要手段和方式。关于群众路线，第11条规定，公民、各人民团体、企业事业组织和其他社会组织都有维护国家安全的责任和义务，维护国家主权、统一和领土完整是包括港澳同胞和台湾同胞在内的全中国人民的共同义务；第12条规定，国家对在维护国家安全工作中作出突出贡献的个人和组织给予表彰和奖励；第14条确定每年4月15日是全民国家安全教育日；第六章专章规定了公民、组织的义务和权利，明确了公民、组织应当履行的维护国家安全的义务和因支持、协助国家安全工作应享有的权利。

除《国家安全法》外，有关国家安全的其他一些法律法规也明确了专门工作与群众路线相结合的原则。比如，《反恐怖主义法》第5条规定："反恐怖主义工作坚持专门工作与群众路线相结合，防范为主、惩防结合和先发制敌、保持主动的原则。"《反间谍法》第2条规定："反间谍工作坚持中央统一领导，坚持公开工作与秘密工作相结合、专门工作与群众路线相结合、积极防御、依法惩治的原则。"

第六节　共同安全原则

为落实和体现总体国家安全观，《国家安全法》确定了坚持促进共同安全的原则。《国家安全法》第10条规定："维护国家安全，应当坚持互信、互利、平等、协作，积极同外国政府和国际组织开展安全交流合作，履行国际安全义务，促进共同安全，维护世界和平。"

一、共同安全原则的概念

当今世界，各国人民命运与共，唇齿相依。全球化的深入发展意味着，国与国之间利益交织，彼此关切，形成深层次的相互依赖。任何国家都不可能脱离世界而实现自身安全，也不可能将自身安全建立在其他国家不安全的基础之上。

共同安全原则主要针对国际层面而言，指的是维护国家安全，在保障自身安全的同时，也要尊重和保障其他国家的安全。不能追求一国安全而其他国家不安全、一部分国家安全而另一部分国家不安全，更不能牺牲别国安全谋求自身的所谓绝对安全。在国际社会中，国家实力强弱不同、意识形态和政治制度各异、利益诉求存在差别，但是各国都是平等的成员，在安全互动中都是利益攸关方，是相互依赖、休戚与共的。实现共同安全就要恪守尊重主权、独立和领土完整以及互不干涉内政等国际关系基本准则，尊重各国自主选择的社会制度和发展道路，尊重并照顾各方合理安全关切。

世界各国在相互合作和共同发展的过程中形成了紧密交织的共同发展利益诉求，共同的发展利益造就了共同的安全利益诉求。共同的安全利益与各国共同面临的安全威胁决定了任何国家要实现自身的安全都不能离开国际合作，从而使谋求和实现世界各国的共同安全成为具有必要性和可能性的目标追求。[1]

构建人类命运共同体是对世界各国和人民现实关系的写照，符合和平、发展、合作、共赢的时代潮流和各国人民的共同期盼，是中国为实现世界共同安全和共同发展提出的"中国方案"。2013年，习近平同志在莫斯科国际关系学院演讲时提出："我们主张，各国和各国人民应该共同享受安全保障。各国要同心协力，妥善应对各种问题和挑战。越是面临全球性挑战，越要合作应对，共同变压力为动力、化危机为生机。面对错综复杂的国际安全威胁，单打独斗不行，迷信武力更不行，合作安全、集体安全、共同安全才是解决问题的共同选择。"[2]从目标上看，共同安全原则倡导的安全框架是普遍、平等和包容的安全。

1. 共同安全应当是普遍的安全，即让所有国家都具备实现共同安全的条件，通过世界各国的普遍参与和共同合作解决具有普遍性的安全问题，使每个国家都能享有独立自主的安全地位。

---

〔1〕 马强："当代中国总体国家安全观研究"，辽宁大学2017年博士学位论文。
〔2〕 《总体国家安全观干部读本》编委会编著：《总体国家安全观干部读本》，人民出版社2016年版，第64~66页。

2. 共同安全应当是平等的安全,即各国作为独立平等的主权行为体,都享有平等地获得安全保障的权利。强调世界各国的安全问题不能为少数国家或国家集团所垄断,每个国家都是平等的安全主体,享有获得安全保障的平等权利,对维护和实现共同安全承担相应的责任和义务。

3. 共同安全应当是包容的安全,即承认并尊重世界各国在历史文化、价值观念和意识形态、社会制度与发展道路选择等方面存在的多样性和差异性,以及各自不同的安全利益需求,照顾各方的合理关切。

二、共同安全原则的内容

在维护国家安全工作中要实现共同安全,需要做好以下工作[1]:

1. 坚持互信、互利、平等、协作原则。2011年国务院新闻办发表的《中国的和平发展》白皮书指出,中国倡导互信、互利、平等、协作的新安全观,寻求实现综合安全、共同安全、合作安全。中国追求共同安全,在经济全球化条件下,各国命运休戚与共,国际社会应增强共同安全意识,既要维护本国安全,也要尊重别国安全关切。要摒弃冷战思维和同盟对抗,通过多边合作维护共同安全,协力防止冲突和战争。充分发挥联合国在维护世界和平与安全方面的作用,建立公平有效的共同安全机制。

走和平发展道路,是我国根据时代发展潮流和我国根本利益作出的战略抉择。我国坚持独立自主的和平外交政策,坚定不移地走和平发展道路,实施互利共赢的开放战略,维护国家主权、安全、发展利益,积极争取和平稳定的国际环境、睦邻友好的周边环境、平等互利的合作环境、互信协作的安全环境、客观友善的舆论环境。我们要加强战略思维,增强战略定力,更好地统筹国内国际两个大局,坚持开放的发展、合作的发展、共赢的发展,争取和平国际环境发展自己,又以自身发展维护和促进世界和平发展,不断提高我国综合国力,不断让广大人民群众享受到和平发展带来的利益,不断夯实走和平发展道路的物质基础和社会基础。我们要坚持走和平发展道路,但决不放弃我们的正当权益,决不牺牲国家核心利益。中国走和平发展道路,其他国家也都要走和平发展道路,只有各国都走和平发展道路,各国才能共同发展,国与国才能和平相处。中国发展绝不以牺牲别国利益为代价,我们将坚定不移地做和平发展的实践者、共同发展的推动者、多边贸易体制的维护者、全球经济治理的参与者。

---

[1] 郑淑娜主编:《〈中华人民共和国国家安全法〉导读与释义》,中国民主法制出版社2016年版,第70~72页。

2. 积极开展安全交流合作，履行国际安全义务。我国积极促进国际安全交流合作。战争和对抗只会导致以暴制暴的恶性循环，对话和谈判是解决争端的有效和可靠途径。要以合作谋和平、以合作保安全、以合作化干戈、以合作促和谐，反对动辄使用武力或者以武力相威胁。

党的十八届四中全会提出："积极参与国际规则制定，推动依法处理涉外经济、社会事务，增强我国在国际法律事务中的话语权和影响力，运用法律手段维护我国主权、安全、发展利益。强化涉外法律服务，维护我国公民、法人在海外及外国公民、法人在我国的正当权益，依法维护海外侨胞权益。深化司法领域国际合作，完善我国司法协助体制，扩大国际司法协助覆盖面。加强反腐败国际合作，加大海外追赃追逃、遣返引渡力度。积极参与执法安全国际合作，共同打击暴力恐怖势力、民族分裂势力、宗教极端势力和贩毒走私、跨国有组织犯罪。"

除了上述领域开展的国际交流合作，我国还在军事安全、网络和信息安全等领域积极开展国际交流合作，履行国际安全义务。《国防法》第 65 条规定："中华人民共和国坚持互相尊重主权和领土完整、互不侵犯、互不干涉内政、平等互利、和平共处五项原则，独立自主地处理对外军事关系，开展军事交流与合作。"第 66 条规定："中华人民共和国支持国际社会采取的有利于维护世界和地区和平、安全、稳定的与军事有关的活动，支持国际社会为公正合理地解决国际争端、军备控制和裁军所做的努力。"第 67 条规定："中华人民共和国在对外军事关系中遵守同外国缔结或者加入、接受的有关条约和协定。"我国还积极开展双边、多边的互联网国际交流合作。

我国秉持积极有为的国际责任观，认真履行应尽的国际义务。作为国际社会中负责任的国家，我国遵循《联合国宪章》的宗旨和公认的国际关系准则，积极参与国际体系变革和国际准则的制定，参与全球性问题治理，维护世界和平稳定；是唯一公开承诺不首先使用核武器、不对无核武器国家和无核武器区使用或威胁使用核武器的核国家；是派出维和人员最多的联合国常任理事国；是最早制定并实施《应对气候变化国家方案》的发展中国家。我国积极参与反恐、防扩散领域国际合作，向遭受严重自然灾害的国家提供人道主义援助，为打击海盗行为向亚丁湾、索马里海域派遣海军护航编队；参与了 100 多个政府间国际组织，签署了 300 多个国际公约，成为国际体系的参与者、建设者和贡献者。

当今世界面临的安全挑战复杂多样，很多问题需要各国携手应对。我国主张超越"零和"思维，以和平方式解决争端，通过对话沟通增进互信。各国应寻求安全利益的最大公约数，既让自己安全，也让别人安全，共同应对各种安全问题和挑战。

第七节　可持续安全原则

追求国家安全状态的可持续性是总体国家安全观的重要目标。《国家安全法》所阐述的国家安全概念中就体现了可持续安全的原则。《国家安全法》第2条规定："国家安全是指国家政权、主权、统一和领土完整、人民福祉、经济社会可持续发展和国家其他重大利益相对处于没有危险和不受内外威胁的状态，以及保障持续安全状态的能力。"

一、可持续安全原则的概念

2017年1月18日，习近平同志在联合国日内瓦总部发表了题为《共同构建人类命运共同体》的主旨演讲，主张为建设一个普遍安全的世界，各方应该树立共同、综合、合作、可持续的安全观，从而使可持续安全观成为共建人类命运共同体的有机组成部分。由此，可持续安全观成为中国向世界提出的系统、完整的有关国际安全的新理念。[1] 可持续安全观是一个开放、发展的安全理念。世界各国都可以思考如何根据本国国情、本地区情况和世界局势来发展和运用这一理念，更好地构建持续安全的发展环境，使地球成为和平发展的人类家园。

可持续安全原则就是指，谋求国家安全不是权宜之计，而是立足长远实现国家的持久安全。可持续也意味着国家安全应当与发展并重，统筹国家安全各要素，持续回应和持久关注人民的安全需求。[2]

二、可持续安全原则的内容

中国应与世界各国一道，以可持续安全观统筹国内国际安全大局，处理传统与非传统安全领域热点问题。这将是世界各国共同构建人类命运共同体的必

---

[1] 刘江永："可持续安全观是照亮世界和平的一盏明灯（深入学习贯彻习近平同志系列重要讲话精神）——深入学习习近平同志关于树立共同、综合、合作、可持续安全观的重要论述"，载《人民日报》2017年3月16日，第7版。
[2] 习近平同志在亚信峰会讲话中倡导的共同、综合、合作、可持续的安全观，也被集中概括为"可持续安全四项原则"，即共同安全原则、综合安全原则、合作安全原则与可持续安全原则。作为科学的安全观，可持续安全是总体安全的纲，纲举目张。共同安全是保障，综合安全是手段，合作安全是路径，可持续安全是目标与指针。换言之，可持续安全的基本特点就是共同安全、综合安全、合作安全，这是一个完整的统一体。

由之路。

1. 着眼总体和长远。总体国家安全观的持续性，首先表现在实现国家安全的总体设想上，即国家谋求安全，不是权宜之计，而是为了长治久安。国家所面临的安全问题短期内不会消失，甚至可能会发生复杂变化。因此，维护安全必定是一个持续的过程。这个过程不但要治标，也要治本；不但要有现实的应对措施，也要有后续手段；不但要着眼于眼前，也要立足于长远。

2. 追求可持续性。追求国家安全状态的可持续性是总体国家安全观的重要目标。统筹现在和未来的国家安全工作，实现国家安全状态的可持续，就不能只是被动应付，而必须有前瞻性地针对各种安全问题，开展机制化和常态化的治理。

3. 重视可持续发展。可持续安全原则，就是要安全和发展并重，以实现持久安全。发展是安全的基础，安全是发展的条件，要实现可持续安全，就必须实现可持续发展。贫困和落后的国家是无法实现安全和稳定的。总体国家安全观重视生态安全和资源安全，强调正确处理经济发展与生态环境保护的关系，主旨都是要以可持续发展促进可持续安全。

4. 发展国际合作。可持续安全观涉及国内安全与国际安全两个大局，是世界各国都要面对的重大问题。任何一个主权国家的发展都离不开本国的稳定、安全，也离不开和平、友好的国际环境。

可持续安全原则，是在发展和安全并重的国际合作中，以实现持久安全为目的形成的共识与成果。人类没有可持续安全就不会有可持续发展。可持续发展理论如果没有各国的认同和相关政策及行动，只会是空论。在国际合作中，必须强调聚焦发展主题，积极改善民生，缩小贫富差距，不断夯实安全根基，推动共同发展和区域一体化进程，以可持续发展促进可持续安全。尤其是在国际反恐领域，可持续安全原则不仅强调加强国际合作，而且重视极端势力、国际恐怖主义产生的经济与社会根源，强调发展经济与改善民生，尊重多元文明与不同宗教，加强民族团结，反对强权政治，努力消除各种隐患。可持续安全理论必须与世界各国实践相结合，得到各国的认同，形成相关政策与行动。

中国积极倡导可持续安全原则，展现了国际安全维护者、共同发展促进者、国际体系建设者形象，并将与国际社会一道努力走出共建、共享、共赢、共护的安全新路。

第五章 国家安全法治

第一节 国家安全法治的概念与特征

一、法治简说

法治是什么？简言之就是"根据法律治理国家"。"法治"与"人治"相对。在当代语境中，法治（The rule of law）的字面意义是指"法律的统治而非人的统治"。这个定义被人们广为接受，主要源自英国近代著名法学家戴雪所著的《英宪精义》。[1]该著中提出的"法律主治"[2]观点，奠定了现代法治理念的基础。

在西方法律制度史上，有关"法治"的内涵与制度化实现，取得了丰硕成果。早在古希腊时期，亚里士多德已经在《政治学》中明确主张"法治优于一人之治"，他定义的法治堪为经典："法治应该包含两重含义：已成立的法律获得普遍的服从，而大家所服从的法律又应该是本身制定得良好的法律。"[3]中世纪经院哲学家阿奎那用神学语言表达了法治所蕴含的限制政府权力（主要是世俗君权）的思想，"按照上帝的判断，一个君主不能不受法律的指导力量的约束，应当自愿地、毫不勉强地满足法律的要求"。[4]在文艺复兴和宗教改革之后，格老秀斯、霍布斯、洛克、孟德斯鸠、卢梭、潘恩、杰斐逊等17、18世纪的启蒙思想家全面阐发了法治思想。至今，有些启蒙观念在当代中国仍被广泛传播。例如，个人可以做任何事情，除非法律禁止（"法无禁止即自由"）；政府

---

[1] [英]汤姆·宾汉姆：《法治》，毛国权译，中国政法大学出版社2012年版，第3页。
[2] 戴雪的"法律主治"思想包括，"除非明确违反国家一般法院以惯常方式所确立的法律，任何人不受惩罚，其人身或财产不受侵害"；"任何人不得凌驾于法律之上，且所有人，不论地位条件如何，都要服从国家一般法律，服从一般法院的审判管辖权"；"个人的权利以一般法院提起的特定案件决定之"。[英]戴雪：《英宪精义》，雷宾南译，中国法制出版社2001年版，第102页。
[3] [古希腊]亚里士多德：《政治学》，吴寿彭译，商务印书馆2010年版，第199页。
[4] 《阿奎那政治著作选》，马清槐译，商务印书馆1994年版，第122页。

不能做任何事情，除非法律许可（"法无授权不可为"）；法治，意味着公民权利（自由）最大化，政府权力最小化；法治的"真谛"在于公民的权利必须保护，政府的权力必须限制等。

进入 20 世纪之后，西方学者对法治问题的研究更为深入。20 世纪初，法律实证主义学派崛起，开始将法律与制定法画等号，甚至提出"恶法亦法"，即只要是立法机关所制定的法律就要无条件服从。其代表人物有奥斯丁、凯尔森和哈特等。例如，奥斯丁说："法的存在是一回事，法的优劣则是另外一回事。法是否存在是一个需要研究的问题。法是否符合一个假定的标准，则是另外一种需要研究的问题。"[1]凯尔森认为，"科学法律的定义没有任何政治、道德的内涵，摆脱任何主观的价值判断，它仅表明法律是社会组织的一个特殊手段"[2]。法律实证主义后来被推向极端并为希特勒所利用，成为其在德国实行法西斯主义的帮凶。

二战结束后，西方开始再度重视法治的实质价值。传统的自由主义法治思想在当代得到一定程度的复兴，丰富了法治概念的内涵。此阶段的代表人物有哈耶克、富勒、哈贝马斯、伯尔曼、德沃金等。富勒的"法治八原则"[3]和拉兹的"法治四要件"[4]的提出，标志着西方法治理论进一步走向成熟。

此外，在 20 世纪出现的以诺内特和塞尔兹尼克为代表的社会法学派，提出了法治三类型说，并对回应型法治进行了强调。他们认为，法治的发展已经由压力型法治、自治型法治发展到回应型法治，强调法治对不断发展变化的经济社会发展的回应，要与时俱进。[5]1959 年国际法学家大会通过的《德里宣言》确立了三项法治原则：①立法机关创设和维护得以使每个人保持"人类尊严"的各种条件；②既要制止行政权滥用，又要使政府能有效维护法律秩序，待以保证人们具有充分的社会和经济生活条件；③实行司法独立和律师自由《德里

---

[1] [英]约翰·奥斯丁：《法理学的范围》，刘星译，中国法制出版社 2002 年版，第 178 页。

[2] [奥]凯尔森：《纯粹法理论》，张书友译，中国法制出版社 2008 年版，第 396 页。

[3] 美国著名法理学者朗·富勒认为，法是"有目的的事业"，法律的内在道德包括八个要素（法治原则）：①一般性，即法律面前人人平等。②公布。③非溯及既往。不能用明天的法律规则约束今天的行为。④明确。⑤不矛盾。否则人们将无所适从。⑥可为人遵守。法律不应当规定人们无法做到的义务。⑦稳定性。⑧官方守法。

[4] 拉兹提出法治的四大要件：①以法律保障人权（公民的各项基本权利），限制政府公共权力的滥用；②良法之治，必须尊重人的平等、自由、良心和尊严；③通过宪法确立分权与权力制衡的国家权力关系；④确立普遍的司法原则，如司法独立、无罪推定等。其形式标志为拥有完整统一的法律体系、普遍有效的法律规则、严格公正的执法制度和专门化的法律职业。

[5] [美] P. 诺内特、P. 塞尔兹尼克：《转变中的法律与社会：迈向回应型法》，张志铭译，中国政法大学出版社 2004 年版，第 97 页。

宣言》至今影响深远。

中国古文献中较早出现"法治"一词的，有《管子·明法》中"以法治国，则举措而已"；有《晏子春秋·谏上九》中"昔者先君桓公之地狭于今，修法治，广政教，以霸诸侯"；有《商君书·任法》中"任法而治国"；等等。需要注意，古文献中的"法治"不同于今天我们所言说的"法治"。中国古代主张法治的人群，主要是春秋战国时期的法家，代表人物有商鞅、申不害、慎到、荀子、韩非等。其中韩非是法家法治思想的集大成者，"治民无常，唯治为法"。[1]韩非将商鞅的"法"、申不害的"术"和慎到的"势"融于一体，提出了以赏罚二柄为抓手、以富国强兵为目的、以"王子犯法庶民同罪"为要求，服从服务于君主专制统治的法家法治思想。法家法治思想既不同于古希腊的法治思想，也不同于近现代的西方法治思想，本质上属于"人治"思想的范畴。历史上有过儒法之争，儒家主张德主刑辅，法家主张刑主德辅，但儒家和法家的治国主张本质上是一致的，都服从服务于君主专制。故自汉代以后，儒法合流，统治者教化与刑罚并用。直到近代西方列强坚船利炮的入侵，亡国灭种危机出现之时，国人关于法治的观念都没有获得突破性进展。

由于20世纪前半叶动荡的社会环境，我国法治思想未得以广泛传播，法治实践也未得以认真开展。即便到了1949年中华人民共和国成立，法治研究也未能走向兴盛，相反，受"左倾"错误的影响，法治被看作是资产阶级的专利，成为研究的禁区。改革开放之后，法治研究才受到重视。1980年理论界展开了一场"人治"与"法治"的大讨论，形成了"法治派""法治与人治并重派"和"取消派"（实际上是人治派）。这场讨论启动并持续推动我国对法治问题的研究不断向纵深发展。如此才有后来党的十五大（1997）将依法治国上升为党的治国方略，并明确载入《宪法》。现在，法治也是我国社会主义核心价值观之一。

习近平同志指出，法治是人类文明的重要成果之一，法治的精髓和要旨对于各国国家治理和社会治理具有普遍意义。[2]2014年10月，中共十八届四中全会《中共中央关于全面推进依法治国若干重大问题的决定》再次重申：依法治国是坚持和发展中国特色社会主义的本质要求和重要保障，是实现国家治理体系和治理能力现代化的必然要求，事关我们党执政兴国、事关人民幸福安康、事关党和国家长治久安。全面建成小康社会、实现中华民族伟大复兴的中国梦，全面深化改革、完善和发展中国特色社会主义制度，提高党的执政能力和执政

---

〔1〕《韩非子·心度》。
〔2〕习近平："加快建设社会主义法治国家"，载《求是》2015年第1期。

水平，必须全面推进依法治国。换言之，法治，既是经济发展、社会进步的客观要求，也是巩固党的执政地位、确保国家长治久安的根本保障。

党的十八大以来，我国在科学立法、依法行政、行政体制改革、监察体制改革、司法体制改革等方面取得了较大进展，甚至发生了历史性变革。比如，民法总则立法、监察立法、法治政府考核体系构建、行政审批制度改革、司法人员分类管理及其法官员额制、以审判为中心的诉讼制度改革、司法责任制等，法治建设取得了许多重大进展。

习近平同志在党的十九大报告中强调"全面依法治国是中国特色社会主义的本质要求和重要保障"，"全面依法治国是国家治理的一场深刻革命，必须坚持厉行法治"；并且进一步要求"成立中央全面依法治国领导小组，加强对法治中国建设的统一领导"。这是新时代法治中国建设的总动员。"社会矛盾和问题交织叠加，全面依法治国任务依然繁重，国家治理体系和治理能力有待加强。"[1]客观来看，我国在立法、执法和司法等领域的法治建设还存在许多"短板"：有些重大法治改革措施还存在许多体制机制的障碍有待突破，法治建设与改革的系统性、整体性、协同性存在不足，从而导致我国整体法治化水平还不是很高，法治化水平与社会经济发展水平还不相适应，等等。因此，我们对此绝不能掉以轻心。

二、国家安全法治的概念

国家安全是法治的前提，法治是实现国家安全状态、保障国家安全能力的最佳方式。国家安全法治是一国法治整体的重要组成部分，更是一国法治的重要基础。加强国家安全法治建设，是全面依法治国的题中应有之义。套用亚里士多德关于法治概念的界定，国家安全法治就是人人普遍服从、遵守良善的国家安全法律，国家依法维护和实现国家安全。

在法治思想发展史上，有"形式法治"和"实质法治"不同侧重的主张。法律实证主义思想认为，法治就是要追求法的安定和"法律统治"，最大限度地信奉法律的权威和作用，而不是树立君王权威、道德教化或神圣旨意；法治要有立法的程序性规则，执法的程序性规则，法律的透明性、稳定性、普适性、预期性和清晰性等要素。而自然法思想则主张，政府要遵从执行一套明确的普遍性的法律规则，以确保政府服从于"社会契约"，保障公民个人的生命、自由

---

[1] 习近平："决胜全面建成小康社会 夺取新时代中国特色社会主义伟大胜利——在中国共产党第十九次全国代表大会上的报告"，载新华网：http://www.xinhuanet.com/2017 - 10/27/c_1121867529.htm，2019 年 8 月 9 日访问。

和财产；公权力不仅要廉洁高效，更要努力以看得见的方式达到"实质正义"。

我国自1978年开始重启社会主义民主法治以来，在有关法治的思想认识深度和社会变革广度方面进展显著。从高度浓缩概括的十六字指导方针的变迁就可以看出党和国家在法治建设理念上的"升级换代"：以"科学立法、严格执法、公正司法、全民守法"取代了过去的"有法可依、有法必依、执法必严、违法必究"。新的法治建设指针紧扣法治运行的环节特点，精辟扼要，公平理性，突出法治的过程和结果导向，既重视法律制度的完备和科学，也强调法律的有效实施。

从形式上看，国家安全法治就是要依法维护国家安全。维护国家安全要有可依之法。这并不是说，一国制定了一部或者几部名为国家安全法的法律，就解决了维护国家安全的所有问题。国家安全治理是一个复杂的系统工程，涉及方方面面，相关的法律规范体系必定相当庞杂。国家安全法律体系必须适应一国的具体国情，纵向和横向的法律法规要体系完备、科学设置、有效衔接、指引明确。

从价值上看，国家安全法治要求有国家安全"良法"和"善治"。"良"与"善"是人们的一种主观评判，的确有可能存在评价标准与尺度不一的情况。但总体来说，要达到这一评价要求，国家安全的立法就要突出对公民的权利保障，要有效遏制政府的相应权力（当然也不能走到相反的一端以至于无力应对有关国家危险），要讲求程序正当，要在保密和公开、迅捷应急与公众参与等矛盾关系中实现平衡，法律制度的整体框架与微观规范要有利于国家安全治理的效能提升。

在我国，改革开放、依法治国与加强维护国家安全的历史进程是大体同步的。在改革开放进程中，人们日益感受到维护国家安全事业的重要性，认识到国家安全法治的必要性。由于党和国家对国家安全法治事业的高度重视和大力推动，在"总体国家安全观"的指引下，随着国家治理体系和治理能力的现代化变革，全国上下在有关国家安全法治的理论研究、实践探索和制度完善等方面取得了丰硕成果，国家安全法治建设呈现出健康的发展态势。《宪法》体现了对国家安全的重视；我国国家安全法律从无到有，从零散粗糙转向系统细致；国家安全的管理也逐步实现了统一领导、分工负责；国家安全司法也随着国家整体司法体制机制改革实现了"公正""效率"的目标；社会各界维护国家安全的自觉性大大增强。当然，与我国法治建设总体状况存在各种负面因素一样，国家安全法治领域也同样存在这样或那样的不足，需要不断革新落实，使得既能应对眼前的各种风险危险，又能谋求长期的安全稳定。

三、国家安全法治的特征

1. 国家安全法治是依法治理国家安全。国家安全法治的判断需要结合各国的具体国情,世界上不存在一个绝对、恒久、完美的国家安全法治判断标准。评估某国国家安全法治状况,包括历史和现实因素,需要从制度体系、法律实施效果、法治监督与保障体系、公众的认同参与等方面加以全面评价。依据法律来进行国家安全治理,意味着社会调控方式选择了"法治",否定了"人治""德治(礼治)"。国家立法机关要依据宪法颁行国家安全法律,在进行合宪性审查时需考虑文件或行为是否合乎宪法的"国家安全"原则;政府严格依法管理、处理涉及国家安全的事项;司法机关依法对有关危害国家安全案件行使审判权、检察权;国家机关维护国家安全的权力受到法律的制约;公民和社会组织的权利和自由受到法律的切实保护。实现了这种状态,我们大致可以认定为国家安全实现了法治。

2. 国家安全法治的首要任务是依法办事。1978年中国共产党十一届三中全会《公报》确立了"有法可依、有法必依、执法必严、违法必究"的法治建设指针,其实质就是依法办事。"有法可依"是依法办事的前提,"执法必严"是依法办事的中心环节,"违法必究"是依法办事的保障。国家安全法治意味着要有科学完备的国家安全法律体系,国家安全法律的执行必须严格,违反国家安全法律的行为必须受到追究。

3. 国家安全法治内涵崇尚法律的理念和精神。法治理念和法治精神是法律制度的灵魂,法治思维和法治方式是对法治原则的思想内化和行为外化。法治理念支配国家经济、社会、文化、安全、发展的法律性制度安排;法治精神指引制约法律资源与其他资源的社会性配置。因此,真正的"法治"必须以崇尚法律的理念和法治观念作为内在的精神文化为支撑。当代中国的法治建设不仅是制度的创新与完善,更是公民尚法观念的普遍养成。法律面前人人平等,法律要具有最高的权威和普遍的拘束力。"法律工具论""人治之下的法治"等观点,与当代法治中国建设所要求的理念和精神是完全对立的,必须坚决予以摒弃。国家安全法治的理念与精神,不仅需要从事与维护国家安全有关工作的国家公职人员熟悉强化,更需要全体社会成员法治思维和法治方式的自觉,需要全民国家安全法治观念大大增强。

4. 中国国家安全法治建设有自己的特点。中国国家安全法治建设统筹于中国共产党领导的中国特色社会主义法治建设任务之中,总目标定位于"建设中国特色社会主义法治体系,建设社会主义法治国家"。根据党和国家"全面依法治国"的战略总部署,法治中国建设的基本途径是:坚持"依法治国、依法执政、依法行政"共同推进;坚持"法治国家、法治政府、法治社会"一体建设;实现"科学立法、严格执法、公正司法、全民守法"。这也是我国国家安全法治建设的"路线图"。中国国家安全法治建设要秉持五项基本原则:坚持中国共产党的领导;坚持人民主体地位;坚持法律面前人人平等;坚持依法治国和以德治国相结合;坚持从中国实际出发。这五条原则也可归纳为国家安全法治建设的"方法论"。评估国家安全法治建设水平的实效,至少包括以下几项关键性指标:法律规范体系是否完备;法治实施体系是否高效;法治监督体系是否严密;法治保障体系是否健全。

总之,国家安全法治概念不仅在内容上逻辑地包含了国家安全治理必须有法,而且着重表达了国家安全治理必须依法的理念,突出了法律在保障、促进、实现国家安全工作中无可替代的地位。

第二节 国家安全法治体系

一、法治体系概说

党的十一届三中全会提出了"有法可依,有法必依,执法必严,违法必究"的依法治国方略的思想基础,党的十八大首次在党的报告中确定"法治是治国理政的基本方式",而党的十八届四中全会则首次明确了"中国特色社会主义法治道路和法治体系"的重要性。"法治体系"思想理论是对"法制体系"概念的深化和发展。全面推进依法治国,总目标是建设中国特色社会主义法治体系,建设社会主义法治国家。这就要求在中国共产党的领导下,坚持中国特色社会主义制度,贯彻中国特色社会主义法治理论,形成完备的法律规范体系、高效的法治实施体系、严密的法治监督体系、有力的法治保障体系,形成完善的党内法规体系。

过去强调"法制",重在法律及制度,要求"有法可依、有法必依、执法必严、违法必究"。而现在则指出实现"法治",还要"科学立法、严格执法、公正司法、全民守法"。相较于"法制体系","法治体系"的构成主要包括"五大法治体系":法律规范体系、法治实施体系、法治监督体系、法治保障体系和党内法规体系;"法治体系"比"法制体系"范围更广,增加了实施、监督、保障环节,并将党内法规明确纳入。"五大法治体系"之间的关系更加明晰统一:法律规范体系和党内法规体系是基础,实施体系是重点,监督和保障体系是关键。

1. 形成完备的法律规范体系要求提高立法质量，确保法律规范。毕竟，良法是善治之前提。所谓良法，应符合宪法精神、反映人民意志。

2. 高效的法治实施体系要求以有效的实施维护法律的生命力与权威，而核心就在于建设法治政府，推动依法行政。因此，要依法全面履行政府职能，健全依法决策机制，深化行政执法体制改革，坚持严格规范公正文明执法，强化对行政权力的制约和监督，全面推进政务公开。

3. 严密的法治监督体系事关依法治国能否真正落实。坚持依法治国首先要坚持依宪治国，坚持依法执政首先要坚持依宪执政，这就要求重视对宪法实施的监督。全国人大及其常委会不同于其他保障宪法实施的义务主体，它被宪法授予了监督宪法实施及解释宪法的权力。因此，完善其宪法监督制度，健全其宪法解释程序机制，激活其"护宪"职权，意义重大。

4. 有力的法治保障体系也是依法治国的关键支撑。为确保维护司法公正这一法治的生命线，各项司法体制改革亟需进行试点、推行。同时，依法治国对法治工作队伍的正规化、专业化、职业化要求，促使我们建立健全法治人才队伍的培养、准入、交流、职业保障制度。

5. 形成完善的党内法规体系是我们国家治理体系、治理能力现代化的必然要求。中国共产党作为中国各项事务的领导者，其内部法规对国家影响甚大。全面推进依法治国，必须努力形成国家法律法规和党内法规制度相辅相成、相互促进、相互保障的格局。

二、国家安全法治体系的内涵

国家安全法治不是从来就有的，而是需要完善制度、加强实施、严密监督、有力保障的。实现国家安全治理的法治化状态，必须科学规划、面对实际，有效建构好国家安全法治体系。党的十八届四中全会提出的建立"五大法治体系"，是党中央关于法治中国建设的顶层设计，完全符合法治建设规律，适应我国的具体国情。国家安全法治体系建设作为国家全面依法治国部署的基础性工程，也有必要相应地完善"五大法治体系"：构建形成完备的国家安全法律规范体系，高效的国家安全法治实施体系，严密的国家安全法治监督体系，有力的国家安全法治保障体系，形成完善的党内法规体系。

1. 国家安全法律制度体系。国家安全立法工作要遵照"科学立法、民主立法和依法立法"的要求，根据《立法法》的有关规定，紧紧围绕提高立法质量这个关键，更好地发挥国家安全立法在表达、平衡、调整社会利益方面的重要作用，使每一项国家安全立法都符合宪法精神，反映人民意志，得到人民拥护。依法立法是立法必须坚持的基本原则之一，首先要依宪立法；其次要贯彻党的方针政策，使党的主张和人民意志通过法定程序统一起来；最后要规范立法，促进立法内在协调。

我国的国家安全立法在2014年之后提速，之前也有一些相关法律法规。《宪法》对国家安全法治非常重视，《国家安全法》作为有关国家安全的"基本法"，可以统率整个国家安全法律部门。我国有大量有关国家安全领域的立法，据不完全统计，与国家安全直接相关的法律有45部，与国家安全直接相关的行政法规有60部，与国家安全治理有关的法律法规有200余部。地方性法规和地方政府规章这一层级的规范，也有不少涉及国家安全管理事项。我国还是一些有关国家安全、国际安全公约条约的缔约方，需依照国际法承担相应的维护安全的责任义务。

从总体上讲，我国目前的国家安全立法基本能够满足维护国家安全的需要，但还有不少立法空白。在一些重要国家安全领域，如生物、电磁、太空、极地、深海、海外利益保护与海外军事行动等方面，亟待立法。有些国家安全领域的规则位阶偏低，法律约束力不够；有些国家安全领域的问题，还主要依靠政策、文件来管理应对。有的立法操作性不强，有的立法难以适应现实需要。这些立法供给不足的情形，需要国家立法机关和国家安全治理机关通盘加以考虑，及时进行"立改废"的工作。同时，相关法律的起草、审议、通过与实施，必须经得起"合宪性审查"。

2. 国家安全法治实施体系。包括加强宪法实施，推进合宪性审查工作，维护宪法权威；推进依法行政，严格规范公正文明执法；加大普法力度，建设社会主义法治文化；树立宪法法律至上、法律面前人人平等的法治理念；等等。[1]

高效的国家安全法治实施体系要求以有效的实施维护国家安全法律的生命力与权威，而核心就在于建设法治政府，推动国家安全机关依法行政。国家安全行政机关要依法全面履行政府职能和法定职责，充分保障人民群众合法权益，树立良好社会形象。除了依法行政、建设法治政府的要求之外，还应高度重视"深化司法体制改革"工作。司法体制改革一直都是法治中国建设的重点，甚至被认为是依法治国的突破点，是建设高效的法治实施体系的重要依托。司法体制改革最终的效果取决于各项改革之间的综合配套和整体建设。

需要强调的是，鉴于国家安全的极端重要性以及新时期我国国家安全形势

---

[1] 社会主义法治理念"依法治国、执法为民、公平正义、服务大局、党的领导"的20字要求，现在更新为"宪法法律至上"和"法律面前人人平等"两方面的要求。

的极端复杂性,国家安全法治实施体系不是仅仅局限于国家安全机关和负有国家安全直接职责的部门,而是关涉全体民众。在我国,各级党委政府要认真贯彻落实总体国家安全观以及党中央有关国家安全治理的决策部署,落实领导责任,依法行使国家安全法律法规赋予的职权,切实加强维护国家安全保障,加强国家安全宣传教育。广大党员干部必须把维护国家安全作为头等大事,增强忧患意识和责任意识,在政治上忠诚可靠,积极主动,恪尽职守,不断提高维护国家安全的能力水平,切实维护国家安全各项工作。维护国家安全人人有责,根据宪法和法律,公民要认真履行维护国家安全的义务,自觉维护国家安全利益。

3. 严密的国家安全法治监督体系。法治监督体系的重心是加强对公权力的监督。行政权力具有管理事务领域宽、自由裁量权大等特点,法治监督的重点之一就是规范和约束行政权力。公权力必须受到有效监督,维护国家安全的有关国家机关的公权力也同样如此。十八届四中全会提出:"加强党内监督、人大监督、民主监督、行政监督、司法监督、审计监督、社会监督、舆论监督制度建设,努力形成科学有效的权力运行制约和监督体系,增强监督合力和实效。"十九大报告进一步明确了监督的实质内涵,提出了有效的权力监督网络,即"强化自上而下的组织监督,改进自下而上的民主监督,发挥同级相互监督作用,加强对党员领导干部的日常管理监督。深化政治巡视,坚持发现问题、形成震慑不动摇,建立巡视巡察上下联动的监督网"。这样,进一步疏通了监督的制度渠道,强化了监督的实效。为了确保国家监察全覆盖落到实处,十九大报告要求深化监察体制改革,成立监察委员会,制定国家监察法,实现对所有行使公权力的公职人员监察全覆盖。

我国的国家安全法律制度监督体系已大体形成。全国人大及其常务委员会依法行使法律监督权。例如,2017年6月1日,《网络安全法》开始施行。2017年8月~10月,包括王胜俊在内的6名全国人大常委会副委员长,分赴内蒙古、黑龙江、重庆等6个省区市,检查《网络安全法》《关于加强网络信息保护的决定》的实施情况。"一部新制定的法律实施不满3个月即启动执法检查,这在全国人大常委会监督工作中尚属首次",2017年12月24日,全国人大常委会副委员长王胜俊代表执法检查组作执法检查报告。[1]执法检查仅仅是国家立法机关行使法律监督权的方式之一。

---

[1] 王胜俊:"全国人民代表大会常务委员会执法检查组关于检查《中华人民共和国网络安全法》《全国人民代表大会常务委员会关于加强网络信息保护的决定》实施情况的报告",载中国人大网:http://npc.people.com.cn/n1/2017/1225/c14576-29726949.html,2018年4月19日访问。

司法机关对于国家安全法律的监督主要体现在司法领域，即人民法院和人民检察院对于涉及危害国家安全案件审判中出现问题的纠错机制，称为审判监督程序。审判监督程序的意义是通过该程序，可依法纠正已经发生法律效力的错误判决、裁定，有利于保证国家法律的统一、正确实施，准确有效地惩罚犯罪分子，充分体现和贯彻实事求是、有错必纠的方针政策；有利于加强最高人民法院对地方各级人民法院、上级人民法院对下级人民法院以及人民检察院对人民法院审判工作的监督，及时发现审判中存在的问题，改进审判工作方法和作风，提高审判人员的素质。国家安全领域的刑事案件大多性质严重，法定刑高，审判过程中一旦发生事实确认错误或者法律适用错误，将给当事人造成难以弥补的损失。因此，司法机关要在监督机制和程序上更为慎重。除了对于审判的监督外，人民检察机关对于国家安全领域犯罪的侦查工作，也要予以法律监督。

承担维护国家安全职责的行政机关也有加强法律监督的法律义务。上级机关对于下级机关作出的行政行为，上级领导对于部属的职务行为，负有监督义务。国家安全领域的行政机关在行政行为特别是行政执法上，具有较强的专业性和特殊性，外部机关很难做到全方位、全角度的监督。这就需要行政机关内部建立一套行之有效的监督机制，来保障国家安全领域的行政和执法行为能够在法律的框架内运行。但是，由于行政监督是上级对下级进行监督，因此，也必然存在一定的局限性。一方面，内部的监督容易流于形式，不容易形成行之有效的监督模式；另一方面，外界对内部监督也容易产生质疑。因此，行政机关内部监督往往不能独立存在，而是要与其他监督形式共同构成有效的监督体系。

根据我国新修订的《宪法》和已经颁布实施的《监察法》，我国设立国家监察机关，行使监察权。这标志着我国朝着建立集中统一、权威高效的中国特色国家监察体制迈出重要一步，将能够真正实现监察全覆盖，监督无死角。我国设立国家监察制度，是为了深化国家监察体制改革，加强对所有行使公权力的公职人员的监督，实现国家监察全面覆盖，深入开展反腐败工作，推进国家治理体系和治理能力现代化。从2016年起，北京市、山西省、浙江省开始探索进行国家监察制度体系改革试点，从而揭开了设立监察机关的序幕。试点的地方各级监察委员会由本级人大产生，对本级人大及其常委会和上级监察委员会负责，与中共纪律检查委员会合署办公，整合地区人民政府的监察厅（局）、预防腐败局及人民检察院查处贪污贿赂、失职渎职以及预防职务犯罪等部门，成为与政府、司法机关平行的单位。现在，中央和地方省、市、县级监察委员会成为行使国家监察职能的专职机关，依法对所有行使公权力的公职人员（以下称公职人员）进行监察，调查职务违法和职务犯罪，开展廉政建设和反腐败工作，维护宪法和法律的尊严。监察机关也将在国家安全领域对于预防腐败、渎职行为发挥重要的作用。

在国家安全领域，中国共产党是领导者，同时也是监督者。习近平同志强调："党领导立法、保证执法、带头守法。"[1]党在国家安全领域的监督，可以跨越立法、司法、执法、守法的界限，因而是全方位、多角度的监督，既可以有效地监督国家安全法律体系的整体构建和运行，又可以深入到法律每个环节的细枝末节进行监督。因此，党的监督是国家安全法律监督体系的有效组成部分，也是国家安全法律监督体系的灵魂。《国家安全法》颁布实施后，中央和省市党委政府大都选择在"4·15"全民国家安全教育日前后，召开有各方面参与的国家安全法律实施座谈会。这也充分表明党在法律实施方面的动员组织能力具有独到优越性。

我国的法治监督体系，还包括了民主党派、无党派人士和人民政协，社会舆论和人民群众。①《宪法》在序言中申明："中国人民政治协商会议是有广泛代表性的统一战线组织，过去发挥了重要的历史作用，今后在国家政治生活、社会生活和对外友好活动中，在进行社会主义现代化建设、维护国家的统一和团结的斗争中，将进一步发挥它的重要作用。中国共产党领导的多党合作和政治协商制度将长期存在和发展。"在国家安全法律的监督领域，人民政协和民主党派、无党派人士也构成了国家安全法律监督体系的重要组成部分。②社会舆论监督是监督体系的重要组成部分。长期以来，新闻媒体的宣传报道和对社会问题的披露，有效地促进了法治社会的建设进程。在构建国家安全法律监督体系的进程中，更要注意充分发挥新闻媒体和社会舆论的监督作用，及时回应舆论关注的热点问题。③人民群众监督也是监督体系中的重要一环。唯物史观认为：人民群众是历史的创造者。恩格斯曾经说过："历史活动是群众的事业。决定历史发展的是'行动着的群众'。"[2]人民群众是一个历史范畴，从质上说是指一切对社会历史发展起推动作用的人们，从量上说是指社会人口中的绝大多数。在不同的历史时期，人民群众有着不同的内容，包含着不同的阶级、阶层和集团。人民群众的最稳定的主体部分始终是从事物质资料生产的劳动群众及知识分子。在历史的发展过程中，人民群众起着决定性的作用。"总体国家安全

---

[1] "习近平作说明：党领导立法保证执法带头守法"，载中国青年网：http://news.youth.cn/gn/201410/t20141029_5930139.htm，2019年8月9日访问。

[2] 贾绘泽："习近平奋斗幸福观的科学内涵"，载光明网：http://topics.gmw.cn/2018-06/15/content_29303192.htm，2019年8月9日访问。

观"的宗旨是"人民安全",坚持国家安全一切为了人民、一切依靠人民,真正夯实国家安全的群众基础。从中可以看出,人民群众是国家安全的终极价值目的和实现手段。因此,在构建国家安全法治监督体系过程中,人民群众将发挥根本性的作用。

4. 有力的法治保障体系。党中央在十九大之后决定组建全面依法治国委员会(领导小组),以此来加强党对法治建设的统一领导。这是党中央深化依法治国实践最根本的举措。中央全面依法治国委员会是对未来全面依法治国最大的组织保障。新时代在法治建设的各个方面、各个环节,都要以中央全面依法治国领导小组的顶层设计为依据。没有政治保障、组织保障、力量保障,依法治国就难以全面有效推行。同时,依法治国对法治工作队伍的正规化、专业化、职业化要求,也促使我们建立健全法治人才队伍的培养、准入、交流、职业保障制度。

中国共产党是我国的执政党,在各项社会主义建设事业中发挥着领导者的作用,国家安全法治保障体系必须自觉服从党中央的统一部署。各机构各部门严格依法承担维护国家安全的法定职责,不仅要牢固树立政治意识,更要自觉加强维护国家安全的能力建设,积极主动应对风险、努力实现国家安全。

国家安全法治工作队伍建设也是一项长期的任务。从事国家安全法治工作的国家工作人员不仅要政治过硬,更要业务精湛。对专门人才,要既严格要求又关怀爱护,要综合锻炼培养,充分信任使用,在实践中提高其综合素养能力。

5. 形成完善的党内法规体系。党的十八届四中全会将"形成完善的党内法规体系"作为全面推进依法治国总目标的重要内容,指出"党内法规既是管党治党的重要依据,也是建设社会主义法治国家的有力保障"。党的十九大报告要求:"增强依法执政本领,加快形成覆盖党的领导和党的建设各方面的党内法规制度体系,加强和改善对国家政权机关的领导。"十九大修订了《中国共产党章程》,加上十八大以来对一系列党内重要法规诸如《关于新形势下党内政治生活的若干准则》《中国共产党党内监督条例》《中国共产党问责条例》《中国共产党廉洁自律准则》《中国共产党纪律处分条例》等的制定完善,使党的政治建设、思想建设、组织建设、作风建设、纪律建设和反腐败斗争在制度层面得以进一步落实,依规治党、用法治的思维推进全面从严治党取得了伟大成就。

中国共产党是中国特色社会主义事业的领导核心。中国共产党的领导是中国特色社会主义最本质的特征。国家安全工作攸关党的执政地位和国家存亡,必须毫不动摇地坚持中国共产党对国家安全工作的绝对领导,将党的领导贯彻到依法维护国家安全工作的全过程和各方面。实现依法维护国家安全的总目标,必须坚持党的绝对领导。《国家安全法》第 4 条规定:"坚持中国共产党对国家安全工作的领导,建立集中统一、高效权威的国家安全领导体制。"第 5 条规定:"中央国家安全领导机构负责国家安全工作的决策和议事协调,研究制定、指导实施国家安全战略和有关重大方针政策,统筹协调国家安全重大事项和重要工作,推动国家安全法治建设。"

我们已经进入中国特色社会主义建设新时代,这要求有关国家安全的党内法规的制定、备案、解释、执行等方面的工作必须得到高度重视和切实加强。要从理论和实践层面理顺国家安全党内法规和国家安全法律法规的关系。同时,对国家安全党内法规在从严治党、管党方面的效果进行评估,为修改完善国家安全党内法规提供依据。完善党内法规是我国国家安全治理体系、治理能力现代化的必然要求。中国共产党作为中国各项事务的领导者,其内部法规完善与否对国家影响甚大。全面推进依法治国,必须努力形成国家安全法律法规和国家安全党内法规制度相辅相成、相互促进、相互保障的格局,共同致力于国家安全事业健康发展。

第三节　国家安全法律的制度建设

一、中国国家安全法律制度的立法体系

当今世界各国的立法体制,主要有单一、复合、制衡三种类型。相比之下,我国现行立法体制颇具特色,有关维护国家安全的法律规范体系也是如此。我国现行立法体制是中央统一领导和一定程度分权的,多极并存、多类结合的立法权限划分体制。全国人大及其常务委员会统一领导,国务院行使相当大的行政法规制定权,地方行使一定权力。《立法法》在坚持国家法制统一的大原则下对这种"一元多层级"的立法实践进行了确认。我国的国家性质要求体现人民最高意志的全国人大及其常委会行使国家立法权,统一领导全国立法。但我国幅员辽阔、人口众多,各地区、各民族的经济文化发展不平衡等原因,决定了不可能单靠国家立法解决各地复杂的问题。

国家安全法治首先要解决"有法可依"的问题。从狭义上讲,国家安全法律就是指 2015 年 7 月开始颁行的我国国家安全领域的基础性、综合性法律——《中华人民共和国国家安全法》。而从广义上讲,国家安全法是我国宪法和法律法规中有关维护国家安全的法制规范的总和。

党的十八大之后,在总体国家安全观的指导下,我国在国家安全领域除颁行了《国家安全法》以外,还颁行了《反间谍法》(2014)、《反恐怖主义法》

(2018 年修订)、《境外非政府组织境内活动管理法》（2017 年修订）、《网络安全法》（2016）、《国家情报法》（2018 年修订）、《国防交通法》（2016）、《核安全法》（2017）、《测绘法》（2017 年修订）等重要法律。此外，《宪法》《刑法》与《刑事诉讼法》《国防法》《保守国家秘密法》《邮政法》等都规定了国家安全事项。国务院还先后颁行了《国家安全法实施细则》（已废止）、《反间谍法实施细则》、《保守国家秘密法实施条例》、《外国记者和外国常驻新闻机构管理条例》（已废止）、《计算机信息系统安全保护条例》等诸多国家安全行政法规。中央军委系统颁行了诸多军事法规和军事规章。中国缔结或加入的有关国际公约以及认可的有关国际习惯也是我国国家安全法律的重要渊源。国家安全主管部门以及相关中央国家机关还颁行了一系列具有较强操作性的部、委、局行政规章。很多地方还颁行了适用于各省、自治区、直辖市、特别行政区的国家安全地方性法规与地方政府规章。这些或集中或分散的立法，共同构成了中国国家安全法律规范体系。

二、《宪法》有关维护国家安全的规定

作为我国根本大法的现行《宪法》于 1982 年 12 月 4 日通过，在 1988 年、1993 年、1999 年、2004 年、2018 年先后经历五次修改。有关国家安全最直接的宪法规定体现在第 28 条："国家维护社会秩序，镇压叛国和其他危害国家安全的犯罪活动，制裁危害社会治安、破坏社会主义经济和其他犯罪的活动，惩办和改造犯罪分子。"除此之外，《宪法》序言中规定，要坚持"在中国共产党领导下，在马克思列宁主义、毛泽东思想、邓小平理论、'三个代表'重要思想、科学发展观、习近平新时代中国特色社会主义思想指引下，坚持人民民主专政，坚持社会主义道路，坚持改革开放"，"对敌视和破坏我国社会主义制度的国内外的敌对势力和敌对分子，必须进行斗争"。《宪法》第 1 条第 2 款规定，社会主义制度是中华人民共和国的根本制度。禁止任何组织或者个人破坏社会主义制度。第 29 条第 1 款规定，国家武装力量的任务是"巩固国防，抵抗侵略，保卫祖国，保卫人民的和平劳动，参加国家建设事业，努力为人民服务"。

《宪法》在"公民的基本权利与义务"中，以较大篇幅规定了公民有维护国家安全的宪法义务，包括"公民有维护国家统一和全国各民族团结的义务"（第 52 条）；"公民必须遵守宪法和法律，保守国家秘密，爱护公共财产，遵守劳动纪律，遵守公共秩序，尊重社会公德"（第 53 条）；"公民有维护祖国的安全、荣誉和利益的义务，不得有危害祖国的安全、荣誉和利益的行为"（第 54 条）；"保卫祖国、抵抗侵略是中华人民共和国每一个公民的神圣职责。依照法律服兵

役和参加民兵组织是中华人民共和国公民的光荣义务"(第55条)。

国家安全法律有很强的行政法色彩,但不能机械地将其划归为行政法律部门。国家安全法律行政法化,不足以反映出国家安全法律的地位和作用。在我国社会主义法律体系中,应以《宪法》作为构建国家安全法律体系的指引。党的十八届四中全会指出:"坚持依法治国首先要坚持依宪治国,坚持依法执政首先要坚持依宪执政。"在国家安全法律体系构建过程中,必须恪守宪法的原则和精神,与宪法保持一致。换句话说,建构国家安全体系的顶层设计是要规划好国家安全宪法。

从宪法学的角度考虑,要在我国的国家安全领域,特别是国家安全法律体系的构建中保障宪法的实施,需要借鉴部门宪法释义学的研究成果,阐明"国家安全宪法"这一重大基础概念。所谓"部门宪法",乃是相对于传统"国家宪法"而言,其具体有如"经济宪法""劳动宪法""社会宪法""教育宪法""文化宪法""宗教宪法""环境宪法""科技宪法"等形态。部门宪法的基本逻辑就在于,从社会功能领域出发,从实存的社会秩序出发,以宪法原则和基本权规定为线索,总结和归纳出该领域基本性、最高性以及机构性的规范,使之成为宪法在具体生活领域的"投射"。

就国家安全领域而言,其所规制、保护的内容和涉及的权利(或权力)、义务(或职责)关系范围都是极其广泛的,从总体国家安全观所包含的广义国家安全到特定领域的国家安全无所不及。而国家安全法律部门与宪法的关系也更为紧密,两者互相映衬,为公民的权利和国家的权力划定了边界。因此,国家安全宪法作为一个学术概念是完全可以成立的。

三、国家安全法律部门

自总体国家安全观提出以来,党和国家对国家安全领域的立法高度重视,新设立的国家安全委员会的职责之一就是要推进国家安全法治建设,全国人大常委会在国家安全领域的立法从数量和速度上来看都是空前的。到目前为止,已经形成了以《国家安全法》为纲领,涵盖了《反间谍法》《反恐怖主义法》《境外非政府主义组织境内活动管理法》和《网络安全法》等各细分领域的国家安全法律体系框架,国家安全法律部门体系已经大体形成。

按照总体国家安全观的要求,国家安全涵盖了11个领域的安全,几乎无所不包。但从功能和地位分析,纳入国家安全法律体系的各部法律在性质与地位上各有不同。依据各法体现国家安全相关问题程度的不同,可以将国家安全法律体系划分为核心国家安全法律、领域国家安全法律、关涉国家安全法律三种。

1. 核心国家安全法律。即国家安全法律体系的核心，是国家安全法律体系中其他法律的纲领，起到统领和原则示范效应的作用，同时为其他法律的制定提供了接口。《国家安全法》就是我国国家安全法律体系的核心法律，是国家安全法律体系的核心和总则。因此，我国的核心国家安全法律即为《国家安全法》。[1]随着国家安全法律体系的不断完善和法典化趋势的加强，这种核心性在未来会有更好的体现。

2. 领域国家安全法律。即在总体国家安全观下的 11 类国家安全领域中的国家安全法律。与核心国家安全法律相比，领域国家安全法律局限在国家安全之下的某一安全领域中；与关涉国家安全法律相比，领域国家安全法律中国家安全占比高，体现明显。自 2014 年 4 月总体国家安全观提出以来，我国颁行了许多重要的国家安全领域法律，譬如：《反间谍法》（2014，政治安全领域）、《反恐怖主义法》（2018 年修订，社会安全领域）、《境外非政府主义组织境内活动管理法》（2017 年修订，文化政治安全领域）、《网络安全法》（2016，科技信息安全领域）、《国防交通法》（2016，军事安全领域）、《国家情报法》（2018 年修订，政治安全领域），等等。

而在总体国家安全观提出以前，我国事实上已经存在了很多领域国家安全法律，如政治安全领域的《保守国家秘密法》（2010 年修订）、《戒严法》（1996）；国土安全领域的《出境入境管理法》（2012）、《反分裂国家法》（2005）、《领海及毗连区法》（1992）；军事安全领域的《军事设施保护法》（2014 年修订）、《国防法》（2009 年修订）；经济安全领域的《反垄断法》（2007）；社会安全领域的《突发事件应对法》（2007）；等等。这些都属于国家安全法律部门。

3. 关涉国家安全法律。与领域国家安全法律类似的是，关涉国家安全法律同样可以纳入某一特定的国家安全领域之中；但从法律的主旨和关涉国家安全的程度上看，与领域国家安全法律相比，此类法律的关涉程度有限。它的一个典型特征是整部法律只有个别一个或若干条款涉及国家安全，且多为排除性适用条款。关涉国家安全法律的确与国家安全法律相关，但却不能完全地将之纳

---

[1] "国家安全法为构建中国特色国家安全法律制度体系，推进国家安全各项工作法治化提供了基础支撑。在国家安全法是一部维护国家安全的综合性、全局性、基础性的法律，在国家安全法律制度体系中起统领、支撑作用。国家安全法对国家安全领导体制机制，国家安全工作应当遵循的原则，维护国家安全的任务、职权划分、保障措施规定了完整的框架，预留了接口。国家安全法的制定，为开展国家安全工作和制定其他国家安全相关法律法规和配套规定提供了依据和遵循。在这部法律的统领下，国家安全领域的法律制度建设、规范体系和保障体系等各项建设，将得到进一步完善和发展。"李建国："全面实施国家安全法 共同维护国家安全：在贯彻实施国家安全法座谈会上的讲话"，载《中国人大》2016 年第 8 期。作者时任中共中央政治局委员、全国人大常委会副委员长。

入国家安全法律体系，或者使之成为国家安全部门法。一是其本身可能就属于其他法律部门体系，典型的如《刑法》《刑事诉讼法》《民法典》等；二是关涉国家安全法律立法的主要目的和原则在于特定领域的非国家安全事项，而非纯粹的国家安全立法；三是将关涉国家安全法律设定在国家安全法律体系的外围，可以更加灵活地解决国家安全法律部门与其他法律部门的衔接和联系问题，使社会主义法律体系的构建和部门划分更加和谐。如图1可以大致看出国家安全法律体系在社会主义法律体系部门中的划分。

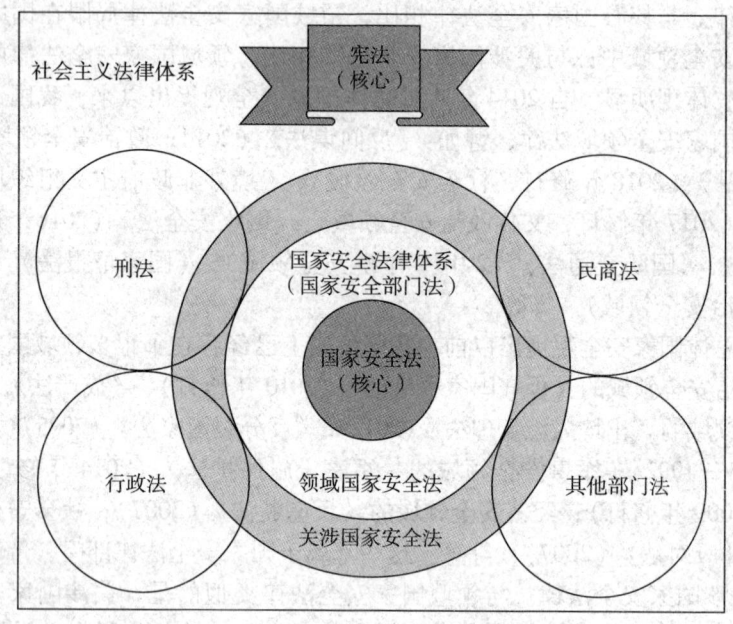

图1　国家安全法律体系的三个层面以及与其他部门法的关系

四、行政法规与部门规章中有关维护国家安全的规定

根据《立法法》的规定，国务院有权根据宪法和法律，制定行政法规。行政法规可以就下列事项作出规定：①为执行法律的规定需要制定行政法规的事项；②《宪法》第89条规定的国务院行政管理职权的事项。行政法规中规定国家安全事项的，最重要的当属《反间谍法实施细则》、《保守国家秘密法实施条例》、《外国记者和外国常驻新闻机构管理条例》（已失效）、《计算机信息系统安全保护条例》等。

根据《立法法》第80条第1款的规定："国务院各部、委员会、中国人民银行、审计署和具有行政管理职能的直属机构，可以根据法律和国务院的行政法规、决定、命令，在本部门的权限范围内，制定规章。"《立法法》第 103 条第 1、2、3 款规定："中央军事委员会根据宪法和法律，制定军事法规。中央军事委员会各总部、军兵种、军区、中国人民武装警察部队，可以根据法律和中央军事委员会的军事法规、决定、命令，在其权限范围内，制定军事规章。军事法规、军事规章在武装力量内部实施。"目前，国家安全主管机关——国家安全部颁行了许多行政规章；中央军委颁行了若干军事法规；中央军事委员会各总部、军兵种、军区还颁行了众多军事规章。它们都或多或少与维护国家安全工作相关。

五、中国缔结或加入的条约中有关维护国家安全的规定

中国缔结或加入的条约中有关国家安全的规定无疑属于我国国内法。但是，其效力范围并不只及于本国人和本国域内。它们既有行政法规范，又有刑事法规范；既适用于本国境内的外国人，也适用于在国外的本国公民，还可适用于外国人在我国领域外危害中国国家安全的行为。故国家安全法的实施必然与相关国际法产生联系，甚至与某一外国法产生管辖权的冲突。国家安全立法、执法、司法等活动必须妥善处理好国内法与国际法的关系，确定涉外刑事案件管辖权，依法惩处实施危害中国国家安全行为的外国人，积极参与国际刑事司法协助；依法处理涉外行政案件，保障涉外行政案件当事人的行政救济权利。在防止核扩散，打击分裂主义、极端主义、恐怖主义，应对气候变化等方面，我国还缔结和加入了一系列国际条约、公约，承担维护国际安全的责任和义务。

国家安全法的制定与实施必须遵守国际法基本原则，同时要善于运用这些原则来捍卫国家主权和安全。譬如，国家安全涉外执法中，各国应平等地适用对罪犯惩处方面的诉讼制度并加强司法合作，彼此尊重立法与司法权、国家的属地和属人优越权，尊重各国对其领土与国民的管辖权；我国坚持不干涉内政原则，坚决反对来自各方面敌对势力对我国内政的粗暴干涉，打击"台独""藏独""疆独""港独"势力的分裂活动，捍卫国家主权、领土完整和安全；在坚持国际合作原则方面，我国国安执法机关与他国以及国际组织通力合作，以及时有效地防范和打击各种危害国家安全的活动。

国际法最重要的渊源是国际条约和国际习惯。各国一般把国际习惯视为国内法的一部分，不会制定与国际习惯相冲突的国内法，我国亦如此。对于国际条约，各国法律会规定其在国内法中的地位，但我国宪法及宪法性法律、刑事法律没有明确规定相关条约的地位，民商事法律规定相关条约优先。根据《宪法》《立法法》以及《缔结条约程序法》，国际条约在我国分为"由全国人大常

委会批准的条约和重要协定""由国务院核准的条约和协定"以及"不需要批准和核准的条约和协定"三个层级,其地位与相应国内法等同,依循"上位法优于下位法""同位法国际条约优先"原则。

《刑法》第9条规定:"对于中华人民共和国缔结或者参加的国际条约所规定的罪行,中华人民共和国在所承担的条约义务的范围内行使刑事管辖权的,适用本法。"此规定尽管没有明确国际条约在刑法中的地位,但首次在国内刑事立法中增加了与国际条约有关的内容,使国际条约在我国成为刑事法律的补充。在中国,国家安全执法机关除了适用我国国内一系列国家安全法律法规之外,还应严格遵守我国缔结和参加的双边、多边条约。譬如,《联合国特权与豁免公约》《维也纳外交关系公约》《禁止酷刑和其他残忍、不人道或有辱人格的待遇或处罚公约》《公民权利和政治权利国际公约》以及我国与他国签订的双边司法协助协定。

国家安全涉外执法除了要遵守国际法基本原则、我国参加的国际条约以外,还应熟悉了解国际法中的国籍制度、普通外国人和享有特权与豁免的外国人的法律地位,以及庇护制度、引渡制度等,它们都与我国国家安全的涉外执法活动息息相关。

六、地方立法中有关维护国家安全的规定

1. 省、自治区、直辖市、设区的市关于维护国家安全的地方立法。我国现辖有23个省、4个直辖市、5个民族自治区以及300多个设区的市。根据《立法法》第72、82条等的规定,省、自治区、直辖市的人民代表大会及其常务委员会根据本行政区域的具体情况和实际需要,在不与宪法、法律、行政法规相抵触的前提下,可以制定地方性法规。设区的市的人民代表大会及其常务委员会根据本市的具体情况和实际需要,在不与宪法、法律、行政法规和本省、自治区的地方性法规相抵触的前提下,可以制定地方性法规,报省、自治区的人民代表大会常务委员会批准后施行。省、自治区、直辖市和设区的市的人民政府,可以根据法律、行政法规和本省、自治区、直辖市的地方性法规,制定规章。

从目前通过互联网检索到的地方性法规和地方政府规章看,有关国家安全的规定不多;地方政府规章类别的规范性文件要明显多于地方性法规类别。从规定的内容上看,主要可划分为两大类别,一类是关于涉外建设项目管理以及信息安全保障的事项,一类是关于国家安全机关的执法保障的事项。

可以归类为地方性法规的地方国家安全立法主要有:《四川省涉外建设项目国家安全事项管理条例》(2002)、《广东省计算机信息系统安全保护条例》

(2008)、《河南省国家安全技术保卫条例》(2008)等。

可以归类为地方政府规章的有关国家安全的规范性文件主要有：从青岛市人民政府发布的《青岛市涉外建设项目国家安全事项审查规定》(1998)之后，辽宁省人民政府、山西省人民政府、内蒙古自治区人民政府、贵州省人民政府、河北省人民政府、宁夏回族自治区人民政府、湖北省人民政府等先后颁行的内容相近的行政规章。从南京市人民政府发布《南京市国家安全机关工作人员使用侦察证暂行办法》(1996)之后，河北省人民政府、新疆维吾尔自治区人民政府、江西省人民政府、黑龙江省人民政府、河南省人民政府、海南省人民政府、湖南省人民政府等先后通过的类似行政规章。

2. 特别行政区关于维护国家安全的地方立法。我国现辖有香港和澳门两个特别行政区。根据《香港特别行政区基本法》和《澳门特别行政区基本法》第23条的规定，（特别行政区）应自行立法禁止任何叛国、分裂国家、煽动叛乱、颠覆中央人民政府及窃取国家机密的行为，禁止外国的政治性组织或团体在特别行政区进行政治活动，禁止特别行政区的政治性组织或团体与外国的政治性组织或团体建立联系。《香港特别行政区基本法》和《澳门特别行政区基本法》第23条关于特别行政区自行立法禁止危害国家安全行为的规定，是一国两制下的一项特殊安排，体现了国家对特别行政区的信任与尊重。无论是对特别行政区还是其居民而言，维护国家安全不仅是义务，更是一项神圣职责；它不仅是贯彻落实一国两制方针和基本法的需要，更是港澳社会和居民的根本利益所在。香港特别行政区曾拟议颁行有关国家安全的立法，但进展有曲折，立法多次被无故延宕，甚至遥遥无期，2020年6月30日，全国人大常委会当机立断，通过了《香港特别行政区维护国家安全法》，堵上了香港在维护国家安全方面的制度、法律漏洞，有力维护了国家主权、安全、发展利益和保障香港长期繁荣稳定，巩固和完善了香港"一国两制"制度基础。

澳门特别行政区力推国家安全立法工作并取得了重要成果，2009年2月25日，澳门特别行政区立法会通过了《维护国家安全法》。澳门特别行政区《维护国家安全法》的制定，不仅会对澳门产生深远的影响，同时也会对香港相关立法产生推动作用。

七、我国国家安全法律法规的体系特征

1. 法律法规颁布或修正的时间统计分析。本书对1986年以来涉及国家安全的立法、修法情况作一统计，同时也是对现行有效的法律的存在时间作一历史的考察，结果如图2所示。

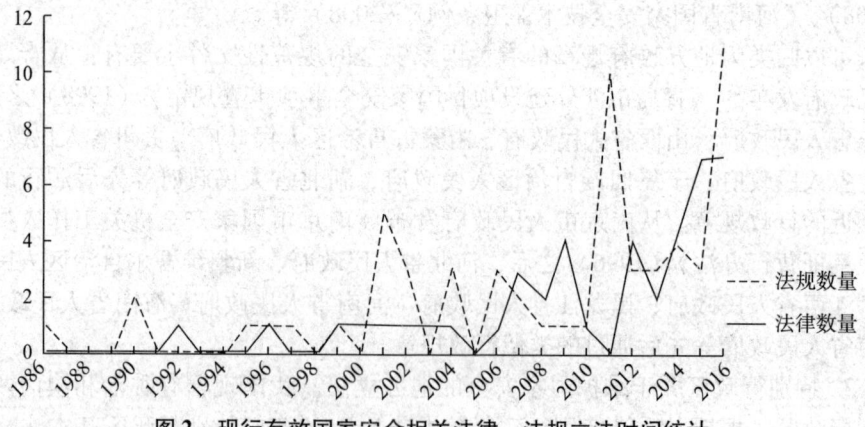

图 2　现行有效国家安全相关法律、法规立法时间统计

可见，从时间上观察，我国涉及国家安全且现行有效的法律和法规的立法时间多为新近；随着时间的推移，法律法规的颁布和修正的数量也有不断增加的趋势。其中法律的颁行修改大体比较平稳，在 2009 年、2012 年、2015 年和 2016 年呈现了 4 次高峰；而法规的颁行修改的峰值每隔约 10 年出现一次，最近的一次峰值间隔仅为 5 年。这也体现出国家安全相关法律、法规的颁行、修改的频率在不断提升的特点，同时客观地说明了国家安全法律法规颁行、修改在当前形势下的紧迫性和急需性。

2. 与国家安全相关的法律法规所涉及的领域分析。按照总体国家安全观所提出的 11 类国家安全种类进行初步的分类，结果如图 3、图 4 所示。

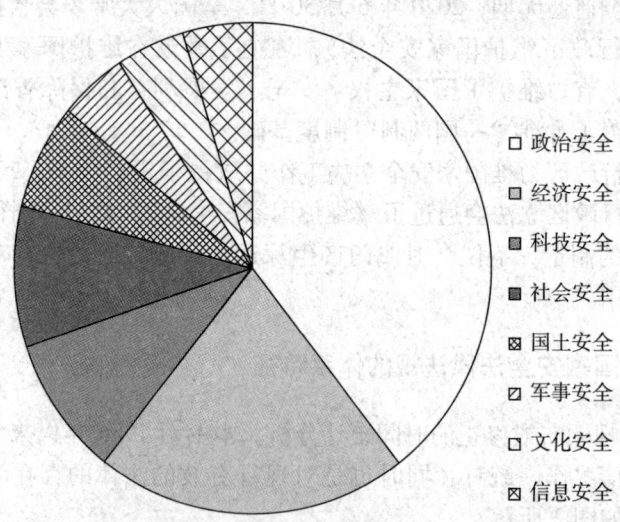

图 3　现行国家安全相关法律分类统计图

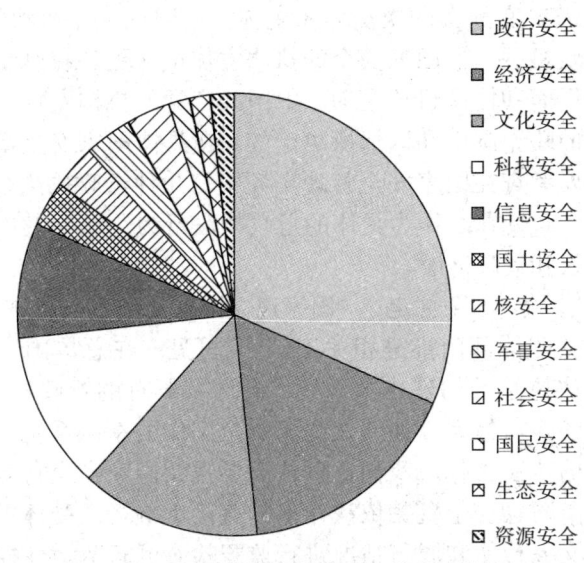

图4 现行国家安全相关法规分类统计图

从中不难发现，无论是与国家安全相关的现行法律还是法规，在一定程度上都体现出分布的不平衡性，政治、经济领域的法律法规占有很大比例，而其他领域则少有涉及。特别是在现行国家安全相关的法律中，相比于法规，对国民安全、资源安全、生态安全、核安全规制的法律在一定程度上呈现出缺位性，或者在现有立法中尚未体现出国家安全所应有的性质和高度。

因此，如何以法治思维和法治方式在我国宪法和法律中贯彻落实总体国家安全观，以何种方式构建国家安全法律体系，并且在立法、执法、司法和守法的各个法治环节进一步促进国家安全法律的有效实施，就成为当前党和国家治理体系完善和治理能力提升的一大重要任务。

第四节 国家安全法律的实施

一、国家安全执法

国家安全法律体系的构建除了要在立法层面建立一套完善的法律制度体系之外，在执法层面同样需要建立一套切实可行的执法体系。按照总体国家安全观的要求，国家安全的执法范围和对象与之前相比，有了大量的扩充，这就构成了国家安全执法体系的客体。作为国家安全执法体系的客体，即每一个细分的安全领域,都需要有配套的执法体系主体。一般认为,执法属于行政行为,执法的主体是行政机关。但国家安全的执法主体可能更加特殊,尤其是在国家安全的领导机构层面和协调机构层面,中国共产党的机构发挥了更加重要的作用,这也是我国的政党制度和国情所决定的。在具体国家安全事务的执法层面上,我们还是主要考查在国家安全管理实务中的几种行政执法行为,如行政审批、行政强制、行政处罚。作为具体的行政执法行为,还要考虑相对人的救济方式,即行政复议和行政诉讼。

《国家安全法》第45条规定:"国家建立国家安全重点领域工作协调机制,统筹协调中央有关职能部门推进相关工作。"可见,在总体国家安全观的框架下,国家安全执法体系的构建十分复杂,既涉及既有的行政机关的执法体系,又涉及其他系统的执法体系,如涉及国家安全工作的军队系统、司法系统甚至未来的监察系统的执法工作。我们这里依旧要强调国家安全行政执法。国家安全行政执法,是指国家安全机关依法作出的直接影响行政受体的权利义务,或对行政受体权利义务行使和履行情况进行监督检查的行为。[1]探析国家安全行政执法,可以从国家安全行政执法的主体、客体和行为三个方面进行分析。

(一)国家安全行政执法的主体开始扩大

过去通常认为,国家安全行政执法的主体主要是国家安全机关,国家安全行政执法活动是国家安全机关行使职权的活动,属于国家安全机关的具体行政行为;国家安全行政执法的主要内容是依法行使维护国家安全的职权,包括由国家安全机关依法作出决定,直接影响行政相对人的权利义务,以及对行政受体是否依法正当行使权利和履行义务的情况进行监督检查两种类型;国家安全行政执法是国家安全机关与行政受体之间发生的法律关系,是一种双方关系,一般以国家安全机关单方意思表示为特点。[2]然而,在总体国家安全观提出、1993年《国家安全法》失效以后,过去的研究成果就表现出了局限性,主要表现在行政执法的主体范围开始出现扩大趋势。

(二)国家安全行政执法的客体需与总体国家安全观中的具体安全对应

按照总体国家安全观的要求,我国国家安全细分为政治安全、国土安全、军事安全、经济安全、文化安全、社会安全、科技安全、信息安全、生态安全、资源安全、核安全。因此,这也成为国家安全执法体系的执法范围和执法客体,即要在上述的11个领域内维护国家安全。同样,这也需要现有的执法体系与11个领域内的国家安全实现对接。考察我国现有的执法体系,主要是行政机关的

---

[1] 吴庆荣:《国家安全行政法基本论》,时事出版社2008年版,第134页。
[2] 吴庆荣:《国家安全行政法基本论》,时事出版社2008年版,第134页。

行政执法体系,其分散在国务院和地方政府的各部门。将国家安全领域执法体系与行政执法部门建立起对应关系,对于现有行政执法体系来说,是个重大的挑战。

(三)几种常见国家安全具体行政行为

1. 国家安全行政调查。在国家安全执法领域,国家安全行政调查的范围实际上涵盖了行政检查、行政调查、行政监督管理,甚至在国家安全的一些特定领域中,与刑事侦查也有一定的重合。在"总体国家安全观"提出后,国家安全行政检查的主体范围随之扩大,既包括国家安全机关,也涵盖了为维护国家安全而进行行政检查的其他行政机关。因此,相关的一些社会组织、团体和个人,既有可能要承担配合接受行政机关调查的义务,也有可能成为参与国家安全行政调查的协助方。

开展国家安全行政调查必须于法有据。按照调查法定主义原则的要求,行政调查必须由相应的行政机关在法定权限范围内按照法定方式和程序进行,即行政调查主体适格、行政调查职权有据、行政调查手段合法和行政调查程序正当。[1]譬如,《反间谍法》第9条、第10条、第13条第2款、第16条;《反恐怖主义法》第18条、第19条第2款、第20条、第21条、第23条、第25条、第49条、第50条、第51条、第52条;《境外非政府组织境内活动管理法》第41条、第42条;《网络安全法》第28条、第55条;《国家情报法》第16条;等等。以上法条都规定了国家安全行政检查事项。

国家安全行政调查具有以下特点:一是国家安全行政调查涉及的领域众多。涵盖的领域包括反间谍、反恐怖、境外非政府组织的境内管理、网络安全、国家情报等。随着国家安全法律体系的进一步完善,国家安全行政调查所涉及的领域会进一步扩大。二是国家安全行政调查在一些领域具有刑事侦查的性质。如在反间谍、反恐怖主义等领域,行政调查在服务于行政活动的同时,还有可能服务于刑事侦查活动,调查所获取的证据还可能被转化为司法诉讼的证据。三是国家安全行政调查的主体外延广泛。国家安全行政调查的主体虽然是行政机关,但在一些特定领域,离不开其他行政机关、组织团体和个人的支持和配合。特别是在大数据时代,国家安全行政调查更需要各个行政机关以及全社会、全行业和全体民众的参与、配合和支持。

从内容上看,我国国家安全行政调查主要包括:①询问行政调查的当事人和知情人;②调取证据材料;③检查;④勘验;⑤查询信息;⑥鉴定;⑦言词审理。在程序上,国家安全行政调查的主要程序包括事前告知、表明身份、说

---

[1] 莫于川:"中国行政调查制度的若干问题与完善路向",载《学习论坛》2011年第4期。

明理由、告知权利、组织调查、制作笔录等，这些程度均须依法进行。

2. 国家安全行政确认。国家安全行政确认是指国家安全机关根据国家安全法律规定或者授权，对特定个人或组织以及特定物品依法予以证明、认定的行政行为。[1]按照"总体国家安全观"的要求，国家安全行政确认的主体不仅包括国家安全机关，也包括其他相关的国家行政机关。

国家安全行政确认的内容比较广泛。譬如，对专用间谍器材的确认（《反间谍法》第25条）；对恐怖活动组织和人员的认定（《反恐怖主义法》第12条、第13条、第15条、第16条）；对国家秘密及其密级具体范围的行政确认（《保守国家秘密法》第11条、第13条）；等等。

3. 国家安全行政许可。在国家安全领域中，由法律规定的行政许可事项极为有限。法律明确规定的行政许可事项有快递业务经营的国家安全行政许可，《邮政法》第53条第3款规定："邮政管理部门审查快递业务经营许可的申请，应当考虑国家安全等因素，并征求有关部门的意见。"还有境外非政府组织申请登记的行政许可，《境外非政府组织境内活动管理法》第11条第1款规定："境外非政府组织申请登记设立代表机构，应当经业务主管单位同意。"

在行政法规层面，《卫星地面接收设施接收外国卫星传送电视节目管理办法》第6条规定："利用已有的或者设置专门的卫星地面接收设施接收外国卫星传送的电视节目的单位，应当向省级以上主管部门提出书面申请，经审查同意的，由申请单位报所在省、自治区、直辖市人民政府广播电视行政管理部门审批。省、自治区、直辖市人民政府广播电视行政管理部门批准的，发给《卫星地面接收设施接收外国卫星传送的电视节目许可证》，并由审批机关报国务院广播电视行政管理部门、公安部、国家安全部门备案。"

在地方性法规和地方性规章层面，还有一类国家安全行政许可，即涉及国家安全的建设项目的审查。

我国国家安全行政许可在法律上体现得比较少，在行政法规、地方性法规和地方性规章层面设定众多。实际上，在总体国家安全观涉及的11个领域中，现有的一些行政许可在某种程度上也存在着国家安全的某种考量，因此，需要在未来通过国家安全立法的方式整合到国家安全行政许可上来。

4. 国家安全行政奖励。长期以来，国家安全领域的法律都呈现一种重罚轻赏的特点。在总体国家安全观提出后，国家安全立法加大了行政奖励的力度，这在近期的几部立法中都有体现。如《反间谍法》第7条规定："国家对支持、协助反间谍工作的组织和个人给予保护，对有重大贡献的给予奖励。"第27条

---

[1] 吴庆荣：《国家安全行政法基本论》，时事出版社2008年版，第159页。

第 2 款规定:"实施间谍行为,有自首或者立功表现的,可以从轻、减轻或者免除处罚;有重大立功表现的,给予奖励。"这极大地扩大了行政奖励的范围,甚至对有过错者也可以进行奖励。此外,《国家安全法》第 12 条规定:"国家对在维护国家安全工作中作出突出贡献的个人和组织给予表彰和奖励。"《反恐怖主义法》第 10 条规定:"对举报恐怖活动或者协助防范、制止恐怖活动有突出贡献的单位和个人,以及在反恐怖主义工作中作出其他突出贡献的单位和个人,按照国家有关规定给予表彰、奖励。"《国家情报法》第 9 条规定:"国家对在国家情报工作中作出重大贡献的个人和组织给予表彰和奖励。"[1]

5. 国家安全行政强制。《行政强制法》出台以后,我国反间谍领域就行政强制措施制定了专门的法律即《反间谍法》,其在第二章"国家安全机关在反间谍工作中的职权"中设置了相关条款。而第四章"法律责任"主要涉及的是刑事责任和行政责任,有些条款处于行政处罚和行政强制之间,非常难以界定。除了《反间谍法》以外,还有很多法律是与反间谍领域的行政强制措施相关的,如《人民警察法》等,这些法律将行政主体多限定在公安机关,对国家安全机关的适用存在用语模糊,需要有进一步的解释。

在地方性法规层面,山东省、山西省、河南省、四川省和南昌市专门制定了涉及国家安全方面的法规。其中,《山东省国家安全技术保卫条例》《河南省国家安全技术保卫条例》设定了一些强制调查方面的行政强制措施。

6. 行政处罚。国家安全行政处罚是指国家安全机关对违反国家安全行政法规范尚未构成犯罪的行政受体依法予以惩处的具体行政行为。[2]同样,在总体国家安全观提出以后,这个定义也要将主体扩充至国家安全机关以及其他国家行政机关。根据《行政处罚法》第 8 条的规定,我国的行政处罚共有 7 种,具体为警告,罚款,没收违法所得、没收非法财物,责令停产停业,暂扣或者吊销许可证、暂扣或者吊销执照,行政拘留以及法律、行政法规规定的其他行政处罚。按照行政处罚的类型进行具体划分,可以将其分为人身罚、财产罚、行为罚和申诫罚四种类型。

---

[1] 2016 年 12 月 30 日,江苏省国家安全领导小组办公室在赣榆召开举报危害国家安全线索表彰会,对发现水下可疑装置的渔民张某和电话举报人万某分别给予奖励。9 月底,连云港市赣榆区渔民张某在黄海近海海域捕鱼作业时,从海底捞获一个不明装置,上面有清晰的外文文字。其渔民朋友万某获知情况后,认为事关国家安全,即刻向国家安全机关电话举报。国家安全机关接报后高度重视,立即派员带回可疑装置并进行技术分析,发现该装置为国外制造和使用,并具有定位功能。"江苏 2 渔民水下捞获某国不明装置 及时举报获重奖",载凤凰资讯,http://news.ifeng.com/a/20161230/50504059_0.shtml,2017 年 7 月 15 日访问。

[2] 吴庆荣:《国家安全行政法基本论》,时事出版社 2008 年版,第 167 页。

人身罚。《反间谍法》《反恐怖主义法》《出境入境管理法》都设置了行政拘留的行政处罚。在行政拘留的时间期限上，一般的规定为 1 日以上 15 日以下，《出境入境管理法》中为特定情况下的外国人设置了最高 60 天的拘留审查时间。[1]除了行政拘留以外，还有一类行政处罚为驱逐出境、禁止入境或者出境、限期离境。

财产罚。在国家安全领域，大多数法律都对财产罚特别是罚款作了设定。值得注意的是在《反间谍法》中，并没有设定罚款的行政处罚形式。

行为罚。在国家安全领域，行为罚主要集中在非传统安全领域，如《网络安全法》第 61 条[2]、第 62 条[3]的规定。

申诫罚，亦称精神罚或者影响声誉罚，是行政机关向违法者发出警戒，申明其有违法行为，通过对其名誉、荣誉、信誉等施加影响，引起其精神上的警惕，使其不再违法的处罚形式，主要有警告和通报批评两种形式。[4]

二、国家安全司法

了解国家安全司法，要结合十八大之后我国法治建设发生巨大变革的时代背景来观察，尤其是要学习领会党的十八届四中全会精神。维护司法公正是国家安全司法活动的保障，也是通过司法体制维护国家安全的必然要求。

党的十八届四中全会提出："推进以审判为中心的诉讼制度改革，确保侦查、审查起诉的案件事实证据经得起法律的检验。""以审判为中心"要求侦查、起诉和辩护等各诉讼环节都须围绕审判展开，做到事实证据调查在法庭，定罪

---

[1] 《出境入境管理法》第 60 条规定："外国人有本法第 59 条第 1 款规定情形之一的，经当场盘问或者继续盘问后仍不能排除嫌疑，需要作进一步调查的，可以拘留审查。实施拘留审查，应当出示拘留审查决定书，并在 24 小时内进行询问。发现不应当拘留审查的，应当立即解除拘留审查。拘留审查的期限不得超过 30 日；案情复杂的，经上一级地方人民政府公安机关或者出入境边防检查机关批准可以延长至 60 日。对国籍、身份不明的外国人，拘留审查期限自查清其国籍、身份之日起计算。"

[2] 《网络安全法》第 61 条规定："网络运营者违反本法第 24 条第 1 款规定，未要求用户提供真实身份信息，或者对不提供真实身份信息的用户提供相关服务的，由有关主管部门责令改正；拒不改正或者情节严重的，处 5 万元以上 50 万元以下罚款，并可以由有关主管部门责令暂停相关业务、停业整顿、关闭网站、吊销相关业务许可证或者吊销营业执照，对直接负责的主管人员和其他直接责任人员处 1 万元以上 10 万元以下罚款。"

[3] 《网络安全法》第 62 条规定："违反本法第 26 条规定，开展网络安全认证、检测、风险评估等活动，或者向社会发布系统漏洞、计算机病毒、网络攻击、网络侵入等网络安全信息的，由有关主管部门责令改正，给予警告；拒不改正或者情节严重的，处 1 万元以上 10 万元以下罚款，并可以由有关主管部门责令暂停相关业务、停业整顿、关闭网站、吊销相关业务许可证或者吊销营业执照，对直接负责的主管人员和其他直接责任人员处 5000 元以上 5 万元以下罚款。"

[4] 姜明安主编：《行政法与行政诉讼法》，北京大学出版社、高等教育出版社 2015 年版，第 268~269 页。

量刑辩论在法庭，判决结果形成在法庭。

党中央提出推进以审判为中心的诉讼制度改革，目的就是要切实发挥审判程序应有的制约、把关作用，形成一种倒逼机制，促使公检法三机关办案人员树立案件必须经得起法律检验、庭审检验的理念，严格依法规范侦查和起诉活动，既要从源头上防止案件"带病"进入审判程序，以更加有效地防范冤假错案，又要有效避免因人为失误、失职甚至渎职，导致有罪者未能受到法律应有的制裁，造成客观上放纵犯罪或者打击不力的现象发生。[1]

在总体国家安全观提出后，国家安全体制的变革和国家安全领域的扩大，对司法领域同样会产生重大的影响，如何平衡和协调相关的改革，在改革的进程中更好地维护国家安全、保障公民权利，值得予以重视和进一步研究。

（一）有关国家安全的罪与罚

《刑法》第 2 条规定："中华人民共和国刑法的任务，是用刑罚同一切犯罪行为作斗争，以保卫国家安全，保卫人民民主专政的政权和社会主义制度，保护国有财产和劳动群众集体所有的财产，保护公民私人所有的财产，保护公民的人身权利、民主权利和其他权利，维护社会秩序、经济秩序，保障社会主义建设事业的顺利进行。"由此可见，国家安全被列入了刑法任务之首位，是《刑法》优先保护的法益。在《刑法》分则的编排上，第一章即为"危害国家安全罪"，也体现了国家安全在刑法中的地位。

《刑法》总则对危害国家安全犯罪行为作出了特殊规定。例如，《刑法》第 56 条规定："对于危害国家安全的犯罪分子应当附加剥夺政治权利……"政治权利是公民的一项基本权利，在涉及剥夺政治权利的考量时，对于危害国家安全的犯罪分子《刑法》予以了特殊的克减，这也体现了国家安全犯罪具有高度的政治性。又如，《刑法》第 66 条规定："危害国家安全犯罪、恐怖活动犯罪、黑社会性质的组织犯罪的犯罪分子，在刑罚执行完毕或者赦免以后，在任何时候再犯上述任一类罪的，都以累犯论处。"该条是对《刑法》第 65 条一般累犯规定的妨碍性适用规定，对于包括危害国家安全犯罪在内的三类犯罪行为，其累犯的认定不受第 65 条一般累犯的时效性规定的限制，具有终身性。该项法律的保留同样是对犯罪分子权利的一种克减。

《刑法》分则第一章是危害国家安全罪，包括第 102~113 条，共计 12 条。其中第 106 条专门规定了与境外机构、组织、个人相勾结实施犯罪需要从重处罚的几种犯罪情形，第 113 条规定了危害国家安全罪可以适用死刑和没收财产的几种罪名。除此以外的 10 条共设置罪名 12 项，分别为背叛国家罪，分裂国家

---

[1] 沈德咏："论以审判为中心的诉讼制度改革"，载《中国法学（中文摘要版）》2015 年第 3 期。

罪、煽动分裂国家罪、武装叛乱、暴乱罪、颠覆国家政权罪、煽动颠覆国家政权罪、资助危害国家安全犯罪活动罪、投敌叛变罪、叛逃罪、间谍罪、为境外窃取、刺探、收买、非法提供国家秘密、情报罪、资敌罪。

（二）危害国家安全案件的司法程序

如同我国刑法典等刑事实体法律对涉及国家安全的犯罪进行了一定的法律保留、克减了涉及国家安全犯罪的公民权利一样，在刑事诉讼领域的程序性规定上，《刑事诉讼法》对涉及国家安全的犯罪在刑事诉讼程序上也有一些特殊的法律保留和权利克减。关于《刑事诉讼法》涉及国家安全的特别规定，主要有以下几点：

1. 《刑事诉讼法》第 1 条规定："为了保证刑法的正确实施，惩罚犯罪，保护人民，保障国家安全和社会公共安全，维护社会主义社会秩序，根据宪法，制定本法。"从中可以看出，国家安全是《刑事诉讼法》的重要立法目的。对照《刑事诉讼法》第 2 条的规定，可以看出国家安全在《刑事诉讼法》的立法目的和立法任务中居于优势的地位。在对国家安全的考量上，要适当地对公民权利进行克减，这在《刑事诉讼法》的相关规定中都有不同的体现。

2. 《刑事诉讼法》第 3 条规定："对刑事案件的侦查、拘留、执行逮捕、预审，由公安机关负责。检察、批准逮捕、检察机关直接受理的案件的侦查、提起公诉，由人民检察院负责。审判由人民法院负责。除法律特别规定的以外，其他任何机关、团体和个人都无权行使这些权力。"从中可以看出，《刑事诉讼法》将国家刑事诉讼活动的主体限制在了公安机关、人民检察院和人民法院，将刑事案件的侦查、拘留、执行逮捕、预审权力赋予了公安机关。而《刑事诉讼法》第 4 条规定："国家安全机关依照法律规定，办理危害国家安全的刑事案件，行使与公安机关相同的职权。"该条即赋予了国家安全机关在办理危害国家安全的刑事案件时相应的侦查等权力，但两者的职责和界限却未予明确规定。

中华人民共和国成立后，我国的反特务、反间谍工作一直是由公安机关负责。1983 年，根据改革开放后对敌斗争的需要，国家安全机关成立，其成员是从当时公安机关的政保部门中分离出来的，主管反间谍工作，因为"师出同门"，公安机关的国内安全保卫部门与国家安全机关的业务领域、职责任务等方面有部分重叠。随着《反间谍法》《反恐怖主义法》《境外非政府组织境内活动管理法》《国家情报法》等法律及相关实施细则的出台，两部门的职责划分有望更加清晰。

3. 《刑事诉讼法》第 21 条第 1 项规定，危害国家安全的第一审刑事案件由中级人民法院管辖。该条法律规定提高了危害国家安全的刑事案件的审判层级，体现了对危害国家安全犯罪的重视和审慎的程度。

4.《刑事诉讼法》第 39 条规定:"辩护律师可以同在押的犯罪嫌疑人、被告人会见和通信……危害国家安全犯罪、恐怖活动犯罪案件,在侦查期间辩护律师会见在押的犯罪嫌疑人,应当经侦查机关许可。上述案件,侦查机关应当事先通知看守所……"从中可以看出,对于在押的危害国家安全犯罪嫌疑人的律师会见权利,《刑事诉讼法》作了保留和克减,需要侦查机关许可才能进行律师会见。

5.《刑事诉讼法》第 48 条规定:"辩护律师对在执业活动中知悉的委托人的有关情况和信息,有权予以保密。但是,辩护律师在执业活动中知悉委托人或者其他人,准备或者正在实施危害国家安全、公共安全以及严重危害他人人身安全的犯罪的,应当及时告知司法机关。"辩护律师对在执业活动中知悉的委托人的有关情况和信息有权予以保密,这是辩护律师的权利,也是其一项义务。但如果知悉的内容涉及危害国家安全,便构成了对辩护律师权利的排除和义务的豁免。

6.《刑事诉讼法》第 64 条规定:"对于危害国家安全犯罪、恐怖活动犯罪、黑社会性质的组织犯罪、毒品犯罪等案件,证人、鉴定人、被害人因在诉讼中作证,本人或者其近亲属的人身安全面临危险的,人民法院、人民检察院和公安机关应当采取以下一项或者多项保护措施……"

7.《刑事诉讼法》第 75 条第 1 款规定:"监视居住应当在犯罪嫌疑人、被告人的住处执行;无固定住处的,可以在指定的居所执行。对于涉嫌危害国家安全犯罪、恐怖活动犯罪,在住处执行可能有碍侦查的,经上一级公安机关批准,也可以在指定的居所执行。但是,不得在羁押场所、专门的办案场所执行。"

8.《刑事诉讼法》第 81 条第 1 款第 2 项规定,对有证据证明有犯罪事实,可能判处徒刑以上刑罚的犯罪嫌疑人、被告人,采取取保候审尚不足以防止发生有危害国家安全、公共安全或者社会秩序的现实危险的社会危险性的,应当予以逮捕。

9.《刑事诉讼法》第 85 条第 2 款规定:"拘留后,应当立即将被拘留人送看守所羁押,至迟不得超过 24 小时。除无法通知或者涉嫌危害国家安全犯罪、恐怖活动犯罪通知可能有碍侦查的情形以外,应当在拘留后 24 小时以内,通知被拘留人的家属。有碍侦查的情形消失以后,应当立即通知被拘留人的家属。"该条因为侦查国家安全犯罪的需要,排除了被拘留人家属享有的获得通知的权利。

10.《刑事诉讼法》第 150 条第 1 款规定:"公安机关在立案后,对于危害国家安全犯罪、恐怖活动犯罪、黑社会性质的组织犯罪、重大毒品犯罪或者其他严重危害社会的犯罪案件,根据侦查犯罪的需要,经过严格的批准手续,可以采取技术侦查措施。"该条款赋予了侦查机关采取技术侦查措施来侦查危害国家安全犯罪的权力，但同时也对批准手续进行了限制。

三、国家安全法的遵守

守法是法律实施的重要环节。《宪法》第 54 条规定："中华人民共和国公民有维护祖国的安全、荣誉和利益的义务，不得有危害祖国的安全、荣誉和利益的行为。"《国家安全法》第 9 条规定："维护国家安全，应当坚持预防为主、标本兼治，专门工作与群众路线相结合，充分发挥专门机关和其他有关机关维护国家安全的职能作用，广泛动员公民和组织，防范、制止和依法惩治危害国家安全的行为。"在我国宪法法律对国家安全守法的设定上，主要是通过各位阶、各部门法对公民个人和组织团体的法律义务作出设定。

在涉及权利和义务的表述时，我国宪法和大多数法律将权利置于义务之前。在国家安全法律体系中，大多数法律都对公民的权利和义务设立专章进行规定。与宪法和其他法律的设定相区别的是，国家安全法律体系中常见的一种表述为义务在权利之前，这在某种程度上也体现出国家安全利益优先和对公民和组织权利的一种克减。譬如，《驻外外交人员法》第二章标题为"职责、条件、义务和权利"，《人民武装警察法》第三章标题为"义务和权利"，《法官法》第二章标题为"法官的职责、义务和权利"，《检察官法》第二章标题为"检察官的职责、义务和权利"，《公务员法》第二章标题为"公务员的条件、义务与权利"。单独特别将公民、组织的义务置于权利之前的法律共有 3 部，分别为《国家安全法》第六章"公民、组织的义务和权利"，《反间谍法》第三章"公民和组织的义务和权利"，《国防法》第九章"公民、组织的国防义务和权利"。由此可见，公民、组织的权利在国家安全领域的极少数几部特定法律规定中相对于国家利益优先时受到了一定程度的克减，这也是立法者在维护国家安全上进行价值平衡的必然要求。

1. 对公民、组织守法义务的设定。在国家安全法律体系中，大多数法律都有专门的章节对公民和组织的义务和权利进行设定。如前所述，其关注的重点和优先级是在对国家利益的保护和对公民义务的强调。《宪法》第 51~55 条规定了公民的维护国家安全的义务。《国防法》第 50~53 条、《国家安全法》第 77~79 条、《反间谍法》第 19~25 条规定了公民、组织的维护国家安全法律义务。

2. 国家机关的国家安全守法问题。国家机关及其工作人员在国家安全领域守法具有极其重要的意义。国家机关及其工作人员是国家安全法律的执行者和实施者,是国家安全和国家利益的维护者和保障者。国家机关守法具有强大的示范效应,而国家安全机关不遵守相关的法律或者在工作中不合乎法律规定的要求或者守法不够规范,其造成的危害往往也极其巨大。在国家安全守法的义务上,法律面前人人平等,不存在法外之地。因此,无论是什么机关,其对于守法义务的遵守都应该是一致的,不存在豁免。不仅如此,党政机关还要带头守法。党的领导是国家安全的有力保证,因此,党的机构对于国家安全法律的遵守也是题中应有之义,在未来的国家安全立法中应该予以明确。

3. 国家安全守法宣传教育的法定化。《国家安全法》第 14 条规定:"每年 4 月 15 日为全民国家安全教育日。"第 76 条规定:"国家加强国家安全新闻宣传和舆论引导,通过多种形式开展国家安全宣传教育活动,将国家安全教育纳入国民教育体系和公务员教育培训体系,增强全民国家安全意识。"

由此,国家通过立法,对国家安全守法的宣传教育形式作出了规定。国家安全守法的宣传教育是国家行为,并通过国民教育和公务员教育培训两大体系实施。这就确立了国家安全守法教育培训的法定地位,固定了国家安全守法教育培训的法定形式,避免了过去国家安全守法的教育培训无法可依、流于形式等问题。

在国家安全守法的宣传教育中存在的一大难点即如何处理公开与保密的界限问题。长期以来,国家安全守法的宣传教育工作出于保密工作的考虑,特别是在涉及一些具体的案件时,往往选择不公开处理,也很难看到公开报道。案件完结后的公开对于法律的宣传教育工作往往有着非常好的促进作用。宣传教育工作在此问题上的沉默一方面导致人民群众对于此领域的无知,另一方面也使得一些非正规的传言得以流传,其后果是导致相关部门工作的外部环境更加恶劣,相关部门变得神秘化和难以接触,非常不利于相关工作的开展。

值得肯定的是在《国家安全法》出台后,新闻媒体对于国家安全守法的宣传在质和量上都有了很大的提升,特别是对于反间谍等领域的刑事案件也都有了大量的报道,使公众对于国家安全守法有了更直观和更深刻的了解,客观上也促进了国家安全工作的开展。

4. 落实"谁执法谁普法"责任制。除了宣传教育部门和新闻媒体以外,执法部门对于本领域法律的普法工作更应有着责无旁贷的使命感和责任感。国家机关是国家法律的制定和执行主体,同时肩负着普法的重要职责。党的十八届四中全会明确提出实行国家机关"谁执法谁普法"的普法责任制。国家安全领域的普法工作,在遵循"谁执法谁普法"制度的过程中,更要注重本领域所具有的特殊性,做到以下几点:建立普法责任制;明确普法内容;切实做好本系统普法；充分利用法律法规规章和司法解释起草制定过程向社会开展普法；围绕热点难点问题向社会开展普法；建立法官、检察官、行政执法人员、律师等以案释法制度；创新普法工作方式方法；等等。总之，在做好日常宣传的同时，应充分利用国家宪法日、全民国家安全教育日、法律颁布实施纪念日等时间节点，积极组织开展集中普法活动，不断增强法治宣传实效。

第六章 国家安全法的发展

国家安全不是一成不变的，其内涵和外延会随着时代的发展而变化。为应对当前国家安全新形势新变化，贯彻落实总体国家安全观，完善国家安全体制机制，构建中国特色国家安全法律制度体系，我国制定《国家安全法》，是符合自身需要且十分有必要的，与国际惯例和众多国家通行做法并无二致。同时，要认识到，由于国家制度、历史文化背景、经济社会发展阶段、所处的安全环境不同，世界各国（即便是同一国家在不同时期）的国家安全工作重点不尽相同，其法治保障内容也随之不同。不难理解，作为保障国家安全的权利义务体系，我国的国家安全法自然也是发展变化的。为适应国家安全不同时期的形势和任务，其本身经历了萌芽、形成到发展的动态过程。

第一节 国家安全法承载时代使命

一、面向任务的国家安全法

维护我国国家安全，是中国特色社会主义建设事业顺利进行、实现国家长治久安和中华民族伟大复兴的重要保障。我国历来高度重视维护国家安全工作，始终把维护国家安全作为党和国家的一项基础性工作。中华人民共和国成立后，为应对严峻复杂形势，我国制定了一系列维护国家安全的法律法规，对维护国家安全发挥了重要作用。党的十八大以来，为适应我国国家安全面临的新形势、新任务，以习近平同志为核心的党中央提出总体国家安全观，强调全面维护各领域国家安全，对加强国家安全工作作出了重要部署。为贯彻落实总体国家安全观，适应我国国家安全面临的新形势新任务，十分有必要制定一部具有综合性、全局性、基础性的国家安全法。

当前，我国国家安全的形势日益严峻，面临着对外维护国家主权、安全、发展利益，对内维护政治安全和社会稳定的双重压力，各种可以预见和难以预见的风险因素明显增多,非传统安全问题日益凸显。我国已有的国家安全立法同我国所处的战略安全环境、各项事业发展的新要求相比,还远远不相适应。制定一部应对国家安全所面临的各种威胁和风险,统领国家安全各领域工作的法律,有紧迫的现实需要。1993年《国家安全法》,主要规定的是国家安全机关需要履行的职责,特别是反间谍工作方面的职责,已难以适应全面维护各领域国家安全的需要。为此,我国立法机关审议通过了《反间谍法》,相应地废止了1993年《国家安全法》。在此基础上,我国制定了一部立足全局、统领国家安全各领域立法工作的《国家安全法》,以形成与维护国家安全需要相适应,立足我国国情、体现时代特点,系统完备、科学规范、运行有效的中国特色国家安全法律制度体系,为维护我国国家安全提供坚实的法律制度保障。可见,《国家安全法》的制定及相关法律体系的出台主要是基于对时代背景的考量和对国家安全任务的洞察。可以说,时代性是国家安全法的重要特征,回应时代提出的任务是国家安全法的重要使命。

二、面向制度的国家安全法

法律是治国理政最大的规矩,制度是保障工作推进改革最重要的手段。《国家安全法》的颁布实施,为保障和加强新时期国家安全工作提供了制度手段,这主要体现在以下三个方面:①为国家安全工作提供综合性的制度指引。它不仅科学界定了国家安全的内涵外延,而且建立了相应的国家安全领导体制,还确定了相应的原则,确立了总体国家安全观的指导地位。②明确了维护国家安全的任务和职责,规定了国家安全的一般规定以及情报信息、风险预防、评估和预警、审查监管、危机管控等制度体系。③为国家安全工作提供了制度保障。例如,物资保障、技术保障、人才保障、手段保障、意识保障等,以上措施为国家安全工作的顺利开展扫清了障碍,提供了依托,构筑了保障。

特别是,在当下及未来全球安全风险上升的态势下,如何维护我国自身安全和国际社会共同安全,如何回应我国未来的战略需要,《国家安全法》留下了诸多制度空间。例如,《国家安全法》第34条专门规定:"国家根据经济社会发展和国家发展利益的需要,不断完善维护国家安全的任务。"同时,《国家安全法》还在安全交流、军事合作、能源保护、核技术保护、外层空间等领域提出了总体要求。例如,《国家安全法》第10条规定:"维护国家安全,应当坚持互信、互利、平等、协作,积极同外国政府和国际组织开展安全交流合作,履行国际安全义务,促进共同安全,维护世界和平。"第18条规定:"国家加强武装力量革命化、现代化、正规化建设,建设与保卫国家安全和发展利益需要相适应的武装力量;实施积极防御军事战略方针,防备和抵御侵略,制止武装颠覆和分裂;开展国际军事安全合作,实施联合国维和、国际救援、海上护航和维护国家海外利益的军事行动,维护国家主权、安全、领土完整、发展利益和世界和平。"第 21 条规定:"国家合理利用和保护资源能源,有效管控战略资源能源的开发,加强战略资源能源储备,完善资源能源运输战略通道建设和安全保护措施,加强国际资源能源合作,全面提升应急保障能力,保障经济社会发展所需的资源能源持续、可靠和有效供给。"第 31 条规定:"国家坚持和平利用核能和核技术,加强国际合作,防止核扩散,完善防扩散机制,加强对核设施、核材料、核活动和核废料处置的安全管理、监管和保护,加强核事故应急体系和应急能力建设,防止、控制和消除核事故对公民生命健康和生态环境的危害,不断增强有效应对和防范核威胁、核攻击的能力。"第 32 条规定:"国家坚持和平探索和利用外层空间、国际海底区域和极地,增强安全进出、科学考察、开发利用的能力,加强国际合作,维护我国在外层空间、国际海底区域和极地的活动、资产和其他利益的安全。"以及其他诸多规定。

三、面向未来的国家安全法

实现中华民族伟大复兴,是中华民族的根本利益和最高利益,是我们这个时代的最强音。当代中国正处于由大国向强国迈进的重要当口,正处于全面建成小康社会的决胜阶段,正处于实现中华民族伟大复兴的关键时期。习近平同志指出:"这是中华民族的一个重要历史机遇,我们必须牢牢抓住,决不能同这样的历史机遇失之交臂。这就是我们这一代人的历史责任,是我们对中华民族的责任,是对前人的责任,也是对后人的责任。"[1]越是接近奋斗目标,前进阻力和风险压力就越大。在新的历史起点上,我们必须时刻准备应对各种风险考验和重大挑战,深入推进伟大事业、伟大工程、伟大斗争。这既对国家安全工作提出了新挑战,也为做好国家安全工作提供了新机遇。坚持总体国家安全观,实施国家安全法,归根到底是为了更好地维护和延长我国发展重要战略机遇期,确保中华民族伟大复兴进程不被滞缓或打断。

当前,我国国内安全形势总体可控,但全球安全风险有上升态势。"在全球地缘政治风险上升、各种传统非传统安全问题凸显的形势下",[2]"如何在乱局中保持定力、在变局中抓住机遇",[3]对我们提出了更高要求。习近平同志结合

---

[1] 钟国安:"以习近平总书记总体国家安全观为指引,谱写国家安全新篇章",载《求是》2017 年第 8 期。
[2] 李克强:"在第二十次中国—东盟领导人会议上的讲话",载《人民日报海外版》2017 年 11 月 14 日,第 4 版。
[3] 刘云山:"深入学习贯彻习近平新时代中国特色社会主义思想",载《人民日报》2017 年 11 月 6 日,第 2 版。

全球历史趋势和时代发展大势，将全球安全挑战精炼为"三个更加突出"，[1]这一概括准确描述了我国国家安全工作面临的新课题，也为国家安全法带来了新使命。

1. 安全问题的联动性更加突出。全球安全环境与各个国家、地区的政治、经济、军事等问题高度相关，与文明、民族、宗教等问题密切相连，不可割裂对待，简单处理，否则就会陷入"头痛医头、脚痛医脚"的困境。以全球恐怖主义为例，有民族极端恐怖主义、宗教极端恐怖主义、意识形态恐怖主义以及"独狼"恐怖主义等多种类型，这些不同类型的恐怖主义与国家治理、社会民生、公平正义等相互交织，靠单一手段无法解决。

2. 安全问题的跨国性更加突出。从历史上看，安全问题主要涉及国与国之间的传统军事安全。自近现代以来，安全问题逐渐转向国家内部的民族认同、公平正义、社会治理等非传统安全领域。在当代，一国内部的安全问题逐渐弥合国家界限，内外交织，演化和转变为跨国问题。一方面，"任何一个国家的安全短板都会导致外部风险大量涌入，形成安全风险洼地"；另一方面，"任何一个国家的安全问题积累到一定程度又会外溢成为区域性甚至全球性安全问题"。[2]没有哪个国家可以独善其身，"躲进小楼成一统"，也没有哪个地区可以"风景独好"，实现绝对安全。

3. 安全问题的多样性更加突出。安全问题既是主观建构的形塑，又是客观存在的描述。一些问题本不属于安全事项，在政治话语的包裹下，会逐渐"安全化"，[3]在实践中演化为安全问题。一些问题，例如，环境治理，曾主要是人类与自然之间的资源利用问题和可持续发展问题。随着温室效应、碳排放、空气污染等现象的涌现，给人类生存带来了威胁，人们现在越来越多地将环境问题纳入了安全范畴。再如，随着互联网和新媒体的发展，网络安全甚至网络空间主权成为新的安全议题。这些陆上、海上、天上、网上等领域多种多样的安全问题在建构和存在之间相互作用、互相影响，越来越难以解决，给我国国家安全工作带来了相当程度的挑战。

对此，《国家安全法》面向未来给出了框架性规定。例如，该法根据第3条的总体要求，在第34条中设计了兜底条款。可以看出，《国家安全法》要充分

---

[1] 李伟红、杜一菲："习近平出席国际刑警组织第86届全体大会开幕式并发表主旨演讲"，载《人民日报》2017年9月27日，第1版。

[2] 习近平："坚持合作创新法治共赢，携手开展全球安全治理——在国际刑警组织第八十六届全体大会开幕式上的主旨演讲"，载《人民政协报》2017年9月27日，第2版。

[3] 关于"安全化"（securitization）的系统论述，Barry Buzan, Ole Wæver, Jaap de Wilde, Security: A New Framework for Analysis, Lynne Rienner Publishers, Inc., 1998.

考虑国家利益的拓展和国家安全形势的变化，其重点领域不仅仅是政治安全、人民安全、国土安全、军事安全等11个领域。《国家安全法》第3条要求的"维护各领域国家安全"就是要面向未来，对未来的安全领域也要予以重视。例如，保护生物安全、基因安全以及物种安全，防控人与动植物等新发、突发传染病疫情，防御生物武器攻击和恐怖袭击，防控外来入侵生物威胁，保护电磁空间安全，等等。可以说，要随着经济社会的发展和国家安全利益需要的变化，将有限的维护国家安全的任务需要纳入《国家安全法》的规范范围。为此，《国家安全法》就要根据形势发展不断完善，为维护国家安全的任务留下接口和余地，以面向未来。在未来一段时期，对于我国而言，要在深刻变化的时代中赢得主动，在伟大斗争中赢得胜利，就要以更长远的战略眼光把握国家安全面临的新课题，在理论上不断作出新概括。比如，如何提高国家安全能力，满足日益增长的国家安全需求？如何增强风险防控意识和能力？如何有效维护我国海外利益？如何增强国际话语权，向世界展示一个真实、立体、全面的中国？等等。这些都是关系国家安全的重大战略问题和新的时代使命，需要国家安全法治的系统回应。

第二节　国家安全法面临新时代的挑战

一、构建人类命运共同体

何谓人类命运共同体？习近平同志在十九大报告中强调："构建人类命运共同体，建设持久和平、普遍安全、共同繁荣、开放包容、清洁美丽的世界。"[1]习近平同志接着用五个"要"系统阐述了怎样构建人类命运共同体，即要相互尊重、平等协商，坚决摒弃冷战思维和强权政治；要坚持以对话解决争端、以协商化解分歧；要同舟共济，促进贸易和投资自由化便利化；要尊重世界文明多样性；要保护好人类赖以生存的地球家园。

事实上，早在2013年3月，习近平同志在当选国家主席后首次出访时就提出："这个世界，各国相互联系、相互依存的程度空前加深……越来越成为你中有我、我中有你的命运共同体。"[2]2015年3月，在以"亚洲新未来：迈向命运

---

[1] 习近平：《决胜全面建成小康社会 夺取新时代中国特色社会主义伟大胜利——在中国共产党第十九次全国代表大会上的报告》，载新华网：http://www.xinhuanet.com/2017-10/27/c_1121867529.htm，2019年8月9日访问。

[2] "国家主席习近平在莫斯科国际关系学院的演讲（全文）"，载中央政府门户网站：http://www.gov.cn/ldhd/2013-03/24/content_2360829.htm，2019年8月9日访问。

共同体"为主题的博鳌亚洲论坛上,习近平同志在演讲中主张"共同营造对亚洲、对世界都更为有利的地区秩序,通过迈向亚洲命运共同体,推动建设人类命运共同体"。[1] 2015年9月,在第七十届联合国大会一般性辩论时,习近平同志再次强调,"我们要继承和弘扬联合国宪章的宗旨和原则,构建以合作共赢为核心的新型国际关系,打造人类命运共同体"。[2] 为了实现这一目标,要建立平等相待、互商互谅的伙伴关系;要营造公道正义、共建共享的安全格局;要谋求开放创新、包容互惠的发展前景;要促进和而不同、兼收并蓄的文明交流;要构筑尊崇自然、绿色发展的生态体系。这五个方面的具体要求,建构了人类命运共同体总体布局,描绘了世界新格局的美好前景。

2017年1月,在联合国日内瓦总部演讲时,习近平同志强调,"世界经济增长乏力,金融危机阴云不散,发展鸿沟日益突出,兵戎相见时有发生,冷战思维和强权政治阴魂不散,恐怖主义、难民危机、重大传染性疾病、气候变化等非传统安全威胁持续蔓延",面对全球问题,"世界命运应该由各国共同掌握,国际规则应该由各国共同书写,全球事务应该由各国共同治理,发展成果应该由各国共同分享"。他进一步指出,"构建人类命运共同体,关键在行动。必须坚持对话协商,建设一个持久和平的世界;坚持共建共享,建设一个普遍安全的世界;坚持合作共赢,建设一个共同繁荣的世界;坚持交流互鉴,建设一个开放包容的世界;坚持绿色低碳,建设一个清洁美丽的世界"。[3] 人类命运共同体思想,承载着中国建设美好世界的崇高理想和不懈追求,反映了世界各国人民对和平公正新秩序的美好期待,因此,受到国际社会特别是广大发展中国家的普遍欢迎和强烈支持。

2017年2月10日,联合国社会发展委员会通过"非洲发展新伙伴关系的社会层面"决议,"呼吁国际社会本着合作共赢和构建人类命运共同体的精神,加强对非洲经济社会发展的支持"。"构建人类命运共同体"理念被正式写入联合国决议,表明这一理念已经得到国际社会的广泛认可。[4]

习近平同志的人类命运共同体思想是对中国优秀传统文化的创造性转化和

---

[1] "习近平主席在博鳌亚洲论坛2015年年会上的主旨演讲(全文)",载新华网:http://www.xinhuanet.com/politics/2015-03/29/c_127632707.htm,2019年8月13日访问。

[2] "习近平在第七十届联合国大会一般性辩论时的讲话(全文)",载新华网:http://www.cidca.gov.cn/2015-09/29/c_129922891.htm,2019年8月13日访问。

[3] "习近平主席在联合国日内瓦总部的演讲(全文)",载新华网:http://www.xinhuanet.com//world/2017-01/19/c_1120340081.htm,2019年8月9日访问。

[4] 冯颜利、唐庆:"习近平人类命运共同体思想的深刻内涵与时代价值",载《当代世界》2017年第11期。

创新性发展,是对马克思列宁主义的继承、创新和发展,是对中华人民共和国外交经验的科学总结和理论提升,它为变革全球治理体系、构建全球公平正义的新秩序贡献了中国方案和中国智慧。构建人类命运共同体,需要国家安全法为它提供安全保障和制度支持。

二、维护我国海外利益

海外利益维护是我国理论界和实务界高度重视的新概念,它从 2000 年我国"走出去"战略提出后得到迅速发展。2004 年 8 月,时任国家主席胡锦涛同志在第十次驻外使节会议上首次系统地提出要"增强我国海外利益保护能力"。[1]从当时的表述内容来看,这主要是指保护海外中国公民和企业安全。其背景是 2004 年我国海外企业在苏丹和阿富汗遭到袭击,并造成重大人员伤亡。于当年,我国成立了外交部涉外安全司。2004 年以来,随着我国海外利益的逐渐增多,我国公民和法人在境外遭受的直接和间接袭击也不断增多。为此,2009 年胡锦涛同志在第十一次驻外使节会议上重申要"依法维护我国公民和法人海外合法权益",并特别强调要"以人为本"。[2]2012 年,"坚定维护国家利益和我国公民、法人在海外合法权益"写入了中共十八大的报告之中。2013 年,习近平同志提出建设"丝绸之路经济带"和"21 世纪海上丝绸之路"的设想,即"一带一路"倡议(Belts and Roads Initiative)。2014 年,习近平同志在中央外事工作会议上提出,"要切实维护我国海外利益,不断提高保障能力和水平,加强保护力度"。[3]2017 年,李克强同志在第十二届全国人大五次会议的政府工作报告中指出"加快完善海外权益保护机制和能力建设"。

由此可见,可以将我国海外利益维护的发展轨迹归纳为三个阶段:一是在 2004 年之前,处于探索阶段;二是在 2004 年~2013 年,处于发展阶段;三是 2013 年至今,处于完善阶段。其中,在第一阶段,主要是零星进行海外利益维护实践,或以重大任务为牵引,或以特定事件为载体开展。从 2004 年我国外交部成立涉外安全司以后,我国开始系统开展海外利益维护工作,但是在该阶段,我国集中解决的是维护我国海外公民和法人(尤其是国有企业海外项目)免受

---

[1] "第十次驻外使节会议在京举行",载人民网:http://www.people.com.cn/GB/shizheng/1024/2748201.html,2019 年 8 月 9 日访问。
[2] "中国驻外使节会议召开 胡锦涛强调提升'四力'",载中国新闻网:http://www.chinanews.com/gn/news/2009/07-20/1783217.shtml,2019 年 8 月 9 日访问。
[3] "中央外事工作会议在京举行 习近平发表重要讲话",载人民网:http://cpc.people.com.cn/n/2014/1130/c64094-26119225.html,2019 年 8 月 13 日访问。

武装袭击的致命威胁,保护其基本的生命财产安全的问题。2013年以来,随着"一带一路"倡议的提出,人物流通更加便捷,经商、投资、劳工、旅游、求学等不断增多,我国公民和法人在境外遭遇自然灾害、事故灾难、公共卫生事件和社会安全事件甚至军事政变的风险也在上升。同时,在全球化发展态势下,以特朗普的上台和英国公投脱离欧盟为标志,逆全球化浪潮和民粹主义也在兴起,随着东西方力量重组博弈、地区热点持续动荡,我国国家利益受到国际不安全因素冲撞的风险也在加大。为此,我国逐渐将国家安全等利益纳入海外利益维护之中。从我国海外利益维护实践来看,其经历了从无到有、从重点维护个体利益到全面维护国家利益的发展轨迹。

在这一过程中,"一带一路"倡议成为全球建设规模最大的可持续发展规划,彰显了东方政治智慧和中国国家领导人的雄才伟略。建设"一带一路",既是实现政策沟通、设施联通、贸易畅通、资金融通、民心相通的重大战略举措,也是解决"和平赤字、发展赤字、治理赤字",[1]实现互利共赢、共享和地区和平稳定的根本手段,还是中国投身全球化的决心、诚心与信心的具体呈现,彰显了负责任大国的胸怀和使命担当。但是,在这个"按下葫芦起了瓢"的国际秩序深刻复杂演变的时代背景下,"一带一路"也面临一定的安全挑战,给我国海外利益维护工作带来了新的任务。如何做到我国国家利益延伸到哪里,安全保障就跟进到哪里,成为国家安全法治保障的重要内容。

三、开展国际反恐怖工作

不论是人类命运共同体的构建,还是"一带一路"倡议推进过程中我国海外利益的维护,都不得不直面恐怖主义问题。以"一带一路"倡议为例,从宏观层面来看,"一带一路"倡议经过的东南亚、南亚、中亚、西亚乃至中东欧都是大国角力的热点区域,鉴于这些地区地理位置独特、战略意义突出,一些西方大国基于地缘政治考虑,会揣测、唱衰甚至抹黑"一带一路"倡议。例如,有人认为"一带一路"是中国版的"马歇尔计划",它旨在实现中国地缘政治的扩张,重新划分二战以后形成的国际政治体系和全球经济格局;[2]有人认为中国有"新霸权主义"(neo-imperialism)倾向,强调中国借倡议"一带一路"巨额融资贷款,控制沿线国家的基础设施和自然资源,进而控制其贸易政策,

---

[1] 习近平:"携手推进'一带一路'建设——在'一带一路'国际合作高峰论坛开幕式上的演讲",载《人民日报》2017年5月15日,第3版。

[2] Bal Kishan Sharman, Nivedita Das Kundu, *China's One Belt One Road: Initiative, Challenges and Prospects*, Vij Books Inida Pvt Ltd, 2016, p.10.

介入沿线国家内政外交等[1]。从具体国别环境来看,"一带一路"沿线部分国家政局不稳、派系争端严重、安全形势严峻,这给"一带一路"倡议带来了现实风险和潜在挑战。例如,长期存在的印度—巴基斯坦冲突,使得"一带一路"重点建设工程"中巴经济走廊"面临一定程度的安全风险。当前,上述安全挑战的交汇点,是恐怖主义。原因在于:

1. 部分国家对恐怖分子采用不同的划分标准,"一国认为的恐怖分子往往被认为是他国的自由战士",[2]在双重标准逻辑下,某些国家为实现其所谓的战略平衡,有可能明里暗里利用恐怖主义进行政治博弈,将它作为破坏"一带一路"倡议的手段,甚至将其国际恐怖组织"祸水东引",掣肘中国崛起和民族复兴。[3]

2. "恐怖分子不是天生的,而是造成的",[4]沿线部分国家的结构性矛盾和历史性冲突为恐怖主义培植提供了肥沃土壤,为恐怖分子提供了成长温床。据经济与和平研究所(IEP)2017 年对全球 130 个国家的统计,"一带一路"沿线 50 多个国家存在恐怖活动。以指数总分 10 分计,全球排名前 6 名中,有 5 个,即伊拉克(10 分,第 1 名)、阿富汗(9.441 分,第 2 名)、叙利亚(8.621 分,第 4 名)、巴基斯坦(8.4 分,第 5 名)、也门(7.877 分,第 6 名)处于"一带一路"沿线。这一态势会直接影响投资环境和互联互通,甚至影响民族国家的构建乃至双多边政治议程,迟滞重点项目的建设。[5]

3. 随着反恐专项工作在我国境内的纵深推进,之前活跃的"东伊运""东突厥斯坦解放组织""世维会"和"东突厥斯坦新闻信息中心"等恐怖势力,无法在中国境内得手,极有可能将"作战重点"转移至境外,专门针对"一带一路"的沿线国家,即对我国海外公民和法人人身财产和驻外政府机关、关键

---

[1] 例如,Geoff Wade, "China's 'One Belt, One Road' Initiative", https://www.aph.gov.au/About_Parliament/Parliamentary_Departments/Parliamentary_Library/pubs/BriefingBook45p/ChinasRoad, [2017 - 11 - 04]; Raphael ZiroMwaterla, Zhao Changfeng, "Africa in China's One Belt, One Road Initiative: A Critical Analysis", *JOSR Journal of Humanities and Social Science*, No. 2, 2016; 等等。凡此观点,体现了部分西方媒体和学者对中国的一贯偏见,本文不一一例证。

[2] Boaz Ganor, "Defining Terrorism: Is One Man's Terrorist another Man's Freedom Fighter?", *Police Practice and Research*, No. 4, 2002.

[3] 此有例证。20 世纪 80 年代,美国为遏制苏联南下印度洋,暗地里支持阿富汗的恐怖组织来对抗苏联。本·拉登就是美国重点扶持对象之一。

[4] Cass R. Sunstein, "Why They Hate Us: The Role of Social Dynamics", *Harv. J. L. & Pub. Pol'y*, No. 2, 2002.

[5] 关于全球恐怖主义指数的具体算法,参见 https://reliefweb.int/sites/reliefweb.int/files/resources/Global%20Terrorism%20Index%202017%20%284%29.pdf, 第 108 ~ 109 页的 Appendix C 部分。

基础设施等进行破坏，以期影响我国推进"一带一路"和构建人类命运共同体的政治决断力。2016年"东伊运"对我国驻吉尔吉斯斯坦大使馆进行的"8·30"恐袭案便是其中的典型。那么，如何推进"一带一路"倡议，加强海外利益维护，构建人类命运共同体，以避免可能出现的"战略上的短视局面、能力上的短板效应、制度上的短缺现象",[1]就需要国家安全法的制度供给。

第三节 国家安全法的时代回应

一、准确定位不同时期的国家安全任务

习近平同志提出构建人类命运共同体以后，其内容伴随着"一带一路"倡议等全球合作理念与实践的出现而不断丰富，逐渐为国际社会所认同，成为推动全球治理体系变革、构建新型国际关系和国际新秩序的共同价值规范。构建人类命运共同体是对中国优秀传统文化的创造性转化和创新性发展，是对马克思列宁主义的继承、创新和发展，是对中华人民共和国成立以来我国外交经验的科学总结和理论提升，蕴含着深厚的中国智慧。人类命运共同体思想为全球生态和谐、国际和平事业、全球治理体系变革、全球公平正义的新秩序的构建贡献了中国智慧和中国方案。在此理念指引下，作为中国致力于构建人类命运共同体的生动实践，"一带一路"倡议与各种全球安全挑战对冲的风险也在逐渐增加。[2]正是由于当前国际社会风险挑战层出不穷，安全形势纷繁复杂，习近平同志提倡要完善全球安全治理体系，呼吁世界各国树立对全人类高度负责的态度，引导全球安全治理体系朝着更加公平、更加合理、更加有效的方向可持续发展。在此，可将我国未来国家安全任务分为三个主要阶段（见图5）。

1. 以反恐为中心的阶段。鉴于恐怖主义是人类文明的共同敌人，是当前和今后一段时期全球安全治理的主要对象。在治理初期，主要是针对共同的反恐议题展开合作，为国际安全扫清障碍。在该框架中，主要采取风险评估、目标加固和情报交流等手段开展安全治理。

---

[1] 郭永良："论公民参与反恐怖斗争的制度激励"，载《中国人民公安大学学报（社会科学版）》2017年第4期。

[2] 外交部部长王毅认为，"一带一路"建设是中国致力于构建人类命运共同体的生动实践。他强调，我们要继续秉持共商、共建、共享原则，认真落实"一带一路"国际合作高峰论坛重大成果，深化各国发展战略对接，实现各国发展优势互补，抓实抓好重点项目、重大工程，使"一带一路"成为各国共同参与的宏大"交响乐"。王毅："以习近平新时代中国特色社会主义思想引领中国外交开辟新境界"，载《人民日报》2017年12月19日，第9版。

2. 以维护海外利益为中心的阶段。该阶段以维护海外利益为主要目标指向。随着"一带一路"倡议的推进,世界各国的人、物流通更加便捷,经商、投资、劳工、旅游、求学等不断增多,各国海外企业和公民在境外遭遇自然灾害、事故灾难、公共卫生事件和社会安全事件甚至军事政变的风险也在上升。因此,要构建能够满足海外利益维护需要的监测预警、应急响应、救援处置的安全治理框架。应对综合性安全风险,主要采取外交上的斡旋调解、维和行动、联合执法等手段。

3. 以构建人类命运共同体为中心的阶段。该阶段以构建人类命运共同体为主要目标指向。随着全球化的发展,旧的安全议题逐渐被解决,新的安全议题被纳入治理框架,新的安全格局和安全环境逐渐形成。在"你中有我我中有你"的全球政治经济文化多元一体的时代,人类命运走向何方是安全治理的主要任务,相互理解、相互尊重、相互信任成为安全治理的主要手段。完成国家安全任务要遵循共同、综合、合作、可持续的原则。

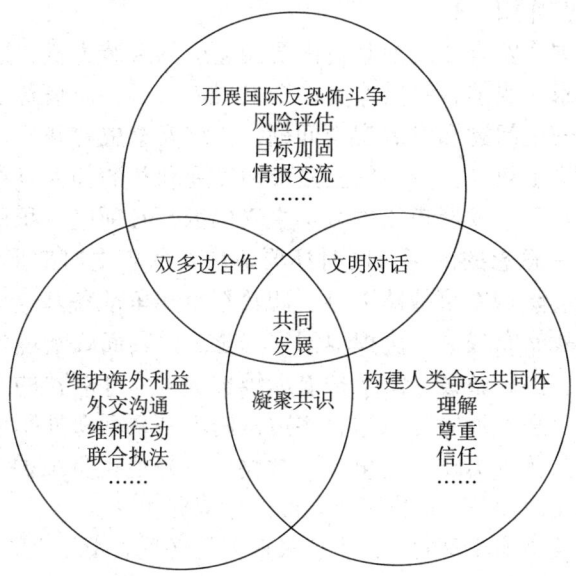

图 5　当下和未来完成我国国家安全任务的主要工作

二、不同阶段国家安全法的制度供给

法治是人类政治文明的重要成果,是现代社会治理的基本手段。国家安全法给未来的国家安全工作提供了框架和指南。在不同阶段,国家安全法要为国家安全工作提供相应的制度供给。每个不同阶段都有其宏大的议题,分别是在国际反恐怖斗争环境中的军事行动、在海外利益维护背景中的权利保护、在构建人类命运共同体框架下的共同安全，这些也都是未来国家安全法制度供给中需要关注的重点内容。

1. 军事行动。《国家安全法》第18条对军事行动进行了规定。军队是国家安全的坚强支柱，军事安全是国家安全的重要保障。强军才能卫国，强国必须强军。《宪法》第29条第2款规定："国家加强武装力量的革命化、现代化、正规化的建设，增强国防力量。"《国防法》第23条规定："中华人民共和国武装力量的规模应当与保卫国家安全和利益的需要相适应。"《国家安全法》第18条是关于武装力量建设目标的规定，即"国家加强武装力量革命化、现代化、正规化建设，建设与保卫国家安全和发展利益需要相适应的武装力量"，与《宪法》《国防法》的上述规定高度一致。加强武装力量革命化、现代化、正规化建设，一是要毫不动摇坚持党对武装力量的领导；二是要坚定不移把信息化作为军队现代化建设的发展方向；三是深入推进依法治军、从严治军，更好地发挥法治的引领和规范作用。

建设与保卫国家安全和发展利益需要相适应的武装力量，这是有效维护国家安全的客观要求。当前，我国作为一个发展中大国，面临着多元复杂的国家安全威胁，生存安全问题和发展安全问题、传统安全威胁和非传统安全威胁相互交织，维护国家主权、安全、领土完整和发展利益的任务日益繁重。我国作为一个坚定不移走和平发展道路的社会主义国家，必须坚持积极防御战略思想并丰富和发展这一思想的内涵，同时还要适应新的历史时期形势任务的要求，贯彻新形势下积极防御军事战略方针，调整军事斗争准备基点，创新基本作战思想，优化军事战略布局，坚决捍卫国家安全。尤其面临新境外反恐任务，要实施联合国维和、国际救援、海上护航和维护国家海外利益的军事行动。这不仅是对军队近些年来参加国际双边、多边机制内一系列海外军事行动实践经验的总结，也为军队及时实施"走出去"战略，更好地担负维护世界和平、维护国家海外利益的使命任务，提供了重要的法律依据。[1]

我国对国际反恐怖斗争的认识也愈来愈深刻（见表1），习近平同志2016年专门要求我国做好反恐怖斗争、军事斗争准备。在此理念指引下，我国将始终做世界和平的建设者、全球发展的贡献者、国际秩序的维护者，积极参与国际事务，促进世界和平、稳定、发展。我国加强军队反恐特种作战研究和训练，推进国际维和事业发展，致力于共同安全格局的形成，彰显了负责任大国的胸怀和使命担当，效果卓著。近些年来，我国实施的海外军事行动包括参加联合

---

[1] 乔晓阳主编：《中华人民共和国国家安全法释义》，法律出版社2016年版，第84~85页。

国维和、国际救灾救援和人道主义援助、维护国际海上通道安全、中外联演联训、依法维护海外利益等。这些行动有效维护了国家安全和发展利益，维护了世界和平和地区稳定，赢得了国际社会的高度评价。我国将恪守《联合国宪章》的宗旨和原则，遵守公认的国际法准则，根据《国家安全法》等法律规定，继续实施联合国维和、国际救援、海上护航和维护国家海外利益的军事行动，坚定维护国家主权、安全、领土完整、发展利益和世界和平。

未来，我国将以《国家安全法》为制度指引，以维和式（派遣维和力量参与任务区反恐）、护航式（在亚丁湾、索马里等海域参与海上反恐）、介入式（以保护大使馆等为海外重点目标介入）、绑定式（安全力量随企业一起派出）、基地式（瓜达尔港、吉布提建设等）、区域组织式（上海合作组织等）、联合执法式（瓦罕走廊的多国联合执法等）、合作平台式（中国与东盟等）等方式积极稳妥地推进我国的执法力量、民间安保力量和武装力量走出去，预知境外反恐力量，打造战略支点、凝聚合作纽带，努力做到国家利益延伸到哪里，安全保障就跟进到哪里。

表1 中国反恐怖斗争战略的演进轨迹

年份	名称	有关反恐的具体表述	所在章标题
2002	十六大报告	传统安全威胁和非传统安全威胁的因素相互交织，恐怖主义危害上升……我们主张反对一切形式的恐怖主义。要加强国际合作，标本兼治，防范和打击恐怖活动，努力消除产生恐怖主义的根源。	国际形势和对外工作
2007	十七大报告	中国致力于和平解决国际争端和热点问题，推动国际和地区安全合作，反对一切形式的恐怖主义。	始终不渝走和平发展道路
2012	十八大报告	中国主张和平解决国际争端和热点问题，反对动辄诉诸武力或以武力相威胁，反对颠覆别国合法政权，反对一切形式的恐怖主义。	继续促进人类和平与发展的崇高事业
2017	十九大报告	加强练兵备战，有效遂行海上维权、反恐维稳、抢险救灾、国际维和、亚丁湾护航、人道主义救援等重大任务，武器装备加快发展，军事斗争准备取得重大进展。	过去五年的工作和历史性变革
		严密防范和坚决打击各种渗透颠覆破坏活动、暴力恐怖活动、民族分裂活动、宗教极端活动。	提高保障和改善民生水平，加强和创新社会治理

续表

年份	名称	有关反恐的具体表述	所在章标题
2017	十九大报告	世界面临的不稳定性不确定性突出,世界经济增长动能不足,贫富分化日益严重,地区热点问题此起彼伏,恐怖主义、网络安全、重大传染性疾病、气候变化等非传统安全威胁持续蔓延,人类面临许多共同挑战……要坚持以对话解决争端、以协商化解分歧,统筹应对传统和非传统安全威胁,反对一切形式的恐怖主义。	坚持和平发展道路,推动构建人类命运共同体

2. 权利保护。当前,我国海外利益快速拓展与支撑保障能力不足的阶段性矛盾突出,特别是境外安全保障能力不足,已经成为我们不得不破解的现实难题。现阶段,我国海外利益主要指境外中国公民、机构安全和正当权益以及海外金融、能源资源、战略通道等安全和其他商业利益。随着国家的发展强大,中国公民出境人数和驻境外机构数量快速增加,对外投资规模不断扩大,海外利益的广度和深度进一步拓展,在全球体现中国存在、适应中国发展需要和反映中国与世界紧密互动的"海外中国"体量不断成长,维护国家海外利益安全的任务日趋繁重。

与海外利益拓展规模和速度相比,我国维护海外利益的支撑保障力量严重不足,现有体制机制有待健全,相关法律法规亟需完善,战略运筹能力亦待提高。尤其是海外安全保障力量不足,海外安全力量覆盖面小,重要战略位置和关键战略地带的布局不足,缺乏开展境外行动的必要支撑,民间安保力量良莠不齐,难以满足日益增长的海外利益保护需求。

为此,《国家安全法》第33条规定:"国家依法采取必要措施,保护海外中国公民、组织和机构的安全和正当权益,保护国家的海外利益不受威胁和侵害。"在此条款的指引下,我们要综合考虑国家安全需求,统筹考虑"安全力量走出去"和"海外利益保护体系"建设。随着中国海外利益的拓展以及军事远程投送能力的增强,中国对各类海外军事支持网络的需求也会上升,因此,需要制定长远规划。一是重点围绕"一带一路"的关键节点及主要能源、资源供应地布设海外补给点和战略预置中心,对"海上丝绸之路"沿线的马六甲海峡、巽他海峡、龙目海峡、曼德海峡、霍尔木兹海峡等关键海上通道也需要在打击海盗活动和维护航道安全方面有所作为,这并非是与其他大国展开地缘竞争和角逐,而是维护中国海外利益的现实需要。中国不仅需要加强吉布提保障基地建设,还应该在印度洋、孟加拉湾地区积极寻求后勤保障基地,阿曼、新加坡、缅甸、孟加拉国、巴基斯坦和塞舌尔等国的港口均可列为合作对象,可以与这些国家协商共建,共同增强维护地区安全和海上安全的能力。二是以防灾救灾、打击海盗、人道主义救援等非传统安全议题为切入口，化解外部疑虑，稳步增强对全球公共安全产品的提供能力。中国既不会盲目自大与相关大国开展恶性地缘竞争，也不会抛弃国际责任消极作为。国际防灾减灾合作、人道主义救援等国际需求现实而紧迫，国际接受程度也高，中国可以以大型自然灾害救援等为契机，在相关国家设立"物资援助和培训基地"，鼓励相关国家政府和非政府组织积极参与，切实提升相关国家克服大型自然灾害的能力，积累民意和善意，为建设"海外利益保护网络"和基地体系营造良好社会条件。[1]

3. 共同安全。人类命运共同体理念植根于源远流长的中华传统文化，来源于对人类社会发展和当代国际秩序的清醒认识，既是对世界各国发出的倡议，也是对人类社会的美好希冀，因此其必将进一步推动国际关系的民主化、法治化和合理化发展。近年来，习近平同志在国事访问中多次强调命运共同体的重要性，如在坦桑尼亚访问时表示，"中非人民在反殖反帝、争取民族独立和解放的斗争中，在发展振兴的道路上，相互支持、真诚合作，结下了同呼吸、共命运、心连心的兄弟情谊"，"中非从来都是命运共同体，共同的历史遭遇、共同的发展任务、共同的战略利益把我们紧紧联系在一起"。[2]还在出访东盟、阿盟和拉丁美洲等地区时分别提出了中国东盟命运共同体、中阿命运共同体和中拉命运共同体等构想。加强区域合作既是新时期中国对外政策的重要组成部分，也是中国自身发展的需要。要促进与各区域的政策沟通，推进与这些区域的贸易畅通和设施联通，加强贸易投资、通商往来的自由化和便利化建设，增进中国与区域内国家的民心相通。

在世界多极化、经济全球化和国际关系民主化的形势下，各国联系愈加紧密，大国之间具有很多利益共同点和交汇点。在多元共生的国际社会里处理大国关系，包容共进是最佳选择。中国不与任何大国或国家集团结盟，不以意识形态和社会制度为准绳处理国家关系；提倡国家之间构建对话不对抗、结伴不结盟的伙伴关系；在国际关系上不能只讲本国利益，而要践行正确义利观。大国要尊重彼此核心利益和重大关切，管控矛盾分歧，努力构建不冲突、不对抗、相互尊重、合作共赢的新型关系，要秉持和平、主权、普惠、共治原则，开拓合作新疆域等。这些都为处理大国关系，进而构建人类命运共同体提供了指引。[3]

---

[1] 傅小强："统筹反恐推进海外利益保护"，载《现代国际关系》2017年第12期。
[2] "永远做可靠朋友和真诚伙伴"，载人民网：http://cpc.people.com.cn/n/2013/0326/c64094-20911841.html，2019年8月13日访问。
[3] 梁昊光："人类命运共同体的实践路径"，载中国共产党新闻网：http://theory.people.com.cn/n1/2017/1011/c40531-29580427.html，2018年2月22日访问。

对此,《国家安全法》第 10 条规定:"维护国家安全,应当坚持互信、互利、平等、协作,积极同外国政府和国际组织开展安全交流合作,履行国际安全义务,促进共同安全,维护世界和平。"在其规范指引下,未来我国在构建人类命运共同体的过程中,在愿景蓝图上,将继续坚持在联合国框架下开展全球安全治理工作,充分发挥常任理事国的作用,做世界和平的建设者、全球发展的贡献者、国际秩序的维护者,打造对话不对抗、结伴不结盟的伙伴关系,建设持久和平、普遍安全、共同繁荣、开放包容、清洁美丽的世界格局。

在方式方法上,我国将在法治框架下,务实灵活,有所为有所不为。以"两个引导",即"引导国际社会共同塑造更加公正合理的国际新秩序"和"引导国际社会共同维护国际安全"为指针,积极参与联合国事务,促进世界和平、稳定、发展,做好"一带一路"发展规划的"引领者"、话语体系的"开发者"、治理框架的"设计者"、评价指标的"构建者"、合作共赢的"推动者",调动各国参与构建人类命运共同体的积极性、主动性和创造性,而不能做"事必躬亲者",更不能做"包打天下者"。[1] 在工作重心上,我国将继续倡导各国政府和政府间组织承担本国安全治理的主体责任,同时要鼓励非政府实体积极参与,形成治理合力,"为推动构建人类命运共同体贡献正能量"。[2]

---

[1] 郑启航、郭永良:"'一带一路'的安全治理:框架与图景",载《中国人民公安大学学报(社会科学版)》2018 年第 1 期。

[2] 汪洋:"推动形成全面开放新格局",载《人民日报》2017 年 11 月 10 日,第 4 版。

第七章 国外国家安全法律制度

研究中国的国家安全法，也需要对国外的国家安全法律制度有所了解。在对比的基础上予以扬弃，提出完善中国国家安全法律制度的建议，从而更好地服务于总体国家安全观和走中国特色国家安全道路的要求。

第一节 美国国家安全法律制度

二战后，美国为了应对复杂的安全形势，逐渐确立了国家安全观，设立了国家安全机构，制定了国家安全法，形成了系统的国家安全战略和体系，有效地维护了国家安全利益。在这一国家安全体系中，国家安全法具有基础性作用。

一、美国《国家安全法》创立的背景

美国制定《国家安全法》主要是针对二战中军事和情报部门沟通不畅、效率低下的问题。一战期间，美国国家安全系统和军事部门之间联系松散且自主性很大，其间协调合作的主要方式只是内阁部长之间非机制性的往来，涉及关键政策问题时高层政策制定者才会召开会议进行处理。虽然当时的美国也出现了诸如负责协调海军和陆军之间行动的陆海军联合委员会，负责提供有关外交和国际法专业建议的国务院海军联合委员会等团队合作的雏形，但这些机构主要只负责某一领域的协调行动，活动范围也比较窄。

在富兰克林·罗斯福上任初期，时任国务卿科德尔·赫尔就试图建立一个常设联络委员会，以促进各机构间的交流。该委员会将由国务院指派一名国务卿做代表，海军和陆军则分别派遣作战部长和参谋长为代表。这是美国政府第一次组建这样的协调团队来提高外交政策的制定能力。

二战时期，战争表现出不同于以往的特征，罗斯福政府意识到美国必须通过一定的组织形式来协调高层决策，以更好地应对战争。1938年罗斯福总统建立了特别联络委员会，1940年创建了国家防卫顾问委员会。1945年，罗斯福正

式设立了国务院—陆军—海军协调委员会，其责任是帮助他们的高层领导"在军事政策事务上，以及在关涉国务院陆海军三部门共同利益问题，尤其是对外政策和对外关系上协调他们的观点"。[1]

在罗斯福后继任的总统杜鲁门拥有军事作战经验，十分清楚美国军事部门各自为政以及效率低下等弊端。成为美国总统前，杜鲁门就积极投身国防体制改革，提出要把陆军部和海军部合二为一。因此，作为《国家安全法》的重要蓝本，《埃伯斯塔特报告》全文展现出一种以"协调"（coordination）为核心的组织哲学。弗莱斯特尔说《埃伯斯塔特报告》意在"建立一个能够综合军事和政治诉求，在战时和和平时期从总体上起协调和建议作用的政府机构"。[2]

冷战开始后，两极争霸局势使得美国法律"对安全问题的强调达到了前所未有的程度"。[3]战时的协调经验加上战后实际需求，最终促使杜鲁门总统在1947年7月26日签署生效了美国《国家安全法》，这可谓当代美国国家安全史上最为重要的一部法律。这部法律不仅是对二战中国家军事、情报等安全部门所发挥作用的总结，也是冷战伊始两极对抗的产物。

二、美国《国家安全法》主要内容及其修订

1947年的美国《国家安全法》共有三章28条，经过历次修订，尤其是1949年、1958年和1986年三次最重要的修订，当前已扩展至十一章。该法以及据此成立的主要的国家安全机构，至今仍在美国国家安全工作中发挥基础性作用。

（一）美国《国家安全法》的主要内容

1947年美国《国家安全法》是针对美国国家安全问题制定的一部法律。在该法的政策宣言部分，明确了制定该法的目的：为美国未来的安全提供一个全面的纲领性文件；确定与国家安全有关的政策和手段的统一体制以及各部、局的职能；设立包括陆军部、海军部（包括海军航空队和美国海军陆战队）、空军部三个军事部门的国家军事部，使其处于国防部长的领导、管辖与控制之下，各自负有自己的任务与职责；上述部门在国防部长和文官控制之下实行统一领导，而不是统一合并；为海陆空三种战斗力量制定统一的军事行动战略，使陆

---

[1] Richard A. BestJr, "The National Security Council: An Organizational Assessment", Congressional Research Service Report for Congress, December28, 2011: 6

[2] Brian Waddell, *Toward the National Security State-Civil-Military Relationship after World War II*, Westport Connecticut: Greenwood Publishing Group, 2008: 30.

[3] ［美］伯纳德·施瓦茨:《美国法律史》，王军、洪德、杨静辉译，中国政法大学出版社1989年版，第182页。

海空三种军事力量有机地结合起来。主要内容包括：成立国家安全委员会、国家安全资源局；改中央情报组为中央情报局；成立国家军事部即后来的国防部，将空军从陆军中独立出来与陆军、海军共同置于国防部长的领导之下。[1]以该法为基础，美国建立了国防部、国家安全委员会、中央情报局和国家安全资源局等一系列机构，并依此规划和指导美国军事、情报、外交等事务。

1947年美国《国家安全法》属于行政法系列，可将其定性为美国关于国家安全的母法。其对美国国家安全工作的规定全面具体，属于美国在国家安全方面具有纲领性地位的法律文件，在几经修改之后全文分为十一个章节，内容主要涉及国家安全的情报信息工作制度、军事战略、与国家安全相关的各项资源三个关乎国家发展及稳定的方面。

第一章从宏观上规定了各个国家机关在安全工作中的协调机制，侧重于美国国家安全委员会，在其之下建立中央情报局。第二章为对国防部职权的规划，早期1947年美国《国家安全法》在陆军部、海军部及空军部之上成立军事指挥部，将国家军事部更名为国防部，将其在政府中的地位升格为内部性质的机关，提高了国防部的总体地位，加强了机构内部的法律性，同时迅速加强了国防部长官的职权及地位，将军事部松散性的问题从根本上进行治愈，但海、陆、空军种部均下调成为国防部的下属部，职权受到国防部的管束，军种部长也同时成为国防部的职员，地位有所下调。第三章内容为杂项，涉及了相关国家工作人员的薪资报酬、在国家相关机构中的身份地位，还涉及了对国家事务的经费使用及预算、具体国家机关的授权等。第四章论及该法相比其他法律的地位。第五章用大量的篇幅对国家情报信息工作的职能分工进行了细化性规定，具体侧重于国会在对中央情报局及国家安全委员会实行情报的搜集、汇总工作过程中的监督。该章的规定使得《国家安全法》在美国国家安全法律体系中具有举足轻重的作用。[2]第六章围绕情报信息工作的保护展开，对间谍行为、情报工作者和秘密情报信息的由来给予保护。第七章规定了情报信息工作相关载体的保护，该章对中央情报的相关组织在情报安全工作上获得或知晓的涉及国家安全的秘密保护工作如何进行作出了明确的划分，包括违反时的处罚，降低了国家秘密被泄露的风险，从根本上保护了国家秘密。第八章在第七章的基础上对查询信息所必需的手段及流程作了进一步规定，即对获取相关机密性信息的规定，所有在实践过程中对秘密级文件有过接触的主体均负有保密的义务，凡是

---

[1] National Security Act of 1947（originally enacted）: Sec. 101, Sec. 102, Sec. 103., Sec. 201., Sec. 202. [EB/OL]. (1947 – 07 – 26)[2008 – 07 – 04]. http://intelligence.senate.gov/nsact1947.pdf.
[2] 钟开斌："国家安全委员会运作的国际经验、职能定位与中国策略"，载《改革》2014年第3期。

违反者均会受到该法的规制。第九章阐明了法律对情报活动的限制及其应用。第十章围绕教育对国家情报工作的作用展开论述,该法指出,在教育体系下建立情报系统奖学金制度,以鼓励相关人员保守所知悉的国家秘密,同时规定了在情报系统上开展外语促进计划,切实地将学术讨论同科学研究、具体实践相结合,鼓励教育学术为国家安全工作提供支持与保障。第十一章为其他,针对美国参与或与其相关的国际条约与双边协定关乎本国情报活动时的适用。[1]该法的内容具体明确,涉及面广阔,在实践中具有切实的可行性,为美国国家安全工作体系的发展与完善提供了有效的法律保障。

(二) 美国《国家安全法》的修订

1949年8月10日,美国国会对《国家安全法》进行了第一次修订,即《国家安全法修正案》(National Security Act Amendment of 1949)。该法案扩大了国防部长的权力,使国防部长成为协调三军政策与战略的核心人物;从国家安全委员会的法定成员中删去了三军部长,使其失去了向总统直接汇报的权力,三军相应地被置于国防部之下,成为国防部的二级单位,但这三军依然单独管理,没有合并;国防部长与国务卿共同成为总统国防问题的顾问;为了限制不同军种之间的竞争,经国会批准,参谋长联席会议设立了主席,由军队的高级将领担任,作为总统和国防部长的军事顾问,但在联席会议中没有下达命令的权力和投票权。[2]《国家安全法修正案》还将国家安全资源局(National Security Resources Board, NSRB)和国家安全委员会并入总统行政办公室。

1950年朝鲜战争爆发时,国家安全资源局的职责转移到国防动员办公室。在情报领域,1952年,美国成立了以监听为主要职责的国家安全局。艾森豪威尔总统不满于杜鲁门总统只是将国家安全委员会作为向总统提建议的"便利机制",他想让国家安全委员会成为军事和安全政策形成的主要工具。于是艾森豪威尔政府创立了国家安全事务特别助理(Special Assistant for National Security Affairs)一职,后来这一职位的名称变化为"总统国家安全事务助理""国家安全顾问"等,它的创立使国家安全事务助理(Assistant for National Security Affairs, NSA)成为总统在国家安全委员会的代理人和政策建议的来源。[3]艾森豪威尔还在国家安全委员会设立了规划委员会(Planning Board)和行动协调委员会(Op-

---

〔1〕 黄爱武:《战后美国国家安全法律制度研究》,法律出版社2011年版,第226页。

〔2〕 Frank N. Trager, "The National Security Act of 1947: Its Thirtieth Anniversary", *Air University Review*, 1977, 29 (1).

〔3〕 Richard A. Best Jr., "The National Security Council: An Organizational Assessment", Congressional Research Service Report for Congress, December 28, 2011: 8.

erations Coordinating Board），以加强战略设计和跨部门政策的执行、协调。他还频繁召集和主持国家安全委员会会议。至此，艾森豪威尔逐步建立了比较完善的国家安全委员会体系。

　　冷战后期的 1986 年，美国国会通过的《戈德华特—尼科尔斯国防重组法》（Goldwater-Nichols Department of Defense Reorganization Act of 1986）对 1947 年《国家安全法》进行了再一次修正，这也是 1947 年以来美国最全面的防御力量重组计划。该法的主要内容包括：加强文官对国防部的控制，明确战斗指挥官的权力和责任，改善战略制定和应急计划的制定，为国防部提供更多的资源，等等。[1] 最重要的是，它要求总统每年向国会提交一份年度国家安全战略报告，评估美国国家安全的目标和利益，制定外交政策，增强国家防御能力；制定长期和短期政策，加强国家的政治、经济、军事和其他力量保护国家利益、促进美国实现自己的目标和宗旨；确保美国拥有足够的力量执行国家安全战略。[2] 此后，美国总统虽然未能严格按照要求每年向国会递交《国家安全战略报告》，但基本上每隔一两年就会有一份这样的报告出台。

　　《国家安全战略报告》在不同总统时期，随着美国国家安全环境不断变化，其国家安全战略思想和方向也历经数次转变，但其维护美国国家利益的目的始终未变。以利益为导向，以国防、军事力量为依靠的维护国家安全的支点，是美国立法部门与行政部门共同的目标，《国家安全战略报告》是经过总统与国会共同商讨、研究的国家安全事务的纲领性文件。1987 年至今，历次报告都指明了美国国家安全战略的思维与方向，是美国处理国家安全事务，就有关安全问题作出决策的基础与依据。

　　1. 奥巴马政府时期的《国家安全战略报告》。2010 年 5 月 27 日，奥巴马发布了上任以来的首份《国家安全战略报告》。这份报告的一个重要变化是改变了小布什时期的单边主义做法，强调与外界合作对话。《国家安全战略报告》认为，美国强大的经济活力和国内社会的创新力，是美国执行对外政策的基础。美国国务卿希拉里进一步认为，新战略可以用"4D"来表示，即防务（defense）、外交（diplomacy）、发展（development）和债务（debt）。奥巴马在报告序言中说："长远国家安全并非借在他人心中建立恐惧，而是通过与对方对话获得。"方案提出利用外交、经济革新、发展援助、军事力量以及教育，达到提升美国影响力的目的。

　　为此，有专家认为，奥巴马的这个《国家安全战略报告》有八大变化：其

---

[1] Douglas T. Stuart, *Organizing for National Security*, Storming Media, 2000：66.
[2] National Security Act of 1947 (As amended through August 3, 2007)：Sec. 108. (b) [EB/OL]. (2007 - 08 - 03) [2018 - 03 - 04]. http:// intelligence. senate. gov/nsaact1947. pdf.

一，立足国内，强基固本。美国面临的内外环境决定了奥巴马政府上台以来采取"重振美国"的施政路线，即优先解决国内问题，对外求稳防乱。其二，缓和扩张步伐，注意巩固成果。其三，淡化绝对安全，寻求共同安全。《国家安全战略报告》把共同安全作为国家安全战略的一个核心概念，体现了奥巴马政府"安全观"的新变化。其四，推崇多边主义，弱化单边色彩。奥巴马政府强调以合作谋安全、以多边谋安全，把安全战略置于多边主义的轨道之上，致力于打造一个"多伙伴世界"，塑造一个面临种种挑战更加团结合作的国际体系。其五，放弃反恐挂帅，注意多方平衡。奥巴马政府将恐怖主义威胁看作美国面临的众多挑战之一，摒弃"全球反恐战"的提法，而改用"打击暴力极端主义"，争取将"战争"与反恐脱钩，完全走出"9·11"事件的阴影，试图从根本上消除"美国处于战争状态"在心理上对美国民众的不利影响，同时寻求更广泛的外交安全议程，重视应对其他问题的挑战与威胁，如特别强调应对传染病防治、气候变化等一些全球性问题。其六，树立现实主义风格，降低理想主义调门。奥巴马本人对小布什时期美国内政与外交政策进行了深刻反思，吸取了小布什政府过高估计美国自身实力、过低估计世界对美国强硬霸道做法的反弹的教训，承认美国实力的局限性和目前的困难处境，承认美国需要帮助与合作。其七，纠正先发制人，慎重使用武力。其八，采取多种手段，突出全面综合。[1]

2. 特朗普政府时期的《国家安全战略报告》。2017年12月18日，美国新任总统特朗普发布了他上台之后的首份《国家安全战略报告》。这份报告长达68页，是奥巴马政府时期的两倍。报告主要包括十部分内容，主要内容是基于"有原则的现实主义"强调了"四个核心国家利益"，其中包括美国人民和国土安全、促进美国繁荣、以力量求和平以及增加美国影响力。报告不仅阐述了美国同国际伙伴开展互利合作的框架，而且也涉及了美国在全球范围内的战略威胁和挑战。文件将中俄、伊朝以及国际恐怖主义列为美国的三个主要挑战，称俄中在与美国争夺地缘政治主导地位。但是，华盛顿愿与俄罗斯和中国在具有共同利益的领域开展合作。除此之外，美国还打算加强在"北约东翼"的防御并协助盟国进行更有效的自我防卫，加强在航空兵和导弹防御领域的实力，以对抗当前和预计的特别是来自伊朗的弹道导弹和巡航导弹的威胁。虽然本份报告本身不具备法律效力，但是从中可以看出特朗普政府在国家安全战略目标、手段和途径等要素上的重要考量。

（三）修订实施细则

除了公布《国家安全法》和《国家安全战略报告》之外，美国还通过修订

---

[1] 吕杨："奥巴马国家安全战略的八大变化"，载《世界知识》2010年第12期。

实施细则来提高"国家安全"标准。例如，美国的《外国投资和国家安全法》（Foreign Investment and National Security Act of 2007，FINSA）是美国前总统小布什于2007年7月签署通过的一项法律，并于同年10月生效。该法律是对1950年美国《国防生产法》其中一条的修订，并对已经存在的美国外国投资委员会（Committee on Foreign Investment in the United States，CFIUS）从结构、功能以及责任方面在法律层面进行制度化和确认。2008年4月21日，美国财政部又颁发了执行FINSA的《关于外国人并购美国企业的规定草案》（以下简称《实施细则草案》）。该草案在实体规定方面继承了以往对外资并购国家安全审查的核心框架，但在具体规定方面，特别是在国家安全审查标准和判断并购行为的"控制"标准方面，出现了若干新变化。其中就包括"国家安全"的判断标准，尽管FINSA和《实施细则草案》均未给出明确的定义，但是其列举了判断外资并购交易是否对国家安全构成威胁时应当考虑的因素，例如，有形或无形的系统或资产（如银行、供水、关键技术、基础设施等），在遭到破坏或摧毁的情况下将对美国国家安全造成的潜在影响。还有外资并购交易如果威胁到美国在关键技术领域的世界领先地位，或影响美国的本土就业，都将被视为威胁国家安全。由此可见，美国扩大了行政审批的范围，这使外国投资者赴美并购的风险增加。另外，为了进一步明确国家安全的范围和便于操作，FINSA及《实施细则草案》增加了新的考量因素，其中包括并购交易对美国核心基础设施（包括新能源资产）及对美国国防安全至关重要的关键技术的潜在影响；交易涉及在地区范围内对美国构成潜在军事威胁的国家出售军事物资或技术时的潜在影响；美国对能源及其他重要资源、原材料来源需求的长期规划；等等。针对"9·11"事件之后的美国全球反恐部署，FINSA进一步明确了审查涉及外国国有企业并购案的考量因素，即要求考虑该外国政府与美国政府之间在多边反恐、防止扩散以及出口限制方面政策的一致性。针对外国国有企业，美国国会还采用了国际标准来区分国家安全风险，这也是美国国会的一贯做法。不仅如此，FINSA还进一步细化了审查标准，明确要求对外资并购核心基础设施以及来自外国国有企业的并购交易进行国家安全审查。

三、国家安全机构

依据《国家安全法》，美国设立了国家安全委员会（National Security Council，NSC），并使其成为有美国特色的、统一的国家安全领导机构。美国国家安全委员会主席由总统担任，法定成员包括总统、副总统、国务卿、国防部长和能源部长；法定军事顾问由参谋长联席会议主席担任，情报顾问由中央情报局局长担任。非法定常规成员包括总统幕僚长、总检察长、国家安全事务助理、国土安全部部长、美国驻联合国大使。美国国家安全委员会常设机构是办公厅,纳入总统行政办公室内,工作人员近 200 人。国家安全事务助理是国家安全委员会的日常负责者和组织者,由总统直接任命。

美国国家安全委员会的主要职责是:统一有关美国国家内政、军事和外交政策,向总统提出建议。美国国家安全委员会是美国总统的国家安全智囊,属于协调性机构,不能制定政策。在国家安全委员会上达成的意见,须经总统采纳,才成为政策。随着时间的推移,美国国家安全委员会已从一个纯军事安全领域的顾问委员会发展为军事、安全、政治、外交兼而有之的综合性顾问机构。其主要职能包括:向总统提供建议和意见;作为总统长期计划的工具;促进国家安全程序的协调和统一。美国不仅由此依法设立了白宫国家安全委员会、中央情报局等重要的国家安全中枢部门及情报机构,逐渐形成了国家安全政策决策机制,也首次正式将国家安全作为美国国防、外交政策的指导方针。

从非传统安全观特别是从系统安全观来看,虽然美国国家安全现实的发展变化使这部国家安全法与今天美国的国家安全现实存在着一定的距离,其已不是一部符合当代安全要求的、具有完整形态的真正的国家安全法,但其立法时的精神以及对国家安全的考量具有示范作用。这种开创性的方式推动美国国家安全法律的内涵不断拓展。

四、美国其他涉及国家安全的法律

美国在对 1947 年《国家安全法》不断修订的同时,也根据现实需要在更广泛的范围内不断完善与国家安全相关的法律。

(一)《情报组织法》

世界两大阵营对立的局面结束后,资本主义阵营与社会主义阵营对抗的局面被打破,世界发展局势呈现出"一超多强"的态势。这种纷繁复杂的国际环境,对美国国家安全系统提出了更高的要求,一方面,美国国家安全法需要对自身的组织结构、国家安全机构人员素质的培养、国家安全委员会的职能任务、工作方法和手段进行系统性的调整与优化,以更好地适应新的发展要求;[1]另一方面,随着各方面软实力的发展,美国迅速成为世界各国窃取情报信息的目标,为了防范这一现象的出现,保卫美国自身的国家利益,就需要加强公众的国家安全意识。综合多方因素,美国在这一时期需要大量法律法规来保障国家

---

[1] 张筱:"美国国家安全体制创立的目的研究",载《理论观察》2014 年第 8 期。

安全的实现。[1]

美国根据自身国家发展需要出台实施了多部关于调整国家安全机构和职能的法律，包括1992年《情报组织法》。1995年5月，根据1994年《反情报和安全促进法》以及克林顿总统的行政命令，美国建立国家反情报政策委员会，其主要职责为筹划和协调反间谍行为的工作。[2]1996年，美国国防部根据国家自身发展需要下达《关于成立国家图像与绘图局》的命令，将国防绘图局与中央情报局中的卫星图像分析部门进行合并，成立了美国国家图像与绘图局，其主要职责是为上层决策者提供战略战术上的图像情报信息。通过这些法律的实施，巩固了1947年《国家安全法》在美国国家安全体系上的地位，上述一系列法律的颁布实施也使得美国情报工作在国家安全体系中得到了进一步完善。

（二）《国土安全法》

随着自身综合实力的发展，美国在国家安全意识上越来越谨慎，在2002年颁布实施了《国土安全信息共享法》（以下简称《国土安全法》），该法的主要目的在于扩大国家安全领域的范围，强化国家安全部与联邦及地方行政执法机构之间的联系，同时做到共享相关的情报信息。[3]根据《国土安全法》，美国成立了一个新形势下庞大的内阁部长国家利益服务机构——国家土地资源安全部。21世纪之初，美国颁布了《反情报促进法案》，该法在20世纪90年代出台的《反情报和安全促进法案》的基础上，增设了一名对国家级反情报信息工作进行负责的人员，由国家情报主任对其进行任命，并且担任国家反情报政策委员会主席。[4]国土资源安全法律的颁布使得美国情报安全在法律体系上更加完善，同时更加系统地统筹了美国国家安全上的法律系统。

（三）《信息自由法》

《信息自由法》是美国最重要的信息法律，构成了其他信息安全保护法律的基础。与此相类似的还有《阳光政府法》（Government in Sunshine of 1976）。

（四）《爱国者法》

《爱国者法》（USA Patriot Act of 2001）是"9·11"事件以后美国为保障国家安全颁布的最为重要的一部法律，也是目前争议最大的一部法律。它的主要目的是：从法律上授予美国国内执法机构和国际情报机构非常广泛的权力和

---

[1] 黄爱武：《战后美国国家安全法律制度研究》，法律出版社2011年版，第99页。
[2] 劲锷编著：《CIA与KGB：美苏国家安全机构纵览》，金城出版社1991年版，第148～149页。
[3] 张家年、马费成："美国国家安全情报体系结构及运作的研究"，载《情报理论与实践》2015年第7期。
[4] 刘峰、舒绍福：《中外行政决策体制比较》，国家行政学院出版社2008年版，第130页。

相应的设施以防止、侦破和打击恐怖主义活动，使美国人民能够生活在安全的环境中。

除此之外，还有 1959 年《国家安全局法》、1961 年《外国援助法》和《休斯—瑞安法》、1978 年《外国情报侦察法》、1982 年《情报人员保护法》、1994 年《反情报与安全促进法》等。

第二节　法国国家安全法律制度

法国近年来成为欧美发达国家中遭受恐怖袭击最为严重的国家。根据 2015 年欧盟恐怖主义现状和趋势报告，2010 年~2014 年间欧盟共发生了 995 起恐怖事件，其中发生在法国的就高达 408 起，堪称欧洲历史之最。2015 年之后，法国持续遭受恐怖袭击，甚至愈演愈烈，2015 年 1 月 7 日《查理周刊》恐怖主义袭击及同年 11 月 13 日巴黎发生的多起爆炸事件，2016 年 7 月 4 日尼斯恐怖袭击，2017 年香榭丽舍大街恐怖袭击等一系列恐怖袭击事件，使法国恐袭阴霾挥之不去。恐怖袭击已经成为其国家安全最严重的威胁。

法国作为一个发达的民主国家，其法治很健全，维护国家安全、打击恐怖主义也必须依法行事。法国没有一部类似中国《国家安全法》这样的法典，但有一个相对完整的维护国家安全的法律体系，主要分为三个部分，即《国防法典》、打击恐怖主义的法案、国防与国家安全白皮书，其他还有一系列如关于反洗钱和反恐怖融资、电子通信保密和情报、移民、边界管控等的法律。

一、《国防法典》

2004 年制定的新《国防法典》取代 1972 年《国防法典》，成为法国国防和国家安全活动的总章程，并经过多次修改。《国防法典》对总统和总理的国家安全职责进行了细化，并规定了国家情报委员会和情报协调官在情报工作中的任务（第 R1122 - 6 条~第 D1122 - 8 - 1 条）。与此同时，该法典还明确了对外安全总局（DGSE）、国内安全总局（DGSI）以及军事情报局（DRM）作为安全情报机关的法律地位以及法定职责（第 D3126 - 1 条~第 D3126 - 14 条）。[1]

2015 年 7 月 24 日，2015 - 912 号法案生效，其通常被称为法国的新情报法案。由于 2012 年开始生效的《国家安全法典》此前没有关于情报的专门规定，在《查理周刊》恐袭案之后，法国政府正式通过新情报法案对《国家安全法典》

---

[1] 化国宇："法国反恐情报机制研究"，载《情报杂志》2017 年第 9 期。

进行修改和增补。新情报法案的主要内容就是在法典中明确有关"搜集情报"的法律规定，尤其是增补了"情报"专章，对情报机关进行明确授权，扩大了其监控范围和手段。

二、《内部安全法》

2003 年通过的《内部安全法》旨在为安全行动者提供必要的法律手段，以提高其行动的有效性。它围绕四个重点：一是加强国内安全部队行动的整体有效性；二是提高对人身和财产的某些袭击的保护措施；三是建立更严格的控制获取和拥有武器的手段；四是监督私营安保活动的实施。

为了确保安全领域的一致性，该法第 1 条在部门一级转变了围绕安全理事会在国家一级组织的内部安全新机构体系，通过委托省长协调整个内部安全制度。此外关于拥有武器，该法案提出了一些措施，以改善对流通武器的管制。参议院法律委员会欢迎政府就迅速执行"内部安全方向和规划法"所作的承诺，包括专门用于安全的物质和人力资源以及关于执行有效政策所需的法律文书，对法律草案作了若干修正。

三、加强国内安全和打击恐怖主义法

法国第一部反恐法是在 1986 年通过的，之后经过了多次修改。2012 年通过了《安全与打击恐怖主义法》，该法案的目的是：在 2012 年 12 月 31 日之后，延长 2006 年 1 月 23 日法律关于打击恐怖主义的规定，并由 2008 年 12 月 1 日的法律予以更新，同时协调"需要在尊重个人自由的同时打击恐怖主义"（第 1 条）；允许法国法律无条件地适用于法国国民在国外实施的恐怖主义行为（第 2 条）；修改有困难的外国人入境、居留和避难守则的规定（第 3 条、第 4 条）；通过必要的调整，将内部安全法的规定扩展到法属波利尼西亚、法属南部和南极土地、瓦利斯群岛和富图纳群岛以及新喀里多尼亚，并允许在马约特、圣巴泰勒米、圣马丁和圣皮埃尔、密克隆（第 6 条）对这些相同条款的适用进行必要的修改。

2014 年在"伊斯兰国"极端恐怖主义势力的威胁下，法国通过了新的《反恐怖主义法》，实施出境和入境限制，强化对公民涉恐行为的约束，防止年轻人前往叙利亚等国参加"圣战"；严防可能从事恐怖主义活动、犯罪行为以及其他任何危害公共安全的行为的人归国实施恐怖主义行动；该法案新设立了一项"个人恐怖主义罪"，经授权还可以要求网络运营商封锁鼓吹恐怖主义和"圣战"的网站。然而，尽管法国致力于反恐 30 余年，在这方面也取得了一些成就，但终究还是未能免于恐怖主义袭击。

在"巴黎恐怖袭击"两周年之际，2017年11月12日，法国内政部长科隆在接受《欧洲时报》采访时声称，法国在对抗恐怖袭击方面，比两年前有更佳的"武器"。这个更佳武器，即是指法国总统马克龙于此前的10月30日刚刚签署颁布的新反恐法案——《加强国内安全和反恐法》。[1]新反恐法案结束了自2015年11月13日"巴黎恐怖袭击"以来持续了718天的"紧急状态"。然而，法国人权组织和部分政治组织并不买账，纷纷指责新反恐法案将"紧急状态"中的临时措施予以常态化。法国总统马克龙也不得不前往欧洲人权法院发表演讲，为备受争议的新反恐法案和国内安全需求辩护。

自2017年11月1日起，法国宣布《加强国内安全和反恐法》将替代为应对严峻反恐形势而持续实施两年的国家紧急状态。新反恐法案有效期两年，到期后将重新进行评估。该法案扩大了内政部等反恐强力部门和地方政府的权力，将紧急状态下赋予当局的部分临时权力常态化。

新反恐法案规定，政府有权拘禁威胁公众安全的"危险分子"，对相关嫌疑人实施预防性住所搜查，在重大场合或敏感场所检查人员车辆，关闭传播极端思想的宗教场所，对有激进化嫌疑的公务员及军人进行行政调查，获取航空和海运旅客数据，通过网络监测可疑通信，围绕机场港口设立控制区，扩大边境身份检查的时间和空间，等等。政府的其他措施还包括增加军费，加强边境管控国际合作，加强警力和情报建设，等等。

四、《国防与国家安全白皮书》

《国防与国家安全白皮书》并不是一种法律形式，而是一种类似软法的文件。它规定了法国国家安全战略的发展方向，是国家安全立法的风向标。法国第一份国防白皮书发表于1972年，通常被认定为奠定了法国国防政策原则和核威慑战略基础。2008年白皮书提出建立国防与国家安全委员会，并设立国家情报委员会作为其特殊机构。国家情报委员会接受总统的直接领导，统筹各情报部门的协调交流。2013年4月29日，法国正式发表《国防与国家安全白皮书》，这次白皮书更加强调了情报的重要作用，明确了情报发展尤其是增强网络空间情报能力的优先性。

---

[1] 胡裕岭："法国：新反恐法应对'紧急状态'"，载《检察风云》2018年第2期。

五、国家安全机构

法国根据国家安全相关的法典成立专门的负责国家安全的机构以维护整个国家和社会的总体安全，现阶段主要就是各部门协调打击恐怖主义。成立的机构按时间顺序依次是对外安全总局、国内安全总局、国防与国家安全委员会。

（一）对外安全总局

对外安全总局又称第七局，是法国的对外情报机构，隶属于法国国防部。其总部驻地位于巴黎东部，由于曾是法国泳联的一座设施，故也被称为"游泳池"。与其他同类部门相比，对外安全总局是法国国防部投入预算最多的机构；除了国防部的拨款外，对外安全总局还享有法国总理的所谓"共同勤务规定"内的特殊资金。"9·11"事件后，法国政府大幅提高预算，大量购买和更新侦察设备，以提高它的情报搜集和处理能力。

《国防法典》《国家安全法典》以及三部《对外安全总局组织法令》（2002年、2012年和2015年分别由国防部颁布），是对外安全总局机构组织和行使职能的主要法律依据。它主要负责搜集国外政治、军事、经济、科技和恐怖活动等方面的情报，并通过拦截和搜集外国通信信号，对外国情报进行破译。目前反恐和反大规模杀伤性武器扩散是对外安全总局所面临的两项重大挑战。在反恐情报方面，对外情报总局主要发挥的作用是：通过搜集和挖掘情报，侦查和锁定恐怖分子，定位其机构所在地，理解其战略并评估其可能的攻击目标。

（二）国内安全总局

国内安全总局的前身是法国的普通情报中央局（DCRG）和领土监护局（DST）。2008年，在法国时任总统萨科齐的主导下，法国通过了2008年6月27日2008-609号法令，将这两家机构合二为一，创建了国内情报中央局（DCRI）。2014年进行的情报机构改革，则又以国内安全总局替代了国内情报中央局。根据2014年4月30日《国内安全总局任务与组织法令》的规定，国内安全总局隶属于法国内务部，是对内的主要情报机构，负责法国境内涉及法国国家基本利益和国家安全的情报的搜寻、集中和挖掘工作。其中包括：防止和参与镇压任何形式的外来干预；预防和惩治恐怖主义或危害国家安全、领土完整和共和制度的活动；监督可能诉诸暴力和破坏国家安全的激进主义个人和团体；预防和制止侵犯国防秘密或侵犯国家经济、工业或科学潜力的行为；预防和制止有关收购或制造大规模毁灭性武器的活动；监测国际犯罪组织的活动或可能影响国家安全的活动；预防和制止信息技术和通信犯罪。

(三) 国防与国家安全委员会

由总统主持的国防与国家安全委员会是法国国家安全和国防的最高决策机构。它是基于宪法和法律赋予总统的国防、外交、核指挥以及国内安全领域的权力和职责而建立的。委员会由共和国总统主持，政府总理、国防部长、内政部长、经济部长、预算部长和外交部长为委员会成员。总统还有权根据需要指定其他有关部门或机构的负责人参加。例如，在涉及反恐议题时司法部长也会出席。国防与国家安全委员会的使命是：就国家的军事纲领、核威慑力量、对外军事行动、重大危机的处理、情报工作等一切涉及国家安全（包括经济和能源安全）以及反恐斗争问题提出指导原则和作出具体部署。另外，还对国内社会稳定、刑事犯罪形势和管控工作作出评估和判断。

总之，法国有着健全的国家安全法律体系，也有专门的国家安全机构，但近年来法国国内恐怖袭击频发，似乎健全的国家安全法律体系并没有保证法国国家和国民的安全，这不禁会引发关于要人权还是要安全的讨论。

第三节 俄罗斯国家安全法律制度

自20世纪90年代起，北约东扩、车臣战争、俄格冲突、乌克兰危机以及针对俄罗斯的经济制裁等重要地缘政治事件与国际恐怖主义事件激发了俄罗斯国家安全意识的产生与发展，俄罗斯内部不断完善国家安全战略及相关法律以保证其国家安全。

一、俄罗斯国家安全法的沿革和主要内容

(一) 1992年《俄罗斯联邦安全法》

俄罗斯自宣布从苏联独立后，最初一段时期，国内经济、政治、社会环境都处于动荡困难的状态，军事经费不足，情报体制混乱，国防近乎瘫痪，恐怖事件频发。在此背景下，俄罗斯急需进行安全体制改革，并需要一个指导性机构来解决安全问题。1992年3月5日，俄罗斯颁布了《俄罗斯联邦安全法》。1992年6月3日，根据《俄罗斯联邦安全法》，俄罗斯联邦安全会议成立。[1]

1992年《俄罗斯联邦安全法》中规定了俄罗斯联邦安全系统、俄罗斯联邦安全会议、安全保障活动的资金供给以及安全保障行为的管理与监督，在承接

---

[1] 刘再起、魏玮："《俄罗斯联邦安全法》的演进及国家安全体系改革趋势"，载《俄罗斯东欧中亚研究》2016年第6期。

宪法的同时,确定了俄罗斯联邦安全委员会是国家安全体制中的领导者。[1]该法为俄罗斯联邦安全会议这一安全问题决策机构提供了法律依据,保障其得以顺利运行,为构建国家安全法律体系奠定了基础,明确了国家安全体制及其职能,是相对完善的基础安全法律。

(二)2010年《俄罗斯联邦安全法》

自1992年《俄罗斯联邦安全法》出台以后,俄罗斯对国家安全机构进行了改革,并出台了诸如《联邦对外情报机构法》《国防法》等一系列相关法律规范以确保国家安全机构的运行,并多次调整和加强国防体制、情报机构、联邦安全会议等,以提升国家整体安全实力,保障个人、社会及国家安全。但是,这些立法及相关政策并没有从根本上解决俄罗斯的安全问题,在叶利钦执政后期,由于政治变动等原因,国家安全体制机制及法律体系建设一直停滞不前。

在此种安全建设状况及北约东扩的背景下,经过两次车臣战争及一系列恐怖袭击事件,普京决心加强俄罗斯国家安全体制的建设,进一步发挥国家安全机构以及联邦安全会议的作用。因此,俄罗斯于2000年发布《俄罗斯联邦国家安全战略构想》,提出了俄罗斯面临的安全压力以及以重新崛起为目标的强国战略,并于2010年12月颁布新的《俄罗斯联邦安全法》。

2010年的《俄罗斯联邦安全法》较1992年版,于各方面都有较大的完善,但保留了包括国家安全体制的职能、组成以及安全委员会等主要部分,更具合理性且符合俄罗斯国家现实情况与时代发展的要求。

1. 2010版的《俄罗斯联邦安全法》在主要内容上结合时代背景,增加了安全保障国际合作的相关内容,表明俄罗斯将国家安全战略与时代发展相契合,同时也说明俄罗斯国家内部整体局面趋于稳定,政府开始将关注重点由国内转移至国际安全保障。另外,增加了安全保障协调工作的相关内容,有利于有效、协调、系统地开展安全工作,为今后俄罗斯开展安全保障工作提供了更加合理的规划,也增强了《俄罗斯联邦安全法》的可操作性。[2]同时,《俄罗斯联邦安全法》选取了各个安全系统中主要机构的权力与职能为切入点,更加清晰地进行了责任与主要任务的划分,较为详细地规定了俄罗斯总统、联邦会议、行政机构、主体国家权力机构和地方自治机关在安全保护领域中的职权,为俄罗斯安全机制的建立及相应权力机构的运行奠定了法律基础。

2. 2010年版《俄罗斯联邦安全法》中关于安全会议的规定明显提高了安全

---

[1] 刘再起、刘若书:"俄罗斯安全体制改革与启示",载《俄罗斯东欧中亚研究》2013年第4期。

[2] 刘再起、魏玮:"《俄罗斯联邦安全法》的演进及国家安全体系改革趋势",载《俄罗斯东欧中亚研究》2016年第6期。

会议的地位。例如，其对安全会议秘书作出规定："安全会议秘书是执行安全会议承担的任务和职能的官员，直属总统领导，并受总统任命和罢免，其权力也由总统规定。"[1]此条款提升了安全会议的地位，增强了安全会议的可操作性及总统对其的控制力度。此种变化一是由于在1992年之后俄罗斯仍面临动荡的政治局面以及恐怖主义威胁，需要更加有力的安全决策机构；二是出于政权稳定后总统规范治理国家、巩固国家宪政体制、保障国家安全的需要。通过法律规范增强总统对联邦安全会议的控制力度，有利于巩固提高总统的地位，使其在关系国家安全的关键问题上掌握绝对话语权。

3. 2010版《俄罗斯联邦安全法》更加注重法律程序的规范和适用，强调依照程序、制度开展工作。其尽可能将法律构架与具体工作开展程序纳入法律文本之中，与其他国家安全相关的法律文件共同构成了完整的国家安全法律体系。

二、国家安全法律体系下的其他立法

俄罗斯国家安全立法体系采取的是专门立法、分散立法和综合立法相结合的混合型立法模式，由具有不同效力的规范性法律文件构成，包括俄罗斯联邦宪法及宪法性法律、其他法律、政府规章、总统令、部门规章及跨部门规章。同时，还随着俄罗斯国家安全范围的扩大以及国家安全机构的变更而出现变化，当出现新的安全机构或者国家安全机关职权、任务等发生变更时，会出台或修改相应安全法律。

目前，俄罗斯国家安全战略重心逐渐由传统安全问题向非传统安全问题转移，国家安全法律体系也与之协调——实现了由国家安全相关宪法条文、国家安全基本法、具体领域专门法以及其他法律中的国家安全相关规定组成的国家安全法律体系多层次结构。

（一）宪法中有关国家安全的规定

1993年通过的《俄罗斯联邦宪法》规定了国家安全根本原则，是国家安全法律体系的核心。该宪法虽未明确对"安全"进行定义，但其中直接或间接涉及国家安全的条款构成了国家安全立法的宪法依据，其他国家安全相关法律均是以宪法为基础，对涉及国家安全宪法条款的具体化规定。具体可分为涉及国家安全客体的条款、国家紧急（战争）状态的条款、公民维护国家安全义务的条款以及国家安全常设机关的条款。

---

[1] 刘再起、魏玮："《俄罗斯联邦安全法》的演进及国家安全体系改革趋势"，载《俄罗斯东欧中亚研究》2016年第6期。

《俄罗斯联邦宪法》关于国家安全客体的相关规定涵盖了国家宪法制度，主权、领土完整，社会的物质、精神财富，个人的权利、自由、健康等诸多方面，是国家安全的基本内容，也是国家安全立法的依据。国家紧急（战争）状态则与国家安全保障有直接联系，是相关国家机关开展保障国家安全工作的具体依据。宪法规定公民具有维护国家安全的义务，维护种族、民族、信仰平等以及其他维护社会安全、和谐的义务，维护自然环境、自然资源等生态安全的义务以及保护祖国安全等军事方面的义务。宪法对国家安全常设机关也作出了相关规定，明确指出俄罗斯联邦国家安全委员会的地位由联邦法律规定，国家安全委员会由总统组织、领导。此规定使俄罗斯联邦国家安全委员会成为俄罗斯现行宪法唯一明确规定隶属于总统的会议咨询机构，为其设立和运行奠定了法律基础。[1]

（二）具体领域专门法

1. 谍报领域。俄罗斯在该领域的主要法律包括1995年生效的《联邦安全局法》《侦缉行动法》及1996年生效的《对外情报机关法》。这些法律都经过多次修改，其中《联邦安全局法》的最近一次修改是在2016年，该法详细规定了联邦安全局的工作任务、职权、组成及监管制度，并为其提供了法律基础、手段指导和行动原则、方向。《侦缉行动法》于2008年进行了最近一次修改，该法主要调整在俄罗斯境内实施的侦缉行动的内容，旨在加强进行侦缉行动时的合法性保障体系。《对外情报机关法》最近一次于2015年进行修改，其制定目的在于规范俄罗斯对外情报机关的组织、运行原则以及监管制度，并明确了对外情报机关的地位。

2. 军事及国防领域。俄罗斯在军事、国防领域立法众多，以《俄罗斯联邦安全法》为基础，主要涉及国防、军事与国防建设、军人地位与法律保护以及军事与国防物资保障四个方面，相关法律包括《国防法》《俄联邦国境法》《武器法》《兵役和军役法》《军人地位法》《国家国防采购法》等。

3. 反恐领域。在恐怖主义活动频发，国际恐怖主义势力日益猖獗，世界各国都面临严峻的恐怖主义威胁的大背景下，俄罗斯十分注重对反恐领域的专门性立法。在2001年颁布《反洗钱及资助恐怖主义法》后，于2006年正式颁布《反对恐怖主义法》，规定了反恐的基本原则，为组织开展预防和打击恐怖主义的行动及其后果、动用俄罗斯武装力量打击恐怖主义奠定了法律与组织基础，为俄罗斯反恐行动提供了法律依据。为与国际国内反恐形势的变化相适应，俄

---

[1] 楚盛男："俄联邦国家安全立法体系发展及其启示"，载《江苏大学学报（社会科学版）》2017年第2期。

罗斯内部对这部法律也进行了多次修改，最近一次修改是在 2016 年。另外，俄罗斯联邦宪法规定公认的国际原则、规范和俄罗斯联邦签订的国际条约规定应属于俄罗斯联邦法律体系的组成部分，因此，2005 年《预防恐怖主义公约》也是俄罗斯反恐法律的重要组成部分。

4. 紧急状态相关立法。通常情况下，紧急状态、战争状态都是国家处于最危急的时刻，属于非正常状态，与之相关的立法是在最为严峻的状态下保障国家安全的法律。由于适用时期的特殊性，此类立法会对公民基本权利和自由进行一定的限制。俄罗斯分别于 2001 年和 2002 年颁布了《紧急状态法》《战争状态法》，其详细规定了国家非正常状态的宣布依据、实施程序、保障以及相应机关的职权、相关地区的管理、公民和组织的权利状况等。

5. 其他安全领域。随着时代的发展，只关注传统安全已不能保证国家和社会处于稳定状态，对于非传统安全问题，需要保证在各类相关领域都有专门的法律规定。俄罗斯关于其他安全领域的法律规定主要涵盖经济安全、文化安全、社会安全、信息安全、生态安全、资源安全、食品安全、科技安全、核安全、外层空间安全等非传统安全领域。

俄罗斯在核能利用、辐射防护、放射性废物处置、应急等方面分别制定了相关法律以应对核安全问题，如《原子能利用法》《居民辐射安全法》等。在信息安全方面，制定了专门规范信息安全问题的基本法《信息、信息技术和信息保护法》，明确了信息安全领域立法发展的基本规范，并对信息的收集、获取、传递、保护及信息技术的使用等过程中出现的各种法律关系进行调整。在食品安全方面，制定并修订《食品质量和安全法》，调整并保障了食品品质、食品安全与人身安全的关系，明确了食品生产方的责任与生产原则以及相关部门的职权，并规定了外国食品进入俄罗斯的条件等。同时，以《食品质量和安全法》为基础，构建了食品安全法律体系以解决食品安全问题。[1]关于生态安全，制定《环境保护法》以体现生态安全与人类日常活动及自身利益密切相关，详细阐释了生态安全的概念是使自然和人类重要利益免受其他活动、紧急状况及其不良后果的影响。除上述法律之外，俄罗斯还有《危险产品生产安全法》《水利工程安全法》《化学杀虫剂和农药使用安全法》《消防安全法》等专门立法共同构成俄罗斯国家安全法律体系，以保障国家安全。

（三）2000 年《俄罗斯联邦安全观》和《2020 年前俄罗斯国家安全战略》

1992 年与 2010 年《俄罗斯联邦安全法》是俄罗斯国家安全体制的法律基础，2000 年《俄罗斯联邦安全观》和《2020 年前俄罗斯国家安全战略》则是其

---

[1] 高空：" 俄罗斯食品安全法与食品市场整治"，载《俄罗斯中亚东欧市场》2009 年第 7 期。

理论基础。其中,《俄罗斯联邦安全观》是反映俄罗斯个人、社会和国家在各领域应对国际国内威胁的观点的体系性纲领性文件。[1]

进入 21 世纪后,国际合作和国家间的相互联系不断增强,各国的发展都需要一个和谐稳定的国际环境,但领土、种族、宗教、南北问题等依然存在,国际局势更为复杂多变,促使各国将国家安全问题放在重要地位。俄罗斯面对乌克兰危机、恐怖主义威胁、传统与非传统安全问题等,更加重视在全球化、信息化时代的国家安全,不断加强国家安全立法建设,构建更加成熟稳定的国家安全体制机制。2015 年,《2020 年前俄罗斯国家安全战略》首次明确指出"北约"的威胁,并指出俄罗斯面临的复杂的国际国内安全形势,也体现了俄罗斯和其他大国的国际关系。根据这一纲领性的指导文件,《俄罗斯联邦安全法》未来可能也将进行相应的修订,以便使《2020 年前俄罗斯国家安全战略》通过法律的形式得到落实。

---

[1] 刘再起、刘若书:"俄罗斯安全体制改革与启示",载《俄罗斯东欧中亚研究》2013 年第 4 期。

第八章
维护国家安全的任务（上）

总体国家安全观要求，既重视传统安全，又重视非传统安全，构建集政治安全、国土安全、军事安全、经济安全、文化安全、社会安全、科技安全、信息安全、生态安全、资源安全、核安全等于一体的国家安全体系。当今时代，国家安全的外延和内涵大大扩展，在立法中明确国家安全各个领域的重点任务，有助于调动国家各种力量和资源，形成维护国家安全的整体合力。

第一节 维护政治安全的任务

一、政治安全的概念

所谓政治安全，是指国家主权、领土、政权、政治制度、意识形态等方面免受各种侵袭、干扰、威胁和危害的状态。这种状态在我国表现为：对外保持国家的主权独立、领土完整；对内保持人民民主专政政权和社会主义政治制度的稳固、马克思主义主流意识形态占据主导地位以及社会稳定。在我国的国家安全环境中，政治安全的核心是党的领导的有效性（权威性）和执政地位的稳定性。

国家政治安全既涉及国家的内外问题，也涉及政治的内外问题。就"国家内外"而言，国家政治安全既会受到包括政府治理、政治生态、执政党执政能力等在内的国内政治因素的影响，又会受到时代主题、世界格局等国际政治形势的影响。因而，国家政治安全本身必然是排除了国内国外两方面不利因素的威胁和危害的状态。就"政治内外"而言，不仅各种政治因素会直接影响国家的政治安全，而且各种非政治因素也会影响到国家的政治安全。因而，国家政治安全本身还必然是既排除了各种不利的政治因素的危害，又排除了各种不利的非政治因素的危害的状态。[1]

---

[1] 刘跃进："政治安全的内容及在国家安全体系中的地位"，载《国际安全研究》2016年第6期。

二、维护政治安全的重要性

政治安全是国家安全的根本,事关国家治乱兴衰。维护国家安全,要把确保政治安全放在首位。

1. 有了政治就有了政治安全,政治安全是与政治同时出现的。因而,也是与国家安全同时出现的。因此,从时间关系上,可以把政治安全称为国家安全的"原生要素",以别于在国家出现之后陆续产生的国家安全"派生要素",如科技安全、生态安全和信息安全等。

2. 与古代相比,当今的国家安全问题要丰富得多、复杂得多。在国家出现后的人类历史进程中,不仅国家安全本身不断出现一些新的基本要素(如信息安全)和次级要素(如信息安全下的网络安全),而且影响和威胁国家安全的因素也在不断变化和更新,不断演化出一些新手段和新形式,如基因武器、网络攻击等;相应地,保障国家安全的措施、方法和手段也在不断进化和提高,甚至出现一些以往人们根本想不到的新措施、新手段,如网络防卫、量子加密等。但是,无论如何变化与更新,政治和政治安全始终都是影响国家安全的最重要因素,是保障国家安全最重要的力量。

3. 政治和政治安全在国家和国家安全系统中具有本质性,但相对于经济和国民以及经济安全和国民安全来说,它又具有手段性和服务性。政治安全是为经济安全和国民安全服务的。无论是经济还是政治,最终都是为国民生活服务的,只有国民是最终的和最根本的目的,政治和经济一样都是为国民服务的手段。正是由于政治安全是影响国家安全的一个重要因素,政治安全的状况会对国家安全系统中其他方面以及整个国家安全产生重要影响,因而,搞好政治安全,强化政治安全,提高政治安全度,就成为保障国家安全的重要手段和条件。[1]

三、维护政治安全的内容

《国家安全法》第 15 条规定:"国家坚持中国共产党的领导,维护中国特色社会主义制度,发展社会主义民主政治,健全社会主义法治,强化权力运行制约和监督机制,保障人民当家作主的各项权利。国家防范、制止和依法惩治任何叛国、分裂国家、煽动叛乱、颠覆或者煽动颠覆人民民主专政政权的行为;防范、制止和依法惩治窃取、泄露国家秘密等危害国家安全的行为;防范、制止和依法惩治境外势力的渗透、破坏、颠覆、分裂活动。"据此,国家维护政治

---

[1] 刘跃进:"政治安全的内容及在国家安全体系中的地位",载《国际安全研究》2016 年第 6 期。

安全的任务主要包括以下内容。[1]

(一) 坚持中国共产党的领导

中国共产党是中国特色社会主义事业的领导核心,是中华人民共和国的执政党,坚持党的领导是我国宪法确立的基本原则。我国正处于从大国向强国跃升的关键阶段,中华民族正处于迈向伟大复兴的关键阶段,只有坚持中国共产党的领导,才能有力维护国家主权、安全和发展利益。无数的事实和历史证明,办好中国的事情,关键在党。

在维护国家安全的任务中,坚持中国共产党的领导,要发挥党总揽全局、协调各方的领导核心作用,改进和完善党的领导方式和执政方式,不断提高党科学执政、民主执政、依法执政水平,始终保持党同人民群众的血肉联系,确保党始终成为中国特色社会主义的坚强领导核心。

(二) 维护中国特色社会主义制度

中国特色社会主义制度既坚持了社会主义的根本性质,又根据我国实际和时代特征赋予其中国特色,具有鲜明特征和独特优势。《宪法》明文规定,社会主义制度是中华人民共和国的根本制度,禁止任何组织或者个人破坏社会主义制度。维护中国特色社会主义制度,应做到以下几点:

1. 在经济领域,维护社会主义经济制度,实行以公有制为主体、多种所有制经济共同发展的基本经济制度,构建社会主义市场经济体制,发挥社会主义制度的优越性和市场配置的有效性,促进共同富裕。

2. 在政治领域,维护社会主义政治制度,以保证人民当家作主为根本,实行人民代表大会制度、中国共产党领导的多党合作和政治协商制度、民族区域自治制度以及基层群众自治制度。

3. 在文化领域,坚持马克思主义指导地位,用社会主义核心价值体系引领社会思潮。

4. 在社会领域,推进以保障和改善民生为重点的社会建设,维护社会公平正义、促进社会和谐稳定。

(三) 发展社会主义民主政治

发展社会主义民主政治,要以保证人民当家作主为根本,坚持和完善人民代表大会制度这一根本政治制度;坚持和完善中国共产党领导的多党合作和政治协商制度;坚持和完善民族区域自治制度以及基层群众自治制度;健全民主形式,从各层次各领域扩大公民有序政治参与,保持国家政治生活既充满活力又安定有序。

---

[1] 乔晓阳主编:《中华人民共和国国家安全法释义》,法律出版社2016年版,第68~71页。

（四）健全社会主义法治

健全社会主义法治，要做到全面推进依法治国，坚持依法治国、依法执政、依法行政共同推进，法治国家、法治政府、法治社会一体建设，建设中国特色社会主义法治体系，建设社会主义法治国家；注重发挥法治在国家治理中的重要作用，全面推进科学立法、严格执法、公正司法、全民守法，保证有法必依、执法必严、违法必究；依法保障全体公民享有广泛的权利，保障公民的人身权、财产权、基本政治权利等不受侵犯。

（五）强化权力运行制约和监督机制

强化权力运行制约和监督机制，要按照结构合理、配置科学、程序严密、制约有效的原则，逐步建立健全决策权、执行权、监督权既相互制约又相互协调的权力结构和运行机制；强化权力运行公开，推行地方各级政府及其工作部门权力清单制度，完善党务、政务和各领域办事公开制度；加强对权力运行的监督，健全和完善党内监督、民主监督、法律监督和舆论监督体系，加强行政监察、审计监督、巡视监督，建设廉洁政治。

（六）保障人民当家作主的各项权利

保障人民当家作主的各项权利，要从各层次各领域扩大公民有序政治参与，发展更加广泛、更加充分、更加健全的人民民主，进一步支持和保证人民通过人民代表大会行使国家权力；健全社会主义协商民主制度，完善基础民主制度，保证人民依法通过各种途径和形式，管理国家事务，管理经济和文化事业，管理社会事务。

（七）依法防范、制止和惩治危害政治安全的行为

依法防范、制止和惩治危害政治安全行为主要有三项任务：①防范、制止和依法惩治任何叛国、分裂国家、煽动叛乱、颠覆或者煽动颠覆人民民主专政政权的行为；②防范、制止和依法惩治境外势力的渗透、破坏、颠覆、分裂活动；③防范、制止和依法惩治窃取、泄露国家秘密等危害国家安全的行为。

《国家安全法》的这些规定与《宪法》《反分裂国家法》《反间谍法》《反恐怖主义法》《保守国家秘密法》《刑法》以及香港和澳门特别行政区基本法等衔接和呼应。贯彻执行这些法律将有利于消除和化解我国政治安全面临的现实和潜在威胁，为我国有效实现党的领导、发挥中国特色社会主义制度优越性保驾护航。

第二节 维护人民安全的任务

一、人民安全的概念

目前，学术界并没有关于"人民安全"的规范的概念，多是从一般的意义

上去理解人民安全。即人民安全是指，一个国家国民的人身、财产、生活环境及其他根本利益的安全的统称。人民安全的外延非常大，包含生命安全，身体健康安全，财产安全，居住环境安全，治安安全，食品、药品使用安全，良好的生存发展条件，等等。

二、维护人民安全的重要性

人民安全是国家安全体系中不可分割的、最核心的构成要素，是国家安全的基石和依托。维护国家安全的根本目的就是要确保人民安全，让人民安居乐业，幸福生活。

1. 人民安全是国家安全的根本目的。中国共产党是以全心全意为人民服务为根本宗旨的马克思主义执政党，中华人民共和国政府是为人民服务的政府。一切为了人民，是我们党和政府各项工作的出发点和落脚点。维护国家安全的根本目的，就是实现人民安全，让人民安居乐业、幸福生活。

2. 人民安全是国家安全的根本保证。①人民安全是国家安全的基石。只有把国家安全建立在人民安全的基础之上，国家安全才能真正固若金汤。维护国家安全必须调动人民群众的积极性和主动性，保障人民的安全利益，切实打牢国家安全的群众基础。②人民安全是国家安全的根本。人民群众是国家安全的智慧和力量源泉，只有紧紧依靠人民维护国家安全，才能打造出真正的铜墙铁壁。③人民安全是国家安全的依托。人民是国家的基本构成和主体，是国家的宝贵财富。人民对国家的认同和支持，是国家安全的根本依托和支撑。事实证明，人民越有安全感，人民的爱国主义精神越强烈，国家安全就越牢固。

3. 人民安全是国家安全的根本追求。贯彻以人民安全为宗旨的总体国家安全观，既要着眼于实现全体人民的安全，又要体现到保障每个人的安全上，真正使广大人民群众都享受到安全宁静生活带来的幸福。习近平同志强调："人民对美好生活的向往，就是我们的奋斗目标。"[1]没有对人民安全的维护，人民对美好生活的向往就无从谈起。

三、维护人民安全的内容

《国家安全法》第16条规定："国家维护和发展最广大人民的根本利益，保卫人民安全，创造良好生存发展条件和安定工作生活环境，保障公民的生命财产安

---

[1] "中共中央政治局召开专门会议 习近平主持会议并发表重要讲话"，载中国共产党新闻网：http://cpc.people.com.cn/n/2013/0626/c64094-21973070.html，2019年8月9日访问。

全和其他合法权益。"据此,国家维护人民安全的任务主要包括以下内容。[1]

(一)维护和发展最广大人民的根本利益

维护和发展最广大人民的根本利益,集中体现了我国维护人民安全的价值理念。中国共产党和中国政府始终以全心全意为人民服务为根本宗旨,坚持以人民为中心的发展思想,把维护好、发展好、实现好最广大人民的根本利益作为一切工作的出发点和落脚点。

我国还处于社会主义初级阶段,只有坚持以经济建设为中心,解放和发展社会生产力,推动实现社会主义现代化和全体人民共同富裕,才能为人民安全提供雄厚的物质基础。同时,要坚持共享发展,促进社会公平正义,从解决群众最关心最直接最现实的利益问题入手,推动实现学有所教、劳有所得、病有所医、老有所养、住有所居,把发展成果更多、更公平地惠及人民群众,使全体人民在共建共享发展中有更多获得感,为维护人民安全营造公平公正的社会环境。

(二)保卫人民安全

保卫人民安全是维护人民安全的核心任务。新形势下威胁人民安全的传统风险和非传统风险叠加,事故发生的频率、概率及其危害都较以往明显增加。不仅有重特大安全生产事故、重特大自然灾害,还有暴力恐怖事件等,给人民群众生命财产安全造成严重损失。对此,党和政府高度重视人民安全,采取积极主动的防范和应对措施。《宪法》《物权法》《突发事件应对法》等法律中均有保卫人民安全的相关规定。

根据"保卫人民安全"规定的要求,各级人民政府及其有关部门要把人民群众生命安全放在首位,经济的发展决不能以牺牲人民的生命为代价,要坚定不移地保障安全发展,严格落实安全生产责任和管理制度;加强安全保障能力建设,加快健全隐患排查治理体系、风险预防控制体系和社会共治体系,遏制重特大事故频发势头,确保人民群众生命财产安全;加强全民安全意识教育,提高群众防范和规避自然灾害、突发事件等危险的能力,构筑起人民安居乐业、社会安定有序的全方位、立体化安全屏障。

(三)创造良好生存发展条件和安定工作生活环境

对于人民群众的生存发展条件而言,改革开放以来,我国城镇居民收入水平、居住条件、社会保障等明显改善,贫困人口大幅减少,实现了从基本消除贫困到解决温饱,再到实现总体小康、向全面小康目标迈进的历史性跨越。同时,维护人民安全,要在解决基本物质生活资料问题的基础上,顺应人民群众

---

[1] 郑淑娜主编:《中华人民共和国国家安全法解读》,中国法制出版社2016年版,第74~76页。

不断提高的对生存发展条件的要求，抓紧解决大面积雾霾、水污染、土壤污染以及农产品、食品、药品质量安全等危害人民群众身体健康、影响人民群众正常工作生活的突出问题，确保生态安全、粮食安全、食品安全和药品安全，保障人民生存发展所需的良好条件。

从创造安定工作生活环境方面来看，我国通过大力加强自身建设，坚决防范和抵御外敌入侵，加大对国内敌对势力和暴力犯罪行为的打击力度，总体上保持了社会稳定。同时，恐怖主义、分裂主义、极端主义活动和大规模群体性事件等还在影响和冲击社会稳定，严重危害人民安全。维护人民安全，要加强武装力量建设，坚决防范和制止一切危害国家主权、安全、领土完整的挑衅行为；加强社会治安综合治理能力建设，坚持打防结合、预防为主、专群结合、依靠群众，确保人民安居乐业、社会安定有序、国家长治久安，创造人民安定工作生活的环境。

（四）保障公民的生命财产安全和其他合法权益

生存权和财产权是最基本的人权，人民生命财产安全是人民安全的基本内容。我国把解决人民的生存权和发展权问题放在优先位置，全面提高人民生活水平。《宪法》明确规定公民的人身自由、人格尊严、住宅不受侵犯，公民的合法私有财产不受侵犯；《物权法》规定私人所有权、业主的建筑物区分所有权、土地承包经营权、宅基地使用权受法律保护；等等。这些规定为依法保护人民生命财产安全和其他合法利益提供了充分的保障。

保障公民的生命财产安全和其他合法利益，还要加强和创新社会治理，健全利益表达、利益协调、利益保护机制，确保公民权益受到公平对待、利益得到有效维护；完善立体化社会治安防控体系，依法严厉打击严重刑事犯罪，提升人民群众的安全感和满意度。

第三节　维护国土安全的任务

一、国土安全的概念

国土安全，可以理解为"国家领土安全"，主要是指一个国家主权范围内的领陆、领水、领空和底土四个方面的安全，这是传统的国家生存空间范围的安全。它强调国家领陆、领海、领空的完整性，强调领陆、领海、领空不受威胁、不受恐怖主义袭击、不受大规模杀伤性武器的影响，同时还强调保证国家关键基础设施，如电厂、公路、铁路、机场的安全。随着科学技术的发展以及经济技术开展和经济发展需要，国家生存空间领域也在不断拓展，网域、天域和经济海域等空间的安全也需要引起重视。[1]

二、维护国土安全的重要性

国土安全是国家安全基础中的基础。按照政治学基本原理，国家的基本构成要素包括人口、领土、主权和政府。与此对接起来，国民安全、国土安全、政治安全就是国家安全最基本的构成要素。因此，可以说，传统的国土安全，是国家安全中的第二个基本构成要素。如果说经济安全是国家安全的基础，那么国土安全便是国家安全基础中的基础。离开了这个基础，国家就无法存在，国民更无法生存，国土安全应是其他安全的依托。[2]

国土安全是传统国家安全的核心内容，是国家生存与发展的重要保障。习近平同志在中央国家安全委员会第一次会议上明确提出，贯彻落实总体国家安全观，必须既重视国土安全，又重视国民安全。历史事实证明，自1840年鸦片战争开始的一百多年时间里，我国遭受了帝国主义国家的侵略，被迫签订了一系列不平等条约，割让了大片领土，国家主权丧失殆尽，国家安全也无从谈起。

三、维护国土安全的内容

《国家安全法》第17条规定："国家加强边防、海防和空防建设，采取一切必要的防卫和管控措施，保卫领陆、内水、领海和领空安全，维护国家领土主权和海洋权益。"据此，国家维护国土安全的任务主要包括以下内容。[3]

（一）维护国土安全的目标

根据《国家安全法》的规定，维护国土安全的目标是"保卫领陆、内水、领海和领空安全，维护国家领土主权和海洋权益"。《国防法》第26条明确规定，"中华人民共和国的领陆、内水、领海、领空神圣不可侵犯"。领陆、内水、领海、领空都属于我国的领土，我国对其具有领土主权。领土是一个国家在国际上得到承认的根本特征，领土主权不容侵犯是国际法的基本原则之一，也是我国宪法法律的规定。主权对内具有最高性，对外具有排他性。

除了传统的领土主权以外，随着海洋经济的发展，各国越来越重视海洋的管理、养护和开发利用，也越来越重视维护本国的海洋利益。海洋利益是国家

---

[1] 余飞："'国土安全'是国家安全基础中的基础"，载《法治日报》2014年4月26日，第4版。
[2] 余飞："'国土安全'是国家安全基础中的基础"，载《法治日报》2014年4月26日，第4版。
[3] 乔晓阳主编：《中华人民共和国国家安全法释义》，法律出版社2016年版，第78~81页。

利益的重要组成部分，根据《领海及毗连区法》《专属经济区和大陆架法》《海岛保护法》《海上交通安全法》《海洋环境保护法》等法律的规定，我国的海洋权益主要包括：①一切属于我国的岛屿和群岛的主权不受侵犯。②我国对于领海、领海上空、领海的底床及底土都享有主权权利。外国非军用船舶享有依法无害通过我国领海的权利，但是外国军用船舶进入我国领海，必须经我国政府批准。任何国际组织、外国组织或者个人在我国领海内进行科学研究、海洋作业等活动，须经我国政府或者有关主管部门批准，遵守我国法律法规。③我国在毗连区内的权力主要包括管制权和紧追权，即在有关安全、海关、财政、卫生或者入境出境管理方面行使管制权；有关主管机关有充分理由认为外国船舶违反我国法律法规时，对该外国船舶行使紧追权。④我国在专属经济区和大陆架，涉及对渔业和矿产等自然资源的勘查、开发、养护和管理以及海洋科学研究和海洋环境保护等方面，行使主权权利和管辖权。⑤我国对海洋领域享有的历史性权利。

（二）维护国土安全的防务活动

"国家加强边防、海防和空防建设"是国家在和平时期维护国土安全的主要防务活动。边防、海防和空防是指国家为了保卫领土主权在领陆、领海和领空所采取的防卫和管理措施。《国防法》第12条规定，"国务院领导和管理国防建设事业"，其中第8项规定，国务院"与中央军事委员会共同领导中国人民武装警察部队、民兵的建设和征兵、预备役工作以及边防、海防、空防的管理工作"。[1]

目前，我国在中央层面设立了相应的领导机构，由国务院和中央军事委员会有关部门共同组成，负责协调全国边防、海防、空防的管理工作，以实现对边防、海防和空防管理工作的统一领导。在具体分工方面，根据《国防法》第27条的规定，分为防卫工作和管理工作两部分。前者指防止对我国领陆、内水、领海、领空的武装侵犯，后者指边防、海防和空防的建设及日常性管理。根据《国防法》第27条的规定："中央军事委员会统一领导边防、海防和空防的防卫工作。地方各级人民政府、国务院有关部门和有关军事机关，按照国家规定的职权范围，分工负责边防、海防和空防的管理和防卫工作，共同维护国家的安全和利益。"目前我国的现实实践是：在国务院和中央军事委员会的领导下，由国防部、公安部和外交部分工负责；地方的边境管理工作在中央国家机关的领导下，由各边境省、自治区人民政府有关部门和省军分区分工负责；中国人民解放军边防部队、公安边防武装警察部队具体组织实施。

---

[1]《国防法》尚未修改，但武装警察部队现由党中央、中央军委集中统一领导，实行中央军委—武警部队—部队领导指挥体制。武警部队职能属性不变，不列入解放军序列。

另外，国家还要根据边防、海防、空防的需要，建设作战、指挥、通信、防护、交通、保障等国防设施。各级人民政府和军事机关应当依照法律法规的规定，保障国防设施建设，保护国防设施安全。这些国防设施除了大部分军事设施外，还有人民防空工程、国防交通工程设施等，也都属于根据边防、海防和空防需要而建设的国防设施。

（三）维护国土安全采取的防卫和管控措施

根据《国家安全法》第17条的规定，为了实现"保卫领陆、内水、领海和领空安全，维护国家领土主权和海洋权益"的目的，在加强边防、海防和空防建设的基础上，国家可以采取一切必要的防卫和管控措施，具体包括政治、经济、外交、军事、科技、教育等各个领域的措施。例如，《出入境管理法》第6条第3款规定："出入境边防检查机关负责对口岸限定区域实施管理。根据维护国家安全和出入境管理秩序的需要，出入境边防检查机关可以对出境入境人员携带的物品实施边防检查。必要时，出入境边防检查机关可以对出境入境交通运输工具载运的货物实施边防检查，但是应当通知海关。"《领海及毗连区法》第14条规定："中华人民共和国有关主管机关有充分理由认为外国船舶违反中华人民共和国法律、法规时，可以对该外国船舶行使紧追权。追逐须在外国船舶或者其小艇之一或者以被追逐的船舶为母船进行活动的其他船艇在中华人民共和国的内水、领海或者毗连区内时开始……追逐只要没有中断，可以在中华人民共和国领海或者毗连区外继续进行。在被追逐的船舶进入其本国领海或者第三国领海时，追逐终止……"《专属经济区和大陆架法》第12条第1款规定："中华人民共和国在行使勘查、开发、养护和管理专属经济区的生物资源的主权权利时，为确保中华人民共和国的法律、法规得到遵守，可以采取登临、检查、逮捕、扣留和进行司法程序等必要的措施。"《民用航空法》第174条第2款规定："对不符合前款规定，擅自飞入、飞出中华人民共和国领空的外国民用航空器，中华人民共和国有关机关有权采取必要措施，令其在指定的机场降落……"2013年11月，中华人民共和国政府根据《国防法》《民用航空法》和飞行基本规则，宣布划设东海防空识别区，这也属于上述防卫和管控措施。

《国家安全法》第17条所述的"一切必要的"措施，既包括和平的措施，也包括非和平的措施；既包括对外措施，也包括对内措施；既包括对外防备和抵抗侵略，也包括制止国内企图分裂国家的武装叛乱或者武装暴乱。采取非和平方式及其他必要措施，由国务院、中央军事委员会决定和组织实施，并及时向全国人民代表大会常务委员会报告。

第四节　维护军事安全的任务

一、军事安全的概念

军事安全就是国家军队事务处于没有危险的客观状态，也就是国家的军事存在、军事力量和军事活动等不受威胁、挑战、打击和破坏的客观状态。[1]

军事安全的主体是军事，也就是军队事务。因而，军队安全是军事安全最基本的内容。军事安全有非常广泛的内容，主要包括军队安全、军人安全、军纪安全、军备安全、军事设施安全、军事秘密安全、军事信息安全、军事工业安全、军事活动安全等。

二、维护军事安全的重要性

军队是国家安全的坚强柱石，军事安全是国家安全的重要保障。强军才能卫国，强国必须强军。

军事安全在整个国家安全体系中发挥着至关重要的支柱和保障作用，关系到国家的生死存亡和长治久安。虽然当前国家安全的内涵和外延比历史上任何时候都要丰富，但是，军事安全的重要性依然不可替代，军事手段始终是维护国家安全的保底手段。面对复杂多样的安全威胁和挑战，用传统的理念、方法和手段越来越难以有效维护国家安全。维护新形势下的军事安全，就是要在总体国家安全观的指导下，更新战略思维，综合统筹，不断提升国家安全保障能力，尤其要加快推进国防和军队现代化建设，全面提升打赢能力，坚决维护军事安全，为国家长治久安和中华民族伟大复兴提供强有力的支撑。[2]《宪法》第29条第2款、《国防法》第20条均规定："国家加强武装力量的革命化、现代化、正规化的建设，增强国防力量。"《国防法》第23条还规定："中华人民共和国武装力量的规模应当与保卫国家安全和利益的需要相适应。"

三、维护军事安全的内容

《国家安全法》第18条规定："国家加强武装力量革命化、现代化、正规化建设，建设与保卫国家安全和发展利益需要相适应的武装力量；实施积极防御

---

[1] 刘跃进："我国军事安全的概念、内容及面临的挑战"，载《江南社会主义学院学报》2016年第3期。
[2] "维护军事安全　为国家长治久安提供坚强支撑"，载新华网：http://www.xinhuanet.com/politics/2016-04/15/c_128897968.htm，2018年2月25日访问。

军事战略方针,防备和抵御侵略,制止武装颠覆和分裂;开展国际军事安全合作,实施联合国维和、国际救援、海上护航和维护国家海外利益的军事行动,维护国家主权、安全、领土完整、发展利益和世界和平。"据此,国家维护军事安全的任务主要包括以下内容。[1]

（一）加强武装力量革命化、现代化、正规化建设

中华人民共和国的武装力量属于人民。为了有效履行《宪法》和《国防法》赋予的巩固国防、抵御侵略、保卫祖国、保卫人民的和平劳动、参加国家建设事业、全心全意为人民服务的使命任务,必须加强武装力量的革命化、现代化、正规化建设。

1. 毫不动摇地坚持党对武装力量的领导,特别是党对军队的绝对领导。坚持不懈用中国特色社会主义理论体系武装全军,持续培育当代革命军人核心价值观,大力发展先进军事文化,坚决反对"军队非党化""非政治化",永葆人民军队性质、本色、作风。

2. 坚定不移地将信息化作为军队现代化建设的发展方向,推动信息化建设加速发展。加强高新技术武器装备建设,加快全面建设现代后勤,培养大批高素质新型军事人才,深入开展信息化条件下的军事训练,增强基于信息系统的体系作战能力。

3. 深入推进依法治军、从严治军,更好地发挥法治的引领和规范作用。建立一套符合现代军事发展规律、体现我军特色的科学的组织模式、制度安排和运作方式,强化法治信仰和法治思维,按照法治要求转变治军方式,形成党委依法决策、机关依法指导、部队依法行动、官兵依法履职的良好局面,推动军队正规化建设向更高水平发展。

（二）建设与保卫国家安全和发展利益需要相适应的武装力量

建设与保卫国家安全和发展利益需要相适应的武装力量,是有效维护国家安全的客观必然要求。当前,我国作为一个发展中大国,面临着多元复杂的国家安全威胁,生存安全问题和发展安全问题、传统安全威胁和非传统安全威胁相互交织,维护国家主权、安全、领土完整和发展利益的任务日益繁重。与此同时,军事技术和战争形态的革命性变化,对国际政治军事格局产生重大影响,使得我国军事安全面临严峻挑战。为有效应对国家安全领域的风险挑战、捍卫国家安全和发展利益,必须紧紧围绕中国共产党在新形势下的强军目标,以国家核心安全需求为导向,加强武装力量的革命化、现代化、正规化建设,构建中国特色现代化军事力量体系,不断提高军队应对多种安全威胁、完成多样化

---

[1] 郑淑娜主编:《中华人民共和国国家安全法解读》,中国法制法治出版社2016年版,第84~87页。

军事任务的能力。

党的十八大以来,党中央、中央军委和习近平同志围绕实现强军目标,统筹军队革命化、现代化、正规化建设,统筹经济建设和国防建设,制定新形势下军事战略方针,就深化国防和军队改革、全面实施改革强军战略作出重大决策部署。这是应对当今世界前所未有的大变局,有效维护国家安全的必然要求;是坚持和发展中国特色社会主义、协调推进"四个全面"战略布局的必然要求;是贯彻落实强军目标和军事战略方针,履行好军队使命任务的必然要求。

我国要按照"四个全面"战略布局要求,以党在新形势下的强军目标为引领,贯彻新形势下军事战略方针,全面实施改革强军战略,着力解决制约国防和军队发展的体制性障碍、结构性矛盾、政策性问题,推进军队组织形态现代化,进一步解放和发展战斗力,进一步解放和增强军队活力,建设同我国国际地位相称、同国家安全和发展利益相适应的巩固国防和强大军队,为实现"两个一百年"奋斗目标、实现中华民族伟大复兴的中国梦提供坚强力量保障。

(三) 武装力量在维护国家安全中的主要职责

1. 实施积极防御军事战略方针,防备和抵御侵略,制止武装颠覆和分裂。在长期的革命实践中,人民军队形成了一套积极防御战略思想,坚持战略上防御与战役战斗上进攻相统一,坚持防御、自卫、后发制人的原则,坚持"人不犯我,我不犯人;人若犯我,我必犯人"。中华人民共和国成立后,中央军委确立积极防御军事战略方针,并根据国家安全形势发展变化对其内容进行了多次调整。我国作为一个坚定不移走和平发展道路的社会主义国家,必须毫不动摇地坚持积极防御战略思想,同时还要适应新的历史时期形势任务要求,贯彻新形势下积极防御军事战略方针,调整军事斗争准备基点,创新基本作战思想,优化军事战略布局,不断丰富和发展这一思想的内涵,坚决捍卫国家安全。

2. 实施联合国维和、国际救援、海上护航和维护国家海外利益的军事行动。这既是对我军近年来参加国际多边和双边机制内一系列海外军事行动实践经验的总结,也为我军积极实施"走出去"战略,更好地担负起维护世界和平、维护国家海外利益的使命任务提供了重要的法律依据。近年来,我国实施了包括参加联合国维和、国际灾难救援和人道主义援助、维护国际海上通道安全、中外联演联训以及维护海外利益等的军事行动。这些行动有效维护了国家安全和发展利益,维护了世界和平和地区稳定,赢得了国际社会的高度评价。我国恪守《联合国宪章》的宗旨和原则,遵守公认的国际法准则,根据《国家安全法》等法律的规定,继续实施联合国维和、国际救援、海上护航和维护国家海外利益的军事行动,坚定维护国家主权、安全、领土完整、发展利益和世界和平。

第五节 维护经济安全的任务

一、经济安全的概念

一般意义上来说，国家经济安全是指一国保持其经济存在和发展所需的资源有效供给、经济体系独立稳定运行、整体经济福利不受恶意侵害和非不可抗力损害的状态和能力，是指一国的国民经济发展和经济实力处于不受根本威胁的状态。

国家的经济安全包括两个方面的内容：一是国内经济安全，即一国经济处于稳定、均衡和持续发展的正常状态；二是国际经济安全，即一国经济发展所依赖的国外资源和市场的稳定与持续，免于供给中断或价格剧烈波动而产生的突然打击，散布于世界各地的市场和投资等商业利益不受威胁。为了达到这种状态，国家既要保护、调节和控制国内市场，又要维护全球化了的国家利益，参与国际经济谈判，实现国际经济合作。

二、维护经济安全的重要性

经济基础决定上层建筑，根据总体国家安全观的要求，保障经济安全是维护国家安全的基础。历史上，征服他国能够使征服者通过掠夺、获取新资源以及依靠控制被征服国家的经济而变得更加强大。当前，和平发展是世界大势，国与国之间主要依靠平等的经济往来实现财富积累。然而，国际贸易系统非常复杂，涉及多国协议、国家间的互相依赖以及是否拥有丰富的自然资源等。在这样的国际贸易系统中，经济安全与军事安全一样成为国家安全的重要组成部分。特别是当前经济全球化的条件下，经济主权已经成为国家主权的重要组成部分。

从国际关系上来看，经济安全不仅关系国家的经济发展和风险防范，而且涉及国家政治和主权完整。经济安全与政治独立是确保国家主权完整的两个不可分割的要素。从近年来的许多实践来看，没有经济安全，国家的政治独立就难以保障。从国家内部看，国家的经济如果受到大规模失业、金融市场紊乱、通货膨胀、贫困、粮食和资源能源供给不足等问题的冲击，出现经济不稳定的情况，国家的政治安全、社会安全等诸多方面的安全也会受到严重影响。正是由于经济安全的重要性，党的十六大报告提出了"在扩大对外开放中，要十分注意维护国家经济安全"，第一次将"维护国家经济安全"写进党的代表大会的文件之中。

三、维护经济安全的内容

《国家安全法》第 19 条规定:"国家维护国家基本经济制度和社会主义市场经济秩序,健全预防和化解经济安全风险的制度机制,保障关系国民经济命脉的重要行业和关键领域、重点产业、重大基础设施和重大建设项目以及其他重大经济利益安全。"据此,国家维护经济安全的任务主要包括以下内容。[1]

(一) 维护基本经济制度和社会主义市场经济秩序

广义的经济安全除了基本经济制度安全和经济秩序安全外,还包括金融安全、资源能源安全、粮食安全等很多方面。《国家安全法》在第 19 条、20 条、21 条和 22 条并列规定了维护经济安全、维护金融安全、维护资源能源安全和维护粮食安全的任务。因此,《国家安全法》第 19 条所谓的经济安全是指狭义的经济安全,即仅指基本经济制度安全和经济秩序安全。

经济制度是指人类社会一定历史发展阶段占统治地位的生产关系的总和,其内容包括生产资料归谁所有,生产过程中形成的人与人之间的关系,劳动产品的分配方式三个方面。其中,生产资料归谁所有,即生产资料的所有制形式起决定作用,决定了其他两个方面,也决定了经济制度的性质。

《宪法》第 6 条规定:"中华人民共和国的社会主义经济制度的基础是生产资料的社会主义公有制,即全民所有制和劳动群众集体所有制。社会主义公有制消灭了人剥削人的制度,实行各尽所能,按劳分配的原则。国家在社会主义初级阶段,坚持公有制为主体、多种所有制经济共同发展的基本经济制度,坚持按劳分配为主体、多种分配方式并存的分配制度。"党的十八届三中全会提出,公有制为主体、多种所有制经济共同发展的基本经济制度,是中国特色社会主义制度的重要支柱,也是社会主义市场经济体制的根基。

我国是社会主义国家,公有制经济是我国基本经济制度的主体和基础。公有制经济主要包括全民所有制经济和集体所有制经济两种形式。此外,改革开放以来,各种性质的资产不断流动和重组,尤其是股份制企业的出现带来了各种形式的混合所有制经济,其中的国有成分和集体成分也属于公有制经济。公有制经济在我国所有制结构中处于主体地位,这是由我国社会主义的国家性质决定的。

公有制的主体地位主要体现在两个方面:一方面,公有资产在社会总资产

---

[1] 乔晓阳主编:《中华人民共和国国家安全法释义》,法律出版社 2016 年版,第 87~93 页。

中占优势地位；另一方面，公有制经济控制国民经济命脉，对国民经济发展起主导作用。生产力决定生产关系，我国社会主义初级阶段的生产力发展状况，决定了除公有制以外的多种所有制经济应当共同发展。个体经济、私营经济等非公有制经济也是社会主义市场经济的重要组成部分。党的十八大报告明确提出，毫不动摇鼓励、支持、引导非公有制经济发展，保证各种所有制经济依法平等使用生产要素、公平参与市场竞争、同等受到法律保护。

《宪法》第15条规定："国家实行社会主义市场经济。国家加强经济立法，完善宏观调控。国家依法禁止任何组织或者个人扰乱社会经济秩序。"《宪法》明确规定，我国实行社会主义市场经济。市场经济是指通过市场来配置资源，企业的各种经营活动，由企业根据市场变化自主决定，政府不予干涉的一种经济模式。在市场经济中，政府的主要任务在于进行宏观调控，通过货币、金融等政策手段对市场进行引导，并为企业提供服务。

1. 要使市场在社会主义国家宏观调控下对资源配置起基础性作用，使经济活动遵循价值规律的要求，适应供求关系的变化；通过价格杠杆和竞争机制的功能，将资源配置到效益最好的环节中去，给企业以压力和动力，使其优胜劣汰；运用市场对各种经济信号反应比较灵敏的特点，促进生产和需求的及时协调。

2. 要加强和改善国家对经济的宏观调控，克服市场自身的弱点。国家通过运用经济政策、计划指导和必要的行政管理，引导市场健康发展，健全统一、开放、竞争、有序的现代市场体系。

3. 社会主义市场经济要和社会主义基本制度结合在一起。在所有制结构上以公有制为主体，多种经济成分共同发展，不同经济成分还可以自愿实行多种形式的联合经营；分配制度上实行按劳分配为主体，多种分配方式并存，使劳动、资本、技术、管理等生产要素按贡献参与分配，坚持效率优先、兼顾公平，鼓励一部分人通过诚实劳动、合法经营先富起来，同时加强政府对收入分配的调节功能，防止收入悬殊，逐步实现共同富裕。

自改革开放以来，根据《宪法》关于"加强经济立法"的要求，国家制定了涉及维护市场经济秩序各个领域的许多法律，例如，《物权法》《反垄断法》《反不正当竞争法》《企业国有资产法》等。同时，《刑法》分则第三章专门设置了"破坏社会主义市场经济秩序罪"，从第140条到231条，共八节，规定了生产、销售伪劣商品罪，走私罪，妨害对公司、企业的管理秩序罪，破坏金融管理秩序罪，金融诈骗罪，危害税收征管罪，侵犯知识产权罪，扰乱市场秩序罪八类犯罪，共计100多个罪名。

（二）健全预防和化解经济安全风险的制度机制

我国现行法律法规对涉及经济安全的多个领域作出了规范。例如，涉及粮食安全的《农业法》《畜牧法》《中央储备粮管理条例》等；涉及资源能源安全的《矿产资源法》《电力法》《煤炭法》《可再生能源法》《节约能源法》《对外合作开采陆上石油资源条例》《对外合作开采海洋石油资源条例》等；涉及金融安全的《中国人民银行法》《银行业监督管理法》《商业银行法》《反洗钱法》《保险法》《证券法》《外资银行管理条例》《外汇管理条例》《外资保险公司管理条例》《期货交易管理条例》等；还有涉及外资和外贸管理的《对外贸易法》《反倾销条例》《反补贴条例》《保障措施条例》《国务院办公厅关于建立外国投资者并购境内企业安全审查制度的通知》等。

上述法律法规针对预防和化解经济安全风险规定了相关制度机制，例如，预防和化解金融风险的制度机制、预防和化解粮食安全风险的制度机制、预防和化解对外贸易风险的制度机制等，整体上对于预防和化解经济安全风险起到了重要作用。但是，仍存在着一些领域的规定层级效力较低、不少重要领域关于经济安全的规定处于空白状态、一些制度可操作性不强等问题。《国家安全法》第19条明确规定了要健全预防和化解经济安全风险的制度机制，对于下一步的工作提出了明确的要求。

（三）保障国家重大经济利益安全

经济安全是国家安全的基础，而保障关系国民经济命脉的重要行业和关键领域、重点产业、重大基础设施和重大建设项目以及其他重大经济利益安全是保障国家经济安全的基础之基础。

2006年国务院办公厅转发国资委《关于推进国有资本调整和国有企业重组的指导意见》规定，关系国家安全和国民经济命脉的重要行业和关键领域，主要包括：涉及国家安全的行业，重大基础设施和重要矿产资源，提供重要公共产品和服务的行业，以及支柱产业和高新技术产业中的重要骨干企业。例如，军工、石油石化、电网、电信、民用航空、航运、煤炭等。保障这些领域的安全关键就是发挥国有经济的控制力。《宪法》第7条规定："国有经济，即社会主义全民所有制经济，是国民经济中的主导力量。国家保障国有经济的巩固和发展。"国有经济在国民经济中的主导作用，主要体现在对国民经济发展的正确导向和对经济运行整体态势的控制和影响上。国有经济要在关系国民经济命脉的重要行业和关键领域占支配地位，支撑、引导和带动社会经济的发展，在实现国家宏观调控目标中发挥关键作用。《企业国有资产法》第7条规定："国家采取措施，推动国有资本向关系国民经济命脉和国家安全的重要行业和关键领域集中，优化国有经济布局和结构，推进国有企业的改革和发展，提高国有经济的整体素质,增强国有经济的控制力、影响力。"党的十八届三中全会提出:"国有资本投资运营要服务于国家战略目标,更多投向关系国家安全、国民经济命脉的重要行业和关键领域,重点提供公共服务、发展重要前瞻性战略性产业、保护生态环境、支持科技进步、保障国家安全。"2015年9月,国务院发布《国务院关于国有企业发展混合所有制经济的意见》,明确指出:"提高国有资本配置和运行效率,优化国有经济布局,增强国有经济活力、控制力、影响力和抗风险能力。"

关于产业安全,2004年《商务部关于做好维护国内产业安全工作的指导意见》第2条明确提出:"产业安全是我国经济安全的重要组成部分,是国家安全的重要基础。做好维护产业安全工作的主要任务是:为我国产业创造良好的生存环境,使其免受进口产品不公平竞争和进口激增造成的损害;为产业创造正常的发展条件,使各产业能够依靠自身的努力,在公平的市场环境中获得发展的空间,赢得利益,从而保证国民经济和社会全面、稳定、协调和可持续发展。"此外,维护交通、通信、能源、供水、排水、防洪、垃圾处理等重大基础设施和重大建设项目以及其他重大经济利益安全,也是保障国家经济安全的基础。

第六节 维护金融安全的任务

一、金融安全的概念

国内学者对于金融安全的研究多是从1997年~1998年东南亚金融危机后开始的。一般意义上讲,金融安全,是指货币资金融通的安全和整个金融体系的稳定。学者们也一致认为,金融安全存在广义与狭义之分,"狭义的金融安全是指金融体系能够健康、规范运行,对一国经济运行提供充足的金融支持,无爆发金融危机的可能;广义的金融安全是指金融体系既无爆发金融危机的可能,也不存在导致金融市场异常波动的潜在因素"。[1]

金融安全是和金融风险、金融危机紧密联系在一起的,既可用风险和危机状况来解释和衡量安全程度,同样也可以用安全来解释和衡量风险与危机状况。安全程度越高,风险就越小;反之,风险越大,安全程度就越低。危机是风险大规模积聚爆发的结果,危机就是严重不安全,是金融安全的一种极端。

---

[1] 张维:"国家审计维护金融安全的新形势与对策",载《审计与经济研究》2017年第1期。

二、维护金融安全的重要性

在现代全球经济一体化背景下,在我国对外开放不断深化的条件下,防范金融风险,重视金融安全,显得越来越重要。

1. 金融是现代经济的核心,金融安全是经济安全的一个重要组成部分,具有举足轻重的地位。金融市场的稳定运行和健康发展,直接关涉金融秩序和社会政治的稳定,积极防范和化解金融风险是金融工作的生命线。

2. 防范和化解金融风险是我国经济工作的一项重要任务。金融风险突发性强、波及面广、危害极大,一旦爆发重大问题,就会危及经济、社会甚至政治稳定,严重影响改革开放和现代化建设的进程,防范和化解金融风险,保证金融安全、高效、稳健运行,是我国经济工作面临的一项重要和紧迫的任务。

3. 我国金融运行面临不少风险和挑战。当前我国经济社会发展呈稳中有进的态势,金融业保持稳健运行,金融体系风险总体可控,但国内外经济金融形势错综复杂,金融运行面临不少风险和挑战,主要有:企业债务率过高、偿付风险加大;部分行业和地区信用违约风险明显上升;流动性管理难度增大;部分"影子银行"业务存在潜在风险;保险公司期满给付和退保风险上升;跨境资本流动异常波动风险上升;金融业网络和信息安全存在隐患;金融网络和信息基础设施薄弱,灾备体系有待完善,空间布局不合理;核心软硬件依赖国外厂商,网络和信息安全风险自主可控能力不足;金融服务日益依赖互联网等开放系统,增加遭受攻击或者信息失窃的潜在风险;管理和应急处置能力亟待提升,信息安全保障机制不健全,技术、人力资源保障明显滞后;等等。[1]

我国对防范金融风险、维护金融安全十分重视。1997 年亚洲金融危机之后,《中共中央、国务院关于深化金融改革,整顿金融秩序,防范金融风险的通知》指出,金融业是高风险行业,防范和化解金融风险,保证金融安全、高效、稳健运行,是我国经济工作面临的一项重要和紧迫的任务。改革开放以来,我国重视金融法制建设,建立了《中国人民银行法》《商业银行法》《银行业监督管理法》《证券法》《保险法》等以规范金融监督管理行为、规范金融经营主体和经营行为为主要内容的金融法律制度。根据上述法律的规定,中国人民银行、中国银行保险监督管理委员会、中国证券监督管理委员会在各自职权内履行金融监管职责。

党的十八大以来,党中央和国务院多次就防范和化解金融风险,维护金融

---

[1] 郑淑娜主编:《中华人民共和国国家安全法解读》,中国法制出版社 2016 年版,第 97 页。

安全作出部署、提出要求。2012年党的十八大报告提出,深化金融体制改革,健全促进宏观经济稳定、支持实体经济发展的现代金融体系。2013年十八届三中全会决定提出:完善金融市场体系;健全多层次资本市场体系;建立健全宏观审慎管理框架下的外债和资本流动管理体系;落实金融监管改革措施和稳健标准,完善监管协调机制,界定中央和地方金融监管职责和风险处置责任;建立存款保险制度,完善金融机构市场化退出机制;加强金融基础设施建设,保障金融市场安全高效运行和整体稳定。2014年十八届四中全会决定提出,制定和完善金融法律法规。国务院及其有关部门认真落实十八大以来党中央的部署,多措并举,防范和化解金融风险,维护金融安全。

三、维护金融安全的内容

《国家安全法》第20条规定:"国家健全金融宏观审慎管理和金融风险防范、处置机制,加强金融基础设施和基础能力建设,防范和化解系统性、区域性金融风险,防范和抵御外部金融风险的冲击。"据此,国家维护金融安全的任务主要包括以下内容。[1]

(一)健全金融宏观审慎管理制度机制

所谓宏观审慎管理,就是为了弥补传统货币政策工具和微观监管在防范系统性风险方面的不足,将金融业作为一个有机整体,以防范和管理跨行业、跨市场和跨经济周期中整个金融体系的风险。

近年来,国际金融危机表明,以防范单个金融机构风险,维护单个金融机构和市场稳定为目标的微观审慎监管在防范系统性风险方面存在严重不足。防范金融风险,要有宏观视野,单个金融机构的健康,并不等于金融体系的健康,因而,需要建立宏观审慎管理框架。宏观审慎管理的主要内容是:既跟踪金融体系在当前经济形势下的运行状况,又关注金融体系在未来经济走势中可能出现的问题;既要保证金融对经济发展的持续促进作用,又要熨平经济周期对金融体系稳定性的影响,达到维护金融稳定、支持经济平衡发展的目标。为实现宏观审慎管理目标,需要在充分发挥价格型和数量型等传统政策工具作用的同时,通过丰富和补充新的工具,将资本金、杠杆率和流动性等传统微观工具的使用纳入宏观审慎管理中,发挥微观监管指标的宏观作用。

(二)健全金融风险防范、处置机制

为维护金融安全,我国法律、法规、规章等对建立健全金融风险防范、处

---

[1] 乔晓阳主编:《中华人民共和国国家安全法释义》,法律出版社2016年版,第96~100页。

置机制作了规定。《银行业监督管理法》第 27 条规定:"国务院银行业监督管理机构应当建立银行业金融机构监督管理评级体系和风险预警机制,根据银行业金融机构的评级情况和风险状况,确定对其现场检查的频率、范围和需要采取的其他措施。"第 29 条规定:"国务院银行业监督管理机构应当会同中国人民银行、国务院财政部门等有关部门建立银行业突发事件处置制度,制定银行业突发事件处置预案,明确处置机构和人员及其职责、处置措施和处置程序,及时、有效地处置银行业突发事件。"《商业银行法》《证券法》《保险法》分别规定了商业银行、保险公司、证券公司应当建立健全本行业的风险管理和内部控制制度。目前,国务院办公厅和有关部门出台了《国家金融突发事件应急预案》《中国人民银行突发事件应急预案管理办法》《银行业金融机构安全评估办法》等。

为了进一步健全金融风险防范、处置机制,2012 年《国务院关于印发服务业发展"十二五"规划的通知》提出,"完善现代金融企业制度,强化内部治理和风险管理,提高监督方法的科学性、适用性和前瞻性,维护金融业安全稳健运行……建立健全系统性金融风险防范预警体系、评估体系和处置机制,加强对系统重要性金融机构的监管"。2014 年国务院《关于进一步促进资本市场健康发展的若干意见》提出,"强化风险防范,始终把风险监测、预警和处置贯穿于市场创新发展全过程,牢牢守住不发生系统性、区域性金融风险的底线"。

(三) 加强金融基础设施和基础能力建设

金融基础设施和基础能力,是指金融运行的硬件设施和制度安排,主要包括支付体系、法律环境、公司治理、会计准则、信用环境、反洗钱以及由金融监管、中央银行最后贷款人职能、投资者保护制度组成的金融安全网等。金融基础设施和基础能力建设,对维护金融安全至关重要。金融基础设施越发达、金融基础能力越强,国家的金融体系承受外部冲击的能力就越强。

《中国人民银行法》规定,"中国人民银行应当组织或者协助组织银行业金融机构相互之间的清算系统,协调银行业金融机构相互之间的清算事项,提供清算服务","维护支付、清算系统的正常运行","中国人民银行会同国务院银行业监督管理机构制定支付结算规则"。《商业银行法》《证券法》《保险法》分别规定,设立商业银行、证券公司、保险公司应当具备健全的组织机构和管理制度,有符合要求的营业场所和与业务有关的其他设备。《征信业管理条例》专章规定了"金融信用信息基础数据库",明确了国家设立金融信用信息基础数据库,为防范金融风险、促进金融业发展提供相关信息服务。此外,为防范支付风险,中国人民银行制定了《非金融机构支付服务业务系统检测认证管理规定》《非金融机构支付服务管理办法》《支付结算业务代理办法》等规章。

2013 年十八届三中全会决定提出:"加强金融基础设施建设,保障金融市场安全高效运行和整体稳定"。根据国务院的有关报告,当前加强金融基础设施和基础能力建设主要包括:建立健全我国金融市场基础设施宏观审慎管理框架,继续完善支付系统、证券期货交易结算系统等金融基础设施,建设安全高效的人民币跨境支付系统;推进金融业灾备中心合理布局,强化金融机构内部管理,提高防范网络攻击、应对重大灾难与技术故障的能力,逐步推进金融信息系统和密码应用等核心技术的国产化,建立健全与国际衔接、自主升级、独立可控的金融信息安全标准体系。

(四)防范和化解系统性、区域性金融风险,防范和抵御外部金融风险的冲击

金融安全的核心内容是抵御国内外因素对金融体系带来的不利影响,包括对内和对外两个部分。对内主要是维护金融稳定,保障金融体系的稳健、有序运行;对外主要是金融主权独立,防范境外金融风险对国内金融体系的冲击和境外敌对势力对我国金融体系的破坏。

为了防范和化解系统性金融风险,我国遵守20国集团峰会和金融稳定理事会承诺,正在实施中国版"巴塞尔协议Ⅲ",确立微观审慎和宏观审慎相结合的金融监管新模式,综合启动动态资本、动态拨备、流动性和杠杆率四大新监管工具,搭建中国金融业新的监管框架。为加强和改进金融监管,增强金融风险防范能力,2013年8月,国务院批准中国人民银行牵头建立金融监管协调部际联席会议制度,对防范和化解金融领域重大风险隐患等重大政策事项进行研究、达成共识,健全金融监管协调机制,增强金融监管合力。为了防范和化解重点领域和地区的金融风险,组织专门力量加强地方政府性债务核查,指导金融机构做好各级地方融资平台债务管理。监督金融机构加强对产能过剩行业、房地产和钢材等重点风险领域和不良贷款快速上升地区的信用风险排查,做好风险防控预案,同时防止"一刀切"式的抽贷、停贷、压贷造成企业资金链断裂,避免形成新的不良贷款。严厉打击非法集资、非法证券期货等非法金融活动,清理整顿各类违法违规交易场所等。

随着我国金融体系对外开放与融入程度的提高,国际金融市场波动对我国金融安全的影响大为增强。《外资银行管理条例》等行政法规和规章规定了对于外资银行以及金融机构的监督管理。《证券法》第224条规定:"境内企业直接或者间接到境外发行证券或者将其证券在境外上市交易,应当符合国务院的有关规定。"为加强外汇管理、促进国际收支平衡提供法律保障,还制定了《外汇管理条例》《国家货币出入境管理办法》等。

第七节 维护资源能源安全的任务

一、资源能源安全的概念

资源能源安全,是指一个国家或地区可以持续、稳定、及时、足量和经济地获取所需自然资源和能源的状态或能力。[1]资源安全分为战略性资源安全和非战略性资源安全;还可分为水资源安全、土地资源安全、矿产资源安全、生物资源安全、海洋资源安全、环境资源安全等。广义的资源安全也包括能源安全。但是,考虑到目前能源在国家发展建设中的重要地位,《国家安全法》将资源与能源并列为资源能源安全。

二、维护资源能源安全的重要性

1. 资源能源安全是非传统安全的重要方面,并与环境安全、生态安全和粮食安全等有着密切的关系。资源、能源是人民群众和整个国家生存与发展的不可或缺的物质基础。资源能源安全距离人民日常生活很近,国际和国内燃油价格的变化,耕地面积持续减少和质量不断下降,都可以归结为资源能源安全方面出现了问题。

2. 资源安全是国家安全的重要组成部分,并在国家安全中占有基础地位。资源安全与经济安全息息相关,而经济安全关系到国家经济可持续发展、政治稳定、人民生活水平提高等诸多方面。资源已成为我国推进工业化、信息化、新型城镇化和农业现代化,构建全面小康社会和实现中国梦的重要物质基础。

3. 我国资源能源安全,特别是能源安全面临国际、国内两方面的威胁。从国际上看,全球气候变化、国际金融危机、欧洲主权债务危机、地缘政治等因素对国际能源形势产生重要影响,世界能源市场变得更加复杂多变,不稳定性和不确定性进一步增加。从国内看,能源发展的长期矛盾和短期问题相互交织,国内因素与国际因素互相影响,资源和环境约束进一步加剧,节能减排形势严峻,能源资源对外依存度快速攀升,能源控总量、调结构、保安全面临全新的挑战。[2]

---

[1] "资源能源安全是国家安全的重要内容——四谈贯彻落实十八届三中全会精神推进矿业科学发展",载《中国矿业报》2013年11月23日,A01版。
[2] 乔晓阳主编:《中华人民共和国国家安全法释义》,法律出版社2016年版,第102页。

三、维护资源能源安全的内容

《国家安全法》第 21 条规定:"国家合理利用和保护资源能源,有效管控战略资源能源的开发,加强战略资源能源储备,完善资源能源运输战略通道建设和安全保护措施,加强国际资源能源合作,全面提升应急保障能力,保障经济社会发展所需的资源能源持续、可靠和有效供给。"据此,国家维护资源能源安全的任务主要包括以下内容。[1]

(一)有效管控战略资源能源开发

资源能源安全从源头看,就是在开发上要以我为主,加大国内资源能源勘探开发,减少对外依存度。《宪法》第 9 条第 2 款规定:"国家保障自然资源的合理利用……禁止任何组织或者个人用任何手段侵占或者破坏自然资源。"国务院颁布的能源发展"十二五"规划明确提出,能源发展的基本原则之一,"就是'坚持立足国内',立足国内资源优势和发展基础,着力增强能源供给保障能力,完善能源储备应急体系,合理控制对外依存度,提高能源安全保障水平"。

为了有效管控战略资源能源的开发,我国一些法律法规对资源能源开发的规划、计划提出了明确要求。例如,《煤炭法》第 4 条第 1 款明确规定:"国家对煤炭开发实行统一规划、合理布局、综合利用的方针。"《煤炭法》第 14～16 条还规定,国务院煤炭管理部门根据全国矿产资源勘查规划编制全国煤炭资源勘查规划,根据全国矿产资源规划规定的煤炭资源,组织编制和实施煤炭生产开发规划。省、自治区、直辖市人民政府煤炭管理部门根据全国矿产资源规划规定的煤炭资源,组织编制和实施本地区煤炭生产开发规划,并报国务院煤炭管理部门备案。煤炭生产开发规划应当根据国民经济和社会发展的需要制定,并纳入国民经济和社会发展计划。根据《森林法》的规定,国家根据用材林的消耗量低于生长量的原则,严格控制森林年采伐量。国家所有的森林和林木以国有林业企业事业单位、农场、厂矿为单位,集体所有的森林和林木、个人所有的林木以县为单位,制定年采伐限额,由省、自治区、直辖市林业主管部门汇总,经同级人民政府审核后,报国务院批准。国家制定统一的年度木材生产计划。年度木材生产计划不得超过批准的年采伐限额。

此外,国家开发资源能源要坚持多元发展的原则。着力提高清洁低碳化石能源和非化石能源比重,大力推进煤炭高效清洁利用,科学实施传统能源替代,加快优化能源生产和消费结构。《可再生能源法》第 4 条第 1 款明确规定:"国

---

[1] 郑淑娜主编:《中华人民共和国国家安全法解读》,中国法制出版社 2016 年版,第 105～110 页。

家将可再生能源的开发利用列为能源发展的优先领域,通过制定可再生能源开发利用总量目标和采取相应措施,推动可再生能源市场的建立和发展。"同时,该法还对可再生能源的资源调查与发展规划、产业指导与技术支持、推广与应用、价格管理与费用补偿、经济激励与监督措施等方面作了规定。

(二) 加强战略资源能源储备

实行战略资源储备和能源储备,是确保资源能源安全,保障突发情况下资源能源有效应急供给的重要措施。我国国民经济和社会发展第十个五年计划中就明确提出,要完善国家战略资源储备制度。能源发展"十二五"规划中提出,要完善能源储备应急体系。

我国的战略资源能源储备,实行实物储备和资源地、能源地储备相结合的方式。就实物储备来说,能源发展"十二五"规划提出,优化储备布局和结构,建成国家石油储备基地二期工程,启动三期工程,加快华北、西北、西南及东南沿海地区天然气地下储气库和液化天然气储备库建设;加快在沿海、沿江港口及华东、华中、西南等地区建设国家煤炭应急储备,鼓励重点厂矿企业提高仓储能力等。就资源地、能源地储备而言,《国务院关于促进稀土行业持续健康发展的若干意见》提出,按照国家储备与企业(商业)储备、实物储备和资源地储备相结合的方式,建立稀土战略储备。统筹规划南方离子型稀土和北方轻稀土资源的开采,划定一批国家规划矿区作为战略资源储备地。对列入国家储备的资源地,由当地政府负责监管和保护,未经国家批准不得开采。

(三) 完善资源能源运输战略通道建设和安全保护措施

资源能源运输的战略通道,既包括海外资源能源进口的战略通道,也包括国内不同地区之间资源能源运输调配的通道。从运输的形式看,现代五大交通运输方式包括铁路运输、公路运输、水路运输、航空运输和管道运输,涵盖了油气管线、输电骨干网络、大型码头、专线铁路等。

根据能源发展"十二五"规划要求,我国要加快西北(中哈)、东北(中俄)、西南(中缅)三大陆路原油进口通道建设,加强配套干线管道建设;适应海运原油进口需要,加强沿海大型原油接卸码头及陆上配套管道建设。加强西北、东北成品油外输管道建设,完善华北、华东、华南、华中和西南等主要消费地区的区域管网。加快建设西北(中国—中亚)、东北(中俄)、西南(中缅)和海上四大进口通道,形成以西气东输、川气东送、陕京输气管道为大动脉,连接主要生产区、消费区和储气库的骨干管网。坚持输煤输电并举,逐步提高输电比重。结合大型能源基地建设,采用特高压等大容量、高效率、远距离先进输电技术,稳步推进西南能源基地向华东、华中地区和广东省输电通道,鄂尔多斯盆地、山西、锡林郭勒盟能源基地向华北、华中、华东地区输电通道。

加快既有铁路干线扩能改造和新建铁路煤运通道建设，提高煤炭跨区运输能力。

为了保护石油、天然气管道，保障石油、天然气输送安全，维护国家能源安全和公共安全，全国人大常委会于 2010 年制定了《石油天然气管道保护法》。为了有效地保护管道及其运行安全，该法规定了四类保护措施：①为了保障管道建成后的安全运行，及时有效地防范和处理管道事故，规定了管道企业对运行的管道进行巡护、维修、检测的制度。②规定禁止各类直接危害管道的行为。③根据各类行为对管道的危害程度，以及发生管道事故可能对沿线地区公共安全造成的影响，分别规定了管道中心线两侧不同地域范围内，禁止从事的危害管道的行为；根据管道安全保护的技术要求，分别规定了不同的保护距离。④为了在保护管道的同时，尽可能减少对沿线地区正常经济社会活动的影响，对保护距离内可能危害管道的行为没有完全禁止，而是规定了有关批准程序。此外，《电力法》关于电力设施的保护，也包括对电力线路设施及其有关辅助设施的保护。

（四）加强国际资源能源合作

随着全球化的不断深入，我国在资源能源发展方面，与世界的联系日益紧密。立足自身供给、开展国际合作是保障国家资源能源安全的两个方面。

在双边合作方面，我国与美国、欧盟、日本、俄罗斯、哈萨克斯坦、土库曼斯坦、乌兹别克斯坦、巴西、阿根廷、委内瑞拉等国家和地区建立了能源对话与合作机制，在油气、煤炭、电力、可再生资源、科技装备和能源政策等领域加强对话、交流与合作。在多边合作方面，我国是亚太经济合作组织能源工作组、二十国集团、上海合作组织、世界能源理事会、国际能源论坛等组织和机制的正式成员和重要参与方，是能源宪章的观察员国，与国际能源署、石油输出国组织等机构保持着密切联系。目前，加强国际资源能源合作主要有四种形式：

1. "走出去"。着眼于增强全球油气供应能力，发挥我国市场和技术优势，深入开展与能源资源国务实合作。继续加强海外油气资源合作开发，积极推进炼化及储运业务合作。支持优势能源企业参与境外煤炭资源开发，开展境外电力合作。依托境外能源项目合作，带动能源装备及工程服务"走出去"。

2. "引进来"。我国鼓励外商以合作的方式，进行石油天然气勘探开发，开展页岩气、煤层气等非常规油气资源勘探开发。鼓励投资建设新能源电站、以发电为主的水电站、采用洁净燃烧技术的电站以及中方控股的核电站。鼓励跨国能源公司在华设立研发中心。

3. 国际贸易。优化资源能源贸易结构，推进资源能源贸易主体、贸易方式、贸易渠道等多元化。

4. 完善国际合作支持体系。积极参与全球能源治理，充分利用国际能源多边和双边合作机制,加强能源安全、节能减排、气候变化、清洁能源开发等方面的交流对话,推动建立公平、合理的全球能源新秩序,协同保障能源安全。

（五）全面提升应急保障能力

根据《国家安全法》第21条的规定,有关部门应当进一步健全资源能源应急组织系统,明确政府及各类社会主体的应急责任和义务。按照统一领导、分级负责、分类实施、协同保障的原则,完善应急保障预案,依法采取资源能源生产运输紧急调度、储备动用和价格干预等措施。加强系统演练,提高全社会资源能源安全应急意识和能力。

第八节 维护粮食安全的任务

一、粮食安全的概念

1974年,联合国粮农组织对粮食安全的定义为:粮食安全,从根本上讲指的是人类目前的一种基本生活权利,即"应该保证任何人在任何地方都能够得到未来生存和健康所需要的足够食品"。它强调获取足够的粮食是人类目前的一种基本生活权利。1983年,联合国粮农组织对这一定义作了修改,提出粮食安全的目标为"确保所有的人在任何时候既能买得到又能买得起所需要的基本食品"。

在我国,对于粮食安全的内涵,可以从以下四个方面理解:适应供需基本平衡的粮食生产能力,与生产能力和市场需求相适应的粮食流通、储备体系,与社会平均消费水平相适应的粮食价格体系,对贫困人口基本粮食需求的保障能力。[1]

二、维护粮食安全的重要性

粮食安全是实现我国经济发展、社会稳定和国家安全的重要基础。当前,我国粮食安全形势总体是好的,粮食综合生产能力稳步提高,粮食供给日益丰富,供需基本平衡。但我国人口众多,对粮食的需求量大,粮食安全的基础比较脆弱。我国的粮食安全因耕地资源、劳动力、技术和资本投入、气候变化、国际贸易、消费结构变化等因素而面临诸多风险,主要表现在以下四个方面:

1. 粮食总产量和增速波动带来的风险。受城镇化发展的影响,我国耕地资源和劳动力投入减少,农业技术进步发展缓慢,农业生产资本投入不足。加上极端性天气的日益增多,我国粮食生产受极端高温、极端低温、干旱、洪涝的影响,

---

[1] 杨映辉:"粮食安全的基本概念与指标体系",载《中国农技推广》2004年第2期。

粮食总产量和年增速波动明显,冲击着我国粮食生产体系的安全。粮食总产量呈现出先减后增的波动趋势,从 2000 年的 46 217 万吨降到 2003 年的 43 069 万吨,然后增长到 2011 年的 57 120 万吨。[1]相应地,我国的粮食进口量迅速上升,从 2003 年的 209 万吨上升到 2012 年的 1398 万吨。[2]

2. 粮食消费增长带来的风险。粮食消费量包括居民直接粮食消费量和饲料粮、工业用粮、种子用粮和粮食损耗等间接消费量。随着居民收入的提高,人们的生活方式和消费结构不断发生变化,居民粮食直接消费量自 2000 年不断减少,但是饲料粮、工业用粮的增加引起粮食间接消费数量增长较快,尤其是 2003 年以后,因而引起了粮食总消费量的增加。[3]粮食间接消费的增长,从数量和结构两方面加剧了粮食供需矛盾,扩大了粮食供需缺口,加大了粮食进口需求压力。

3. 粮食贸易逆差加大带来的风险。人口的增长和居民消费结构的变化,引起我国粮食需求量的增长和需求结构的变化,造成我国粮食供需存在数量和结构上的双重矛盾,迫使我国从国外进口粮食的数量不断增加,粮食贸易逆差越来越大,对国际粮食市场的依存度持续上升。

4. 粮食价格波动带来的风险。近年来,我国粮食价格波动频繁,稻谷、小麦、大豆价格呈现相同的变动趋势,2000 年～2003 年价格略有下降,2004 年开始价格不断上涨。粮食价格的频繁波动对粮食生产者、消费者以及宏观经济都产生了重大影响。[4]

党和国家历来高度重视粮食安全,始终将饭碗牢牢端在自己手上作为治国理政长期坚持的基本方针。在中华人民共和国成立初期,即开始大力发展农业生产,实行战略粮油储备。进入 21 世纪后,党和国家更是从战略全局高度重视粮食安全,2015 年印发《中共中央、国务院关于加大改革创新力度加快农业现代化建设的若干意见》,连续 12 年在"中央一号文件"中聚焦"三农"问题,其中最重要的是粮食安全,也就是既要保证粮食有效供给,又要保证粮食质量安全。

三、维护粮食安全的内容

《国家安全法》第 22 条规定:"国家健全粮食安全保障体系,保护和提高粮食综合生产能力,完善粮食储备制度、流通体系和市场调控机制,健全粮食安

---

[1] 杨磊:"我国粮食安全风险分析及粮食安全评价指标体系研究",载《农业现代研究》2014 年第 6 期。
[2] 胡鞍钢、地力夏提·吾布力、鄢一龙:"粮食安全'十三五'规划基本思路",载《清华大学学报(哲学社会科学版)》2015 年第 5 期。
[3] 杨磊:"我国粮食安全风险分析及粮食安全评价指标体系研究",载《农业现代研究》2014 年第 6 期。
[4] 杨磊:"我国粮食安全风险分析及粮食安全评价指标体系研究",载《农业现代研究》2014 年第 6 期。

全预警制度,保障粮食供给和质量安全。"据此,国家维护粮食安全的任务主要包括以下内容。[1]

(一)健全粮食安全保障体系

国家粮食安全保障体系是保障粮食安全的系统工程,它包括保障粮食安全的目标、任务和制度、机制与措施。2014年1月19日中共中央、国务院《关于全面深化农村改革加快推进农业现代化的若干意见》明确指出,完善国家粮食安全保障体系包括五个方面:①构建新形势下的国家粮食安全战略。一是实施以我为主、立足国内、确保产能、适度进口、科技支撑的国家粮食安全战略。二是严守耕地保护红线,划定永久基本农田,不断提升农业综合生产能力。三是积极利用国际农产品市场和农业资源,有效调剂和补充国内粮食供给。四是在重视粮食数量的同时,更加注重品质和质量安全。五是建立健全粮食安全省长责任制,明确中央和地方的粮食安全责任与分工。六是增强全社会节粮意识,在生产、流通、消费全程推广节粮减损设施和技术。②完善粮食等重要农产品价格形成机制,逐步建立农产品目标价格制度。③健全农产品市场调控制度,保障重要农产品市场基本稳定,完善中央储备粮管理体制。④合理利用国际农产品市场。⑤强化农产品质量和食品安全监管。

2014年《国务院关于建立健全粮食安全省长责任制的若干意见》指出,为加快构建国家粮食安全保障体系,进一步明确地方政府维护国家粮食安全的责任,要求各省(区、市)人民政府必须切实承担起保障本地区粮食安全的主体责任,全面加强粮食生产、储备和流通能力建设。主要包括以下内容:①巩固和提高粮食生产能力;②管好地方粮食储备,确保储备粮数量充足、结构合理、质量良好、调用高效;③加强粮食流通能力建设;④完善区域粮食市场调控机制,维护粮食市场稳定;⑤健全粮食质量安全保障体系,落实监管责任;等等。

(二)保护和提高粮食综合生产能力

安全、合理的粮食储备,是国家粮食安全的物质基础,核心是保护和提高粮食综合生产能力。《农业法》第31条第1款规定:"国家采取措施保护和提高粮食综合生产能力,稳步提高粮食生产水平,保障粮食安全。"2015年"中央一号文件"也将"不断增强粮食生产能力"作为第一个问题加以突出强调。保护和提高粮食综合生产能力要靠国家采取一系列措施加以支撑,主要包括以下内容:①落实最严格的耕地保护制度。粮食安全的根基在耕地。《农业法》第31条第2款规定:"国家建立耕地保护制度,对基本农田依法实行特殊保护。"《土地管理法》第30条、33条规定,"国家保护耕地,严格控制耕地转为非耕地";

---

[1] 郑淑娜主编:《中华人民共和国国家安全法解读》,中国法制出版社2016年版,第112~119页。

"国家实行永久基本农田保护制度"。坚决守住耕地红线,落实最严格的耕地保护制度,确保全国耕地保有量不低于18亿亩,基本农田保有量不低于15.6亿亩。②其他制度措施。包括《农业法》规定的国家在政策、资金、技术等方面对粮食主产区给予重点扶持,建设稳定的商品粮生产基地,改善粮食收储及加工设施,提高粮食主产区的粮食生产、加工水平和经济效益,对部分粮食品种实行保护价制度田,等等。

(三) 建立健全和落实粮食储备制度

粮食储备制度是粮食安全保障体系的重要组成部分,在稳定市场、备荒、恤农等方面发挥了重要作用。《农业法》第34条规定,"国务院应当制定粮食安全保障目标与粮食储备数量指标,并根据需要组织有关主管部门进行耕地、粮食库存情况的核查。国家对粮食实行中央和地方分级储备调节制度,建设仓储运输体系。承担国家粮食储备任务的企业应当按照国家规定保证储备粮的数量和质量"。

《粮食流通管理条例》第25条第1款明确规定:"国家实行中央和地方分级粮食储备制度。粮食储备用于调节粮食供求,稳定粮食市场,以及应对重大自然灾害或者其他突发事件等情况。"目前,我国实行的粮食储备制度,包括中央战略专项储备与调节周转储备相结合、中央储备与地方储备相结合、国家(政府)储备和社会储备相结合制度。

严格落实和不断完善粮食储备制度,是国家粮食宏观调控的重要手段。近些年的中央文件多次对此提出要求:①完善中央储备粮管理体制,鼓励符合条件的多元市场主体参与大宗农产品政策性收储。科学确定重要农产品储备功能和规模,强化地方尤其是主销区的储备责任,优化区域布局和品种结构。②明确粮食安全省长责任制的一项重要职责就是"管好地方粮食储备",要求切实落实地方粮食储备。严格按照国家有关部门确定的储备规模和完成时限,抓紧充实地方粮食储备。进一步优化储备布局和品种结构,落实储备费用和利息补贴资金,完善轮换管理和库存监管机制。定期将地方粮食储备品种、数量和布局等信息报送国家有关部门。创新地方粮食储备机制,探索建立政府储备和社会储备相结合的分梯级粮食储备新机制。建立地方和中央粮食储备协调机制,充分发挥调控市场、稳定粮价的协同效应。③加快农业现代化建设,加快千亿斤粮食新建仓容建设进度,尽快形成中央和地方职责分工明确的粮食收储机制,提高粮食收储保障能力;继续实施农户科学储粮工程。

(四) 完善粮食流通体系和市场调控

加强粮食流通体系和市场调控机制建设,对于保护和提高农民粮食生产积极性,稳定粮食市场价格和供应至关重要。

从2004年开始,我国全面放开粮食收购市场和价格,积极稳妥推进粮食流通体制改革。2008年，国务院下发《国家粮食安全中长期规划纲要（2008—2020年）》的通知后，我国在继续深化粮食流通体制改革，健全粮食市场体系，加强粮食物流体系建设等方面取得了新进展。目前，粮食购销市场化和市场主体多元化的格局基本实现，以市场供求为基础的粮食价格形成机制逐步建立，统一、开放、竞争、有序的粮食市场体系基本形成。

在市场经济条件下，要确保粮食供应和价格基本稳定，加强和改善宏观调控至关重要。《农业法》《粮食流通管理条例》以及有关政策文件，对宏观调控的目标、手段，粮食储备制度，粮食风险基金制度，粮食市场供求形势的监测和预警分析以及信息发布制度等作了规定。主要包括：国家采取储备粮吞吐、委托收购、粮食进出口等多种经济手段和价格干预等必要的行政手段，加强对粮食市场的调控，保持全国粮食供求总量基本平衡和价格基本稳定。国务院和地方人民政府建立健全粮食风险基金制度。粮食风险基金主要用于对种粮农民直接补贴、支持粮食储备、稳定粮食市场等。

当粮食供求关系发生重大变化时，为保证市场供应、保护种粮农民利益，必要时可以由国务院决定对短缺的重点粮食品种在粮食主产区实行最低收购价格。当粮食价格显著上涨或者有可能显著上涨时，国务院和省、自治区、直辖市人民政府可以按照《价格法》的规定，采取价格干预措施。国家鼓励粮食主产区和主销区以多种形式建立稳定的产销关系，鼓励建立产销一体化的粮食经营企业，发展订单农业。在执行最低收购价格时国家给予必要的经济优惠，并在粮食运输方面给予优先安排。在重大自然灾害、重大疫情或者其他突发事件引起粮食市场供求异常波动时，国家启动粮食应急机制。

（五）建立健全和落实粮食安全预警制度

粮食是关系国计民生的特殊商品，建立应对突发事件等引起粮食市场供求异常波动的应急机制，十分必要。

早在2004年《粮食流通管理条例》中，就规定了国家建立突发事件的粮食应急体系，即"国务院发展改革部门及国家粮食行政管理部门会同国务院有关部门制定全国的粮食应急预案，报请国务院批准。省、自治区、直辖市人民政府根据本地区的实际情况，制定本行政区域的粮食应急预案。启动全国的粮食应急预案，由国务院发展改革部门及国家粮食行政管理部门提出建议，报国务院批准后实施。启动省、自治区、直辖市的粮食应急预案，由省、自治区、直辖市发展改革部门及粮食行政管理部门提出建议，报本级人民政府决定，并向国务院报告。粮食应急预案启动后，所有粮食经营者必须按国家要求承担应急任务，服从国家的统一安排和调度，保证应急工作的需要"。《农业法》将粮食安全预警法制化，第34条第1款规定："国家建立粮食安全预警制度，采取措施保障粮食供给。国务院应当制定粮食安全保障目标与粮食储备数量指标，并根据需要组织有关主管部门进行耕地、粮食库存情况的核查。"

（六）保障粮食质量安全

提高粮食等农产品质量，保障农产品质量安全，是提高我国人民生活质量和增强农产品国际竞争力的需要，也是维护国家粮食安全和社会稳定的需要。

《农业法》对粮食等农产品质量安全作了规定。主要包括：①国家采取措施提高农产品的品质和质量，建立健全农产品质量标准体系和质量检验检测监督体系，制定保障消费安全和保护生态环境的农产品强制性标准，禁止生产经营不符合强制性标准的农产品；②国家支持依法建立健全优质农产品认证和标志制度；③建立健全农产品加工制品质量标准，加强对农产品加工过程的质量安全管理和监督，保障食品安全；④健全动植物防疫、检疫体系，加强监测、预警和防治，建立重大疫情和病虫害的快速扑灭机制，建设动物无规定疫病区，实施植物保护工程；⑤采取措施保护农业生态环境，防止农业生产过程对农产品的污染；⑥建立健全农业生产资料安全使用制度。《农产品质量安全法》对农产品质量安全标准、产地、生产、包装和标识以及农产品质量监督检查等作了规定，明确了国家要建立健全农产品质量安全标准体系。

保障粮食质量安全，关乎人民群众的身体健康，关系国家稳定大局，党和国家十分重视，提出了一系列举措要求。主要包括：①健全粮食质量安全保障体系。完善粮食质量安全标准体系，实行从田间到餐桌的全过程监督制度，加强监测预警，严防发生区域性、系统性粮食质量安全风险；加强对农药残留、重金属、真菌毒素超标粮食的管控，建立超标粮食处置长效机制，禁止不符合食品安全标准的粮食进入口粮市场；健全粮食产地准出制度和质量标识制度。②落实粮食质量安全监管责任。严格实行粮食质量安全监管责任制和责任追究制度；加强基层粮食质量安全监管；深入开展粮食质量安全治理整顿，完善不合格粮食处理和有关责任者处罚机制。③加强源头治理。采取划定粮食生产禁止区等措施，从源头上防治粮食污染；健全化肥、农药等农业投入品监督管理制度；建立耕地土壤环境监测网络，有效解决耕地污染问题。

第九节　维护文化安全的任务

一、文化安全的概念

一个国家的文化安全，是指一国的观念形态的文化（如民族精神、政治价值理念、信仰追求等）生存和发展不受威胁的客观状态。

文化安全是国家安全的重要组成部分。国家文化安全的状态是随着条件的变化而不断辩证运动的。当威胁文化的不良因素增多，威胁到国家观念性的文化的存在，影响到文化健康发展趋势之时，文化就会处于危险的状态。因此，要用动态、战略的眼光看待国家文化安全，既要立足于当前危险，维护文化的生存安全；又要着眼于威胁文化健康发展的隐性因素，确保文化的长治久安。

国家文化安全包含着三个维度，即内外关系维度、新旧关系维度、同异关系维度。内外关系维度，即从文化主体的内部与外部的关系中把握国家文化安全，将国家文化安全问题看成国家主体内部文化与外部文化的碰撞与冲突以及文化主权的独立与维护。新旧关系维度，即从文化传承与创新的关系上把握国家文化安全，将国家文化安全问题看成本国文化在发展过程中传承与创新的冲突。同异关系维度，即从文化的民族性与世界性关系上把握国家文化安全，把国家文化安全问题看成文化的民族特性与文化的世界共性之间的冲突。这三个维度构成了国家文化安全问题的三种不同的解读路径，展现出了国家文化安全问题的三种基本冲突模式。这三种冲突在国家文化安全问题中往往是共时性地交织出现的。因而，在分析国家文化安全问题时，不能偏重于其中任何一个维度，必须整体、系统地运用这三个维度，科学、全面地认识国家文化安全。

二、维护文化安全的重要性

改革开放以来特别是党的十六大以来，我们党始终将文化建设放在党和国家全局工作重要战略地位，采取了一系列举措，推动了社会主义文化大发展大繁荣。同时，我们党也清醒地认识到，随着文化在综合国力竞争中的地位日益凸显，必须高度重视国家的文化安全。

党的十六大报告提出，要确保国家的文化安全。十六届四中全会《中共中央关于加强党的执政能力建设的决定》、十六届六中全会《中共中央关于构建社会主义和谐社会若干重大问题的决定》都把文化安全与政治安全、经济安全、信息安全并列为国家要确保的四大安全。十七届六中全会作出《中共中央关于深化文化体制改革推动社会主义文化大发展大繁荣若干重大问题的决定》，明确指出，"维护国家文化安全任务更加艰巨"，并在这个决定中，对文化大发展大繁荣作了一系列部署。党的十八届三中全会作出《中共中央关于全面深化改革若干重大问题的决定》，再次强调，要切实维护国家文化安全。习近平同志在中央国家安全委员会第一次会议上提出，"必须坚持总体国家安全观，以人民安全为宗旨，以政治安全为根本，以经济安全为基础，以军事、文化、社会安全为保障，以促进国际安全为依托，走出一条中国特色国家安全道路"，把文化安全与政治安全、经济安全、军事安全等并列作为列明的11个安全领域。

现行有关文化的法律法规规章都与维护国家文化安全有关，主要有《文物保护法》《著作权法》《非物质文化遗产法》以及一系列教育法等法律；其他还包括《广播电视管理条例》《出版管理条例》《音像制品管理条例》《互联网信息服务管理办法》《互联网文化管理暂行规定》等行政法规和部门规章。

根据上述规范性文件，我国维护文化安全，禁止在文化产品、文化传播中有下列情形：①反对宪法确定的基本原则；②危害国家统一、主权和领土完整；③泄露国家秘密、危害国家安全或者损害国家荣誉和利益；④煽动民族仇恨、民族歧视，破坏民族团结，或者侵害民族风俗习惯；⑤宣扬邪教、迷信；⑥扰乱社会秩序，破坏社会稳定；⑦宣扬淫秽、赌博、暴力或者教唆犯罪；⑧侮辱或者诽谤他人，侵害他人合法权益；⑨危害社会公德或民族优秀文化传统；⑩有法律、行政法规和国家规定禁止的其他内容。[1]

三、维护文化安全的内容

《国家安全法》第23条规定："国家坚持社会主义先进文化前进方向，继承和弘扬中华民族优秀传统文化，培育和践行社会主义核心价值观，防范和抵制不良文化的影响，掌握意识形态领域主导权，增强文化整体实力和竞争力。"据此，国家维护文化安全的任务主要包括以下内容。[2]

（一）坚持社会主义先进文化前进方向

社会主义先进文化前进方向，讲的是文化发展繁荣为了谁、怎么做。十七届六中全会决定指出："以科学发展观为主题，以建设社会主义核心价值体系为根本任务，以满足人民精神文化需求为出发点和落脚点，以改革创新为动力，发展面向现代化、面向世界、面向未来的，民族的科学的大众的社会主义文化；坚持为人民服务，为社会主义服务，坚持百花齐放、百家争鸣，坚持继承和创新相统一，弘扬主旋律，提倡多样化，以科学的理论武装人，以正确的舆论引导人，以高尚的精神塑造人，以优秀的作品鼓舞人，在全社会形成积极向上的精神追求和健康文明的生活方式。"

坚持中国特色社会主义文化发展道路与坚持社会主义先进文化前进方向是统一体。十七届六中全会决定在讲到"坚持中国特色社会主义文化发展道路，

---

[1] 郑淑娜主编：《中华人民共和国国家安全法解读》，中国法制出版社2016年版，第120～121页。
[2] 乔晓阳主编：《中华人民共和国国家安全法释义》，法律出版社2016年版，第119～125页。

努力建设社会主义文化强国"时提到"坚持社会主义先进文化前进方向"。十八届三中全会则将两者并列相提，明确提出"建设社会主义文化强国，增强国家文化软实力，必须坚持社会主义先进文化前进方向，坚持中国特色社会主义文化发展道路"。

（二）继承和弘扬中华民族优秀传统文化

继承和弘扬中华优秀传统文化，大力发展社会主义先进文化，不断增强中华文化国际影响力。

中华文化是对我国五千年文明发展历程中形成的文化的整体概括，它既包括中华优秀传统文化，又包括中国先进文化即社会主义先进文化。十七届六中全会决定指出，"在我国五千多年文明发展历程中，各族人民紧密团结、自强不息，共同创造出源远流长、博大精深的中华文化"，"中国共产党从成立之日起，就既是中华优秀传统文化的忠实传承者和弘扬者，又是中国先进文化的积极倡导者和发展者"。

优秀传统文化凝聚着中华民族自强不息的精神追求和历久弥新的精神财富，是发展社会主义先进文化的深厚基础，是建设中华民族共有精神家园的重要支撑。要全面认识祖国传统文化，取其精华、去其糟粕，古为今用、推陈出新，坚持保护利用、普及弘扬并重，加强对优秀传统文化思想价值的挖掘和阐发，维护民族文化基本元素，使优秀传统文化成为新时代鼓舞人民前进的精神力量。加强文化典籍整理和出版工作，推进文化典籍资源数字化。加强国家重大文化和自然遗产地、重点文物保护单位、历史文化名城名镇名村保护建设，抓好非物质文化遗产保护传承。深入挖掘民族传统节日文化内涵，广泛开展优秀传统文化教育普及活动。发挥国民教育在文化传承创新中的基础性作用，增加优秀传统文化课程内容，加强优秀传统文化教学研究基地建设。大力推广和规范使用国家通用语言文字，科学保护各民族语言文字。繁荣发展少数民族文化事业，开展少数民族特色文化保护工作，加强少数民族语言文字党报党刊、广播影视节目、出版物等译制、播出、出版。加强同香港、澳门的文化交流合作，加强同台湾的各种形式的文化交流，共同弘扬中华优秀传统文化。

（三）培育和践行社会主义核心价值观

社会主义核心价值观是社会主义核心价值体系的内核，体现社会主义核心价值体系的根本性质和基本特征，反映社会主义核心价值体系的丰富内涵和实践要求，是社会主义核心价值体系的高度凝练和集中表达。

党的十八大报告提出："倡导富强、民主、文明、和谐，倡导自由、平等、公正、法治，倡导爱国、敬业、诚信、友善，积极培育和践行社会主义核心价值观。"面对世界范围内思想文化交流交融交锋形势下价值观较量的新态势，面对改革开放和发展社会主义市场经济条件下思想意识多元、多样、多变的新特点，积极培育和践行社会主义核心价值观，对于巩固马克思主义在意识形态领域的指导地位、巩固全党全国人民团结奋斗的共同思想基础，对于促进人的全面发展，引导社会全面进步，对于聚焦实现"两个一百年"奋斗目标、实现中华民族伟大复兴的中国梦，具有重要意义。

培育和践行社会主义核心价值观，要注重宣传教育、示范引领、实践养成相统一，注重政策保障、制度规范、法律约束相衔接，使社会主义核心价值观融入人民生产生活和精神世界。①将培育和践行社会主义核心价值观融入国民教育全过程，将社会主义核心价值观纳入国民教育总体规划，拓展青少年培育和践行社会主义核心价值观的有效途径，注重发挥社会实践的养成作用，建设高素质的教师队伍。②将培育和践行社会主义核心价值观落实到经济发展实践和社会治理中，确立经济发展目标和发展规划，出台经济社会政策和重大改革措施，开展各项生产经营活动；将社会主义核心价值观贯彻到依法治国、依法执政、依法行政实践中，将践行社会主义核心价值观作为社会治理的重要内容。③加强社会主义核心价值观宣传教育，用社会主义核心价值观引领社会思潮，新闻媒体要发挥传播社会主流价值的主渠道作用，建设社会主义核心价值观的网上传播阵地，发挥精神文化产品育人化人的重要功能。④开展涵养社会主义核心价值观的实践活动，广泛开展道德实践活动，深化学雷锋志愿服务活动，深化群众性精神文明建设活动，发挥优秀传统文化怡情养志、涵育文明的重要作用，发挥重要节庆日传播社会主流价值的独特优势，运用公益广告传播社会主流价值，引领文明风尚。⑤加强对培育和践行社会主义核心价值观的组织领导，各级党委和政府要充分认识培育和践行社会主义核心价值观的重要性，将这项任务摆上重要位置，切实负起政治责任和领导责任，党员、干部要做培育和践行社会主义核心价值观的模范，坚持全党动手，全社会参与，将任务落实到基层。

（四）防范和抵御不良文化的影响

近年来，我国加大了文化建设力度，中华民族优秀传统文化得到继承和弘扬，社会主义先进文化得到繁荣和发展，国家文化安全总体态势良好。但也要看到，一些不良文化在侵蚀我国社会主义先进文化和民族优秀文化，如宣扬暴力、恐怖、分裂、色情甚至侵蚀政权、危害制度的不良文化，如果国家不采取措施加以防范和制止，任由其泛滥，就会对我国文化安全构成严重威胁。即使是西方国家，对这些不良文化也不会听之任之。

中国防范和抵御不良文化渗透并非文化锁国，更不是限制言论自由。中华文化具有包容和开放的特点，也将与其他文化展开平等、多元的对话，让中华民族绵延数千年的文明为人类文明的丰富多彩贡献力量。中国政府将一如既往地欢迎和支持外国机构和个人来华开展文化交流合作，并愿为增进中国同世界各国的人文交流提供便利和协助。

（五）掌握意识形态领域主导权

长期以来，我国同敌对势力在意识形态领域的斗争从未停止过。十六届四中全会在加强党的执政能力建设中，鲜明地指出"坚持马克思主义在意识形态领域的指导地位，不断提高建设社会主义先进文化的能力"。十六届六中全会又再次强调，"必须坚持马克思主义在意识形态领域的指导地位，牢牢把握社会主义先进文化的前进方向"，"坚持用马克思主义中国化的最新成果武装全党、教育人民"，并将马克思主义指导思想纳入社会主义核心价值体系，作为四项内容的首要内容。十六届六中全会决定系统地阐述了"坚持马克思主义指导地位"的一些重点任务，如要毫不动摇地坚持马克思主义基本原理，紧密结合中国实际、时代特征、人民愿望，用发展着的马克思主义指导新的实践；坚持不懈地用中国特色社会主义理论体系武装全党、教育人民；等等。十八届三中全会决定对推进文化体制机制创新也明确提出："建设社会主义文化强国，增强国家文化软实力，必须坚持社会主义先进文化前进方向，坚持中国特色社会主义文化发展道路，培育和践行社会主义核心价值观，巩固马克思主义在意识形态领域的指导地位，巩固全党全国各族人民团结奋斗的共同思想基础。"

加强意识形态领域和文化领域管理，要牢牢把握舆论导向，正确引导社会舆论；加强和改进思想政治工作，消除封建主义残留影响，抵御资本主义腐朽思想文化的侵蚀；加强网络社会管理，推进网络依法规范有序运行；开展打黄扫非行动，抵制低俗现象；加快建立法律规范、行政监管、行业自律、技术保障相结合的管理体制。

（六）增加文化整体实力和竞争力

当前，文化在综合国力竞争中的地位和作用更加凸显，维护国家文化安全任务更加艰巨，增强国家文化整体实力、竞争力和国际影响力要求更加迫切，要不断解放和发展文化生产力，提高文化开放水平，推动中华文化走向世界，积极吸收各国优秀文化成果，切实维护国家文化安全。

第十节 维护科技安全的任务

一、科技安全的概念

科技安全的概念具有狭义和广义之分。狭义的科技安全，是指国家科学技术发展的一种安全态势,这种态势体现了在国际大环境下,国家通过政治、军事、外交、经济等手段,使国家科学技术系统既通过与国际环境的开放式作用和系统内部的协调运行达到功能优化,又保证该系统不招致来自内部和外部的威胁,并以此维护国家利益。这一定义是将科学技术作为一个特定的系统,以该系统自身的安全状态来确定科技安全内涵的。在这个意义上,考察科技安全状态应主要侧重于四点:①国家的科学技术实力的强弱;②国家的科技法规、政策完善程度;③科技工作的运行机制是否有效;④国家对科技系统的保护力度。

从广义上讲,科技安全是在一定的社会环境条件下特别是国际大环境中,以国家价值准则为依据的,对科技系统与相关系统相互作用所决定的国家安全态势的一种动态描述。一个国家的科技安全态势体现了该国国家能力的四个方面:①国家利益免受国外科技优势威胁和敌对势力、破坏势力以技术手段相威胁的能力;②国家利益免受科技发展自身负面影响的能力;③国家以科技手段维护国家安全的能力;④国家在所面临的国际国内环境中,保障科学技术健康发展以及依靠科学技术提高综合国力的能力。

二、维护科技安全的重要性

(一)科学技术是维护国家安全的重要手段

二战之后,全世界发生了新的技术革命,各种高新技术不断被发明创造出来,其中不少新技术就是由于战争或情报活动的需要而催生出来的。现在广泛运用于社会各个领域的计算机技术在二战过程中出现的一个直接原因就是战争中需要准确而迅速地计算出炮弹的轨迹。现代密码技术、照相技术、录音技术、通信技术等的出现和发展,也都或多或少地与间谍情报活动的需要相关,而且更主要的是这些技术都被各国广泛地运用到了间谍情报活动之中。现代科学技术不仅大多被运用于不同的军事目的,而且许多就是专门的军事技术。对于世界上任何一个国家来说,无论是发达的西方国家,还是落后的第三世界国家,如果离开了现代科学技术,也就没有了国防、没有了军队、没有了间谍情报活动。如果说国防和情报活动是维护国家安全的两个不同战线,那么现代科学技术便是这两条战线上的第一战斗力。没有现代科学技术,就没有现代国防和现代间谍情报斗争,国家也就失去了最起码的安全保障。[1]

(二)科技安全是当代国家安全的关键

习近平同志提出的总体国家安全观包括了丰富的内容,明确提出了国家安

---

[1] 刘跃进:"科学技术与国家安全",载《华北电力大学学报(社会科学版)》2000年第4期。

全的 11 个构成要素，其中把科技安全看成是国家安全体系的一个构成要素，但没有像"以人民安全为宗旨，以政治安全为根本，以经济安全为基础，以军事、文化、社会安全为保障"那样，给科技安全一个具体定位。但是，科技安全也是当代国家安全的关键。①科技和科技安全广泛渗透于国家安全的各种领域、各个要素和各个因素之中。国家安全体系及其任何部分都有科技安全问题存在。②科技和科技安全不仅对当代国家安全在整体上起决定作用，而且对当代国家安全其他领域和内容都起决定性作用。③科技与科技安全的丧失，对国家安全将是毁灭性的打击。[1]

三、维护科技安全的内容

《国家安全法》第 24 条规定："国家加强自主创新能力建设，加快发展自主可控的战略高新技术和重要领域核心关键技术，加强知识产权的运用、保护和科技保密能力建设，保障重大技术和工程的安全。"据此，国家维护科技安全的任务主要包括以下内容。[2]

（一）加强自主创新能力建设

党和国家一直高度重视科技创新能力建设。2006 年 1 月 9 日，全国科技大会宣布中国未来 15 年科技发展的目标是：2020 年建成创新型国家，使科技发展成为经济社会发展的有力支撑。党的十八大明确指出："科技创新是提高社会生产力和综合国力的战略支撑，必须摆在国家发展全局的核心位置。"党的十八届三中全会进一步提出了深化科技体制改革的一系列具体措施。习近平同志在中科院第十七次院士大会、工程院第十二次院士大会上的讲话也明确提出，从总体上看，我国科技创新基础还不牢，自主创新特别是原创力还不强。实施创新驱动发展战略，最根本的是要增强自主创新能力。面向未来，增强自主创新能力，最重要的就是要坚定不移走中国特色自主创新道路，坚持自主创新、重点跨越、支撑发展、引领未来的方针，加快创新型国家建设步伐。

2007 年 12 月，第十届全国人大常委会第三十一次会议修订了《中华人民共和国科学技术进步法》，该法在第 2 条明确规定，国家坚持科学发展观，实施科教兴国战略，实行自主创新、重点跨越、支撑发展、引领未来的科学技术工作指导方针，构建国家创新体系，建设创新型国家。2005 年 12 月 26 日，国务院发布了《国家中长期科学和技术发展规划纲要（2006—2020 年）》，2006 年 1 月

---

[1] "科技安全——'创新圆桌会议'2014 年第三次会议发言摘要"，载《科技日报》2014 年 11 月 16 日，第 2 版。
[2] 郑淑娜主编：《中华人民共和国国家安全法解读》，中国法制出版社 2016 年版，第 126~131 页。

26日，印发《中共中央、国务院关于实施科技规划纲要增强自主创新能力的决定》。2013年国务院印发了"十二五"国家自主创新能力建设规划，对今后五年国家自主创新能力建设作出了全面部署，对于加强科技创新基础条件建设、增强重点产业持续创新能力、提高重点社会领域创新基础条件建设、强化区域创新发展能力、推进创新主体能力建设、加强创新人才队伍建设、完善创新能力建设环境等方面提出了明确要求。根据这一规划，到"十二五"末，我国自主创新能力建设方面将实现：创新基础条件建设布局更加合理；重点领域创新能力明显提升；创新主体实力明显增强；区域创新能力布局不断优化；创新环境更加完善。

（二）加快发展自主可控的战略高新技术和重点领域核心关键技术

世界各国在涉及本国重大基础设施和核心关键技术时，无不强调自主可控。"自主可控"一般包括知识产权自主可控、能力自主可控、发展自主可控等内涵。"自主可控"的核心在于"自主"，特别是在一些重要领域的核心关键技术方面，不自主就很难做到可控。实践中，我国核心关键技术缺乏自主知识产权、受制于人，依然是目前我国科技安全领域存在的问题之一。2018年"美国制裁中兴事件"给核心科技受制于人的国人上了深刻一课。习近平同志提出，目前我国"关键领域核心技术受制于人的格局没有从根本上改变。只有把核心技术掌握在自己手中，才能真正掌握竞争和发展的主动权，才能从根本上保障国家经济安全、国防安全和其他安全"；[1]为了解决这一问题，"要准确把握重点领域科技发展的战略机遇，选准关系全局和长远发展的战略必争领域和优先方向，通过高效合理配置，深入推进协同创新和开放创新，构建高效强大的共性关键技术供给体系，努力实现关键技术重大突破，将关键技术掌握在自己手里"。[2]

（三）加强科技保密能力建设

狭义的科技安全主要指保护科技秘密的安全，科技保密是维护科技安全的核心任务。《保守国家秘密法》《科学技术进步法》《促进科技成果转化法》和《科学技术保密规定》等法律法规都对科技保密提出了明确要求。

《保守国家秘密法》第9条明确规定，科学技术中的秘密事项如果涉及国家安全和利益，泄漏后可能损害国家在政治、经济、国防、外交等领域的安全和利益的，应当确定为国家秘密。《科学技术进步法》第28条第1款也规定："国家实行科学技术保密制度，保护涉及国家安全和利益的科学技术秘密。"《促进

---

[1] "维护重点领域国家安全"，载中国共产党新闻网：http：//theory.people.com.cn/n1/2018/0815/c419481-30229193-7.html，2019年8月9日访问。

[2] "网络强国战略——习近平与'十三五'十四大战略"，载央广网：http：//news.cnr.cn/native/gd/20151112/t20151112_520481189.shtml，2019年8月9日访问。

科技成果转化法》第30条第2款规定，科技中介服务机构对其在服务过程中知悉的国家秘密和当事人的商业秘密负有保密义务。

2015年新修订的《科学技术保密规定》第4条明确了科学技术保密工作坚持积极防范、突出重点、依法管理的方针，既保障国家科学技术秘密安全，又促进科学技术发展。同时第6条规定："国家科学技术行政管理部门管理全国的科学技术保密工作。省、自治区、直辖市科学技术行政管理部门管理本行政区域的科学技术保密工作。中央国家机关在其职责范围内，管理或者指导本行业、本系统的科学技术保密工作。"第7条规定："国家保密行政管理部门依法对全国的科学技术保密工作进行指导、监督和检查。县级以上地方各级保密行政管理部门依法对本行政区域的科学技术保密工作进行指导、监督和检查。"《科学技术保密规定》第三章详细规定了国家科学技术秘密的确定、变更和解除的主体和程序。"中央国家机关、省级机关及其授权的机关、单位可以确定绝密级、机密级和秘密级国家科学技术秘密；设区的市、自治州一级的机关及其授权的机关、单位可以确定机密级、秘密级国家科学技术秘密。""国家科学技术秘密的变更，由原定密机关、单位决定，也可由其上级机关、单位决定。"除此之外，还规定了国家科学技术行政管理部门，省、自治区、直辖市科学技术行政管理部门，中央国家机关有关部门以及机关、单位的保密工作职责。《科学技术保密规定》同时还详细规定了涉密人员的保密要求，对外科学技术交流与合作中涉及国家科学技术秘密的要求，存储、处理国家科学技术秘密信息的要求，机关、单位开展涉密科学技术活动的保密要求，涉密科学技术项目的保密管理要求，涉密科学技术成果的保密管理要求，国家科学技术秘密申请知识产权应当遵守的规定，等等。

第十一节 维护网络信息安全的任务

一、网络信息安全的概念

在一般意义上讲，网络信息安全是指网络系统的硬件、软件及其系统中的数据受到保护，不因偶然的或者恶意的原因而遭到破坏、更改、泄露，系统连续可靠正常地运行，网络服务不中断的一种状态。网络信息安全可以从三个层面理解：一是网络基础设施的安全；二是网络上运行、存储的数据信息的安全；三是利用信息技术进行连接和控制的系统的安全。从更广泛的意义上说，网络信息安全还包含了意识形态安全、系统安全、数据安全、技术安全、应用安全、资本安全、渠道安全等众多方面。网络信息安全具有以下特点：

1. 完整性。完整性指信息在传输、交换、存储和处理过程中保持非修改、非破坏和非丢失的特性，即保持信息原样性，使信息能正确生成、存储、传输。完整性是信息安全最基本的特征。

2. 保密性。保密性指信息按给定要求不泄漏给非授权的个人、实体，或提供给其利用的特性，即杜绝有用信息泄漏给非授权个人或实体，强调有用信息只能被授权对象使用的特征。

3. 可用性。可用性指网络信息可被授权实体正确访问，并按要求能正常使用或在非正常情况下能恢复使用的特征，即在系统运行时能正确存取所需信息，当系统遭受攻击或破坏时，能迅速恢复并能投入使用。可用性是衡量网络信息系统面向用户的一种安全性能的标准。

4. 不可否认性。不可否认性指通信双方在信息交互过程中，确信参与者本身，以及参与者所提供的信息的真实同一性，即所有参与者都不可能否认或抵赖本人的真实身份以及提供信息的原样性和完成的操作与承诺。

5. 可控性。可控性指对流通在网络系统中的信息传播及具体内容能够实现有效控制的特性，即网络系统中的任何信息要在一定传输范围和存放空间内可控。除了采用常规的传播站点和传播内容监控这种形式外，最典型的如密码的托管政策，即当加密算法交由第三方管理时，必须严格按规定可控执行。

二、维护网络信息安全的重要性

当今世界，信息技术革命日新月异，对国际政治、经济、文化、社会、军事等领域的发展产生了深刻影响。互联网已经融入社会生活的方方面面，深刻改变着人们的生产和生活方式。2013年，习近平同志在十八届三中全会上作关于《中共中央关于全面深化改革若干重大问题的决定》的说明时指出："网络和信息安全牵涉到国家安全和社会稳定，是我们面临的新的综合性挑战。""确保网络信息传播秩序和国家安全、社会稳定，已经成为摆在我们面前的现实突出问题。"网络信息安全直接影响着国家安全的诸多方面。

1. 网络信息安全直接影响国家经济安全。经济全球化就信息带给了每个主权国家的经济系统巨大的考验，网络空间随后使得全球经济都更加紧密地联系在了一起。在如今国民经济的支柱性产业当中，信息产业已成为拉动经济增长不可或缺的一支力量。但是，网络信息技术的发展，使得信息产业本身也受到严重的威胁，针对信息产业的网络攻击造成的经济损失，是威胁国家经济安全的典型实例。经济信息安全直接影响一国的经济大局，与国家的产业结构、就业结构、产品结构等国民经济的重要内容息息相关。网络空间带给国家经济信息安全的威胁可以集中体现在金融和贸易领域。由于网络空间与国家信息安全的内涵与属性，网络经济犯罪的出现也是对国家经济安全的新威胁。网络空间的安全隐患直接增加了国家经济的不稳定因素。另外，如果国家金融系统的网络信息安全遭到破坏，将会造成比以往更大的损失。

2. 网络信息安全直接影响到国家政治安全。信息时代的来临使得信息可以跨国界传播，这样的条件给别有用心的敌对国家或势力提供了用舆论信息干扰他国政局的机会；另外，国内本身的信息传播的便利也给一些不良信息的传播提供了可乘之机。可以说网络空间使政治斗争的范围扩大、形式增加，网络空间使得一国的政治意识形态更加容易受到威胁、国家形象更加容易受到歪曲和攻击，也使得一国的政治价值观和政治活动更加容易被影响、国际政治博弈的方式发生了改变。

3. 网络信息安全直接影响到国家军事安全。随着网络空间应用范围的扩大，国家军事信息安全面临的挑战也在增加，军事信息被泄露与受破坏的概率大大增加，加上信息战这种非传统的新型战争形式的出现，网络信息时代的军事信息安全受到了更大的威胁。在未来的战争中，一国掌握了战争的制信息权，也就等于掌握了战争的主动权。军事信息对抗可以说是一种常态，世界各国在网络空间这个巨大无形的信息战场上进行着斗争与防御。国家军事机构的信息网络系统有着十分关键的地位，它在给国家的军事信息安全提供更多先进技术的同时也带来了更大的挑战与威胁。

4. 网络信息安全直接影响着国家文化安全。西方资本主义国家与社会主义国家之间的传统文化与意识形态有着显著的差异与矛盾，网络空间改变了信息的传播与共享方式，同时也给保护本国文化与意识形态带来了隐形的难度。网络空间中可以低成本地传播有害、不良、负面的信息，这就给一些网络强国对其他国家进行思想文化渗透提供了有利的条件。

三、维护网络信息安全的内容

《国家安全法》第 25 条规定："国家建设网络与信息安全保障体系，提升网络与信息安全保护能力，加强网络和信息技术的创新研究和开发应用，实现网络和信息核心技术、关键基础设施和重要领域信息系统及数据的安全可控；加强网络管理，防范、制止和依法惩治网络攻击、网络入侵、网络窃密、散布违法有害信息等网络违法犯罪行为，维护国家网络空间主权、安全和发展利益。"据此，国家维护网络信息安全的任务主要包括以下内容。[1]

---

〔1〕 乔晓阳主编：《中华人民共和国国家安全法释义》，法律出版社 2016 年版，第 134~139 页。

（一）建设网络与信息安全保障体系，提升网络与信息安全保护能力

建设网络与信息安全保障体系，提升网络与信息安全保护能力，是加强网络安全保护的重要内容和总体要求。2012年党的十八大提出要"健全信息安全保障体系"。《国务院关于大力推进信息化发展和切实保障信息安全的若干意见》《国家发展改革委关于印发"十二五"国家政务信息化工程建设规划的通知》《关于印发〈2006—2020年国家信息化发展战略〉的通知》《"宽带中国"战略及实施方案》等文件，从不同角度出发，对国家网络信息安全保障体系和网络信息安全保障能力建设提出了具体要求。

建设网络与信息安全保障体系要求：①建立和完善信息安全等级保护制度，重点保护基础信息网络和关系国家安全、经济命脉、社会稳定的重要信息系统。《计算机信息系统安全保护条例》《关于信息安全等级保护工作的实施意见》《信息安全等级保护管理办法》《关于开展全国重要信息系统安全等级保护定级工作的通知》等文件对此已经作了明确规定。②加强密码技术的开发利用。③建设网络信任体系，健全电子认证服务体系，推动电子签名在金融等重点领域和电子商务中的应用。制定电子商务信用评价规范，建立互联网网站、电子商务交易平台诚信评价机制，支持符合条件的第三方机构开展信用评价服务。④建设信息安全风险评估机制。⑤建设和完善信息安全监控体系，提高对网络安全事件应对和防范能力，防止有害信息传播。高度重视信息安全应急处置工作，健全完善信息安全应急指挥和安全通报制度，不断完善信息安全应急处置预案。从实际出发，促进资源共享，重视灾难备份建设，增强信息基础设施和重要信息系统的抗毁能力和灾难恢复能力。

提高网络与信息安全保护能力包括：①大力增强国家信息安全保障能力。积极跟踪、研究和掌握国际信息安全领域的先进理论、前沿技术和发展动态，抓紧开展对信息技术产品漏洞、后门的发现研究，掌握核心安全技术，提高关键设备装备能力，促进我国信息安全技术和产业的自主发展。②加快信息安全人才培养，增强国民信息安全意识。③不断提高信息安全的法律保障能力、基础支撑能力、网络舆论宣传的驾驭能力和我国在国际信息安全领域的影响力，建立和完善维护国家信息安全的长效机制。

（二）加强网络和信息技术创新、实现安全可控

核心技术和关键装备领域尚未实现国有化，是目前我国在网络和信息安全领域面临的现实威胁之一。技术和设备受制于人，安全可控就无法保证。习近平同志在2014年中央网络安全和信息化领导小组第一次会议的讲话上明确要求，建设网络强国，要有自己的技术，有过硬的技术，要加强核心技术自主创新和基础设施建设。《"宽带中国"战略及实施方案》要求："坚持宽带普及与

保障安全相结合。强化安全意识，同步推进网络信息安全和应急通信保障能力建设，不断增强基础网络、核心系统、关键资源的安全掌控能力以及应急服务能力，实现网络安全可控、业务安全可管、应急保障可靠。"《国务院关于推进物联网有序健康发展的指导意见》将安全可控作为物联网发展的基本原则，提出强化安全意识，注重信息系统安全管理和数据保护；加强物联网重大应用和系统的安全测评、风险评估和安全防护工作，保障物联网重大基础设施、重要业务系统和重点领域应用的安全可控。

中办和国办2006年发布的《2006—2020年国家信息化发展战略》明确要求，突破核心技术与关键技术，建立以企业为主体的技术创新体系，强化集成创新，突出自主创新，突破关键技术。选择具有高度技术关联性和产业带动性的产品和项目，促进引进消化吸收再创新，产学研用结合，实现信息技术关键领域的自主创新。积聚力量，攻克难关，逐步由外围向核心逼近，推进原始创新，力争跨越核心技术门槛，推进创新型国家建设。培育有核心竞争能力的信息产业。加强政府引导，突破集成电路、软件、关键电子元器件、关键工艺装备等基础产业的发展瓶颈，提高在全球产业链中的地位，逐步形成技术领先、基础雄厚、自主发展能力强的信息产业。

2012年《国务院关于大力推进信息化发展和切实保障信息安全的若干意见》进一步要求加快技术攻关和产业发展。统筹规划，整合力量，进一步加大网络与信息安全技术研究力度，加强对云计算、物联网、移动互联网、下一代互联网等方面的信息安全技术研究。继续组织实施信息安全产业化专项，完善有关信息安全政府采购政策措施和管理制度，支持信息安全产业发展。

（三）加强网络管理，打击网络犯罪

《国家安全法》第25条规定，"加强网络管理，防范、制止和依法惩治网络攻击、网络入侵、网络窃密、散布违法有害信息等网络违法犯罪行为"。其中明确提出的网络违法犯罪行为主要包括两类：一类是针对网络本身的犯罪，如网络攻击、网络入侵；另一类是利用网络从事违法犯罪活动。

对于前一类犯罪，《全国人民代表大会常务委员会关于维护互联网安全的决定》明确规定了对三类行为依法追究刑事责任：①侵入国家事务、国防建设、尖端科学技术领域的计算机信息系统；②故意制作、传播计算机病毒等破坏性程序，攻击计算机系统及通信网络，致使计算机系统及通信网络遭受损害；③违反国家规定，擅自中断计算机网络或者通信服务，造成计算机网络或者通信系统不能正常运行。

对于后一类犯罪，《全国人民代表大会常务委员会关于维护互联网安全的决定》从维护国家安全和社会稳定，维护社会主义市场经济秩序和社会管理秩序，以及保护个人、法人和其他组织的人身、财产等合法权利方面作了规定，具体违法行为包括：①利用互联网造谣、诽谤或者发表、传播其他有害信息，煽动颠覆国家政权、推翻社会主义制度，或者煽动分裂国家、破坏国家统一；②通过互联网窃取、泄露国家秘密、情报或者军事秘密；③利用互联网煽动民族仇恨、民族歧视，破坏民族团结；④利用互联网组织邪教组织、联络邪教组织成员，破坏国家法律、行政法规实施；⑤利用互联网销售伪劣产品或者对商品、服务作虚假宣传；⑥利用互联网损坏他人商业信誉和商品声誉；⑦利用互联网侵犯他人知识产权；⑧利用互联网编造并传播影响证券、期货交易或者其他扰乱金融秩序的虚假信息；⑨在互联网上建立淫秽网站、网页，提供淫秽站点链接服务，或者传播淫秽书刊、影片、音像、图片；⑩利用互联网侮辱他人或者捏造事实诽谤他人；⑪非法截获、篡改、删除他人电子邮件或者其他数据资料，侵犯公民通信自由和通信秘密；⑫利用互联网进行盗窃、诈骗、敲诈勒索。

　　此外，实践中还可能出现利用互联网实施的其他违法犯罪活动。如果构成犯罪，应该依照《刑法》的规定追究刑事责任；尚不构成犯罪的，由公安机关依照《治安管理处罚法》予以处罚；违反其他法律、行政法规的，由有关行政管理部门依法给予行政处罚；等等。

（四）维护国家网络空间主权

　　维护网络信息安全的最终目标就是维护国家网络空间主权、安全和发展利益。网络空间主权是国家主权的重要组成部分，是国家主权在网络空间的体现和延伸。网络主权原则是我国维护国家安全和利益、参与网络国际治理与合作所坚持的重要原则。习近平同志在2014年致首届世界互联网大会贺词中明确提出，中国愿意同世界各国携手努力，本着相互尊重、相互信任的原则，深化国际合作，尊重网络主权，维护网络安全，共同构建和平、安全、开放、合作的网络空间，建立多边、民主、透明的国家互联网治理体系。

　　《国家安全法》第25条明确提出"维护国家网络空间主权"，正是适应当前中国互联网发展的现实需要，为依法管理在中国领土上的网络活动、抵御危害中国网络安全的活动奠定法律基础；同时也是为了与国际社会同步，优化互联网治理体系，确保国家利益、国民利益不受侵害。

第九章
维护国家安全的任务(中)

第十二节 民族领域维护国家安全的任务

一、民族领域国家安全的概念

我国是一个统一的多民族国家,民族自治地方面积占全国面积的64%,约90%的陆地边界线在民族自治地方,边疆地区基本上是少数民族聚居区。在我国,经国家正式识别的民族有56个,其中汉族人口约占全国人口的92%,55个少数民族人口约占8%。在长期的历史进程中,我国各民族交往密切,凝聚成了向心力强大的中华民族。各民族相互依存,共同生活,形成了更高层次的民族认同意识,即对"中华民族"这一概念的认同,从而构建起多元一体的民族格局。

当前,我国民族领域中还存在一些问题和矛盾需要解决,这些问题和矛盾如果得不到解决,将严重危害我国的国家安全。上述问题和矛盾主要表现为以下几个方面:其一,从经济上看,自改革开放以来,中国东南沿海地区发展迅速,与中西部尤其是少数民族地区的发展差距急剧扩大,且各民族社会、经济、文化发展不平衡。如果经济发展不平衡的问题长期得不到解决,则容易给分裂势力留有煽动政策差异的话柄,不利于各民族关系长期稳定发展。其二,从政治上看,境内外敌对势力在我国尤其是新疆、西藏等少数民族地区策划和煽动民族分裂主义的活动从未停止,加之疆、藏两地的地方民族主义倾向在一定范围内仍旧存在,两地的社会不稳定因素十分复杂,这些因素的潜伏都将严重危害我国的民族关系和国家安全。其三,从文化上看,西方反华势力以思想文化为武器持久地侵蚀着我国的民族关系,以意识形态影响着我国社会主义社会的健康发展和中国各民族大团结局面的巩固。

我国民族问题以新疆、西藏地区较为突出。在新疆地区,少数民族众多,各少数民族如维吾尔族、哈萨克族、乌孜别克族、俄罗斯族、吉尔吉斯族、塔吉克族等皆不同程度跨国界而居，除俄罗斯族、塔吉克族外，都属阿尔泰语系突厥语族。新疆民族分裂分子图谋建立"东突厥斯坦"的活动由来已久，再加上境内外敌对势力紧密勾结，"三股势力"在分离主义浪潮和"双泛主义"的影响下，一直伺机制造民族分裂和暴力恐怖活动，企图建立以《古兰经》为"宪法"的"东突厥斯坦"国家。在西藏地区，民族分裂主义虽没有受"双泛主义"的影响，但"藏独"有近百年的历史。近年来，以达赖为首"藏独"势力在国际上四处奔走，制造舆论，试图挑起动乱，谋求"西藏独立"，西方反华势力则利用"藏独"图谋分裂中国。境内外民族分裂势力与国际反华势力分裂和搞垮我国的图谋与努力从未放弃与放松。无论对于新疆地区还是对于西藏地区的民族问题，都不可掉以轻心，不能放松警惕，要在结合民族地区历史背景和民族具体实际情况的基础上，深入研究和分析各地面临的安全形势，妥善应对各种民族问题，做好民族工作，维护好民族领域的国家安全。

二、民族领域维护国家安全的重要性

民族问题、民族工作对于维护国家统一和国家安全始终具有重大意义。从民族内部特征看，民族对国家安全的作用主要体现在民族精神和民族凝聚力上；从民族与民族之间的关系看，民族矛盾、民族斗争对国家安全的影响更为直接。[1]

习近平同志 2014 年在中央民族工作会议上强调坚持走中国特色解决民族问题的正确道路，并阐述了其科学内涵，提出了八个"坚持"。即坚持中国共产党的领导，是中国特色解决民族问题的总前提也是根本保证；坚持中国特色社会主义道路，是中国特色解决民族问题的总道路也是根本途径；坚持维护祖国统一，是中国特色解决民族问题的总原则也是根本要求；坚持各民族一律平等，是中国特色解决民族问题的根本原则；坚持和完善民族区域自治制度，是中国特色解决民族问题的根本制度；坚持各民族共同团结奋斗、共同繁荣发展，是中国特色解决民族问题的根本立场；坚持打牢中华民族共同体的思想基础，是中国特色解决民族问题的根本精神基础；坚持依法治国，是中国特色解决民族问题的根本保障。这八个坚持内涵丰富、逻辑紧密，环环相扣、相互联系、相互辅佐，是一个完整的理论体系。

党的十九大报告明确提出："深化民族团结进步教育，铸牢中华民族共同体意识，加强各民族交往交流交融，促进各民族像石榴籽一样紧紧抱在一起，共同团结奋斗、共同繁荣发展。"这是习近平新时代民族工作思想创新发展的集中

---

[1] 刘跃进主编：《国家安全学》，中国政法大学出版社 2004 年版，第 221 页。

概括，也是新时代民族工作必须坚持的指导思想和总方针。①铸牢中华民族共同体意识是习近平新时代民族工作思想创新发展的集中体现；②铸牢中华民族共同体意识是建设中国特色社会主义伟大事业的内在要求；③铸牢中华民族共同体意识是建设中华民族共同体的理论自觉和根本前提；④中华民族共同体是中华民族成员和中国公民国族身份的集中概括；⑤铸牢中华民族共同体意识为推进新时代中华民族建设提供了政治方向和理论指导；⑥铸牢中华民族共同体意识是增强五个认同、促进民族团结的情感依托和思想前提。

2018年3月11日，《中华人民共和国宪法修正案》经第十三届全国人民代表大会第一次会议通过。《宪法》序言第七和第十自然段增加了"中华民族伟大复兴"的内容，这是"中华民族"首次被写入《宪法》，具有里程碑式的意义。根据此次宪法修正案第34条的规定："平等团结互助和谐的社会主义民族关系已经确立，并将继续加强"。此次宪法修正案第38条也体现了对我国民族关系的维护和保障，其将《宪法》第4条第1款修改为"国家保障各少数民族的合法的权利和利益，维护和发展各民族的平等团结互助和谐关系"。此次宪法修正案是基于实践经验、结合国情对宪法作出的重要完善，是国家安全立法的原则性规定。此次宪法修正案的规定为在民族领域维护我国国家安全的任务提供了根本大法的保障，重申了中国特色解决民族问题的正确道路，对于维护民族领域的国家安全发挥了重要作用。

三、民族领域维护国家安全的内容

《国家安全法》第26条规定："国家坚持和完善民族区域自治制度，巩固和发展平等团结互助和谐的社会主义民族关系。坚持各民族一律平等，加强民族交往、交流、交融，防范、制止和依法惩治民族分裂活动，维护国家统一、民族团结和社会和谐，实现各民族共同团结奋斗、共同繁荣发展。"据此，民族领域维护国家安全的任务主要包括以下内容。

（一）坚持和完善民族区域自治制度

我们党历来高度重视民族问题。中华人民共和国成立后，在基本国情、历史演进、经济社会状况、文化传统等因素的共同作用下，形成了中国特色解决民族问题的正确道路，创造了处理民族问题的崭新模式。民族区域自治制度是我国的一项基本政治制度，是中国特色解决民族问题的制度创新，是对苏联模式、任何形式民族自决的摒弃，是对"大一统"而又"因俗而治"政治传统的超越，是中国共产党对马克思主义理论的重大发展与贡献。中华人民共和国成立以后的实践充分证明，实行民族区域自治，对发挥各民族人民当家作主的积极性，发展平等、团结、互助、和谐的社会主义民族关系，维护和巩固国家的统一，促进民族自治地方各项事业的发展，促进各民族的共同繁荣和发展，都起到了巨大作用。国家坚持和完善民族区域自治制度，作为民族领域维护国家安全的制度保障，具有统领性和方向性。

坚持和发展民族区域自治制度，应着重坚持统一和自治相结合、民族因素和区域因素相结合；贯彻落实民族区域自治法的根本任务是构建以民族区域自治法为核心的民族区域法治体系。

1. 我国民族工作的阶段性特征决定了在坚持和发展民族区域自治制度的过程中，要侧重强调"统一"与"自治"的结合。当前社会上对民族区域自治的认识出现了一些错误思潮，怀疑甚至否定民族区域自治制度。我们必须强调，"坚持和完善民族区域自治制度，要着重坚持统一和自治相结合，民族因素和区域因素相结合"。"统一"是国家发展的前提，"自治"是为了更好地实现统一，民族区域自治制度中的"统一"与"自治"是相生相依的关系。对于"民族"和"区域"的强调，是因为我国少数民族的分布格局，各民族你中有我、我中有你，多个民族共同生活在一块地域，使得民族区域自治不是某一民族的自治，民族自治地方不是某个民族的地方。着重坚持"两个结合"，是对新形势下民族工作表现出的阶段性特征的应对，有利于纠正错误思想，为民族工作提供正确方向；有利于维护平等、团结、互助、和谐的社会主义民族关系。

2. 党的十八届四中全会作出全面推进依法治国的决定。全面推进依法治国，表现在坚持民族区域自治制度上面，就是构建以民族区域自治法为核心的民族区域法治体系。这是推进全面依法治国的应有之义，也是坚持和发展民族区域自治制度的必然选择。习近平同志指出："要坚持统一和自治相结合、民族因素和区域因素相结合，把宪法和民族区域自治法的规定落实好。"[1] 目前，民族区域自治的理念与实际操作之间仍有一定差距，其中一个重要原因就是相关法律条文未得到细化，没有给出"时间表"和"路线图"。就贯彻落实民族区域自治法的主体（中央与地方）而言，在民族区域自治中的具体义务方面还未出台较为详尽的条例，使得民族区域自治制度优势得不到最大限度的发挥。建立以民族区域自治法为核心的民族区域自治法律体系，对于推进少数民族地区发展、使党的制度优势转化为少数民族群众的实际利益具有重大意义。

（二）巩固和发展平等团结互助和谐的社会主义民族关系

巩固和发展平等团结互助和谐的社会主义民族关系，是全国各族人民的根

---

[1] "中央民族工作会议举行 习近平作重要讲话"，载中国网：http://www.china.com.cn/military/2014-09/30/content_33657111_2.htm，2019年8月9日访问。

本利益和共同责任，是民族领域维护国家安全的核心目标。平等、团结、互助、和谐是处理民族关系的不可分割的政策。中华人民共和国成立以后，各民族人民在政治、经济、文化和社会生活方面结成了相互依存、相互帮助的亲密关系，平等团结互助和谐的社会主义民族关系已经确立，亦已凝聚起各族人民大团结的力量。

1. 民族平等是中华人民共和国立国的根本原则之一，是新常态下民族工作的理论基石，也是做好民族工作的一项根本原则。所谓民族平等，是指各民族不分大小、不分政治经济文化的发展状况，在国家生活中一律享有平等的政治地位和法律地位。在以私有制为基础的阶级社会中不可能有真正的民族平等，我国历代统治者采取的怀柔政策均以维护其统治地位为前提。中华人民共和国社会主义制度为实现各民族真正平等创造了根本前提——中华人民共和国成立以来，在党和国家民族平等理论和政策的指引下，我国各民族实现民族平等，各民族的平等权不断得到保障，各民族都取得了巨大的发展和进步。各民族不论人口多少、历史长短、居住地域大小、社会发展程度高低、风俗习惯和宗教信仰异同，国家都以宪法和法律的形式，赋予其政治、经济和文化等一切领域平等的权利，共同管理国家事务，从而为各民族在共同建设伟大祖国的过程中团结奋斗、互相合作、和谐发展创造了良好的局面。中华人民共和国各民族共同当家作主，坚决反对大汉族主义和地方民族主义，反对任何民族压迫和歧视，切实保障各族群众的合法权益；长期帮助少数民族地区加速经济发展，大力发展民族文化，让各族群众平等共享改革发展成果，共同携手步入全面小康。

2. 维护国家统一、民族团结和社会和谐，关系国家核心利益和中华民族伟大复兴，是民族领域维护国家安全的主要目标。各民族共同缔造了统一的多民族国家，共同推动了统一多民族国家的发展。历史和现实都表明：国家统一、民族团结，则政通人和、百业兴旺；国家分裂、民族纷争，则丧权辱国、人民遭殃。祖国统一是各族人民共同生存的基础，是各民族共同发展的可靠保障，是维护中华民族共同尊严的前提。维护统一是国家的最高利益所在、各族人民的根本利益所在。要把民族工作的着眼点和着力点放到维护祖国统一、加强民族团结上，依法打击分裂国家和破坏民族团结的违法犯罪活动，保持民族地区社会稳定和长治久安；积极培育、大力弘扬中华民族共同体意识，引导各族群众牢固树立爱国主义思想，树立正确的祖国观、民族观，担负起维护国家统一、民族团结和社会和谐的共同责任，为民族领域维护国家安全作出积极贡献。巩固国家统一、加强民族团结、促进民族发展、协调民族关系是新常态下民族工作的根本任务。我们要在少数民族和民族地区全面建成小康社会的进程中实现民族团结进步的中国梦；要发展和完善社会主义民族关系，构建和谐社会；要坚持和完善民族区域自治制度，巩固国家统一；要加强中华民族大团结，建设各民族共有的精神家园；要加强城市民族工作，使少数民族适应城镇化进程。

做好民族团结，要抓好五个方面的工作：①"正确认识我国民族关系的主流，多看民族团结的光明面"，采取新策略新措施，切实维护中华民族统一，团结各族群众。②善于团结群众、争取人心。民族团结说到底是各民族人与人的团结，是人心工程。因此，各民族的人们在共创共建过程中要以心交心，以心换心，心心相印。③加强各民族交往交流交融，在中国这样的统一的多民族国家，要扩大各民族交往交流交融，要推进各民族手足相亲、守望相助，要促进各族群众共居共学、共事共乐，实现各民族共存共荣、和谐发展。同时，要未雨绸缪、防患于未然，出了问题要及时化解，尽量避免出大的问题，不要影响安定团结大局。④加强民族团结要创新载体和方式。要创新推进民族团结的理念、手段和方法，充分运用新技术和新媒体，以群众喜闻乐见的方式推动民族团结。⑤用法律来保障民族团结。各族群众要增强用法律来维护和保障民族团结的意识，坚决依法打击挑唆民族关系、破坏民族团结的犯罪分子。

3. 加强民族交往、交流、交融。加强各民族的交往交流交融，既是各民族发展、进步的需要，也有利于我们维护民族和谐和国家统一的群众基础。加强民族交往交流交融，就要让更多的少数民族群众进入城市，融入城市中；要正确看待民族差异，尊重各民族风俗和各民族群众的选择；加强基层组织和基层政权建设，做好流动少数民族群众服务和管理，推动建立相互嵌入式的社会结构和社区环境。要灵活开展我国的民族共建工作，积极促进"双语"教育，努力建设多民族嵌入式社会结构和社区环境，引导少数民族群众到内地就业、居住及接受教育，使各族人民群众在互相交融中增进了解、加强沟通、培养感情。越来越多的少数民族群众顺利融入城市生活是历史发展的大势所趋，对于民族地区的发展和民族团结都有很大的促进作用。但是少数民族群众来到城市往往也会出现诸多的不适应。比如，一些少数民族群众难以适应城市中现代化的生活方式，对城市的工作方式和管理机制等拒绝接受，一些城市居民对少数民族群众的风俗习惯也难以认同，等等。政府部门要以正确的态度去对待城市中的少数民族流动人口，保持热情欢迎的良好心态，避免采取"关门主义"的态度。

（三）防范、制止和依法惩治民族分裂活动

当前，我国的民族关系总体上发展良好，但另一方面，我国的民族工作也面临着新的严峻形势与问题。部分西方反华势力和宗教极端势力、民族分裂势力利用民族问题和地区差异制造矛盾，试图破坏我国国家统一和民族团结，阻碍我国经济社会的顺利发展。我国民族工作面临的新形势可概括为"五个并存"：改革开放和社会主义市场经济带来的机遇和挑战并存，民族地区经济加快发展势头和发展低水平并存，国家对民族地区支持力度持续加大和民族地区基本公共服务能力建设仍然薄弱并存，各民族交往交流交融趋势增强和涉及民族因素的矛盾纠纷上升并存，反对民族分裂、宗教极端、暴力恐怖斗争成效显著和局部地区暴力恐怖活动活跃多发并存。[1]

防范、制止和依法惩治民族分裂活动，是民族领域维护国家安全的紧迫任务。禁止破坏民族团结和制造民族分裂的行为，是党和政府的一贯方针，是落实民族区域自治制度、实现民族团结和国家统一的基本前提。在民族领域维护国家安全，要把防范、制止和依法惩治民族分裂活动置于突出位置，采取强有力手段打击民族分裂势力的破坏活动，确保民族地区社会安定；最大限度团结和发动各族干部群众，让"民族团结是福，民族分裂是祸"的观念深入人心，筑起防范和制止民族分裂活动的人民防线；要不断增强各族群众对伟大祖国、中华民族、中华文化、中国共产党、中国特色社会主义的认同。

加强少数民族地区的精神文化建设有利于实现各民族的文化认同。解决好民族问题，包括解决好物质和精神两个方面的问题。要实现民族团结，增强各族人民的文化认同，建设共有的精神家园，培养中华民族的共同体意识尤其具有长远和根本的意义。增强民族文化认同的具体对策有：首先，要进一步做好思想政治工作。营造积极向上的社会氛围，引导各族人民追求现代文明生活。同时要坚决反对各种错误的思想观念，增强各族群众辨别大是大非、抵御海内外各种敌对势力思想渗透的能力。引导群众树立正确的国家观、民族观，积极开展爱国主义教育，特别要注意对下一代进行社会主义核心价值观教育，在每个孩子心灵深处埋下"爱我中华"的种子。其次，要采取多种形式和渠道发展与时代相适应的民族群众文化事业。如在新疆的工作中，要不断丰富人民群众的业余文化生活，健全公共文化服务体系，开展好相关的基础设施建设，激发新疆各族群众爱国、爱疆的美好情感。最后，要倡导保护和弘扬各民族的优秀文化。每个民族都有区别于其他民族的文化传统，这是一个民族世代累积的精神财富和发展源泉，应该得到继承和发扬。中华民族的文化是各民族文化的总和，当然也包含少数民族文化。要努力弘扬各民族的优秀传统文化，对传统文化要在去粗取精的基础上不断创新。对少数民族宝贵的优秀文化遗产要做好整理发掘工作，予以保护和传承。

（四）实现各民族共同团结奋斗、共同繁荣发展

实现各民族共同团结奋斗、共同繁荣发展，是中国特色解决民族问题的工

---

[1] "深刻把握民族工作'五个并存'的新特征"，载中央统战部网站：http://www.zytzb.gov.cn/tzb2010/tzxy/201705/cea3ed5b262d4277be74c041f271ca2a.shtml，2019年8月9日访问。

作主题,是民族领域维护国家安全的基础支撑,是我国民族工作的主要任务。当前,民族地区经济加快发展势头和发展低水平并存,国家对民族地区支持力度持续加大和民族地区基本公共服务能力建设仍然薄弱并存。党和国家历来高度重视加快少数民族和民族地区的发展。我们对加快发展这第一要义,促进团结这第一职责,要有更加深刻的理解。我们要做长期的、艰苦的努力,解决好人民日益增长的美好生活需求与不平衡不充分发展之间的矛盾在民族问题上反映出的问题,让少数民族群众和民族地区人民共享改革开放带来的物质生活和精神生活方面的成果。

帮助少数民族地区脱贫致富,不仅要制定因地制宜的政策,还需坚持国家扶持与发挥地方优势相结合。首先,立足少数民族地区实际制定脱贫致富方针。少数民族地区应因地制宜发展生产,要立足当地优势,不断优化地区的生产要素,建立起最适合当地生产力发展的经济运行机制。其次,坚持国家扶持与增强自身造血机能相结合。一方面,国家对少数民族地区要加大资金投入力度,建立起精准扶贫的工作机制,做好顶层设计,对困难地区采取特殊政策,不断优化转移支付与对口支援的体制机制。另一方面,要发挥民族地区的资源优势,挖掘自身发展潜力;要提高内部生产力,增强对外部援助力量的吸引和吸收能力,发挥出最佳效益;要根据当地特点实现开发资源与开拓市场并举。同时提倡科技扶贫,抓好实用技术培训工作,培养一批技术骨干和能人。

为此,要加快少数民族和民族地区经济社会发展,增进群众福祉,推动精准脱贫,加强兴边富民,确保少数民族和民族地区如期全面建成小康社会;广泛开展民族团结宣传教育和民族团结进步创建活动,使"汉族离不开少数民族、少数民族离不开汉族、各少数民族之间也相互离不开"的思想深入人心、得到落实,筑牢民族领域的国家安全根基。

第十三节 宗教领域维护国家安全的任务

一、宗教领域国家安全的概念

随着信教人数增加、宗教快速发展、境内外因素交织,宗教工作难度不断加大,宗教领域维护国家安全面临错综复杂的严峻形势,这在我国新疆地区和西藏地区的体现尤为明显。

新疆位于我国的西北部,其内特别是南疆和田、喀什、阿克苏、克州主要居住着维吾尔族,维吾尔族多信仰伊斯兰教。虽然在历史上,新疆早在西汉就已经归属中央政权，但如今仍有少数宗教极端分子图谋以故意歪曲教义等方式进行分裂活动。尤其是近年来，在境外"双泛思想"的不断渗透下，"东突"势力沉渣泛起，宗教极端分子在我国新疆尤其是南疆地区兴风作浪，鼓吹伊斯兰教法至上，甚至公然干涉国家法律的实施，危害我国国家安全。"三股势力"和别有用心的人员往往利用宗教制造矛盾和冲突，打着宗教的旗号、披着宗教的外衣，利用清真寺等场所的宗教教育借机传播宗教极端思想，愚弄信教群众，煽动民族仇恨，危害我国的国家安全。

西藏地区与新疆地区同属我国最西部，藏区以藏族同胞为主，藏族同胞多信仰喇嘛教（即藏传佛教），有自己的民族语言和文字。西藏早在元代就已经归属中央政权，在总体上，西藏的藏族同胞已形成对"中华民族"之认同。但是，由于藏族与汉族的语言文字、宗教信仰、婚姻习俗等有所差异，导致西藏地区的一些少数民族同胞与汉族之间仍存在一定的心理隔阂。长期以来，境内外反华势力利用宗教加紧对我国藏区的内部渗透，甚至公开支持以达赖集团为首的"藏独"势力的分裂活动。一些别有用心的"藏独"分子往往利用藏区全民信教的特点，利用宗教和民族矛盾，披着宗教外衣编造谎言，欺骗少数不明真相的信教群众以各种方式挑起矛盾、制造动乱，以实现其民族分裂的目的。西藏自治区"3·14事件"的爆发就是境内外"藏独"分裂势力煽动的一场严重破坏社会秩序和国家安全的典型事件。与此同时，一些西方国家时而对我国的所谓"西藏问题"指手画脚，达赖集团则遥相呼应，在国际社会加大反华活动，谋求更多国家支持，获得更大的社会影响力。

需要说明的是，宗教极端主义不是宗教，而是一种披着宗教外衣的政治主张，是对宗教教义的歪曲、极端解读，是与宗教劝人向善背道而驰的产物。作为信教群众需要把握一条：凡是劝人向恶、违背人类良知、对抗政府、挑战法律且以宗教面目出现的，都可视为宗教极端主义。宗教极端主义对于宗教和信教群众而言，有百害而无一利，广大信教群众一定要具备敏锐的鉴别力，并与之进行坚决斗争。

二、宗教领域维护国家安全的重要性

"宗教既能使社会目标神圣化，以此来稳定社会现存秩序，它同样也可以提出新的社会目标并使之神圣化，促成动乱与革命，动摇和瓦解现存社会。"[1]在当代世界中，要警惕境内外分裂势力以宗教作为对我国进行政治渗透和分裂、分化的工具，也要警惕宗教极端主义组织和个人进行的危害活动，注重宗教领

---

[1] 戴康生、彭耀主编：《宗教社会学》，社会科学文献出版社2000年版，第184页。

域维护国家安全的工作十分重要且尤为必要。我国的宗教与民族相互交织，错综复杂，宗教存在的长期性和宗教问题的群众性、国际性、特殊性，决定了宗教工作具有极强的政策性、敏感性，能否处理好宗教问题、做好宗教工作，关系党和国家工作全局，关系社会和谐稳定和国家长治久安。

中华人民共和国成立以来，党和国家将马克思主义宗教观同我国具体实际相结合，确立了被实践证明行之有效的宗教工作基本方针，即全面贯彻党的宗教信仰自由政策、依法管理宗教事务、坚持我国宗教独立自主自办的原则、积极引导宗教与社会主义社会相适应。按照这一基本方针做好各项工作，是解决当前宗教领域问题的治本之策。我国宪法和法律法规也贯彻和体现了这一基本方针。例如，《宪法》第 36 条规定："中华人民共和国公民有宗教信仰自由。任何国家机关、社会团体和个人不得强制公民信仰宗教或者不信仰宗教，不得歧视信仰宗教的公民和不信仰宗教的公民。国家保护正常的宗教活动。任何人不得利用宗教进行破坏社会秩序、损害公民身体健康、妨碍国家教育制度的活动。宗教团体和宗教事务不受外国势力的支配。"《宗教事务条例》第 4 条第 2 款规定："宗教团体、宗教院校、宗教活动场所和信教公民应当遵守宪法、法律、法规和规章，践行社会主义核心价值观，维护国家统一、民族团结、宗教和睦与社会稳定。"《全国人民代表大会常务委员会关于取缔邪教组织、防范和惩治邪教活动的决定》规定，"坚决依法取缔邪教组织、严厉惩治邪教组织的各种犯罪活动"。

三、宗教领域维护国家安全的内容

《国家安全法》第 27 条规定："国家依法保护公民宗教信仰自由和正常宗教活动，坚持宗教独立自主自办的原则，防范、制止和依法惩治利用宗教名义进行危害国家安全的违法犯罪活动，反对境外势力干涉境内宗教事务，维护正常宗教活动秩序。国家依法取缔邪教组织，防范、制止和依法惩治邪教违法犯罪活动。"据此，宗教领域维护国家安全的任务主要包括以下内容。

（一）国家依法保护公民宗教信仰自由和正常宗教活动

宗教是一种群众性的社会现象，信教群众既是宗教的载体，更是宗教的主体。因此，宗教工作的本质是群众工作，信教群众和不信教群众都是党执政的重要基础和社会主义事业的建设者，是推动经济社会文化发展的重要力量。信教群众和不信教群众在信仰上的差异远小于政治认同和经济利益上的一致性。公民有宗教信仰自由，国家实行政教分离、教育与宗教分离，各宗教一律平等，信教群众和不信教群众享有平等权利是我国对待宗教的基本态度。依法保护公民宗教信仰自由和正常宗教活动，是我国维护人民利益、尊重和保护人权的重要体现，也是最大限度团结人民群众的需要。宗教领域维护国家安全的首要任务，就是全面正确贯彻宗教信仰自由政策，依法保护公民宗教信仰自由，把握政策、注意方法，依法制止一切非法干涉宗教信仰自由、伤害信教群众宗教感情的言行，增进信教群众和不信教群众之间的团结；依法保护正常宗教活动，合理安排宗教活动场所，保证信教群众能过正常的宗教生活，制止和打击利用宗教进行破坏社会秩序、损害公民身体健康、妨碍国家教育制度的活动。

要将能不能把广大信教群众团结在党和政府周围作为评价宗教工作成效的根本标准。在工作中要注意以下方面：首先，要正确区分宗教信仰自由和宗教自由，绝不能错误地将宗教信仰自由理解为宗教自由。其次，切实尊重信教群众的宗教信仰，在全社会宣传宗教信仰自由政策，既尊重信教群众信教的自由，也尊重不信教群众不信教的自由，形成信教群众和不信教群众之间彼此尊重、和睦相处的良好局面，努力为社会主义建设事业贡献自己的力量。再次，要在信教群众中进行中国特色社会主义共同理想教育，使之在拥护党的领导和社会主义制度、维护民族团结和祖国统一、促进社会稳定和谐等方面形成广泛共识，并身体力行。最后，还要进行公民教育，提高公民法制观念，引导信教群众正确看待教法与国法的关系，将宗教活动纳入到法律的轨道中，保护合法，制止非法，打击违法。还可利用宗教本身的力量做好群众工作，通过对宗教教义作出符合社会发展要求的阐释，倡导中正、平和、宽容、良善、慈悲、和谐等价值准则，积极与社会主义社会相适应，防止宗教狂热和宗教极端思想出现，充分调动和保护信教群众的积极性，发挥广大信教群众在推动经济社会发展中的积极作用。

当前，我国宗教领域总体保持和谐稳定，宗教方面的矛盾主要是人民内部矛盾，宗教关系总体和谐。在我国，宗教关系包括党和政府与宗教、社会与宗教、国内不同宗教、我国宗教与外国宗教、信教群众与不信教群众的关系。促进宗教关系和谐，这些关系都要处理好。处理我国宗教关系，必须牢牢把握坚持党的领导、巩固党的执政地位、强化党的执政基础这个根本；必须坚持政教分离，坚持宗教不得干预行政、司法、教育等国家职能实施，坚持政府依法对涉及国家利益和社会公共利益的宗教事务进行管理。要提高宗教工作法治化水平，用法律规范政府管理宗教事务的行为，用法律调节涉及宗教的各种社会关系。要保护广大信教群众合法权益，深入开展法治宣传教育，教育引导广大信教群众正确认识和处理国法和教规的关系，提高法治观念。宗教和谐是社会和谐的题中之义，也是宗教自身得以发展的前提，既要重视宗教与外部因素的关系和谐，也要重视宗教内部的和谐，使宗教在回归宗教本位的前提下尽可能发挥其积极作用。

（二）坚持宗教独立自主自办的原则，反对境外势力干涉境内宗教事务

坚持宗教独立自主自办的原则，是我国基于长期遭受帝国主义压迫、有宗教被帝国主义控制和利用的惨痛历史教训所作出的自主选择，得到了信教群众的拥护和支持。宗教领域维护国家安全，要牢牢坚持宗教独立自主自办的原则，坚持宗教团体、宗教活动场所和宗教事务不受外国势力支配，培养爱国爱教教职人员队伍，提高宗教界人士素质，确保宗教组织领导权牢牢掌握在爱国爱教人士手中，努力营造和谐宗教关系；要在独立自主、平等友好、互相尊重的基础上开展对外宗教交往，同时要坚决抵御利用宗教对我国进行渗透、破坏和颠覆政权的活动。

1. 宗教中国化是做好宗教工作的努力方向。习近平同志强调，"宣传阐释中国特色，要讲清楚每个国家和民族的历史传统、文化积淀、基本国情不同，其发展道路必然有着自己的特色"；[1]"积极引导宗教与社会主义社会相适应，一个重要的任务就是支持我国宗教坚持中国化方向。要用社会主义核心价值观来引领和教育宗教界人士和信教群众，弘扬中华民族优良传统，用团结进步、和平宽容等观念引导广大信教群众，支持各宗教在保持基本信仰、核心教义、礼仪制度的同时，深入挖掘教义教规中有利于社会和谐、时代进步、健康文明的内容，对教规教义作出符合当代中国发展进步要求、符合中华优秀传统文化的阐释"。[2]这是对中国宗教发展方向的新要求，也是中国宗教发展的唯一正确道路。

2. 反对境外势力干预境内宗教事务，是贯彻宗教独立自主自办原则的必然要求，也是宗教领域维护国家安全的重点工作。近年来，有的境外宗教组织以"宗教信仰自由政策"作掩护，通过多种途径、多种方式对我国进行渗透活动，与我国争夺群众和宗教阵地，企图动摇我们党执政的群众基础；境外宗教组织插手我国内部宗教事务，拉拢、分化爱国宗教教职人员，扶持宗教地下势力，与我国争夺宗教领导权、控制权。宗教领域维护国家安全，要坚决反对境外宗教团体和个人干涉境内宗教事务，依法实施对境外宗教组织和非政府组织在华活动的有效监管，明确部门分工、强化责任落实，抵御境外敌对势力利用宗教进行渗透。

（三）防范、制止和依法惩治利用宗教名义进行危害国家安全的违法犯罪活

---

[1] "习近平：意识形态工作是党的一项极端重要的工作"，载新华网：http://www.xinhuanet.com//politics/2013-08/20/c_117021464_3.htm，2019年8月9日访问。

[2] "习近平：全面提高新形势下宗教工作水平"，载新华网：http://www.xinhuanet.com//politics/2016-04/23/c_1118716540.htm，2019年8月9日访问。

动，维护正常宗教活动秩序

防范、制止和依法惩治利用宗教名义进行危害国家安全的违法犯罪活动，是针对利用宗教名义制造民族分裂和煽动暴力恐怖活动危害国家安全而作出的规定。近年来，境内外民族分裂势力利用宗教在群众中的广泛影响，歪曲宗教教义，散布宗教极端思想，蒙蔽和裹胁信教群众，发展组织成员，从事民族分裂和暴力恐怖活动，严重影响社会政治安定，危害国家安全。宗教领域维护国家安全，要防范、制止和依法惩治利用宗教名义进行危害国家安全的违法犯罪活动，揭露违法犯罪分子披着宗教外衣从事危害国家安全活动的罪恶本质；拓宽信教群众正确掌握宗教常识的合法渠道，坚持正信正行，倡导宗教和谐理念，引导他们防止宗教狂热，高度警惕并主动抵制宗教极端思想的渗透和影响。

在尊重少数民族宗教信仰自由的基础上，也要坚决防范和打击某些披着宗教外衣的敌对势力的破坏活动。一方面，以达赖喇嘛为首的"藏独"势力在藏区的影响不容忽视，他们在藏区还会制造事端。遏制达赖分裂势力，发挥宗教团体在藏传佛教寺庙管理中的作用已十分迫切。因此，"要大力做好藏传佛教工作，发扬藏传佛教界爱国爱教传统，推进寺庙管理长效机制建设，支持藏传佛教按照与社会主义社会相适应的要求进行教规教义阐释"。[1]另一方面，"疆独"势力借宗教面纱进行活动，在新疆制造了一系列暴力恐怖活动。遏制、防止新的暴力恐怖活动刻不容缓，要特别注意抵御境外宗教极端思想对我国伊斯兰教的影响渗透。我们同达赖集团、"疆独"势力的斗争是长期的，本质是维护民族团结、社会稳定、祖国统一。

处理宗教问题的基本原则，就是保护合法、制止非法、遏制极端、抵御渗透、打击犯罪。要依法保障信教群众正常的宗教需求，尊重信教群众的习俗，稳步拓宽信教群众正确掌握宗教常识的合法渠道。维护正常宗教活动秩序，是落实宗教信仰自由政策的重要举措，也是宗教领域维护国家安全的现实需要。近年来，"三自"教会之外的教会组织和私设聚会点从农村向城市发展蔓延，其活动由秘密走向公开，游离于政府管理之外，成为影响宗教领域稳定的突出问题。涉及宗教事务的纠纷也明显增多，干扰了正常宗教活动秩序。宗教领域维护国家安全，要维护正常宗教活动秩序，把宗教团体、宗教教职人员、宗教活动场所、宗教活动纳入规范化、法治化管理，依法打击非法宗教组织和非法宗教活动，依法处理涉及宗教事务的纠纷；提高信教群众法治观念，引导他们在法律、政策范围内开展宗教活动，依法维护自身权益，自觉抵制利用宗教进行

---

[1] "习近平：依法治藏富民兴藏长期建藏，加快西藏全面建成小康社会步伐"，载中国共产党新闻网：http://cpc.people.com.cn/n/2015/0826/c64094-27516918.html，2019年8月9日访问。

的各类违法犯罪活动。

(四)依法取缔邪教组织,防范、制止和依法惩治邪教违法犯罪活动

国家依法取缔邪教组织,防范、制止和依法惩治邪教违法犯罪活动,是宗教领域维护国家安全的紧迫任务。邪教披着宗教的外衣,干着违法的勾当,是全人类的公敌。多年来,"法轮功""全能神""呼喊派"等邪教组织冒用宗教、气功或其他名义,利用各种手段扰乱社会秩序,危害人民群众生命财产安全,不断侵蚀党的执政基础。为了维护国家安全、保护人民利益,必须坚决打击邪教组织及其违法犯罪活动,坚持综合治理,将打击、制裁和劝解、教育相结合,依法取缔邪教组织,惩治构成犯罪的组织者、策划者、指挥者和骨干分子,解救绝大多数被蒙骗群众;坚持系统治理,动员和组织全社会力量,严防邪教组织及邪教违法犯罪活动的滋生和蔓延;加强宪法、法律和科学文化知识宣传教育,使人民群众充分认识邪教组织严重危害人类、危害社会的实质,自觉反对和抵制邪教组织的影响。

相关执法部门要能够划清爱国宗教团体与非法宗教组织的界限、正常宗教活动与非法宗教活动的界限以及宗教、民间信仰、封建迷信活动三者之间的界限。将"宗教""民间信仰""封建迷信"三者作为同一种属下的实体进行区分,本身就意味着民间信仰是一个极为特殊的宗教现象。民间信仰因坚持神明崇拜故而从本质上讲是宗教,但它不同于佛教、道教等制度化的宗教,以"隐文化""文化潜流"的存在形式广泛流传于民间社会,一些民间信仰有着松散的宗教组织,而一些民间信仰则根本没有宗教外壳。民间信仰在我国历史上有着极为广泛的影响,就当代中国而言,"玉皇大帝""瑶池金母""土地城隍""关圣帝君""门神""灶神""财神""寿星""妈祖"等民间信仰依然十分普遍;我国沿海及港澳台地区的民间信仰则呈现出更为复杂的情况,有些民间信仰还发展出了制度化宗教。民间信仰在传承民族文化、节庆风俗、促进民间交往与维护伦理道德上有着其积极作用,但民间信仰中也留存有大量的封建迷信糟粕。民间信仰突出的负面表现在于其狂热的宗教神秘主义倾向,现实表现为提倡巫术而反对科学,这就使民间信仰极容易成为不法分子招摇撞骗、非法敛财的工具。当下,我国的一些基层城镇、农村地区和偏远山区依然时不时地发生利用民间信仰作幌子的犯罪案件。一些"神婆""神汉"利用人们的恐惧心理,通过占卜、算命、测字、扶乩等迷信手段大肆敛财,他们常打着"神谕"的幌子宣扬愚昧主义,使很多无辜群众受之蒙骗而倾家荡产,甚至在生病后拒绝就医因而丧命。更有一些所谓的"教主""大师"将自己装扮成"救世主",利用民间信仰发展非法组织。这些"神棍"宣扬宗教狂热,利用伪科学一步步控制信众的精神,让信众们唯其是从、任其摆布。一些非法组织打着宗教信仰的旗号大

肆敛财、草菅人命、奸污妇女等，已经严重损害了人民群众的生命财产安全，危害社会稳定。这些利用民间信仰的违法犯罪行为，已经触犯了《刑法》第119条第1款、第115条、第232条之规定，触犯了《最高人民法院、最高人民检察院关于办理组织、利用邪教组织破坏法律实施等刑事案件适用法律若干问题的解释》中的相关规定，故其本质不再属于宗教范畴，而是危害公共安全、妨害社会管理秩序、破坏社会主义市场经济秩序的刑事犯罪。

第十四节 防范和处置恐怖主义、极端主义的任务

一、恐怖主义、极端主义的概念

根据《反恐怖主义法》第3条、第4条的规定，"恐怖主义，是指通过暴力、破坏、恐吓等手段，制造社会恐慌、危害公共安全、侵犯人身财产，或者胁迫国家机关、国际组织，以实现其政治、意识形态等目的的主张和行为"；"国家反对一切形式的以歪曲宗教教义或者其他方法煽动仇恨、煽动歧视、鼓吹暴力等极端主义，消除恐怖主义的思想基础"。

恐怖主义与极端主义具有紧密的联系，极端主义是恐怖主义的思想基础。宗教极端主义、暴力恐怖势力、民族分裂势力"三股势力"分别表现为思想基础、主要手段和最终目的。三者往往沆瀣一气、同流合污，实施危害国家安全、公共安全和人民生命财产安全的罪恶行动，从这一意义上讲，"三股势力"的本质是一致的。

二、防范和处置恐怖主义、极端主义的重要性

近年来，恐怖主义已成为世界公敌，国际恐怖势力刻意制造大规模恐怖袭击，其轰动效应向全球扩散的特征日益凸显，全球反恐局势已进入崭新的历史阶段。受国际恐怖活动高发、境内外"东突"势力渗透煽动的影响，我国国内面临的恐怖主义威胁亦愈发突出。对经济与和平研究所（IEP）每年发布的《全球恐怖主义指数报告》（Global Terrorism Index）进行分析可知，2002年~2011年这10年时间里，我国的恐怖主义指数从2.72上升为4.99，受恐怖主义影响严重程度的全球国家评级排名由第43位上升至23位。最新的《Global Terrorism Index 2017》显示，在过去15年间，亚太地区恐袭事件由106起增至870起；自2002年以来，亚太地区约85%的恐怖主义遇难者身处菲律宾、中国和泰国。由此可见，我国受恐怖主义影响十分严重。近年来，我国的恐怖袭击事件虽有所

减少，但形势依然严峻——恐怖主义指数仍在不断攀升（2014 年为 5.21，2016 年为 6.108），2014 年排名为 25 位，2016 年为 23 位。2017 年中国恐怖主义指数虽然有所下降，但始终排在俄罗斯、美国等国家之前。

与之相一致，我国的恐怖活动也一改往日低频率、小规模、对象单一的态势，呈现出了一些新的特点：①我国的恐怖活动范围不断扩大，从南疆的重点地区扩展到北疆，从新疆扩展到全国；从小城镇向县、市扩展，进而"处处开花"；有些恐怖活动人员甚至直接偷渡出境参加"圣战"，或者在境外接受训练，然后再潜回国内从事恐怖活动，恐怖分子"回流""派遣"形势严峻。②从恐怖活动犯罪组织形式看，恐怖活动呈现规模化趋势，表现出人数众多、结伙造势、多点袭击、对抗激烈等特点。③从恐怖活动的手段看，表现出残忍性、多样性等特点，除了较常见的暴力砍杀、暗杀、投毒、纵火等手段外，还出现了大量的新型犯罪手段，如劫持、爆炸、自杀性袭击、车辆碾压等；网络恐怖活动犯罪也逐渐开始显现。④从恐怖活动袭击目标看，从警察与政府机构逐渐转向平民和软目标；恐怖活动对象表现出无差别性，不论男女老少，民族属性如何，都可能成为恐怖活动侵害的对象。⑤从恐怖活动主体来看，我国早期的恐怖活动中，成年男性起绝对的主导作用，而近年来，未成年人和女性参与比例大幅上升并扮演着重要的角色；呈现年龄低、文化素质低、网络化程度高的"两低一高"新特征。可以说，我国当前正处于暴力恐怖活动活跃期、反分裂斗争激烈期、干预治疗阵痛期的"三期叠加"时期。恐怖活动给人民群众的生命财产造成了严重的损失，对我国的国家安全、社会稳定、经济发展、民族团结和人民生命财产安全构成了严重的威胁，已经成为影响我国边疆民族地区稳定与发展，甚至全国的稳定与发展的一个重要不稳定因素。

进入 21 世纪以来，我国十分重视对恐怖主义的防范和处置，从国际和国内两个层面积极做好相关工作。在国际层面，自 2001 年签署《打击恐怖主义、分裂主义和极端主义上海公约》开始，我国签署了 12 个关于制止和打击恐怖主义的国际公约或条约。在国内层面，2011 年 10 月，全国人大常委会通过了《关于加强反恐怖工作有关问题的决定》（在《反恐怖主义法》通过后，该决定现已失效）。该决定规定，国家反对一切形式的恐怖主义，坚决依法取缔恐怖活动组织，严密防范、严厉惩治恐怖活动。该决定还对恐怖活动的定义、国家反恐工作机构、恐怖组织和人员的认定、与恐怖活动相关资金资产的冻结、反恐国际合作等作出规定。十八届五中全会通过的《中共中央关于制定国民经济和社会发展第十三个五年规划的建议》也明确提出，依法严密防范和严厉打击敌对势力渗透颠覆破坏活动、暴力恐怖活动、民族分裂活动、宗教极端活动，坚决维护国家政治、经济、文化、社会、信息、国防等安全。2015 年 8 月，全国人大常委会通过《中华人民共和国刑法修正案（九）》，自 2015 年 11 月 1 日起施行，其中共有 9 条涉及对恐怖主义的防范和处罚。2015 年 12 月，全国人大常委会又通过了《反恐怖主义法》，自 2016 年 1 月 1 日起施行。该法共分为 10 章，对我国反恐怖主义总的原则、工作机制、恐怖活动组织和人员的认定、反恐安全防范、反恐情报信息、反恐调查、应对处置、国际合作、保障措施、法律责任等作了规定。

《反恐怖主义法》是根据总体国家安全观的要求，总结近年来我国防范和打击恐怖活动的经验，借鉴国外有效做法而制定的；是一部规范政府和社会开展反恐怖主义工作的法律，全面系统地规定了我国反恐怖主义工作的体制、机制、手段措施，为我国依法打击恐怖活动，维护国家安全、公共安全和人民生命财产安全提供坚实的法律支撑和保障；是对《国家安全法》第 28 条国家防范和处置恐怖主义、极端主义规定的落实。

三、防范和处置恐怖主义、极端主义的内容

《国家安全法》第 28 条规定："国家反对一切形式的恐怖主义和极端主义，加强防范和处置恐怖主义的能力建设，依法开展情报、调查、防范、处置以及资金监管等工作，依法取缔恐怖活动组织和严厉惩治暴力恐怖活动。"据此，我国防范和处置恐怖主义、极端主义的任务主要包括以下内容。

（一）国家反对一切形式的恐怖主义和极端主义

《反恐怖主义法》第 2 条规定："国家反对一切形式的恐怖主义，依法取缔恐怖活动组织，对任何组织、策划、准备实施、实施恐怖活动，宣扬恐怖主义，煽动实施恐怖活动，组织、领导、参加恐怖活动组织，为恐怖活动提供帮助的，依法追究法律责任。国家不向任何恐怖活动组织和人员作出妥协，不向任何恐怖活动人员提供庇护或者给予难民地位。"第 4 条第 2 款规定："国家反对一切形式的以歪曲宗教教义或者其他方法煽动仇恨、煽动歧视、鼓吹暴力等极端主义，消除恐怖主义的思想基础。"

恐怖主义是世界各国面临的共同敌人。反对一切形式的恐怖主义，是我国一贯坚持的立场和态度，是与我国的性质和根本利益一致的。在《反恐怖主义法》中明确宣示这一立场和态度，有利于各方面加深对恐怖主义本质及其残暴行径的认识，深刻理解、准确执行有关政策法律，做好反恐怖主义工作，也有利于达成共识，加强反恐怖主义国际合作，共同打击恐怖主义。中国反对一切形式的恐怖主义，同时坚决反对在反恐怖主义问题上采取双重标准，反对打着反恐怖主义的旗号对其他国家的内政进行干涉，反对以民族、宗教、人权等为

借口在我国境内实施或者纵容、支持、怂恿实施恐怖活动和分裂颠覆活动。

从我国的反恐实践看,为我国的恐怖主义提供思想基础的主要是宗教极端主义和民族极端主义。宗教极端主义和民族极端主义打着宗教、民族的旗号,以歪曲宗教教义和民族政策等非法方式,意图以极端方式推翻世俗政权而建立政教合一或者纯粹的单一民族国家,最终陷入暴力恐怖主义的泥沼。反对极端主义是为了消除恐怖主义的思想基础,有利于广大人民群众认清极端主义的本质、正本清源,各级人民政府和有关部门要将反极端主义、去极端化纳入反恐怖主义工作中,依法打击极端主义行为,才能够从根本上消除恐怖主义的思想基础。

(二)加强防范恐怖主义的能力建设

恐怖活动犯罪之所以成为当今人类社会所面临的最为严重的犯罪,主要是因为实施恐怖活动的组织或者个人,只需要付出最低廉的代价,就能够造成最为严重的损害后果。这种影响和后果都是灾难性的,无法挽回和弥补。因此,采取必要而积极的预防性措施,对恐怖活动的发生防患于未然,就成为减少社会损失的关键。

反恐怖主义中的安全防范,是指为预防恐怖主义思想的产生,防止发生恐怖活动或受到恐怖活动的威胁,预先制定法律、规章制度、预防措施,以及贯彻执行这些法律法规和实施预防措施的行为。这已在世界各国达成一致的认识,成为有效应对恐怖主义的基本做法。例如,《联合国全球反恐战略》中的"防止和打击恐怖主义的措施"就指出,"特别是不让恐怖分子获得发动攻击的手段,不让他们接近目标,不让攻击产生预期影响"。《反恐怖主义法》也将安全防范作为反恐怖主义最重要的内容之一,并在第三章中予以专门规定。①各级政府和部门要加强反恐怖主义宣传教育,提高公民的反恐怖主义意识。②电信业务经营者、互联网服务提供者应当为公安机关、国家安全机关依法进行防范、调查恐怖活动提供技术接口和解密等技术支持和协助,主动防止含有恐怖主义、极端主义内容信息的传播。③有关服务行业经营者、服务提供者应当严格实行安全查验制度,对客户身份进行查验。④对武器弹药、危险化学品、民用爆炸物品、核与放射物品、传染病病原体等危险物品加强管控。⑤加强反洗钱活动,对涉嫌恐怖主义的融资活动加大查处力度。⑥加强防范恐怖袭击的技防、物防设备设施建设。⑦有关部门要加强对涉恐行为和人员的查处和管理。⑧确定防范恐怖袭击重点目标,督促其建立健全安全管理制度,落实安全责任,加强警戒、巡逻、检查,掌握安全动态。⑨做好边防、出入境防范,严密组织对国(边)境的巡逻,对出入境人员、物品严格查验。⑩做好境外、海外利益保护、驻外机构内部安全防范,对中国在境外的公民以及驻外机构、设施、财产加强安全保护。

（三）依法开展反恐怖主义的情报工作

情报信息是反恐怖主义工作的关键环节。做好情报信息的调查工作，并与安全防范形成良性互动，有利于将恐怖袭击消灭在发生之前和萌芽状态，避免恐怖活动造成实际危害。《反恐怖主义法》第四章对情报信息工作作了专门规定。

当前，我国公安机关、国家安全机关、有关军事机关在其职责范围内，负责开展反恐怖主义情报信息工作以及调查恐怖活动线索。为保证反恐信息和情报的互通共享，国家反恐工作领导机构建立国家反恐怖主义情报中心，实行跨部门、跨地区情报信息工作机制，统筹反恐情报信息工作。有关部门搜集的有关线索、人员、行动类情报信息应当及时统一归口报送国家反恐怖主义情报中心。同时，地方反恐工作领导机构应当建立跨部门情报信息工作机制，组织开展反恐怖主义情报信息工作，对重要的情报信息，应当及时向上级反恐工作领导机构报告，对涉及其他地方的紧急情报信息，应当及时通报相关地方。有关部门在安全防范工作中获取的信息，应当根据国家反恐怖主义情报中心的要求，及时向其提供。公安机关、国家安全机关、有关军事机关在其职责范围内，因反恐情报信息工作的需要，根据国家有关规定，经过严格的批准手续，可以采取技术侦察措施。通过技术侦察措施获取的材料，只能用于反恐应对处置和对恐怖活动犯罪、极端主义犯罪的侦查、起诉和审判，不得用于其他用途。反恐信息情报搜集工作仅靠国家机构是不够的，还要紧紧依靠群众力量，加强基层基础工作，建立基层情报信息工作力量，提高反恐怖主义情报信息工作能力。

中央和地方反恐怖主义工作领导机构以及有关情报部门经对有关情报信息进行筛查、研判、核查、监控，认为有发生恐怖事件危险，需要采取相应的安全防范、应对处置措施的，应当及时通报有关部门和单位。有关部门和单位应当根据通报做好安全防范、应对处置工作。反恐怖主义工作领导机构、有关主管部门和单位、个人应当对履行职责、提供服务、配合反恐怖主义工作过程中知悉的涉密材料信息和公民个人信息予以保密。违反规定泄露国家秘密、商业秘密和个人隐私的，依法追究法律责任。

（四）依法调查涉恐活动

恐怖活动犯罪与一般犯罪的一个明显区别是恐怖活动犯罪的危害后果特别严重，既遂的恐怖袭击，除了直接造成人员大量伤亡、财产重大损失外，更会对民众造成沉重的心理阴影，并造成社会恐慌以至社会秩序的混乱。即使是一起未遂的恐怖袭击，也会使民众产生恐慌，影响正常的工作和生活。因此，相对于事后的打击、处置和救援，将恐怖活动消灭在预谋阶段、摧毁在行动之前，防患于未然，仍然是反恐怖主义工作的首要任务。为了完成这一任务，应尽早地发现恐怖活动线索、恐怖活动嫌疑人员，所以，各国的反恐怖主义立法都根据本国反恐怖主义工作的实践需要，适当放宽了各种调查措施的法定条件，以此提高反恐怖主义调查工作的有效性。具体来说，包括以下几个方面：一是适当降低调查措施的启动条件。例如，美国的立法对逮捕、拘留等人身控制措施以及搜查、监听等调查措施放宽了证据要求，并且在涉恐案件中，通常不需任何证据材料而只凭执法人员的主观怀疑就可启动调查程序。二是放宽了对司法令状的限制。为减少程序环节对取证效率的影响，很多国家的立法放宽了侦查取证措施令状的限制规定。例如，英国2000年《反恐怖主义法》规定，允许警察对涉恐嫌疑人员实施无令状逮捕。三是加强对恐怖活动嫌疑人员的控制。英国2005年《预防恐怖主义法》赋予内政大臣对恐怖嫌疑人员使用"控制令"的权力，以约束包括英国和外国公民在内的恐怖嫌疑人员等。

针对我国以前的反恐怖主义工作实践中存在刑事立案前调查措施不明确，难以对恐怖活动嫌疑人员予以有效控制等突出问题，同时借鉴各国的反恐怖主义立法经验，《反恐怖主义法》第五章"调查"规定了三方面内容：一是明确了调查措施，包括盘问、检查、传唤、询问、采集人体生物识别信息、提取生物样本、留存签名、查询账户信息、采取约束措施等。其中，采集人体生物识别信息、提取生物样本、留存签名、采取约束措施等是《反恐怖主义法》新增加的措施。二是基于人权保障，设定了相关调查措施的实施程序。考虑到相关调查措施不可避免地会对相关人员的合法权益造成影响乃至侵害，为防止有关措施被滥用，体现法治和人权保障原则，《反恐怖主义法》第五章中与此相关的条文均设定了相应的批准程序和时限。三是规定了调查措施与刑事诉讼的衔接，以便最终将恐怖分子定罪处罚。

（五）依法应对和处置恐怖主义活动

当下我国恐怖活动已经发生重大变化，暴恐活动出现外溢趋势，即恐怖分子从边疆转向内地。同时，恐怖袭击的形式和手段亦发生了新变化，这就要求我们的反恐斗争要与时俱进，根据对手的变化制定新对策。需要明确的是，《反恐怖主义法》规定的调查措施均是刑事立案前的调查，不同于《刑事诉讼法》规定的侦查措施。在当前的反恐情势下，反恐应对处置制度将会成为有效措施。反恐应对处置制度主要包括三个核心部分：应对处置预案、事中应对处置、事后应对处置。对此，《反恐怖主义法》在第六章作了明确规定。

1. 建立健全恐怖事件应对处置预案体系。国家反恐怖主义工作领导机构应当根据各类恐怖事件的规律、特点和可能造成的社会危害，分级、分类制定国家应对处置预案，具体规定恐怖事件应对处置的组织指挥体系和恐怖事件安全防范、处置程序以及事后社会秩序恢复等内容。有关部门、各地反恐怖主义工作领导机构以及重点目标营运、管理单位应当制定相应的应对处置预案。恐怖事件发生后,发生地反恐怖主义工作领导机构应当立即启动恐怖事件应对处置预案。有关部门和武装力量,根据统一领导、指挥,协同开展打击、控制、救援、救护等现场应对处置工作。

2. 建立健全反恐指挥体系。应对处置恐怖事件,各级反恐工作领导机构成立由有关部门参加的指挥机构,由反恐工作领导机构负责人任指挥长,或者确定公安机关负责人或者反恐工作领导机构的其他成员单位负责人担任指挥长,实行指挥长负责制。恐怖事件发生后,发生地应当立即启动恐怖事件应对处置预案,确定反恐指挥机构指挥长。有关部门和解放军、武警部队、民兵组织协同开展打击、控制、救援、救护等现场应对处置工作。需要进入紧急状态的,由全国人大常委会或者国务院依照宪法和其他有关法律规定的权限和程序决定。发现恐怖事件或者疑似恐怖事件后,公安机关应当立即进行处置,并向反恐工作领导机构报告;解放军、武警部队发现正在实施的恐怖活动的,应当立即予以控制并将案件及时移交公安机关。反恐工作领导机构尚未确定指挥长的,由在场处置的公安机关职级最高的人员担任现场指挥员。公安机关未能到达现场的,由在场处置的解放军或者武警部队职级最高的人员担任现场指挥员。现场应对处置人员无论是否属于同一单位、系统,均应当服从现场指挥员的指挥。在境外的机构、人员、重要设施遭受或者可能遭受恐怖袭击的,国务院有关主管部门应当及时启动应对处置预案,外交部门应当协调有关国家采取相应措施。经有关国家协商同意,国家反恐工作领导机构可以组织外交、公安、国家安全等部门派出工作人员赴境外开展应对处置工作。

3. 恐怖事件发生后,负责应对处置的反恐工作领导机构可以决定采取下列应对处置措施:①组织营救和救治受害人员,疏散、撤离并妥善安置受到威胁的人员以及采取其他救助措施;②封锁现场和周边道路,查验现场人员的身份证件,在有关场所附近设置临时警戒线;③在特定区域内实施空域、海(水)域管制,对特定区域内的交通运输工具进行检查;④在特定区域内实施互联网、无线电、通讯管制;⑤在特定区域内或者针对特定人员实施出境入境管制;⑥禁止或者限制使用有关设备、设施,关闭或者限制使用有关场所,中止人员密集的活动或者可能导致危害扩大的生产经营活动;⑦抢修被损坏的交通、电信、互联网、广播电视、供水、排水、供电、供气、供热等公共设施;⑧组织志愿人员参加反恐怖主义救援工作,要求具有特定专长的人员提供服务;⑨其他必要的应对处置措施。此外,人民警察、武警以及其他依法配备、携带武器的应对处置人员,对在现场持枪支、刀具等凶器或者使用其他危险方法,正在或者准备实施暴力行为的人员，经警告无效的，可以使用武器；紧急情况下或者警告后可能导致更为严重危害后果的，可以直接使用武器。

4. 制止和处置恐怖活动，应当优先保护直接受到恐怖活动危害、威胁人员的人身安全。

5. 规范恐怖事件相关信息发布。恐怖事件发生、发展和应对处置信息，由恐怖事件发生地的省级反恐工作领导机构统一发布；跨省发生的恐怖事件，由指定的省级反恐工作领导机构统一发布。任何单位和个人不得编造、传播虚假恐怖事件信息；不得报道、传播可能引起模仿的恐怖活动的实施细节；不得发布恐怖事件中残忍、不人道的场景；在恐怖事件的应对处置过程中，除新闻媒体经负责发布信息的反恐怖主义工作领导机构批准外，不得报道、传播现场应对处置的工作人员、人质身份信息和应对处置行动情况。

6. 在处置后，要最大限度地恢复社会秩序，稳定公众情绪，降低并消除恐怖事件的影响。及时进行恢复生产生活、查明真相、补偿援助、优先重建、总结评估等工作。

（六）依法开展对恐怖主义的资金监管

《反恐怖主义法》规定，国务院反洗钱行政主管部门发现涉嫌恐怖主义融资的，可以依法进行调查，采取临时冻结措施。审计、财政、税务等部门发现资金流入与流出涉嫌恐怖主义融资的，应当及时通报公安机关。海关在对进出境人员携带现金和无记名有价证券实施监管的过程中，发现涉嫌恐怖主义融资的，应当立即通报国务院反洗钱行政主管部门和有管辖权的公安机关。中国人民银行、公安部、国家安全部制定并发布了《涉及恐怖活动资产冻结管理办法》，该办法规定，金融机构、特定非金融机构应当严格按照公安部发布的恐怖活动组织及恐怖活动人员名单、冻结资产的决定，依法对相关资产采取冻结措施。金融机构、特定非金融机构发现恐怖活动组织及恐怖活动人员拥有或者控制的资产，应当立即采取冻结措施。金融机构、特定非金融机构及其工作人员应当依法协助、配合公安机关和国家安全机关的调查、侦查，提供与恐怖活动组织及恐怖活动人员有关的信息、数据以及相关资产情况。冻结措施，是指金融机构、特定非金融机构为防止其持有、管理或者控制的有关资产被转移、转换、处置而采取的必要措施，包括但不限于：终止金融交易；拒绝资产的提取、转移、转换；停止金融账户的开立、变更、撤销和使用。资产包括但不限于：银行存款、汇款、旅行支票、银行支票、邮政汇票、保单、提单、仓单、股票、债券、汇票和信用证，房屋、车辆、船舶、货物，其他以电子或者数字形式证明资产所有权、其他权益的法律文件、证书等。

（七）依法取缔恐怖活动组织和惩治暴力恐怖活动

《反恐怖主义法》第3条第2款规定："本法所称恐怖活动，是指恐怖主义性质的下列行为：①组织、策划、准备实施、实施造成或者意图造成人员伤亡、重大财产损失、公共设施损坏、社会秩序混乱等严重社会危害的活动的；②宣扬恐怖主义，煽动实施恐怖活动，或者非法持有宣扬恐怖主义的物品，强制他人在公共场所穿戴宣扬恐怖主义的服饰、标志的；③组织、领导、参加恐怖活动组织的；④为恐怖活动组织、恐怖活动人员、实施恐怖活动或者恐怖活动培训提供信息、资金、物资、劳务、技术、场所等支持、协助、便利的；⑤其他恐怖活动"。除此之外，该条还对恐怖活动组织、恐怖活动人员、恐怖事件等概念作出了界定。即恐怖活动组织，是指3人以上为实施恐怖活动而组成的犯罪组织。恐怖活动人员，是指实施恐怖活动的人和恐怖活动组织的成员。恐怖事件，是指正在发生或者已经发生的造成或者可能造成重大社会危害的恐怖活动。

恐怖活动和恐怖活动组织对国家安全和人民生命财产安全危害极大，国家应当对其取缔和严惩。《反恐怖主义法》《刑法》《刑事诉讼法》《治安管理处罚法》等法律，对恐怖活动违法犯罪行为的行政责任、刑事责任，惩治恐怖活动犯罪的诉讼程序等作了明确规定。以上这些法律，在规定了反恐怖主义必要的手段和措施的同时，也注意平衡反恐与法治、保障人权之间的关系。

1. 《反恐怖主义法》第79条、第80条、第81条对实施恐怖活动、极端主义行为的刑事责任和行政责任作了明确规定。《反恐怖主义法》第79条规定，组织、策划、准备实施、实施恐怖活动，宣扬恐怖主义，煽动实施恐怖活动，非法持有宣扬恐怖主义的物品，强制他人在公共场所穿戴宣扬恐怖主义的服饰、标志，组织、领导、参加恐怖活动组织，为恐怖活动组织、恐怖活动人员、实施恐怖活动或者恐怖活动培训提供帮助的，依法追究刑事责任。

针对实施恐怖主义、极端主义活动及与其相关的行为，在我国的法律体系下，可能构成犯罪并按照《刑法》追究其刑事责任，也可能因为情节显著轻微、危害不大，不以犯罪论而按照《治安管理处罚法》追究行政责任。《反恐怖主义法》第79条规定了实施恐怖活动行为的刑事责任，随后即在第80条、第81条规定了这些行为的行政责任。《反恐怖主义法》第80条规定："参与下列活动之一，情节轻微，尚不构成犯罪的，由公安机关处10日以上15日以下拘留，可以并处1万元以下罚款：①宣扬恐怖主义、极端主义或者煽动实施恐怖活动、极端主义活动的；②制作、传播、非法持有宣扬恐怖主义、极端主义的物品的；③强制他人在公共场所穿戴宣扬恐怖主义、极端主义的服饰、标志的；④为宣扬恐怖主义、极端主义或者实施恐怖主义、极端主义活动提供信息、资金、物资、劳务、技术、场所等支持、协助、便利的。"第81条规定："利用极端主义，实施下列行为之一，情节轻微，尚不构成犯罪的，由公安机关处5日以上15日以下拘留，可以并处1万元以下罚款：①强迫他人参加宗教活动，或者强迫他人向宗教活动场所、宗教教职人员提供财物或者劳务的；②以恐吓、骚扰等方式驱赶其他民族或者有其他信仰的人员离开居住地的；③以恐吓、骚扰等方式干涉他人与其他民族或者有其他信仰的人员交往、共同生活的；④以恐吓、骚扰等方式干涉他人生活习俗、方式和生产经营的；⑤阻碍国家机关工作人员依法执行职务的；⑥歪曲、诋毁国家政策、法律、行政法规，煽动、教唆抵制人民政府依法管理的；⑦煽动、胁迫群众损毁或者故意损毁居民身份证、户口簿等国家法定证件以及人民币的；⑧煽动、胁迫他人以宗教仪式取代结婚、离婚登记的；⑨煽动、胁迫未成年人不接受义务教育的；⑩其他利用极端主义破坏国家法律制度实施的。"

2. 《刑法》对组织、领导、参加恐怖活动组织的行为作了定罪量刑规定。包括组织、领导、参加恐怖组织罪（第120条），帮助恐怖活动罪（第120条之一），准备实施恐怖活动罪（第120条之二），宣扬恐怖主义、极端主义、煽动实施恐怖活动罪（第120条之三），利用极端主义破坏法律实施罪（第120条之四），强制穿戴宣扬恐怖主义、极端主义服饰、标志罪（第120条之五），非法持有宣扬恐怖主义、极端主义物品罪（第120条之六），拒绝提供间谍犯罪、恐怖主义犯罪、极端主义犯罪证据罪（第311条），等等。

3. 我国《刑事诉讼法》对涉恐案件的刑事诉讼程序作了特别规定。①在审级方面，恐怖活动案件的一审一律由中级人民法院管辖。②在律师会见方面，侦查期间辩护律师会见在押恐怖活动犯罪嫌疑人，应当经侦查机关许可。③在证人、被害人保护方面，恐怖活动犯罪案件的证人、鉴定人、被害人因在诉讼中作证，本人或者其近亲属的人身安全面临危险的，人民法院、人民检察院和公安机关应当采取保护措施，包括不公开真实姓名、住址和工作单位等个人信息，采取不暴露外貌、真实声音等出庭作证措施，禁止特定的人员接触证人、鉴定人、被害人及其近亲属，对人身和住宅采取专门性保护措施，以及其他必要的保护措施。④在监视居住方面，对恐怖活动犯罪嫌疑人的监视居住，在住处执行可能有碍侦查的，经上一级人民检察院或者公安机关批准，也可以在指定的居所执行。但是，不得在羁押场所、专门的办案场所执行。⑤在拘留方面，对恐怖活动犯罪嫌疑人拘留后，通知被拘留人家属可能有碍侦查的，可以暂不通知；在有碍侦查的情形消失以后，应当立即通知被拘留人的家属。⑥在技术侦查措施方面，对恐怖活动犯罪案件，根据侦查犯罪的需要，经过严格的批准手续，可以采取技术侦查措施。⑦在没收违法所得方面，对恐怖活动犯罪案件，犯罪嫌疑人、被告人逃匿，在通缉1年后不能到案，或者犯罪嫌疑人、被告人死亡,依照刑法规定应当追缴其违法所得及其他涉案财产的,人民检察院可以向人民法院提出没收违法所得的申请。

第十五节 维护社会安全的任务

一、社会安全的概念

社会安全通常是指不特定的、多数人的健康、生命以及财产的安全。人是具有社会性的存在,国家出现之后,社会由一般的社会变成了国家的社会,社会安全问题也就成为国家安全的一部分。在改革的深化和发展过程中,社会问题对国家政治生活的影响甚至是威胁越来越大,其中最突出的是各种突发性社会事件对社会安全和国家安全的冲击。

近年来,政界和学界都越来越多地关注社会安全问题。作为国家安全构成要素之一的社会安全,本身是一个庞大复杂的体系。就我国目前的认识来说,社会安全至少包括居民安全、民宅安全、族群安全、城镇安全、乡村安全、街巷安全、社区安全、校区安全、市场安全等构成要素;其中的每一个构成要素又可以划分为若干下一层次的构成要素,如居民安全就可分为居民的人身安全、财产安全、名誉安全等要素,而居民的人身安全还可以继续划分为饮食安全、医疗安全、家居安全、出行安全、游乐安全、穿戴安全等。在社会安全的这些构成要素中,有些要素看起来非常细小,但如果某个方面的安全发生问题,特别是这样的安全问题扩大和强化起来,不仅会使社会的安全度降低,而且会使国家的安全度降低。[1]

二、维护社会安全的重要性

当前,我国正处于经济转轨、社会转型的特殊历史时期,面临着国际形势复杂、社会矛盾凸显等突出问题,社会安全已成为影响我国总体国家安全的重要因素。《突发事件应对法》第3条第1款规定:"本法所称突发事件,是指突然发生,造成或者可能造成严重社会危害,需要采取应急处置措施予以应对的自然灾害、事故灾难、公共卫生事件和社会安全事件。"从《突发事件应对法》的上述规定可以看出,社会安全事件是与自然灾害、事故灾难和公共卫生事件

---

[1] 刘跃进:《为国家安全立学——国家安全学科的探索历程及若干问题研究》,吉林大学出版社2014年版,第207~208页。

并列的突发事件类型。

近年来,因人民内部矛盾引发的群体性事件主要有以下几种:一是征地拆迁引发的群体性事件;二是环境污染引发的群体性事件;三是工资福利待遇问题引发的群体性事件;四是特殊利益诉求引发的聚集。维护社会安全主要是有效遏制重特大突发事件,防止出现严重社会动荡。目前,我国关于维护社会安全的法律法规主要有《集会游行示威法》《戒严法》《突发事件应对法》《治安管理处罚法》等法律,《信访条例》等法规。

三、维护社会安全的内容

《国家安全法》第 29 条规定:"国家健全有效预防和化解社会矛盾的体制机制,健全公共安全体系,积极预防、减少和化解社会矛盾,妥善处置公共卫生、社会安全等影响国家安全和社会稳定的突发事件,促进社会和谐,维护公共安全和社会安定。"据此,国家维护社会安全的任务主要包括以下内容。

(一)健全有效预防和化解社会矛盾的体制机制

随着经济社会的快速发展,以及各种利益关系的调整,出现了许多新的社会矛盾,矛盾的主体、内容日益多样化、复杂化。社会矛盾的积累和激化往往有一个较长的过程,即所谓的潜伏期。一般来说,这个时期造成社会安全事件的结构、问题已经形成,此时处理不但简易而且有效,因此,在早期发现问题非常重要。发现征兆后,及时采取措施防止矛盾激化和事态扩大,就能有效预防社会安全事件的发生。矛盾如果不能及时得到疏导化解,有可能激化或者发展为群体性事件,及时有效地预防和化解社会矛盾,具有重要意义。

《突发事件应对法》第 21 条规定:"县级人民政府及其有关部门、乡级人民政府、街道办事处、居民委员会、村民委员会应当及时调解处理可能引发社会安全事件的矛盾纠纷。"第 22 条规定:"所有单位应当建立健全安全管理制度,定期检查本单位各项安全防范措施的落实情况,及时消除事故隐患;掌握并及时处理本单位存在的可能引发社会安全事件的问题,防止矛盾激化和事态扩大;对本单位可能发生的突发事件和采取安全防范措施的情况,应当按照规定及时向所在地人民政府或者人民政府有关部门报告。"根据《突发事件应对法》上述两条规定,所有单位应当掌握和及时处理本单位存在的可能引发社会安全事件的问题,防止矛盾激化和事态扩大,及时化解社会矛盾,对本单位可能发生的突发事件应当按照规定及时向所在地人民政府或者人民政府有关部门报告。县级人民政府及其有关部门、乡级人民政府、街道办事处、居民委员会、村民委员会负责调解处理可能引发社会安全事件的矛盾纠纷。

党的十八届三中全会提出创新有效预防和化解社会矛盾体制。主要包括：健全重大决策社会稳定风险评估机制；建立畅通有序的诉求表达、心理干预、矛盾调处、权益保障机制，使群众问题能反映、矛盾能化解、权益有保障；改革行政复议体制，健全行政复议案件审理机制，纠正违法或不当行政行为；完善人民调解、行政调解、司法调解联动工作体系，建立调处化解矛盾纠纷综合机制；改革信访工作制度，实行网上受理信访制度，健全及时就地解决群众合理诉求机制；把涉法涉诉信访纳入法治轨道解决，建立涉法涉诉信访依法终结制度。

2015年李克强同志所作的政府工作报告提出，加强和创新社会治理，落实重大决策社会稳定风险评估机制，有效预防和化解社会矛盾；妥善应对自然灾害和突发事件，有序化解社会矛盾，建立健全机制，强化源头防范，保障人民生命安全，维护良好的社会秩序；严厉打击各类犯罪活动，强化社会治安综合治理，维护国家安全和公共安全；深化平安中国建设，健全立体化社会治安防控体系，依法惩治暴恐、黄赌毒、邪教、走私等犯罪行为，发展和规范网络空间，确保国家安全和公共安全；加强重大疾病防控；全方位强化安全生产，全过程保障食品药品安全；提高公共突发事件防范处置和防灾救灾减灾能力。

(二) 健全公共安全体系

党的十八届三中全会提出"健全公共安全体系"。主要内容包括：完善统一权威的食品药品安全监管机构，建立最严格的覆盖全过程的监管制度，建立食品原产地可追溯制度和质量标识制度，保障食品药品安全；深化安全生产管理体制改革，建立隐患排查治理体系和安全预防控制体系，遏制重特大安全事故；健全防灾减灾救灾体制；加强社会治安综合治理，创新立体化社会治安防控体系，依法严密防范和惩治各类违法犯罪活动；坚持积极利用、科学发展、依法管理、确保安全的方针，加大依法管理网络力度，加快完善互联网管理领导体制，确保国家网络和信息安全。

(三) 积极预防、减少和化解社会矛盾

要确立积极预防、减少和化解社会矛盾工作新理念：①立足源头预防，实现社会管理从被动维稳向主动创稳转变。坚持从治本的高度着力构建源头治理体系，前移社会管理关口，优化基层社会管理的宏观环境，通过保障和改善民生、优化公共服务体系、促进社会公平正义、健全科学民主合法的决策机制，最大限度地防止、减少和弱化社会矛盾和社会冲突的产生。②畅通诉求表达，实现社会治理从行政管制向民主协商转变。坚持以保障各种利益主体的表达权为前提，建立利益表达和协调机制，不断扩大群众在公共政策制定和公共事务决策中的参与度，在畅通民意渠道、完善基层民主和充分民主协商的基础上，全面落实群众的知情权、选择权、参与权、监督权，按照民主程序维护权益，化解利益冲突。③强化矛盾排查，实现社会矛盾从事后处置向事前防范转变。坚持预防为主、调解为先、争取主动、防止激化，通过建立健全社会矛盾预警机制、社会矛盾排查机制和社会治安防控体系，将社会矛盾消灭在萌芽状态乃至未萌之前，最大限度地降低维稳成本，实现社会管理的最高境界。④规范矛盾调处，实现维护权益从依靠信访向依据法律转变。切实树立法律权威，将解决社会矛盾纳入法治轨道，使法治成为解决社会矛盾和冲突的长效化、制度化手段。对各类社会矛盾纠纷，要引导群众依法理性反映诉求，通过法律程序、运用法律手段维护自身权益，推动形成办事依法、遇事找法、解决问题用法、化解矛盾靠法的社会环境。⑤着眼多元化解，实现矛盾化解从单一模式向综合联动转变。着力构建以人民调解为主，司法调解、行政调解、仲裁调解等手段为辅的"大调解"工作体系，通过创新设置调解组织、完善联调联解机制和加强建设应急管理体制，综合运用法律、政策、经济、行政等手段和教育、协商、疏导等方法，鼓励民众合理选择矛盾纠纷解决途径，规范相关调解程序，实现矛盾纠纷化解机制多元化、合理化和制度化。

（四）妥善处置公共卫生、社会安全等影响国家安全和社会稳定的突发事件

《突发事件应对法》规定了自然灾害、事故灾难、公共卫生事件和社会安全事件这四类突发事件。除社会安全事件之外的其他突发事件，如果不能及时妥善处置，也会造成社会恐慌、社会失序，进而影响国家安全和社会稳定。

对于社会安全事件的处置，《突发事件应对法》第50条规定："社会安全事件发生后，组织处置工作的人民政府应当立即组织有关部门并由公安机关针对事件的性质和特点，依照有关法律、行政法规和国家其他有关规定，采取下列一项或者多项应急处置措施：①强制隔离使用器械相互对抗或者以暴力行为参与冲突的当事人，妥善解决现场纠纷和争端，控制事态发展；②对特定区域内的建筑物、交通工具、设备、设施以及燃料、燃气、电力、水的供应进行控制；③封锁有关场所、道路，查验现场人员的身份证件，限制有关公共场所内的活动；④加强对易受冲击的核心机关和单位的警卫，在国家机关、军事机关、国家通讯社、广播电台、电视台、外国驻华使领馆等单位附近设置临时警戒线；⑤法律、行政法规和国务院规定的其他必要措施。严重危害社会治安秩序的事件发生时，公安机关应当立即依法出动警力，根据现场情况依法采取相应的强制性措施，尽快使社会秩序恢复正常。"

对于自然灾害、事故灾难、公共卫生事件的处置，《突发事件应对法》第49条规定："……履行统一领导职责的人民政府可以采取下列一项或者多项应急处置措施：①组织营救和救治受害人员，疏散、撤离并妥善安置受到威胁的人员

以及采取其他救助措施；②迅速控制危险源，标明危险区域，封锁危险场所，划定警戒区，实行交通管制以及其他控制措施；③立即抢修被损坏的交通、通信、供水、排水、供电、供气、供热等公共设施，向受到危害的人员提供避难场所和生活必需品，实施医疗救护和卫生防疫以及其他保障措施；④禁止或者限制使用有关设备、设施，关闭或者限制使用有关场所，中止人员密集的活动或者可能导致危害扩大的生产经营活动以及采取其他保护措施；⑤启用本级人民政府设置的财政预备费和储备的应急救援物资，必要时调用其他急需物资、设备、设施、工具；⑥组织公民参加应急救援和处置工作，要求具有特定专长的人员提供服务；⑦保障食品、饮用水、燃料等基本生活必需品的供应；⑧依法从严惩处囤积居奇、哄抬物价、制假售假等扰乱市场秩序的行为，稳定市场价格，维护市场秩序；⑨依法从严惩处哄抢财物、干扰破坏应急处置工作等扰乱社会秩序的行为，维护社会治安；⑩采取防止发生次生、衍生事件的必要措施。"

（五）促进社会和谐，维护公共安全和社会安定

社会和谐是中国特色社会主义的本质属性，因此，必须团结一切可以团结的力量，最大限度增加和谐因素，增强社会创造活力，确保人民安居乐业、社会安定有序、国家长治久安。当前，我国发展形势总体是好的。同时，我们面临的维护国家安全和社会稳定的任务仍然十分繁重艰巨。一方面，我国改革进入攻坚期和深水区，社会稳定进入风险期，各种一般矛盾和深层次矛盾交织叠加，一些重大问题敏感程度明显增大，处理不慎极易影响社会稳定。同时，人民群众的公平意识、民主意识、权利意识、法治意识不断增强，对促进社会公平正义、实现安居乐业的要求越来越高。另一方面，随着国际力量对比持续朝着于我有利的方向发展，我国与西方两种社会制度、两种意识形态的较量，比以往任何时候都更加激烈。

因此，我国既处于发展的重要战略机遇期，又处于社会矛盾凸显期，在社会稳定中推进改革发展尤为重要。我们要坚持将改革的力度、发展的速度和社会可承受的程度统一起来，将改善人民生活作为正确处理改革发展稳定关系的结合点，在保持社会稳定中推进改革发展，通过改革发展促进社会稳定。要增强改革措施、发展措施、稳定措施的协调性，把握好当前利益和长远利益、局部利益和全局利益、个人利益和集体利益的关系，既着力解决关系群众切身利益的问题，又着力引导群众处理各种利益关系、理性合法表达利益诉求，营造安定团结的社会氛围。

第十章
维护国家安全的任务(下)

第十六节 维护生态安全的任务

一、生态安全的概念

生态与环境的概念有交叉,生态或生态系统是当代环境资源法和生态法的基本概念。生态是指一切生物的生存状态,以及它们之间和它们与环境之间环环相扣的关系。《生物多样性公约》对生态系统的定义是:"生态系统是指植物、动物和微生物群落和它们的无生命环境交互作用形成的、作为一个功能单位的动态复合体。"

生态安全这一概念,具有广义和狭义之分。狭义的生态安全,是指自然与半自然的生态系统的完整性和整体健康水平不受威胁的状态,以及保障持续安全状态的能力。广义的生态安全,是指人们在生活、健康、基本权利、必要生存资源、生活保障来源、社会秩序以及人类适应环境变化能力等方面相对处于没有危险和不受内外威胁的状态,以及保障持续安全状态的能力。广义的生态安全包括自然生态安全、经济生态安全和社会生态安全三个子概念,三者相互衔接,结合成了一个综合的生态安全系统。生态系统整体健康运行是环境治理的一个全新的目标。一般来说,功能正常的生态系统可以被称为健康系统,该系统是稳定并且可持续的,能够在相当的时间长度中,维持自身的组织结构和自我运行,并且拥有对相应损害的恢复能力。如果说一个生态系统并不具备相应的功能或相应的功能不够完整,则为不健康的生态系统,这种生态系统的安全处于威胁之中。

从法学的角度看,生态安全是国际社会各成员的一项权利和义务,任何国家和地区都享有生态安全权,且负有保护国内和国际生态安全的义务。生态安全也是一项基本人权,人人都享有在安全的生态环境下生活的权利,它是自然人环境权的有机组成部分，是实现人类自由安全的基础。[1]

从我国的角度来看，对于生态安全的理解显然更偏重广义的概念。广义的生态安全，具有以下特点：

1. 整体性。生态与环境问题已经不仅仅是一个简单的污染问题，而是涉及生态系统中每一个细微构成的整体性问题，生态系统的各个因素之间是相互紧密连接在一起的，任何一个局部环境的破坏都可能引发整个生态系统的重大灾难，乃至于危及国家与民族的整体生存。在人类发展的历史上，这样的事例屡见不鲜。人类文明早期的美索不达米亚文明，曾经创造出了被称为文明火种的璀璨文明，但是在环境的不断恶化之下，不断衰弱乃至于最终消亡。我国新疆的罗布泊地区，曾经拥有众多繁荣的西域城镇，而随着自然条件的崩溃，如今也只能从掩埋于无垠沙海之下的遗迹中追忆曾经的盛景。从小到大逐步蔓延的生态系统连锁反应，正是生态安全的重要特点之一，个别事例、部分地区的小问题，可能成为区域性、国家性的整体性问题。

2. 国际性。环境问题全球性特点的凸显已将人类置于空前的生态风险窘境之中，无论各国发展程度如何，保障生态安全都是其面临的一项至关重要的任务。[2] 全球一体化迅猛发展，国家与国家之间的联系日益密切，经济、政治、生态环境相互影响的程度加剧，随之而来的是，生态安全问题也成为国际性问题。近年来，全球环境问题日益凸显，气候变暖、国际河流水资源利用、土地沙漠化、海洋污染等问题屡见不鲜，生态安全国际性问题也成为当前各国合作的重要内容。

3. 相对性。生态安全是一个具有相对性特点的概念，从生态安全的评价上说，其标准具有相对性和发展性，不同的国家及地区，在不同的发展时代，对于其自身的生态安全，具备不同的认知与评价。没有绝对的安全，只有相对的安全。需要结合一国的具体情况，来对该国的具体生态安全情况进行评定与衡量。

4. 生态破坏不可逆与生态恢复的长期性。一方面，生态环境的承载力及恢复力是有限的，一旦超过生态环境自身的修复上限，极易出现不可逆的后果。例如，野生动植物一旦灭绝，就几乎再无任何重现于世的可能。另一方面，生态环境一旦遭到严重破坏，即使没有达到不可逆的程度，但想要让生态环境重新恢复到健康状态也是相当困难的，需要相当长的时间。我国沙漠化地区的治

---

[1] 张炳淳："论全球化背景下生态安全的法律保护"，载《西北大学学报（哲学社会科学版）》2006年第2期。

[2] 刘洪岩："国际生态法发展的几个理论问题"，载《求是学刊》2014年第6期。

理，众多受污染湖泊的恢复，都体现了这一特征。

二、维护生态安全的重要性

生态系统为人类提供了必不可少的生命维护系统和从事各种活动所必需的最基本的物质资源，生态问题集中反映了人、生物与环境之间的生态关系，这一关系的演变，贯穿于人类社会的整个发展史。随着工业化和城市化的高速发展，人民的物质生活水平有了很大的提高。而与此同时，也给整个自然生态系统带来了非常严重的负面影响，环境污染、土地退化、水资源枯竭、空气质量下降、植被遭受破坏、生物多样性受威胁、气候变化都已经成为严重影响人们正常生活并制约着社会可持续发展的重要因素，生态安全备受关注。我国面临的生态安全挑战是多方面的，具体包括以下方面：

1. 水资源问题。水作为人类生活与发展的重要生态条件，其恶化已经成为制约我国经济社会发展和影响人居环境的重要安全问题。一方面，北方众多城市出现了严重的缺水问题，对当地的国民经济发展构成了严重威胁。另一方面，南方水资源从量上并不缺乏，但是从质上也难称满意。众多河流湖泊出现严重污染，工业废水和生活污水的直排现象严重污染水资源，造成很多河流湖泊水质恶化，有水不能用，导致严重水质性缺水。

2. 国土资源问题。土地退化（包括沙漠化、石漠化、盐碱化、草地退化）加剧，重金属、垃圾填埋及农药等有毒有害化学品对土壤造成严重污染，农业及人居环境污染问题十分严重。

3. 森林和其他植被的破坏。长期以来对于森林植被的过度利用与破坏，导致水土流失，泥沙淤积，植被涵养水分能力降低，造成众多河流洪旱灾害频繁。1998年，我国南北持续3个月的特大洪水造成了巨大损失，造成的直接经济损失高达2551亿元，这一灾害显示出长江、嫩江等河流、水系所提供的涵养水源、保持水土等生态服务功能已被严重削弱，对整个国家安全构成严重威胁。[1]森林植被被破坏也使大量动植物处于濒危状态，生物多样性受到破坏。

4. 气候恶化。一方面，西部地区因为干旱、高寒等问题，生态环境本就十分脆弱，加之人类的过度开发，沙尘爆发的次数日益频繁、强度愈演愈烈，荒漠化的土地仍旧在增加。另一方面，化石能源的利用，造成东部地区大气环境恶化，雾霾天气增加，工业废气和汽车尾气污染严重，很多城市PM2.5超标，

---

[1] 肖笃宁、陈文波、郭福良："论生态安全的基本概念和研究内容"，载《应用生态学报》2002年第3期。

空气质量严重下降,二氧化碳排放增长过快,气候变化加剧。

脆弱的生态环境已成为制约我国经济社会协调发展的严重障碍,对现代化建设构成了严峻挑战。2000年12月我国发布了《全国生态环境保护纲要》,从国家政策的角度将生态环境安全确定为我国的一项重要的安全目标。党的十八大报告明确提出了"加快实施主体功能区战略,推动各地区严格按照主体功能定位发展,构建科学合理的城市化格局、农业发展格局、生态安全格局"的政治诉求。从维护国家安全、全球安全,维护人类自身安全的角度出发,认识维护生态安全的重要性,建立健全生态安全保障系统,已经刻不容缓。

我国制定了大量的法律法规以保护生态环境,它们在保护生态环境方面起到了重要作用。其中,在综合环境保护方面制定了《环境保护法》《环境影响评价法》《固体废物污染环境防治法》《规划环境影响评价条例》《建设项目环境保护管理条例》等法律法规;在土地保护方面制定了《土地管理法》《水土保持法》《防沙治沙法》等法律法规;在水资源保护方面制定了《水法》《水污染防治法》《淮河流域水污染防治暂行条例》《太湖流域管理条例》《海洋倾废管理条例》《防治船舶污染海洋环境管理条例》等法律法规;在大气保护方面制定了《大气污染防治法》《环境噪声污染防治法》《消耗臭氧层物质管理条例》等法律法规;在植被保护方面制定了《森林法》《草原法》《自然保护区条例》等法律法规。

国际环境法的产生和发展是20世纪国际法的一个重大发展。1992年国际环境法进入快速发展和成熟期——1992年6月在巴西召开了联合国环境与发展会议,也称"地球首脑会议",通过了具有历史意义的包括《生物多样性公约》在内的五大国际环境法文件,环境与发展的密切联系得到了国际社会的普遍认同。里约会议后,国际环境法机构建设方面也取得了突破,国际法院增设了环境法庭,世界贸易组织也成立了研究贸易与环境问题的委员会。

国际条约是国际环境法最主要的组成部分。例如,《气候变化框架公约》《生物多样性公约》《保护臭氧层维也纳公约》等国际环境公约及其议定书。又如,我国和美国、加拿大签署的1972年《五大湖水质协定》,和瑞士等五国签署的1999年《保护莱茵河协议》等双边和多边条约。国际环境法中还存在着大量的软法。例如,国际会议和国际组织通过的宣言、决议和行动计划等文件,包括1972年联合国人类环境会议通过的《联合国人类环境宣言》、1982年联合国大会通过的《世界自然宪章》、1992年联合国环境与发展会议通过的《关于环境和发展的里约宣言》等。

三、维护生态安全的内容

《国家安全法》第 30 条规定:"国家完善生态环境保护制度体系,加大生态建设和环境保护力度,划定生态保护红线,强化生态风险的预警和防控,妥善处置突发环境事件,保障人民赖以生存发展的大气、水、土壤等自然环境和条件不受威胁和破坏,促进人与自然和谐发展。"据此,我国维护生态安全的任务主要包括以下内容。

(一) 完善生态环境保护制度体系

2015 年 4 月 25 日国家颁布了《中共中央国务院关于加快推进生态文明建设的意见》,对加快建立系统完整的生态文明制度体系、建立完善的生态安全保障体系,作出了明确要求。

1. 运用经济政策引导生态文明建设。健全价格、财税、金融等政策,激励、引导各类主体积极投身生态文明建设。深化自然资源及其产品价格改革,凡是能由市场形成价格的都交给市场,政府定价要体现基本需求与非基本需求以及资源利用效率高低的差异,体现生态环境损害成本和修复效益。进一步深化矿产资源有偿使用制度改革,调整矿业权使用费征收标准。加大财政资金投入,统筹有关资金,对资源节约和循环利用、新能源和可再生能源开发利用、环境基础设施建设、生态修复与建设、先进适用技术研发示范等给予支持。将高耗能、高污染产品纳入消费税征收范围。推动环境保护费改税。加快资源税从价计征改革,清理取消相关收费基金,逐步将资源税征收范围扩展到占用各种自然生态空间的领域。完善节能环保、新能源、生态建设的税收优惠政策。推广绿色信贷,支持符合条件的项目通过资本市场融资。探索排污权抵押等融资模式。深化环境污染责任保险试点,研究建立巨灾保险制度。

2. 健全生态安全保护的法律体系。全面清理现行法律法规中与加快推进生态文明建设不相适应的内容,加强法律法规间的衔接。研究制定节能评估审查、节水、应对气候变化、生态补偿、湿地保护、生物多样性保护、土壤环境保护等方面的法律法规,修订土地管理法、大气污染防治法、水污染防治法、节约能源法、循环经济促进法、矿产资源法、森林法、草原法、野生动物保护法等。

3. 健全自然资源资产产权制度和用途管制制度。对水流、森林、山岭、草原、荒地、滩涂等自然生态空间进行统一确权登记,明确国土空间的自然资源资产所有者、监管者及其责任。完善自然资源资产用途管制制度,明确各类国土空间开发、利用、保护边界,实现能源、水资源、矿产资源按质量分级、梯级利用。严格节能评估审查、水资源论证和取水许可制度。坚持并完善最严格的耕地保护和节约用地制度，强化土地利用总体规划和年度计划管控，加强土地用途转用许可管理。完善矿产资源规划制度，强化矿产开发准入管理。有序推进国家自然资源资产管理体制改革。

（二）建立市场化机制推进生态安全管理

1. 推行市场化机制。加快推行合同能源管理、节能低碳产品和有机产品认证、能效标识管理等机制。推进节能发电调度，优先调度可再生能源发电资源，按机组能耗和污染物排放水平依次调用化石类能源发电资源。建立节能量、碳排放权交易制度，深化交易试点，推动建立全国碳排放权交易市场。加快水权交易试点，培育和规范水权市场。全面推进矿业权市场建设。扩大排污权有偿使用和交易试点范围，发展排污权交易市场。积极推进环境污染第三方治理，引入社会力量投入环境污染治理。

2. 完善标准体系。加快制定修订一批能耗、水耗、地耗、污染物排放、环境质量等方面的标准，实施能效和排污强度"领跑者"制度，加快标准升级步伐。提高建筑物、道路、桥梁等建设标准。环境容量较小、生态环境脆弱、环境风险高的地区要执行污染物特别排放限值。鼓励各地区依法制定更加严格的地方标准。建立与国际接轨、适应我国国情的能效和环保标识认证制度。

3. 健全生态保护补偿机制。科学界定生态保护者与受益者权利义务，加快形成生态损害者赔偿、受益者付费、保护者得到合理补偿的运行机制。结合深化财税体制改革，完善转移支付制度，归并和规范现有生态保护补偿渠道，加大对重点生态功能区的转移支付力度，逐步提高其基本公共服务水平。建立地区间横向生态保护补偿机制，引导生态受益地区与保护地区之间、流域上游与下游之间，通过资金补助、产业转移、人才培训、共建园区等方式实施补偿。建立独立公正的生态环境损害评估制度。

（三）切实改善生态环境质量

1. 保护和修复自然生态系统。加快生态安全屏障建设，形成以青藏高原、黄土高原—川滇、东北森林带、北方防沙带、南方丘陵山地带、近岸近海生态区以及大江大河重要水系为骨架，以其他重点生态功能区为重要支撑，以禁止开发区域为重要组成的生态安全战略格局。实施重大生态修复工程，扩大森林、湖泊、湿地面积，提高沙区、草原植被覆盖率，有序实现休养生息。加强森林保护，将天然林资源保护范围扩大到全国；大力开展植树造林和森林经营，稳定和扩大退耕还林范围，加快重点防护林体系建设；完善国有林场和国有林区经营管理体制，深化集体林权制度改革。严格落实禁牧休牧和草畜平衡制度，加快推进基本草原划定和保护工作；加大退牧还草力度，继续实行草原生态保护补助奖励政策；稳定和完善草原承包经营制度。启动湿地生态效益补偿和退耕还湿。加强水生生物保护，开展重要水域增殖放流活动。继续推进京津风沙源治理、黄土高原地区综合治理、石漠化综合治理，开展沙化土地封禁保护试点。加强水土保持，因地制宜推进小流域综合治理。实施地下水保护和超采漏斗区综合治理，逐步实现地下水采补平衡。强化农田生态保护，实施耕地质量保护与提升行动，加大退化、污染、损毁农田改良和修复力度，加强耕地质量调查监测与评价。实施生物多样性保护重大工程，建立监测评估与预警体系，健全国门生物安全查验机制，有效防范物种资源丧失和外来物种入侵，积极参加生物多样性国际公约谈判和履约工作。加强自然保护区建设与管理，对重要生态系统和物种资源实施强制性保护，切实保护珍稀濒危野生动植物、古树名木及自然环境。建立国家公园体制，实行分级、统一管理，保护自然生态和自然文化遗产原真性、完整性。研究建立江河湖泊生态水量保障机制。加快灾害调查评价、监测预警、防治和应急等防灾减灾体系建设。

2. 全面推进污染防治。按照以人为本、防治结合、标本兼治、综合施策的原则，建立以保障人体健康为核心、以改善环境质量为目标、以防控环境风险为基线的环境管理体系，健全跨区域污染防治协调机制，加快解决人民群众反映强烈的大气、水、土壤污染等突出环境问题。继续落实大气污染防治行动计划，逐渐消除重污染天气，切实改善大气环境质量。实施水污染防治行动计划，严格饮用水源保护，全面推进涵养区、源头区等水源地环境整治，加强供水全过程管理，确保饮用水安全；加强重点流域、区域、近岸海域水污染防治和良好湖泊生态环境保护，控制和规范淡水养殖，严格入河（湖、海）排污管理；推进地下水污染防治。制定实施土壤污染防治行动计划，优先保护耕地土壤环境，强化工业污染场地治理，开展土壤污染治理与修复试点。加强农业面源污染防治，加大种养业特别是规模化畜禽养殖污染防治力度，科学施用化肥、农药，推广节能环保型炉灶，净化农产品产地和农村居民生活环境。加大城乡环境综合整治力度。推进重金属污染治理。开展矿山地质环境恢复和综合治理，推进尾矿安全、环保存放，妥善处理处置矿渣等大宗固体废物。建立健全化学品、持久性有机污染物、危险废物等环境风险防范与应急管理工作机制。切实加强核设施运行监管，确保核安全万无一失。

3. 积极应对气候变化。坚持当前长远相互兼顾、减缓适应全面推进，通过节约能源和提高能效，优化能源结构，增加森林、草原、湿地、海洋碳汇等手段，有效控制二氧化碳、甲烷、氢氟碳化物、全氟碳化、六氟化硫等温室气体排放。提高适应气候变化特别是应对极端天气和气候事件能力，加强监测、预警和预防，提高农业、林业、水资源等重点领域和生态脆弱地区适应气候变化的水平。扎实推进低碳省区、城市、城镇、产业园区、社区试点。坚持共同但有区别的责任原则、公平原则、各自能力原则，积极建设性地参与应对气候变化国际谈判，推动建立公平合理的全球应对气候变化格局。

(四) 创新生态安全保护法律制度

1. 完善生态环境监管制度。建立严格监管所有污染物排放的环境保护管理制度。完善污染物排放许可证制度，禁止无证排污和超标准、超总量排污。违法排放污染物、造成或可能造成严重污染的，要依法查封扣押排放污染物的设施设备。对严重污染环境的工艺、设备和产品实行淘汰制度。实行企事业单位污染物排放总量控制制度，适时调整主要污染物指标种类，纳入约束性指标。健全环境影响评价、清洁生产审核、环境信息公开等制度。建立生态保护修复和污染防治区域联动机制。

2. 坚守生态红线。2011年《国务院关于加强环境保护重点工作的意见》首次提出"生态红线"概念，提出"在重要生态功能区、陆地和海洋生态环境敏感区、脆弱区等区域划定生态红线"，理论界与实务界一致认可"生态红线"为"中国生态安全的底线"。[1] 要树立底线思维，设定并严守资源消耗上限、环境质量底线、生态保护红线，将各类开发活动限制在资源环境承载能力之内。合理设定资源消耗"天花板"，加强能源、水、土地等战略性资源管控，强化能源消耗强度控制，做好能源消费总量管理。继续实施水资源开发利用控制、用水效率控制、水功能区限制纳污三条红线管理。划定永久基本农田，严格实施永久保护，对新增建设用地占用耕地规模实行总量控制，落实耕地占补平衡，确保耕地数量不下降、质量不降低。严守环境质量底线，将大气、水、土壤等环境质量"只能更好、不能变坏"作为地方各级政府环保责任红线，相应确定污染物排放总量限值和环境风险防控措施。在重点生态功能区、生态环境敏感区和脆弱区等区域划定生态红线，确保生态功能不降低、面积不减少、性质不改变；科学划定森林、草原、湿地、海洋等领域生态红线，严格自然生态空间征（占）用管理，有效遏制生态系统退化的趋势。探索建立资源环境承载能力监测预警机制，对资源消耗和环境容量接近或超过承载能力的地区，及时采取区域限批等限制性措施。

3. 完善以预防为主的环境风险管理制度。实行环境应急分级、动态和全过程管理，依法科学妥善处置突发环境事件。建设更加高效的环境风险管理和应急救援体系，提高环境应急监测处置能力。制定切实可行的环境应急预案，配备必要的应急救援物资和装备，加强环境应急管理、技术支撑和处置救援队伍

---

[1] 陈海嵩："'生态红线'的规范效力与法治化路径——解释论与立法论的双重展开"，载《现代法学》2014年第4期。

建设，定期组织培训和演练。开展重点流域、区域环境与健康调查研究。全力做好污染事件应急处置工作，及时准确发布信息，减少人民群众生命财产损失和生态环境损害。健全责任追究制度，严格落实企业环境安全主体责任，强化地方政府环境安全监管责任。

4. 强化生态风险预警机制。要对生态环境的质量退化、恶化等情况进行预警和及时报警，需要具备先觉性及预见性的功能，对生态风险的演化趋势、方向、后果、影响需要有警觉性的预判。随着我国近年来突发环境事件的频繁发生，有效预防和处置突发环境事件，提升环境应急能力和预警水平，保障生态环境安全，已成为我国环境保护工作的重要内容。相应地，我国在《环境保护法》中作出了相应的规定：国家建立健全环境监测制度；建立环境资源承载能力监测预警机制；国家建立跨行政区域的重点区域、流域环境污染和生态破坏临河防治协调机制；国家实行环境保护责任制和考核评价制度；划定生态保护红线，实行严格保护；国家建立、健全生态保护补偿制度；国家加强对大气、水、土壤等的保护，建立和完善相应的调查、监测、评估和修复制度等。

（五）建立健全政绩责任和问责制度

1. 健全政绩考核制度。建立体现生态文明要求的目标体系、考核办法、奖惩机制。把资源消耗、环境损害、生态效益等指标纳入经济社会发展综合评价体系，大幅增加考核权重，强化指标约束，不唯经济增长论英雄。完善政绩考核办法，根据区域主体功能定位，实行差别化的考核制度。对限制开发区域、禁止开发区域和生态脆弱的国家扶贫开发工作重点县，取消地区生产总值考核；对农产品主产区和重点生态功能区，分别实行农业优先和生态保护优先的绩效评价；对禁止开发的重点生态功能区，重点评价其自然文化资源的原真性、完整性。根据考核评价结果，对生态文明建设成绩突出的地区、单位和个人给予表彰奖励。探索编制自然资源资产负债表，对领导干部实行自然资源资产和环境责任离任审计。

2. 完善责任追究制度。建立领导干部任期生态文明建设责任制，完善节能减排目标责任考核及问责制度。严格责任追究，对违背科学发展要求、造成资源环境生态严重破坏的要记录在案，实行终身追责，不得转任重要职务或提拔使用，已经调离的也要问责。对推动生态文明建设工作不力的，要及时诫勉谈话；对不顾资源和生态环境盲目决策、造成严重后果的，要严肃追究有关人员的领导责任；对履职不力、监管不严、失职渎职的，要依纪依法追究有关人员的监管责任。

（六）加强生态安全维护的国际合作

1. 积极谨慎签署和履行国际条约和协定。环境问题的全球渗透，促使生态保护的国际合作实践成为可能,并促成了国际生态法律规范遵循着国际合作实践面向的维度发展。生态保护国际合作的实践清楚地表明,国际生态法主要是按照条约规制的路径发展的,国际条约仍然是国际生态法的主要渊源。[1]我国在维护国家主权,坚持共同但有区别的责任原则的前提下,积极参与生态安全维护的国际合作,谨慎签署和切实履行各类有关环境保护和维护生态安全的国际条约和协定。

2. 充分重视国家"软法"的重要性。环境保护领域看似不问政治,实际上各国根本不愿意暴露各自众多的"生态秘密",特别是军事领域的生态秘密。20世纪70年代,环境保护领域产生了建立新的国际合作体系的需要,采用了国际会议决议这种形式的"软法"规范。这种法律规范能够更迅速地适应变化中的国家政治现实,确定国际生态法规范"硬法"可能的内容以及行为主体自由的许可界限。

3. 积极参与制定国际生态标准。制定生态标准是国际政府间组织单方面的职权行为,是为行使规范创制和调整职能所采取的措施。国际组织的执行机构一般有权在其组织内采用相关标准。例如,国际原子能机构和国际民航组织、粮农组织、世界卫生组织、世界气象组织等许多联合国机构可以在其基本职业活动背景下制定和通过相关生态标准。将国际生态标准内化为国内生态标准时,《环境与发展国际公约草案》第43条第2款规定国内生态标准应具有预防和补救性质。也就是说,考虑到各国生态、社会和经济特点,各国有权规定比国际标准更为严格的国内生态标准,只是这些标准不应成为隐含的贸易壁垒。

第十七节 维护核安全的任务

一、核安全的概念

在不同的工业和生产领域,核安全涉及的范畴有所不同。通常来说,核安全,是指在核能与核技术领域涉及的安全问题,具有广义和狭义之分。狭义的核安全,是指采取适当的措施确保核设施和核活动的安全,保护人类和环境免遭辐射危险。狭义的核安全包括核设施安全、辐射安全、放射性废物管理安全和放射性物质运输安全等。除上述概念所指,广义的核安全还包括核安保和核保障。核安保,是指防止、侦查和应对涉及核材料和其他放射性物质或相关设施的偷窃、蓄意破坏、未经授权的接触、非法转让或其他恶意行为。核保障,

---

[1] 刘洪岩:"国际生态法发展的几个理论问题",载《求是学刊》2014年第6期。

是指对核材料的有效控制，确保其不用于非和平目的。

核安全具有以下两个方面的特征：一是危险等级高。核设施中存在裂变产物、锕系元素和活化产物等放射性物质，这些放射性物质在衰变过程中会发射中子、α射线、β射线、γ射线等，造成放射性危害。在正常生产运行中，核反应堆的安全壳呈密封状态，且保持负压，以防止气体从安全壳内流出。如果发生事故，放射性物质被释放到厂区和环境中，会对从业人员和附近居民造成影响。二是社会影响大。一般来说，由于放射性的物理特性，在核设施（包括核电厂）内发生放射性物质外泄的事故，都属于影响较大的公共危机事件。公共危机事件会严重影响社会系统的基本结构，不确定性较高，需要在最短时间内作出关键决策，以保证社会安全。

二、维护核安全的重要性

由于核具有放射性，核安全自核能进入人类使用范畴以来就备受关注。近年来，以恐怖主义为代表的各种非传统安全问题日益凸显，其中核恐怖活动尤其令人担忧。核安全不再只是一个技术问题，也是一个社会问题。

1. 民用核风险。20世纪人类发现核能之后，核能的开发与利用便成为全人类探索的方向。从经济与民用角度来看，核能源已成为现代社会举足轻重的能源供给组成。1953年，世界上第一座小型核电厂在美国建成。1960年，第一座商用核电厂——美国扬基核电厂投入运营。自20世纪70年代起，核电站及核能源取得了长足的发展，从1970年至1975年，核电装机容量以每年30%的速度增长。在20世纪末，全世界已有36个国家和地区的430座核电机组在营运之中，总功率近370 000兆瓦，提供了世界总发电量的17%。还有38个机组正在建设之中，33个机组即将被建造。近年来因为部分核事故及对相关安全性的担忧，世界范围内核能源使用缩减，但从总的趋势来看，世界范围内核能源的运行与使用，在安全与经济两个方面的衡量下，都呈上升趋势。

我国核工业起步于1955年，在20世纪50年代~70年代，主要为国防服务，与之相应的研究、制造、维护等核工业体系得到初步建立。改革开放后，核工业同样转向民用领域，80年代开始建立大亚湾与秦山两座核电站，之后又规划、在建、投入使用了一大批核电站。截至2014年9月4日，我国已建成并投入商业运行的核电站有8个，分别为浙江秦山核电站一期、二期、三期，广东大亚湾核电站和岭澳核电站一期、二期，江苏田湾核电站，辽宁红沿河1、2号机组，福建宁德1号机组，防城港1号机组以及阳江核电站共20台机组。总的来说，我国的民用核能源的利用与相关建设，已经在世界范围内取得领先地位,核能源在我国能源构成中处于举足轻重的地位。

在核能源的应用得到如此快速发展的背景下,民用核安全事件也屡屡发生。1979年美国三里岛核事故、1986年苏联切尔诺贝利核事故、1999年日本东海村核事故、2011年日本福岛核事故等安全事故不断发生,影响之大与严重程度震惊全球。

近年来,世界范围内核恐怖事件的潜在危险不断增加。核恐怖袭击事件是指恐怖组织直接使用其掌握的核材料、核爆炸装置或蓄意破坏核设施、袭击核材料装运工具造成较严重的核毁伤或核辐射危害,以期破坏重要目标及设施、危及人民生命安全、引起公众恐慌的一种恐怖活动方式。与核电站、反应堆、核燃料厂等相比,工、农、医等行业使用的放射源与设施的安全保护及防护措施要薄弱得多。核材料的失窃、走私,放射源的丢失、废弃都可能成为恐怖组织实现核恐怖活动的物质资源来源。近年来,我国放射源事故呈上升趋势,发生了多起放射源丢失、被盗,造成人员伤亡的事故。核材料和放射源一旦落入恐怖分子手中,必将给社会公共安全带来极大的威胁和意想不到的后果。

2. 军用核风险。核能源的能量为人类带来最初的直观感受,是以武器的身份。核武器是指所有含有或被设计为含有或使用核燃料或放射性同位素,通过爆炸或其他非控制的核裂变或核聚变,或通过核燃料或放射性同位素的放射现象,足以造成大规模毁灭、普遍损害或大量中毒的武器。核武器爆炸产生的能量非常大,核爆炸的一瞬间能产生穿透力很强的核辐射,而且在爆炸后会留下很多放射性的污染物,其中一部分在高层大气中长期停留,随后缓慢地向全球扩散并散落到全世界各个地区,这类放射性"落下物",成了环境放射性污染最重要的来源之一。1945年美军先后在日本的广岛和长崎投下两颗原子弹,其核爆炸后的影响与危害,时至今日仍然无法消除,核(军备)试验、核威胁、核震慑不仅危害着人类的和平,更对人类居住的整个地球环境造成巨大的压力。

我国在军用核安全方面面临的问题非常严峻。四个拥核国家直接与我国相邻,地区局势也并不稳定,我国面临着严峻的核军事威胁。一方面,虽然人类社会在一致地朝向缩减核军备、防止核武器扩散、减少核试验的方向努力,但拥核国家数量不断上升,除了中美英法俄五大常任理事国合法拥有核武器外,还有印度、巴基斯坦、朝鲜等国事实上公开拥有了核武器,同时以色列、伊朗、日本等国也被认为已事实上拥有、秘密研制、有能力研制核武器。另一方面,拥核大国虽然从数据上减少了核库存,但是核武器小型化等技术却日益先进,相应地,扩散危险也与日俱增。

随着人类社会对核能源及核武器的利用与依赖越发深入,核利用不当产生的国际性影响甚至灾难也要求人类社会对核的利用达成国际性的合作。因此,核安全在全世界范围都得到了高度重视，国际社会在国际法框架下成立了有关的国际机构，包括：以"加速扩大原子能对全世界和平、健康和繁荣的贡献"，并"确保有机构本身，或经机构请求，或在其监督管制下提供的协助不致用于推进任何军事目的"为宗旨的国际原子能机构（International Atomic Energy Agency，IAEA）；在辐射防护基本标准方面具有最重要国际影响的国际辐射防护委员会（International Commission on Radiological Protection，ICRP）；通过国际合作来促进其成员国完善和进一步发展科学技术与法律，以达到和平利用核能在安全、保护环境和经济方面的要求的经济合作与发展组织核能机构（OECD Nuclear Energy Agency，OECE – NEA）；以解决全世界关注的放射性对人类健康和环境的影响问题为宗旨的联合国原子能辐射效应科学委员会（United Nations Scientific Committee on the Effects of Atomic Radiation，UNSCEAR）。

20世纪90年代，在国际原子能机构的推动下，出现了核安全国际体制化管理的趋势，主要包括了三个方面的内容：各国之间开始达成具有法律约束效力的国际承诺；制定全球范围内相对一致的安全标准；推动国际承诺与安全标准的应用。国际原子能机构在这一行动中具有制定核安全标准的权能，这是联合国赋予国际原子能机构的法律职能，对于该组织来说，推进国际条约的制定与实施、制定安全标准和提供其应用的机制是高度优先的。为了推动相应的国际合作，联合国就核安全制定了众多国际承诺及公约，这些条约包括《核安全公约》《核燃料管理安全和放射性废物管理联合公约》《核损害民事责任维也纳公约》《核事故及早通报公约》《核损害追加赔偿公约》《核事故或放射性紧急状态援助公约》《核材料实物保护公约》等，全球范围内的核能国家与数十个非核能国家先后在这些条约上签字。同时，国际原子能机构及其成员国也推动制定了相当多的安全标准，及至20世纪末已达200多个，覆盖了核能利用的各个领域，推动了核安全保障的进步。

近年来，为防范核恐怖活动威胁人类社会的安全，核安保工作得到了国际社会的高度重视。2010年至今，国际社会已经召开了4次核安全峰会，各国国家领导人共同商议核安保的国际合作，以提高各国的核安保水平，防范核恐怖主义的威胁。

我国也非常重视核安全。2012年我国出台了《核安全与放射性污染防治"十二五"规划及2020年远景目标》，要求不断健全法规标准和政策措施，加强技术支撑和基础能力建设，强化质量保证，完善监管机制和应急体系，严格安全管理，不断提高核安全水平。[1] 2014年3月，习近平同志出席海牙核安全峰

---

[1] 郑淑娜主编：《中华人民共和国国家安全法解读》，中国法制出版社2016年版，第174页。

会，首次提出了中国核安全观，即发展核能要坚持理性、协调、并进的核安全观。坚持发展和安全并重，以确保安全为前提发展核能事业；坚持权利和义务并重，以尊重各国权益为基础，推进国际核安全进程；坚持自主和协作并重，以互利共赢为途径寻求普遍核安全；坚持治标和治本并重，以消除根源为目标，全面推进核安全努力。我国核安全法律法规体系由法律、行政法规、部门规章、地方性法规、核安全导则以及国际公约组成。专门性法律有2部，即《放射性污染防治法》和《核安全法》；行政法规主要有《民用核设施安全监督管理条例》《核电厂核事故应急管理条例》《放射性同位素与射线装置安全和防护条例》《国家核应急预案》《放射性物品运输安全管理条例》《放射性废物安全管理条例》等。在法律法规的基础上，我国还有《核材料管制条例实施细则》《核材料国际运输实物保护规定》《国防科技工业军用核设施安全监督管理规定》等部门规章支撑核安保工作有序进行。此外，我国在行业规范性文件层面也非常重视核安保工作，发布了《核应急报告管理办法》《放射源分类办法》《核产品转运及过境运输审批管理办法》等行业规范性文件。

我国建立了核安全的监督管理体制。1984年成立的国家核安全局负责对全国民用核设施核安全实施统一监督，独立行使核安全监督权，国家核安全局监督管理的主要措施之一是实行许可证制度，同时对核电厂、核材料和核活动实施监督；国家环保总局对全国民用核设施环境保护实施监督管理；国家卫生部对全国民用核设施的工作人员和公众的剂量限值、卫生和健康状况实施监督管理。

三、维护核安全的内容

《国家安全法》第31条规定："国家坚持和平利用核能和核技术，加强国际合作，防止核扩散，完善防扩散机制，加强对核设施、核材料、核活动和核废料处置的安全管理、监管和保护，加强核事故应急体系和应急能力建设，防止、控制和消除核事故对公民生命健康和生态环境的危害，不断增强有效应对和防范核威胁、核攻击的能力。"据此，国家维护核安全的任务主要包括以下内容。

（一）坚持和平利用核能和核技术

我国一向坚持和平利用核能和核技术，加强国际合作，防止核扩散，积极完善防扩散机制。防止大规模杀伤性武器及其运载工具的扩散，有利于维护国际和地区的和平与安全，符合国际社会的共同利益，这已成为国际共识。国际社会经过长期不懈的努力，已建立起一个相对完整的国际防扩散体系。国际防扩散体系在防止和延缓大规模杀伤性武器及其运载工具的扩散，维护世界和地区的和平和安全方面，发挥了积极作用。我国一贯主张全面禁止和彻底销毁核武器、生物武器和化学武器等各类大规模杀伤性武器，坚决反对此类武器及其运载工具的扩散。我国不支持、不鼓励、不帮助任何国家发展大规模杀伤性武器及其运载工具；坚决支持国际防扩散努力，同时也十分关心国际和地区的和平与稳定；主张通过和平手段实现防扩散目标，一方面，要不断改进国际防扩散机制，完善和加强各国的出口控制，另一方面，应通过对话和国际合作解决扩散问题。

我国历来重视核安全，先后加入了《不扩散核武器条约》《核安全公约》《核事故或辐射紧急援助公约》等国际条约，签署了《全面禁止核试验条约》，并与其他国家就出口控制机制积极开展交流与合作。我国积极参与国际社会解决有关防扩散问题的外交努力，推动通过对话与合作，以和平方式解决相关问题。有效的出口管制是实现防扩散目标的重要手段。作为一个具有一定工业和科技能力的国家，我国在这一领域采取了极为负责任的政策和举措，相关出口管制做法已与国际通行做法基本一致。

（二）加强核安全管理、监管和保护

加强核安全管理，主要包括以下几个方面的内容：提高核能与核技术利用安全水平；加强重大自然灾害对核设施影响的分析和预测预警；进一步提高核安全设备设计、制造、安装、运行的可靠性；加强研究核反应堆和核燃料循环设施的安全整改，对不能满足安全要求的设施要限制运行或逐步关停；规范核技术利用行为，开展核技术利用单位综合安全检查，对安全隐患大的核技术利用项目实施强制退役。

加强核安全监管，主要包括以下几个方面的内容：完善核与辐射安全审评方法；加强运行核设施安全监管；强化对在建、拟建核设施的安全分析和评估，完善早期核安全许可制度；完善早期核设施的安全管理；加强对核材料、放射性物品生产、运输、存储等环节的安全监管；加强核技术利用安全监管，完善核技术利用辐射安全管理信息系统；加强辐射环境质量监测和核设施流出物监督性监测；加强放射性污染防治；推进早期核设施退役和放射性污染治理。

（三）加强核事故应急体系和应急能力建设

关于核事故应急，我国已经制定了《突然事件应对法》《放射性污染防治法》《核电厂核事故应急管理条例》《放射性物品运输安全管理条例》等法律法规，并根据国家突发公共事件总体应急能力建设，主要充实核事故监测、预警、处置、信息、后果评价、决策和指挥能力。加强核应急救援体系建设，建立统一指挥、统一调度的核事故应急响应专业队伍，提高核事故应急响应能力。合理规范核电厂核事故应急计划区范围。强化地方政府的应急指挥、应急响应、应急监测、应急技术支持能力建设，制定并实施应急能力建设标准，配备必要应急物资及装备，提高地方政府应急水平。

（四）推进核损害赔偿责任制度建设

20世纪60年代初，为确保在民用核电站运行造成异常危险时，最大限度地减少未保险的潜在责任，为受害人提供充分赔偿，国际社会开始重视核损害赔偿问题，为此签订了1960年《关于核能领域第三方责任的巴黎公约》（Paris Convention on Third Party Liability in the Field of Nuclear Energy）。在此基础上，国际社会达成了若干条约，规定了核损害赔偿责任的国际解决方案，包括责任主体、赔偿限额、追索权、免责事由和诉讼时效等方面。

我国迄今未加入任何国际核损害赔偿责任公约。国内立法方面，1990年曾起草《核损害赔偿责任条例》。2000年《产品质量法》修订，新增加的第73条第2款规定："因核设施、核产品造成损害的赔偿责任，法律、行政法规另有规定的，依照其规定。"2009年《侵权责任法》第70条规定："民用核设施发生核事故造成他人损害的，民用核设施的经营者应当承担侵权责任，但能够证明损害是因战争等情形或者受害人故意造成的，不承担责任。"在核损害赔偿责任制度建设上，我国还需要尽快建立健全相关制度，明确核损害的定义和范围、提高核损害赔偿责任的最高限额、建立先行赔付和追索权机制、规定特别诉讼时效等。

（五）增强应对和防范核威胁、核攻击的能力

军事核安全是核安全的重要组成部分。在相当长的时期内，核威胁都是客观存在的，不会因我们坚持核能和核技术的和平利用，加强核技术水平和核应急能力建设而完全消失或减弱。要建设完善核力量体系，提高战略预警、指挥控制、导弹突防、快速反应和生存防卫能力，威慑他国对中国使用或威胁使用核武器。

核力量是维护国家主权和安全的战略基石。中国始终奉行不首先使用核武器的政策，坚持自卫防御的核战略，无条件不对无核武器国家和无核武器地区使用或威胁使用核武器，不与任何国家进行核军备竞赛，核力量始终维持在维护国家安全需要的最低水平。

第十八节　维护新型领域安全的任务

一、新型领域安全的概念

外层空间、国际海底区域和极地等新型领域，并不属于传统的国家主权的

管辖范围，但是近年来，随着科学技术水平以及对于世界的认识水平的提高，这些新型领域对于国家安全的重要性，已经越来越成为世界各国的共识。所谓新型领域安全，是指外层空间安全、国际海底区域安全和极地安全。

（一）外层空间安全的概念

外层空间安全，是指我国在外层空间的活动、资产和其他利益处于没有危险和不受内外威胁的状态，以及保障外层空间持续安全状态的能力。

外层空间，是指空气空间以外的整个空间。国际法承认一国领土上面一定高度的空间为其领空，国家对其领空拥有完全的、排他的主权。在领空以外的空间是外层空间。对外空的探测和利用以及数以千计的人造卫星不断地在围绕地球的轨道上运行的事实，表明外层空间依其性质是难以成为国家主权控制的对象的。由于自然科学的发展，外层空间法已经成为国际法的一个组成部分。

（二）国际海底区域安全的概念

国际海底安全，是指我国在国际海底区域的活动、资产和其他利益处于没有危险和不受内外威胁的状态，以及保障国际海底区域持续安全状态的能力。

国际海底区域，是指国家管辖范围之外的海床、洋底及其底土。国际海底区域是一国大陆架以外的整个海底区域，它的面积约为 2.517 亿平方千米，占整个海洋总面积的近 70%，深度为 2000 米～6000 米或者更深。1982 年的《联合国海洋法公约》使用了"区域"的表达方式，"区域"内蕴藏着丰富的金属资源和生物资源。随着科学技术的进步，国际海底区域必将成为今后世界各国经济和科技竞争的重要场所。

（三）极地安全的概念

极地安全，是指我国在南极和北极区域的活动、资产和其他利益处于没有危险和不受内外威胁的状态，以及保障南极和北极区域持续安全状态的能力。

南极地区，泛指南极圈（南纬 60 度）以南的地区，包括南极大陆周围岛屿和海洋。北极地区，是指北极圈（北纬 60 度）以北的区域，除了少数国家的领土外，主要部分是北冰洋。

二、维护新型领域安全的重要性

发达国家早在 20 世纪 80 年代，就已经开始着手有关新型领域安全的立法工作。美国、日本、俄罗斯以及有关欧洲国家都将太空、极地、深海等领域作为国家安全战略的重要新型内容，通过立法保障本国在新型领域国家利益的安全。我国也十分重视新型领域的安全。

(一) 维护外层空间安全的重要性

1963 年联合国大会通过的《各国探索和利用外层空间活动的法律原则宣言》，确定了外层空间供一切国家自由探测和使用，以及不得由任何国家据为己有这两条原则。目前，国际法上专门针对外层空间活动的公约有 5 个，分别是《关于各国探索和利用包括月球和其他天体在内外层空间活动的原则条约》（以下简称《外空条约》）《关于援救航天员、送回航天员及送回射入外空之物体之协定》《外空物体所造成损害的国际责任公约》《关于登记射入外层空间物体的公约》和《关于各国在月球和其他天体上活动的协定》。另外，《反弹道导弹扩散国际行为守则》《国际电信公约》《国际无线电规则》以及《联合国宪章》中的一些基本原则，也对太空活动及外层空间行为起到了一定的规范作用。

通过上述国际条约的约定，维护外层空间安全的基本原则包括：①共同利益原则。探索和利用外层空间，应该为所有国家谋福利和利益。②平等共有原则。外层空间是对全人类开放的空间，一切国家可以不受歧视地、平等地、自由地探索和利用外层空间，进入天体的一切区域。③和平利用原则。任何国家不得在绕地球轨道天体或空间放置、部署核武器或者其他大规模杀伤性武器；禁止在天体上建立军事基地、设施、工事及试验任何类型的武器和进行军事演习。④不得据为己有原则。任何国家不得通过主权要求、使用或者占领等方式，以及其他任何措施，将包括月球及其他天体在内的太空据为己有。

目前，美国、英国、法国、德国、西班牙、比利时、澳大利亚、加拿大、日本等国均制定了关于外层空间开发利用的法律。2001 年，中国国防科学技术工业委员会（已撤销）和外交部发布了《空间物体登记管理办法》，这是我国第一部规范空间活动的规章。2002 年，中国国防科学技术工业委员会（已撤销）公布了《民用航天发射项目许可证管理暂行办法》，建立了对我国境内非军事用途的航天器进入外层空间的行为的许可证管理体系。与之相配套，还出台了民用航天发射项目许可证审批办理程序。我国还加入了有关外层空间的国际条约。1983 年加入《外空条约》，1988 年加入《关于援救航天员、送回航天员及送回射入外空之物体之协定》《外空物体所造成损害的国际责任公约》和《关于登记射入外层空间物体的公约》。

(二) 维护国际海底区域安全的重要性

20 世纪中叶后，多金属结核的发现及其重要的经济价值，使人们提高了对国际海底区域重要性的认识。多金属结核分布在世界大洋底部水深 3500 米 ~ 6000 米海底表层。它呈暗褐色，是形如土豆的结核状软矿物体，直径一般为 3 厘米 ~7 厘米，含有锰、铁、镍、钴、铜等几十种元素。据科学家们分析估计，世界洋底多金属结核资源为 3 万亿吨，仅太平洋就达 1.7 万亿吨。随着人类科学技术的进步，深海采矿必将成为可能，国际海底及其资源的法律地位问题必将产生。

我国在国际海底区域资源开发方面取得了相当的成就。1991年3月5日，经批准，我国获得了东北太平洋海底勘探多金属结核矿区面积为15万平方公里的开辟区，成为第5位已登记的先驱投资者。目前，在我国政府的担保下，中国大洋矿产资源研究开发协会以及五矿集团先后与国际海底管理局正式签订了4份国际海底区域有关矿区勘探合同。目前，我国已成为世界上对国际海底区域及其资源拥有实际利益的少数几个国家之一。我国在国际海底区域的活动具有重要的战略意义，政治上维护了国际海底区域及资源是人类共同遗产这一原则和我国在这一领域应有的权利；经济上则着眼于开发利用国际资源，为我国经济社会可持续发展开辟了战略资源储备基地，为维护我国资源安全提供了强有力的支持。

1967年12月18日第22届联合国大会通过决议，确认全人类在构成地球主要部分的海底方面有共同利益。之后经过国际社会的不懈努力，1970年12月17日第25届联大终于通过了著名的2749号决议——《关于各国管辖范围以外海洋底床与下层土壤之原则宣言》，宣告了国家管辖范围以外的海洋底床与下层土壤以及该区域的资源为"人类共同继承财产"，为其后建立的国际海底制度奠定了法律基础。1982年《联合国海洋法公约》将"人类共同继承财产"原则确定下来，同时根据这一原则，制定了一系列在国际海底区域内应遵循的行为规则，其构成了国际海底区域法律制度的基本内容。

21世纪以来，按照发展海洋经济、建设海洋强国的目标，我国先后出台了一系列文件，包括国家《经济贸易委员会关于发布〈"十五"工业结构调整规划纲要〉的通知》《国务院关于印发〈全国海洋经济发展规划纲要〉的通知》《国务院关于印发〈中国21世纪初可持续发展行动纲要〉的通知》《国家发展改革委关于印发〈高技术产业发展"十一五"规划〉的通知》等，对我国积极参与国际海底区域科学考察、开发利用和国际合作，维护我国在国际海底区域的合法权益，提出新要求，作出新部署：①持续开展国际海洋地质调查和国际海底矿产资源勘探。②加强国际海底区域矿产资源勘探研究与开发。③加强国际海域的基础能力建设，加大深海矿产资源勘探、开采、冶炼等技术装备的研究深度、力度，发展深海生物基因资源采集、保存、提取、培养等相关技术。④增强我国参与国际海洋事务的能力。具体来说，就是在加强深海基础技术研究方面，要加强深海开采技术攻关，继续加强深海科学研究工作，加强对全球海底金属市场的调查研究，加大国际海底区域制度研究的资金投入，而在保障深海资源开发方面，则应当明确实施海洋资源开发战略的紧迫性，对海洋资源开发的法制环境进行考量，并进行相应法律制度的建设，积极参与国际海洋资源开发法律制度的构建与完善，推动区域海洋资源开发法律制度的建立，同时优化国内海洋资源开发法制环境。⑤加强国际合作。

（三）维护极地安全的重要性

进入 21 世纪以来，极地区域由于其特殊的自然地理环境和重要的战略地位，在国际政治、经济、军事、科研及国家战略等方面显示出了极其重要的地位，已经成为国际社会政治博弈、综合国力比拼、科研能力展示、国家战略扩展的重要平台。特别是随着北极西北航道、东北航道的打通，北极航行自由对于我国未来发展非常重要，其战略价值和经济价值不可低估。

南极条约体系以 1959 年的《南极条约》为核心和基础，包括南极条约协商国签订的《关于环境保护的南极条约议定书》《南极海豹保护公约》《南极海洋生物资源养护公约》《南极矿产资源活动管理公约》等国际条约，以及历次协商国会议通过的各项措施和决定。此外，南极专家会议的结果、南极协调会议的决定、南极研究科学委员会以及国家南极局局长理事会的工作结果也是南极条约体系的重要组成部分。[1] 该体系是一个区域性国际法依据，以人类在南极大陆及其沿海的活动为规范对象。

南极条约体系主要在六个方面规范了人类在南极的活动：①和平利用南极。为了全人类的利益，南极应永远专为和平目的使用，不应成为国际纷争的场所和对象。②冻结领土主权要求。在条约有效期内所发生的一切活动均不得构成主权主张。③协商会议制度。条约协商国为了交换情报，就共同关心的事项进行协商，并制定、审议和向其政府建议旨在促进《南极条约》原则和宗旨的措施。协商会议制度下的各项措施需要协商国同意后方才生效。④科学研究与合作。在南极科学考察自由的基础上继续和发展国际合作。⑤矿物资源开发。应以独立并行议定书的形式明确涉及环境责任的规定，议定书要经公约委员会成员协商一致方可生效。⑥生态环境保护。南极被指定为自然保护区，仅用于和平与科学活动。

北极地区没有一个专门适用的国际条约，更没有像南极条约体系那样完备的法律制度。北极地区法律制度由适用于北极地区的全球性条约、北极国家为主制定的主要适用于北极地区的区域性条约、北极国家间签订的有关双边协定以及北极国家的相关立法四部分组成。目前适用于北极地区的国际法，主要有《联合国海洋法公约》，1920 年关于斯匹次卑尔根群岛主权归属和资源开发利用问题的《关于斯匹次卑尔根群岛的条约》，1973 年北冰洋五国签署的《北极熊

---

[1] 张林："南极条约体系与我国南极区域海洋权益的维护"，载《海洋开发与管理》2008 年第 2 期。

及生境养护国际协定》，以及其他适用于北极地区的环境、航行等国际公约。

北极理事会根据《渥太华宣言》于 1996 年 9 月成立，是一个由加拿大、丹麦、芬兰、冰岛、挪威、瑞典、俄罗斯和美国 8 个环北极国家组成的政府间论坛。北极理事会作为以宣言形式成立的国际论坛，与以国际条约形式成立的国际组织不同，其权限和发展在宣言国间亦存在争议。实践中，北极理事会在北极治理方面发挥着越来越重要的作用，2013 年设立了常设秘书处，先后组织制定了两个具有法律约束力的条约，即《北极航空和海上搜寻与救援合作协定》和《北极海洋油污预防与反应合作协定》。

我国目前在南极地区已经建立了 4 个科学考察站，分别是 1985 年建立的长城站、1989 年建立的中山站、2009 年建立的昆仑站和 2014 年建立的泰山站。此外，我国于 1994 年批准了《关于环境保护的南极条约议定书》。根据议定书的规定，缔约国可以在南极申请设立南极特别保护区和南极特别管理区，管理国可以采取严格的保护措施，并建立进入许可制度来对这些区域加以管理。我国于 2007 年与澳大利亚、印度、罗马尼亚和俄罗斯联合提请设立了东南极拉斯曼丘陵南极特别管理区，2008 年我国单独申请在南极格罗夫山地区哈丁山设立南极特别保护区，获得批准。此外，我国还与澳大利亚联合申请了南极特别保护区。我国在北极的活动主要是科学考察活动，并于 2004 年在北极地区的斯匹次卑尔根群岛建立了黄河科考站。

2014 年，国家海洋局制定通过了《南极考察活动行政许可管理规定》。国务院颁发的有关测绘海洋科技发展等相关文件中，也对极地科考和生物资源利用提出了明确要求。《测绘地理信息发展"十二五"总体规划纲要》要求继续加强南北极基础测绘；《国务院关于促进海洋渔业持续健康发展的若干意见》要求积极参与开发南极海洋生物资源；《国务院关于促进海运业健康发展的若干意见》提出要加大重要国际海运通道和北极事务的研究与参与力度，支持企业参与北极航线的运行，加强国际海运保障能力建设；《国家重大科技基础设施建设中长期规划（2012—2030 年）》提出了中国南极天文台和南极气球站的建设要求；2017 年 8 月 30 日国家海洋局审议通过了《北极考察活动行政许可管理规定》，规范我国北极考察活动行政许可行为，保障北极考察活动有序开展。

三、维护新型领域安全的内容

《国家安全法》第 32 条规定："国家坚持和平探索和利用外层空间、国际海底区域和极地，增强安全进出、科学考察、开发利用的能力，加强国际合作，维护我国在外层空间、国际海底区域和极地的活动、资产和其他利益的安全。"

据此,维护新型领域安全的任务主要包括以下内容。

(一)维护外层空间安全的内容

1. 需要构建法律制度保障外层空间安全。迄今为止,我国还没有一部完整的、综合性的关于外层空间活动的国内法,甚至连单行的空间法规也付诸阙如。现有规定法律层级不高,更谈不上形成一个完整的法律体系,与我国空间事业的现状及其未来发展并不相称。我国应当借鉴其他国家的立法先例,尽快弥补我国外层空间的法律空白,对相关问题进行国内立法。我国可以在现有航天政策和法规的基础上,以维护我国外层空间活动安全为落脚点,尽快制定外层空间的基本法,全面阐述我国外层空间活动的目的与宗旨在于和平探索和利用外层空间,为国家和全人类谋福利,反对外层空间的军事化;明确我国外层空间活动安全防护的领导、管理体制;明确我国外层空间活动物体的范围和性质等问题。

2. 加强对外层空间新问题开展的立法研究。外层空间利用上的新法律问题有所显现。外层空间的空间利用法律及制度规则不够明确,轨道空间在各国卫星不断发射升空的背景下已经非常拥挤,卫星解体成为太空垃圾、卫星相撞引发事故等问题也陆续出现。例如,2009年2月10日,美国铱卫星公司的"铱33"卫星和俄罗斯的"宇宙2251"军用通信卫星在西伯利亚上空相撞,这是外层空间中首次发生的在轨卫星相撞事件。[1]同时,在外层太空,随着商业化与私营化趋势加快,私人或者非政府组织进行太空探索的权利、义务和责任的认定,缺乏法律界定。面对这样的问题,报废卫星及时回收和清理越来越成为维护外空安全的一项重要措施,应当就外太空行为准则及空间碎片减少等责任,以及商业化与私营化行为的相应规制,进行法律设置乃至于形成国际法规则。我国应了解和掌握国际空间法律规范,加强国际合作与交流,积极参与国际空间立法的研究和拟定。

3. 防止外层空间武器化。外层空间军事化的内涵包括军事化利用人造卫星和外层空间武器化两种情形。国际法对外层空间军事化的规制,应当根据这两种情形而采取相应的具体模式。现有防止外层空间军备竞赛的国际条约曾起到一定的作用,但由于当时政治、军事和技术条件的限制,也存在严重的缺陷或漏洞,不足以防止外层空间军备竞赛以及对新型外层空间武器进行约束。[2]例

---

[1] 李滨:"美俄卫星相撞事件中的国际法问题探析",载《北京航空航天大学学报(社会科学版)》2011年第4期。

[2] 蒋圣力:"外层空间军事化及其国际法规制的模式和路径",载《北京理工大学学报(社会科学版)》2017年第1期。

如,《外空条约》并不禁止在外层空间部署非大规模毁伤性武器,也没有明确禁止世界各国发展、生产和使用外层空间武器,《外空条约》防止外层空间军备竞赛的作用就受到了极大的削弱。当这样的军备竞赛难以在现存体系下被控制时,相应的摩擦乃至于战争危险,自然成为包括我国在内的世界各国外层空间安全的重大威胁。建立相应的执法程序与机制,有助于防止外层空间武器化得到切实执行。

4. 加强外层空间国际合作。外层空间的国际安全合作面临着非常大的利益冲突,和平开发利用的国际合作屡屡受挫。我国在2008年2月与俄罗斯共同提交了《防止在外空放置武器、对外空物体使用或威胁使用武力条约(草案)》。该草案的直接目的,就是弥补《外空条约》中第四项原则的不足,也就是希望各国能够通过谈判达成新的对于外层空间武器的更严格的控制。该草案直接要求"各缔约国承诺不在环绕地球的轨道放置任何携带任何种类武器的物体,不在天体上安置此类武器,不以任何其他方式在外空放置此类武器;不对外空物体使用或威胁使用武力;不协助、不鼓励其他国家、国家集团或国际组织参与本条约所禁止的活动"。[1]但美国以"无法证实"为由拒绝中俄提交的草案,并主张"美军不单是在大气层外部署武器系统,同时还拥有包括导弹防御系统在内的地面武器"。用美军术语说,这就是"全频谱能力",目的是保证美国拥有"全频谱优势"。[2]类似于这样的行为自然使得国际和平开发利用外层空间,实现外层空间安全的国际合作面临巨大困难。

(二)维护国际海底区域安全的内容

1. 坚持国际海底区域"人类共同继承财产"的法律定位。《联合国海洋法公约》第11部分及《关于执行〈联合国海洋公约〉第11部分的协定》将国际海底区域及其资源确立为"人类共同继承财产"。这一对国际海底区域的法律定位包括了以下五项具体原则:①任何国家不应对国际海底区域的任何部分或资源主张或行使主权或主权权利,不应将其据为己有。②对"区域"及其资源实行国际管理。"区域"内所有能源和资源属于全人类共有,任何国家或自然人或法人不应对国际海底区域的矿物主张、取得或行使权利。各国在国际海底区域内的权利只能按照国际海底管理局的授权而取得,开发活动只能由国际海底管理局企业部和经管理局批准的商业公司进行。③"区域"内的活动遵循为全人类的利益而进行和公平分配经济利益的原则。国际海底管理局应在无歧视的基

---

[1] 斯年:"媒体称中俄外空条约草案未禁止反卫星武器研究",载《环球时报》2011年4月6日,第5版。
[2] 滕建群:"外空实力竞争与限制外空武器化",载李根信、滕建群编著:《2009:国际军备控制与裁军》,世界知识出版社2009年版,第132页。

础上，公平分配从"区域"内活动取得的财政和其他经济利益。在分配时，国际海底管理局应顾及地理条件不利的国家、内陆国家和发展中国家的正当利益。④保护海洋环境的原则。"区域"开发活动应与保护海洋环境相结合，杜绝以保护为名，实为破坏的行为。⑤和平利用国际海底区域。国际海底区域应遵循和平原则加以利用，不能出于战争、恐怖主义等原因而利用。在国际海底区域内的一切行为应符合国际法。

2. 坚持和完善国际海底区域的开发制度。国际海底区域的开发一直是各国重点关注的焦点问题。发展中国家坚持"区域"由国际海底管理局控制，即"国际共同开发制"。发达国家主张由缔约国及其企业进行开发，国际海底管理局负责登记，即"单一开发制"。经过长期谈判，目前实行的是"平行开发制"。"平行开发制"是指由国际海底管理局企业部、国家和私人同时进行开发。具体做法是：凡具有缔约国国籍或为缔约国国民控制，或由缔约国担保的个人或企业都是"有资格的申请者"。在区域内的一个矿区被勘探后，开发申请者向国际海底管理局提供两块价值相当的矿址，国际海底管理局选择一块作为"保留区"，另一块作为"合同区"与申请者签订合同进行开发。

因为深海开发需要相当雄厚的资金与技术实力，"平行开发制"使得国际海底管理局由名义上代表全人类的权力机关变成了事实上与海洋大国开发公司地位平等的合同当事方，从而使资源开发所得的主要部分并不能实现全人类利益共享。同时，在近些年来的海底资源开发实践中，一些在联合国登记的国际海底区域开发国家，以及由美国所控制的四个国际集团，凭借着明确可行的国家远洋开发战略、积极主动的保护性法律法规以及强大雄厚的技术资金保障，按照"先来先得"的原则，通过对国际海底区域资源的申请、勘探、占有、开发，已经控制了大部分区域的开发权，形成了少数大国对深海资源的垄断。

国际海底区域开发应做好海洋资源的公平而有效的利用、海洋生物资源的养护和研究，保护和保全海洋环境。

(三) 维护极地安全的内容

1. 建立健全我国极地安全法律法规。我国应当借鉴阿根廷、新西兰等国的经验，完善我国的极地安全保障立法体系建设，在国际法体系方面，注重弥合现有南极条约体系与海洋法体系之间的矛盾，完善相应的冲突解决机制，以求更好地在法律层面维护我国的极地领域安全。

我国的北极立法工作尚在起步中。虽然《联合国海洋法公约》对涉及北极的相关法律问题作出了较为系统的规定，但在一些具体问题的操作上仍然比较模糊，需要我国通过国内立法进行明确，如科学考察的许可程序及行为规范中考察船在其他国家的内水、领海等区域的权利问题等。我国也没有专门进行北极军事活动方面的立法，这将使我国北极军事活动决策权及权益维护缺少法律保障。

2. 妥善处理领土主权问题，解决陆海现有及潜在的边界争端。极地区域的政治博弈非常激烈，即使《南极条约》和其他条约规定对南极的任何领土主权要求处于冻结状态，在条约的有效期内，原来提出过领土主权要求的国家可以不放弃其主张，但也不能提出新的主张；原来没有提出过领土主权要求的国家，不得再提出新的要求。但是，事实上各国通过南极科考等行为，也在对南极进行实际上的"争夺"。例如，美国的麦克默多科考站已建有上百栋建筑，夏季可容纳上千人生活工作，其众多工作人员中包括了相当一部分军事人员。澳大利亚、新西兰等国的考察站均由隶属于本国的陆、海、空军队或由军队提供后勤支援保障。随着南极的政治经济军事价值越来越多地被认识，这样的竞争只会愈发激烈，南极的归属问题，也必然会成为极地领域安全问题的重大隐患。

与南极冻结领土主权要求不同，北极地区的陆地和岛屿均分别属于环北极地区不同国家的领土。环北极国家可以依据《联合国海洋法公约》，在北冰洋享有相应的领海、毗连区、专属经济区和大陆架的相关权利，各个国家领海范围以外的海洋属于公海，各国大陆架以外的海床和底土属于国际海底区域。另外，1920年《关于斯匹次卑尔根群岛的条约》明确规定，斯匹次卑尔根群岛主权属于挪威，但是各缔约国有权在该地区依法平等从事海洋工业、矿业和商业活动。然而环北极国家在北极地区的一些海洋边界尚未划定。例如，美国和俄罗斯在白令海和楚科奇海需要划定海洋边界。北极地区陆海现有和潜在的边界争端将影响北极地区安全。

3. 实现我国极地科学考察的战略性转变。在极地科考方面，对诸如资源的分布状况、开发技术、经济效益、环境保护和生态平衡等问题，我国都必须进行深入的考察研究，提出相应的科学见解，从而在南极资源开发问题上拥有充分的发言权和影响力。我国的科学考察模式实现战略性转变，即由单一的科学研究型向资源利用型与科学研究型双向模式转变，为未来和平利用极地做科学和技术上的必要准备。同时，要优化我国极地科学考察保障机制。南北极地区距离我国十分遥远，自然环境恶劣，相应地，其科学考察与活动需要极强的资金、科研人员等后勤支持，而我国现有的综合保障机制，还不能以利用开发为目的对极地科考进行更深更全面的实施。因此，我们需要革新优化相应的保障机制，引入多元化的支持主体，鼓励资金和人力进入极地科学考察领域，整合资源，打通政府、学界、商业间的隔阂，形成联合保障体制，从而更好地对极地资源进行科考活动。

4. 加强国际合作保护极地安全。我国作为南极条约体系的积极参与者，在极地安全方面面临着该体系自身带来的问题。首先，是体系适用主体的非普遍性。南极条约的缔约国，各公约、议定书的签约国以及部分虽未加入但承认并愿意主动执行各项南极法律、法规的少数国家在国家数量上还偏少，并不能在国际社会占主流。因此，该体系的影响力及适用性存在问题。其次，南极条约体系本身具有矛盾性。在南极条约体系和国际法之间，有关南极海洋区域的问题存在着诸多冲突。例如，南极海域的定位、南极海域的"公海地位"、临南极国家专属经济区、大陆架要求、国际海底区域制度的南极海域适用等，都体现出了南极条约体系与《联合国海洋法公约》为代表的国际法体系的冲突。最后，我国应积极参与北极理事会的立法工作，明确在北极有关法律问题上的立场，加强对北极国家立法的跟踪研究，积极参与北极的国际制度建设。

第十九节　维护海外利益安全的任务

一、海外利益安全的概念

根据不同的标准，可以对海外利益进行不同的分类。根据国家战略标准，海外利益可以分为核心海外利益、重要海外利益和边缘海外利益；[1]根据内容标准，海外利益可以分为政治利益、经济利益和文化利益；根据维护标准，海外利益可以分为安全利益、发展利益和认同利益；等等。

海外利益的范围也有广义和狭义之分。狭义的海外利益，是指国家利益的海外延伸，国家的海外利益是指国家作为一个整体在海外的利益。广义的海外利益，包括中国海外利益和国家海外利益，中国海外利益比国家利益中的海外部分有更宽的范畴。[2]中国海外利益包含了从社会各个层面即官方和民间、机构和个人各种视角所关注的各种局部利益的总和。国家的海外利益是从国家层面，即中央政府视角所关注的关系到国家总体利益方面的具体利益，范围包括国有资产、国家秘密、国家形象、国家软实力、国家在国际上的权益等等。《国家安全法》采取广义的海外利益概念。海外利益安全即是指保护海外中国公民、组织和机构的安全和正当权益、国家的海外利益不受威胁和侵害，以及保障持续安全状态的能力，其具有以下几个方面的特征：

1. 承载海外利益的主体具多样性。我国国家海外利益保护的利益主体包括

---

[1] 张曙光："国家海外利益风险的外交管理"，载《世界经济与政治》2009 年第 8 期。
[2] 陈伟恕："中国海外利益研究的总体视野———种以实践为主的研究纲要"，载《国际观察》2009 年第 2 期。

中国公民、组织和机构。中国公民是指具有中国国籍的人员，不包括已经取得住在国国籍的华裔。从法律的角度讲，国家保护的是中国公民的人身安全，以及中国公民、组织、机构和国家在海外的正当权益和公正待遇。在中国境内注册成立，或是中国资本背景投资或收购经营进行相应商业活动的企业和组织，承载着中国经济利益、文化利益，中国政府应确保中国企业和组织机构在海外得到公正待遇。

2. 保护海外利益安全的诉求具正当性。中国公民、组织和机构位于他国领土之上，根据属地管辖原则，受所在国法律支配，这是符合国家主权原则要求的。《宪法》第 50 条规定："中华人民共和国保护华侨的正当的权利和利益，保护归侨和侨眷的合法的权利和利益。"这里对于华侨采用了正当的权利和利益的表述，对于归侨和侨眷表述为合法的权利和利益，原因在于保护主体的所在地域不同，合法性与正当性的范围可能有所区别。归侨和侨眷作为中国公民，处于中华人民共和国的范围内，理所应当遵守中国法律，只有合法的权利和利益才能得到保护。华侨作为中国公民，又长期定居国外，所在国法律规定可能与中国的法律规定并不一致，有的行为在所在国是合法的，但是在我国可能属于非法；有的行为在所在国是非法的，但是在我国可能又是合法行为。更为极端的情况是，有的所在国的法律本身就存在威胁我国国家安全，或者对中国公民、组织存在歧视的规定。这种情况下，国家是否给予保护，就不能简单地考虑行为是否符合所在国法律规定，而需要考虑到正当性。

3. 保护海外利益安全的地域具特殊性。海外利益是存在于其他主权国家管辖范围内的利益，其中包括了公民、企业、组织等非国家机构进行的基于金融和非金融类投资、企业股份交易、外交官及本国公民因旅游、商务等需求而在当地产生的保护问题等方面。从海外公民的情况来看，根据不完全统计，2017 年我国出国旅游人数超过 1.29 亿人次。根据教育部最新的统计，在整个 2017 年中，中国出国留学生人数第一次突破了 60 万人次，也是目前世界出国留学生最多的国家。商务部数据显示，2017 年中国对外劳务合作派出各类劳务人员 52.2 万人，较上年同期增加 2.8 万人。从企业的角度来看，截至 2017 年，我国累计非金融类对外直接投资达 55 786 亿元人民币，约合 8491 亿美元。

4. 保障海外利益安全的方式具综合性。传统上，保护一国海外利益主要依靠外交和军事力量，以军事力量为依托，以外交谈判和磋商为主要方式。随着全球化的发展和国际经济合作的多样化，海外利益的存在方式增多，保护不能再依靠传统方式，尤其是军事保护方式不应该成为主要保护方式。保护一国的海外利益应主要依靠法律手段进行，采用企业指南等软法和对外投资法等硬法相结合的方式进行海外利益保护。

5. 保护海外利益安全的方案具国际性。保护海外利益有可能涉及国家主权之间的冲突，国际合作保护和共同利益保护是主要保护手段。在利益相互冲突的情况下，海外利益存在的前提是合乎所在国法律或者国际法，为便于国际合作的开展，需要得到东道国的法律或者国际法的保护。

6. 保护的海外利益具共同性。我国海外利益保护是经济、政治、文化等多方面、多层次的，是与东道国发展共同利益的保护。①中国应在对外援助法的框架下，加大在文化教育方面的投入，援助当地学校、科研机构、医院等。②积极参与反恐、维和、救援等国际公共物品提供，使东道国和国际社会认同中国参与国际社会建设的善意。我国依法保障自身的海外利益，一定要建立在尊重别国主权和司法独立的前提之上，合理保护合法利益，而非片面地追求"保护"，这样反而会对我国海外利益的保护产生巨大的不良影响。

二、维护海外利益安全的重要性

随着近年来我国"走出去"倡议的实施，我国企业在海外的投资及其他经济利益不断增大，带动海外经商、旅游、留学的中国公民数量也与日俱增，我国在海外的总体利益不断扩大、类型增加、范围扩展。但国际社会总体安全形势并不稳定，国家政局不稳、地区冲突和国际恐怖主义等不稳定的因素增多，针对我国公民的犯罪时有发生，针对我国海外利益的无理限制也日渐增多，我国海外利益面临的安全风险有所上升，维护我国海外利益的任务十分艰巨。

1. 政治风险。国内外发生的各种危险性和破坏性政治事件都会给中国海外投资和国际商业活动造成风险和损失，这些事件包括战争、革命、政变、征收、货币贬值、交易管制等。"一带一路"沿线国家政局不稳的情况多见，在政府发生政治动荡或者政党更迭的情况下，我国公民、组织和机构在海外的安全和正当权益以及国家在海外的利益可能受损，国家应当采取相应措施予以保护。例如，2014 年墨西哥政府领导人更迭导致毁约我国高铁中标事件；2018 年马尔代夫发生的军事政变影响我国海外利益。

2. 安全风险。安全风险包括大国地缘竞争、地区争端和冲突、恐怖主义、海盗、跨国犯罪、自然灾害等方面。地缘政治方面，中国的综合国力不断提升，海外能源开发、基础设施建设、矿产开采等海外利益迅猛增长，中国与传统海外投资大国之间的竞争日渐激烈。地区争端方面，我国与日本的钓鱼岛之争和东海专属经济区之争、与部分东南亚国家之间的南海争端等，严重影响我国与这些国家的经济合作，甚至影响我国的海外形象和在该地区的其他经济活动。此外，"一带一路"沿线国家之间的地区争端也会对我国海外利益造成损害，吉尔吉斯斯坦和乌兹别克斯坦之间的边界争端和共享水资源问题一直没有解决，对我国的海外投资项目存在安全威胁。

3. 经济风险。我国海外利益高速发展期正值全球经济下行期。受 2008 年全球金融危机影响，世界主要经济体国家的经济持续低迷，新兴市场国家的经济表现也增长乏力，贸易保护主义逐渐抬头，中国海外经济拓展和保护面临着更为严峻的环境。另外，我国海外投资的行业集中在采矿、基础设施建设等领域，存在投入大、周期长和回报率低的特点，很可能出现毁约、搁置等风险。

4. 社会风险。由于意识形态和社会制度不同，西方国家和一些发展中国家对中国和平崛起充满戒心，在一些场合甚至攻击我国和平崛起，称之为"中国威胁"，甚至被推至"新殖民主义说"。在这种背景下，我国海外利益在东道国社会中的认同度和发展受到制约。某些地区，由于语言、文化、宗教等原因，当地社会民众对中国企业和中国人的行为产生认知偏差，甚至发展成为对中国投资企业的误解和抵制，不利于中国海外利益保护和国家形象的维护。

现行国际体系是英国、美国等海外利益大国主导建立起来的国际政治经济体系，现行国际组织及其构建的国际法体系中有相当一部分考虑并体现了这些国家保护海外利益的诉求。二战之后，国际社会建立了一系列国际组织，包括世界贸易组织、世界知识产权组织、国际货币基金组织、世界银行、巴塞尔银行监管委员会、国际证监会组织、国际保险监督官协会等官方和半官方的国际组织。涉及保护海外利益的外交国际条约有《维也纳外交关系公约》《维也纳领事关系公约》《特别使团公约》等；国际发展援助领域的国际条约有《巴黎宣言》《阿克拉行动议程》和《釜山宣言》等；人权国际条约有《经济、社会及文化权利国际公约》《公民权利及政治权利国际公约》《公民权利及政治权利国际公约任择议定书》《消除对妇女一切形式歧视公约》等；经贸投资国际条约有《马拉喀什建立世界贸易组织协定》《解决国家与他国国民之间投资争端公约》《保护工业产权的巴黎公约》等；防止和制止国际犯罪的国际条约有《制止向恐怖主义提供资助的国际公约》《制止核恐怖主义行为国际公约》《联合国反腐败公约》《联合国打击跨国有组织犯罪公约》等；人类共同利益和共同继承财产方面的国际条约有《联合国海洋法公约》《生物多样性公约》《保护文化内容和艺术表现形式多样性公约》等。以美国为首的发达国家通过这些国际组织和条约构建了有利于保护自身海外利益的国际制度，获得了制度性权力。

大量存在的双边和多边国际协定也是保护海外利益的重要组成部分。如普遍存在于各国之间的双边投资保护协定、避免双重征税协定、军事合作和军事基地条约、国际反恐警务合作、司法互助条约等。

我国海外利益出现与改革开放程度逐步深入关系密切，是"引进来"到"走出去"的必然选择，是改革开放的中国成为"世界之中国"的必然。1992年江泽民同志在十四大报告中明确指出，要"积极扩大我国企业的对外投资和跨国经营"，"走出去"战略初现端倪。其后我国不断推动企业参与国际竞争，也取得了丰硕的成果。随着我国成为世界第二大经济体，经济发展战略继续转型。2013年，新一代中央领导集体适时提出了共建丝绸之路经济带和海上丝绸之路的"一带一路"倡议，"走出去"战略迎来了新的契机。亚洲基础设施投资银行和丝路基金的设立为"走出去"倡议的落实创造了现实条件。

为确保我国海外利益安全，2004年商务部提出建立《国别投资经营障碍报告制度》，对涉及双边经贸关系的重要问题，通过高层互访、政府磋商等外交渠道沟通解决。2008年5月，国务院通过了《对外承包工程管理条例》，该条例于2008年9月1日起施行，2017年修订条例对保护我国海外员工安全作了详尽规定，明确企业是我国公民海外人身安全负责主体。2014年5月国家发展和改革委员会发布实施了《境外投资项目核准和备案管理办法》（已失效），促进和规范境外投资，加快境外投资管理职能转变。2014年11月15日，商务部发布了《对外援助管理办法（试行）》，商务部以部门法令的形式对对外援助的管理、实施和监督等方面作了具体规定。2017年12月国家发展和改革委员会发布了《企业境外投资管理办法》，于2018年3月1日开始施行，该管理办法的目的在于加强境外投资宏观指导，优化境外投资综合服务，完善境外投资全程监管，促进境外投资持续健康发展，维护我国国家利益和国家安全。2018年1月，国家发展与改革委员会开始发布《境外投资敏感行业目录》，包括房地产、酒店、娱乐业等6个行业和形式受到限制。总体而言，目前中国有意识地在涉外法律中逐步发展相关海外利益保护立法工作，但由于起步较晚，还未形成系统的法律体系。

三、维护海外利益安全的主要内容

《国家安全法》第33条规定："国家依法采取必要措施，保护海外中国公民、组织和机构的安全和正当权益，保护国家的海外利益不受威胁和侵害。"据此，国家维护海外利益安全的任务主要包括以下内容。

（一）依法维护海外利益

为了完成相应的国家海外利益保护的任务，国家需要依法采取必要措施，保护国家的海外利益不受威胁和侵害。一是必须符合中国相关法律的规定；

二是必须遵守国际法和公认的国际关系准则；三是应尊重别国主权和司法独立。

（二）积极参与国际制度构建

在中国公民、组织、机构的安全与正当权益，以及国家整体利益在海外受到威胁的情况下，国家必须依法采取切实措施，最常用的就是外交和领事保护。《维也纳外交关系公约》规定："使馆于国际法许可范围内，在接受国中保护派遣国及其民之所在利益。"《驻外外交人员法》也规定，维护中国公民和法人在国外的正当权益，是驻外外交人员的重要职责之一。但是，现存的国际制度，多是由西方国家几百年来的外交实践形成，一方面，固然有其合理的一面，我们应该积极参与以实现自身利益；另一方面，实际上存在着相当不合理的一面，我国应加强参与国际制度的建设，提出中国诉求，这对海外利益维护至关重要。

（三）加强政府之间的广泛合作

当前全球化的国际形势下，世界各国处于相互依赖状态，各国境外利益很大部分是重叠共存的，这部分利益很难通过单方的国内决策来实施管理，更多时候是置于多边集体决策机构下管理。各国建立共同关系，分享相应的管理权限，共同保护与维持相应的海外利益，以促进国际合作，这已经成为现在的一种国际趋势。我国一向注重推动相应的国家间跨政府合作。例如，深化对外友好交往与合作，打造全球伙伴关系网络，夯实维护我国海外利益安全的根基；同有关国家商议签订双边投资保护协议等，为保护和促进海外投资营造有利的法律环境；加强领事保护工作，成立外交部全球领事保护与服务应急呼叫中心等。

（四）加强军事力量建设

强有力的军事力量是维护社会主义中国"国家主权、安全、领土完整和发展利益"的基础。军事力量需要从之前的"韬光养晦"的策略与目标中逐步转型到能够对我国的海外利益加以保护，在必要时刻施加军事影响。近年来，我国开展了许多工作来支持军事力量建设与转型，比较典型的有：开展双边多边反恐与执法安全合作，为我国海外利益提供更多保障。例如，上合组织的反恐联合行动等；应索马里政府及联合国要求，派遣海军舰队编队赴亚丁湾索马里海域执行护航任务，有效维护了我国海上战略通道和人员船舶安全。此外，我国国产航母下水，新型海军主力舰艇下水服役等，都是配合军事力量转型的坚实行动。需要注意的是，我国仍旧坚持的是防御性的国防政策，海外利益保护虽然在必要时刻需要辅以军事行动，但是也更多地需要在现有国际体系下，以多边安全合作等形式展开。例如，联合国集体安全机制、上海合作组织、东盟地区论坛等机制。

第二十节 维护其他国家安全的任务

一、维护其他国家安全的重要性

国家安全是一个综合的概念,是集各领域于一体的国家安全体系。《国家安全法》促使我国国家安全工作突破传统政治、军事及国土战线等领域,进入到非传统领域,如经济、文化、环境、网络及信息等领域,并且促使我国国家安全工作向法治化、民主化、全面化发展,不断地完善社会法治建设,保障国家安全。

在《国家安全法》第二章中,维护国家安全的任务共 20 条,从政治安全、人民安全,到新型领域安全、海外利益安全等 19 个方面对维护国家安全的任务作出了规定。而除了上述维护国家安全的领域存在着相应的任务之外,还有相当多的其他领域的安全也需要引起我们的重视与注意。例如,生物安全,基因信息以及物种安全的保护,人与动植物等新发突发传染病疫情防控,防御生物武器攻击和恐怖袭击,防控生物威胁,等等;随着信息化程度的提高,电磁空间安全也越来越重要。具体到各国,由于国情不同,面临的非传统问题不同,关注的重点也有所不同。

《国家安全法》第二章规定的 19 个方面的维护国家安全的任务,是根据当下维护国家安全的形势和需要作出的规范。随着社会经济发展和国家安全利益的需要,将有新的维护国家安全的任务需要纳入总体国家安全观,为了防止挂一漏万,为根据形势发展不断完善维护国家安全的任务留下接口和余地,有必要增加兜底条款。因此,《国家安全法》第 34 条规定:"国家根据经济社会发展和国家发展利益的需要,不断完善维护国家安全的任务。"

二、维护其他国家安全的内容

制定《国家安全法》,对维护国家安全的任务作出兜底的规定,是贯彻总体国家安全观的需要。在安全问题已经超出外交和国际关系而涉及国内问题,已经超出军事、政治而涉及经济、文化、科技、生态、信息等方面,已经不再专属安全部门管辖而需要政府各部门甚至全体国民以至全人类共同协调解决的情况下,应对这一复杂多变的新安全形势的新安全观,必须有一个能够对安全问题各个方面各种因素给予全面观察和思考的"全视角""全方位"。这就是说,需要一种能够全视角关照各种安全因素的全方位的安全观——总体国家安全观。[1]总体国家安全观不是僵化的，而是动态发展的，它根据人类共同的安全利益和我国国家安全利益的变化而变迁。

（一）人类共同的安全任务

对人类共同的安全利益的威胁可能有且不限于以下几个方面：①全球流行性疾病。例如，某种病原体符合无药可医、近乎致命、极易传染和潜伏期长等特征，它将给人类生存带来重大威胁。②极端天气。人类活动造成的天气变化，如果在未来没有得到较好的控制，将会导致极端天气，不适合人类居住的环境将导致大规模死亡、饥荒和大量人口迁徙。③政府管理不善导致的灾难。政府可以解决但未解决的重大问题或是无法解决的重大问题，例如人口、环境、资源、能源问题，破坏人类的生存环境和发展空间。④核战争。虽然核武器已经得到了一定控制，这种威胁在逐渐减弱，但由于"核安全"和"核安保"等出现的问题，蓄意或者意外发生的核战争（冲突）或者核泄漏的可能性依然存在。⑤人工智能。现在人工智能发展迅速，人类无法预判模拟出来的人工智能或者说芯片软体是否会有独立思考能力。一旦它们具有"人"的思考功能，并产生认为人类毫无价值的"想法"，将会导致人类重大生存危机。⑥大规模火山爆发。较一般火山爆发强千倍的超级火山一旦爆发，火山灰吸收太阳辐射，全球进入"火山冬天"，情况类似于小行星撞击或者核战争。⑦合成生物和纳米科技。基因工程和纳米技术的研发有利有弊，可能对人类或者生态系统造成重大破坏。⑧小行星撞击地球。据科学家估计，直径达5公里以上的彗星，几乎每2000万年便撞击地球一次，威力是最大型炸弹爆炸的10万倍。如撞到地面，可能会摧毁地球的大片地区。撞击扬起的尘土进入大气层，导致生存环境受损。⑨不同文明、民族和国家之间的矛盾带来的政治博弈和军事冲突的风险。如果无法将上述风险控制在可接受范围内，会给人类生存带来巨大威胁。⑩未知的安全风险。现在人类还无法完全预判各种各样的风险。毋庸讳言，人类共同面临的安全挑战，自然而然会影响甚至塑造我国维护国家安全任务的形成。由于上述安全风险的低概率性、巨灾性等特征，它们虽然不是《国家安全法》明示的内容，但亦构成了我国维护国家安全的任务。

（二）我国未来安全任务的重点方向

虽然无法预判未来我国的国家安全具体都包括哪些方面，但是可以从国家利益的动态变化中发现当前安全领域的重点拓展方向。随着我国国家实力的提

---

[1] 刘跃进：" 论保障我国国家安全的五项战略性需要"，载《中国人民公安大学学报（社会科学版）》2005年第3期。

升,我国国家利益呈现出向海洋、太空、网络电磁空间加速拓展的趋势。当前,海洋、太空和网络成为影响国家战略全局的重大安全领域。[1]

1. 海洋安全。我国是世界上少有的陆海兼具的国家,但由于历史原因,我国一直以来侧重陆权忽略海权建设。当代以来,我国祖国统一、岛礁主权与海洋权益等重大现实问题都与海洋密切相关,并逐渐将海洋建设和海洋安全提上日程。习近平同志指出:"21世纪,人类进入了大规模开发利用海洋的时期。海洋在国家经济发展格局和对外开放中的作用更加重要,在维护国家主权、安全、发展利益中的地位更加突出,在国家生态文明建设中的角色更加显著,在国际政治、经济、军事、科技竞争中的战略地位也明显上升。"[2]未来很长的一段时期,如何关心海洋、认识海洋、经略海洋,如何从近海、远海、深海、大洋到极地,推进我国的海洋安全战略纵深,建设海洋强国,将是一个持续的安全议程和国家安全任务。

2. 太空安全。人类对太空,尤其是外太空的探索和利用涉及全人类的利益。自人类第一颗卫星发射60余年来,越来越多的国家、国家集团或私人实体参与到外空活动中。太空轨道开始"拥挤",太空碎片越来越多,太空环境亟须治理。面对外空的军备竞赛尤其是外空网络安全问题,需要国际社会共同来应对。对于我国来说,外空是国际战略竞争制高点。世界主要国家围绕进出、利用和控制外空,纷纷制定外空战略,发展外空军事力量。从1959年10月13日美国首次成功进行反卫星试验,到冷战结束后2008年2月20日美国"标准"-3导弹击毁一颗失去控制的间谍卫星至今,外空军事竞争就一直持续不断。[3]目前,主要国家正在加快研发新型强激光、高功率微波、粒子束等定向能反卫星武器和可快速发射与拦截的动能反卫星武器,外空军事化形势日趋严峻。我国未来将在此领域持续发力,太空尤其是外太空的安全将是我国的重要国家安全任务。

3. 网络安全。网络空间是人造空间,是物理域、逻辑域和认知域的统一体。它虽然是无形空间,却能够贯穿、渗透、融合并影响陆地、海洋、空中等有形空间作用的发挥。它不是传统空间的延伸,而是一个崭新的安全领域。2014年2月,习近平同志在中央网络安全和信息化领导小组第一次会议上指出:"没有网络安全就没有国家安全,没有信息化就没有现代化。"与此同时,随着国家利

---

[1] 在前文的维护新型领域安全的论述中,对上述问题已有涉及。本部分结合我国国家利益的变迁,从战略纵深角度对上述问题作些补充性阐述。
[2] 史育龙:"[人民日报海洋专版]:以陆海统筹建设海洋强国",载搜狐网:https://www.sohu.com/a/238907620_99930496,2019年8月9日访问。
[3] 丰松江:"新型战略空间须共有共建共治",载《参考消息》2018年3月23日,第8版。

益向网络空间的拓展，以及云计算、物联网、移动互联、网络攻防等技术的不断涌现，维护网络空间安全的需求也更加迫切。2015年12月，习近平同志在第二届世界互联网大会上阐释了"共同构建网络空间命运共同体"的中国互联网观。他提出，"网络安全是全球性挑战，没有哪个国家能够置身事外、独善其身，维护网络安全是国际社会的共同责任"，也是我国未来的国家安全任务。

第十一章 维护国家安全的职责

维护国家安全是中央和地方的共同责任,是党政军的共同责任。根据《宪法》规定,《国家安全法》第三章规定了全国人大及其常委会、国家主席、国务院、中央军委、中央国家机关各部门和地方包括香港、澳门两个特别行政区维护国家安全的责任,并对国家机关及其工作人员履行维护国家安全职责应当坚持的原则作了专门规定。

第一节 中央机关维护国家安全的职责

一、全国人民代表大会及其常务委员会维护国家安全的职责

《宪法》第57条规定:"中华人民共和国全国人民代表大会是最高国家权力机关。它的常设机关是全国人民代表大会常务委员会。"全国人民代表大会作为最高国家权力机关,在中央国家机关中处于核心地位,国家的行政机关、审判机关和检察机关由它产生、向它负责、受它监督。全国人民代表大会及作为其常设机关的全国人民代表大会常务委员会,具有立法、监督、人事任免、重大事项决定等重要职权,在维护国家安全方面的职责也是不言而喻的。

《国家安全法》第35条规定:"全国人民代表大会依照宪法规定,决定战争和和平的问题,行使宪法规定的涉及国家安全的其他职权。全国人民代表大会常务委员会依照宪法规定,决定战争状态的宣布,决定全国总动员或者局部动员,决定全国或者个别省、自治区、直辖市进入紧急状态,行使宪法规定的和全国人民代表大会授予的涉及国家安全的其他职权。"

(一)全国人民代表大会维护国家安全的职责

1. 决定战争和和平的问题。《宪法》第62条第15项规定,全国人民代表大会"决定战争和和平的问题"。战争和和平问题是政治的最高形式,一是决定是否向某一国或某一国家集团宣战,二是决定是否与交战国达成协议,双方停战,结束

战争。战争和和平问题直接关系国家的根本利益,对国家的生存与发展至关重要。在遇到国家遭受武装侵犯时,涉及国家的主权和领土完整;在必须履行国际间共同防止侵略的条约时,也涉及国家履行国际义务。而且国家在进入战争状态后,其政权运行方式和政治、军事、经济体制都可能进入非常状态,公民的基本权利也可能受到一定程度的克减。因此,必须由最高国家权力机关来决定。

2. 《宪法》规定的其他职权。全国人民代表大会依照《宪法》规定,还行使《宪法》规定的涉及国家安全的其他职权。例如:①立法权。制定和修改刑事、民事、国家机构的和其他的基本法律,全国人民代表大会先后制定和修改了《兵役法》《国防法》《反分裂国家法》《刑法》《刑事诉讼法》等密切关系国家安全方面的法律。②人事任免权。如选举中央军事委员会主席,根据中央军事委员会主席的提名决定中央军事委员会其他组成人员的人选,等等。

(二) 全国人民代表大会常务委员会维护国家安全的职责

《宪法》第67条规定应当由全国人民代表大会常务委员会行使的职权共有22项。其中涉及国家安全的职权有:

1. 决定战争状态的宣布。《宪法》第67条第19项规定:"在全国人民代表大会闭会期间,如果遇到国家遭受武装侵犯或者必须履行国际间共同防止侵略的条约的情况,决定战争状态的宣布。"全国人大常委会"决定战争状态的宣布"与全国人大"决定战争和和平的问题"有所不同,有两个明确的条件限制。一是必须在全国人民代表大会闭会期间,二是已经发生了国家遭受武装侵犯或者必须履行国际间共同防止侵略的条约的情况。从本质上讲,决定战争的问题属于全国人民代表大会的职权。《宪法》第67条第19项作出的规定,主要是基于以下原因:通常情况下,我国每年只召开一次全国人民代表大会,在大会闭会期间,当国家遭受武装侵犯时,难以迅速召集近3000名代表开会作出应战的决定,而全国人大常委会作为全国人民代表大会的常设机关,由它决定战争状态的宣布,既是最高国家权力机关履行职能的需要,也有利于国家迅速采取应对措施,进行自卫和反侵略,维护国家安全。同样,按照国际法上条约必须遵守的原则,当我国必须要履行国际间共同防止侵略的条约的情况发生时,在全国人民代表大会闭会期间,也要由全国人大常委会决定战争状态的宣布。

2. 决定全国总动员或者局部动员。全国总动员或者局部动员,是在国家的主权、统一、领土完整和安全遭受威胁时,一般是指面临或者已经遭受外敌侵略或者发生严重内乱时,国家所采取的一种紧急措施。动员令一经发出,国家或者局部地区将从平时体制转入战时体制,全国人民或者局部地区的人民必须全力以赴投入到抵抗侵略或者制止内乱的行动中去,一切工作都要服从动员的需要。全国总动员或者局部动员对国家经济建设和其他建设都会产生重要影响，所以必须由全国人民代表大会常务委员会决定。全国人民代表大会常务委员会决定全国总动员或者局部动员后，由国家主席发布动员令。

3. 决定全国或者个别省、自治区、直辖市进入紧急状态。紧急状态是指突发性的现实危机或者可预见即将发生的危机，在或者将在较大空间范围或者较长时间内威胁到公民生命、健康、财产安全，甚至影响国家机关正常行使权力，必须采取特殊的应急措施才能恢复正常秩序的特殊状态。导致出现紧急状态的因素主要包括严重自然灾害、重大事故灾难、突发公共卫生事件、社会动乱和恐怖事件等。"紧急状态"下采取的措施包括但不限于"戒严"——戒严是指在发生严重危及国家统一、安全或者社会公共安全的动乱、暴乱或者发生严重骚乱，不采取非常措施不足以维护社会秩序、保护人民的生命财产安全的紧急状态时，国家决定采取的一种非常措施，还可能包括突发事件应急处置措施、动员措施等。

4. 关于《宪法》规定的其他职权。全国人民代表大会常务委员会行使《宪法》规定的和全国人民代表大会授予的涉及国家安全的其他职权。①立法权。《宪法》规定，全国人大常委会制定和修改除应当由全国人大制定的法律以外的其他法律，在全国人大闭会期间，对全国人大制定的法律进行部分补充和修改，但是不得同该法律的基本原则相抵触。例如，全国人大常委会先后制定或者修改了《国家安全法》《现役军官法》《预备役军官法》《军事设施保护法》《人民防空法》《国防动员法》《国防教育法》《人民警察法》《人民武装警察法》《戒严法》《突发事件应对法》等密切关系国家安全的法律。②监督权。监督国务院、中央军事委员会、国家监察委员会、最高人民法院和最高人民检察院的工作。《宪法》第3条第3款规定："国家行政机关、监察机关、审判机关、检察机关都由人民代表大会产生，对它负责，受它监督。"全国人大常委会依法行使监督权的主要形式，包括听取国务院、最高人民法院、最高人民检察院的专项工作报告，听取国民经济和社会发展计划、预算执行情况报告，听取决算报告和审计工作报告，进行询问、质询等。③人事任免权。例如，在全国人民代表大会闭会期间，全国人大常委会根据中央军事委员会主席的提名，决定中央军事委员会其他组成人员的人选。④批约权。全国人大常委会决定同外国缔结的条约和中央协定的批准和废除。例如，2014年第十二届全国人大常委会第十二次会议批准了《上海合作组织反恐怖主义公约》《中华人民共和国和阿富汗伊斯兰共和国引渡条约》等。

二、中华人民共和国主席维护国家安全的职责

《宪法》第80条和第81条规定了国家主席的职权。《宪法》第80条规定的职权，是由国家主席根据全国人大或者全国人大常委会的决定来行使，目的是使处理国家事务的法律程序更加完备。这些职权，非经全国人大或全国人大常委会决定，国家主席不能直接行使。《国家安全法》第36条规定："中华人民共和国主席根据全国人民代表大会的决定和全国人民代表大会常务委员会的决定，宣布进入紧急状态，宣布战争状态，发布动员令，行使宪法规定的涉及国家安全的其他职权。"

（一）宣布进入紧急状态，宣布战争状态，发布动员令

全国人大或全国人大常委会作出宣布战争状态、进入紧急状态、进行全国总动员或者局部动员的决定后，由于涉及对外关系、涉及国家进入一种非常状态、涉及公民和组织的权益保障和克减，因此，必须以一定形式向社会公布，才能对社会或利益攸关方产生拘束力。根据《宪法》和《国家安全法》的规定，宣布进入紧急状态，宣布战争状态，发布动员令的主体是国家主席。

宣布是以文告形式通知公众，如宣布进入紧急状态，一般应当包括实施紧急状态的原因、地域范围、开始时间和结束时间、实施机关、国家采取的措施、对公民权利的限制等。宣布的意义在于使公民了解其在紧急状态或者战争状态期间的权利和义务，既有效维护自己的合法权益，又切实履行自己应尽的义务，并将政府在此期间的活动置于公众的监督之下，防止权力的滥用。

必须严格遵守进入紧急状态或者战争状态的宣布程序，只有经过国家主席正式宣布的紧急状态或者战争状态，和经过国家主席正式宣布的动员令，才能发生相应的法律效力。当然，国家主席宣布进入紧急状态、战争状态或者发布动员令的前提条件和依据只能是全国人民代表大会及其常务委员会作出的决定，国家主席不能直接宣布战争状态、进入紧急状态或者发布动员令。

（二）《宪法》规定的其他职权

国家主席行使《宪法》规定的涉及国家安全方面的其他职权，例如：①根据全国人民代表大会及其常务委员会的决定，公布法律。②代表中华人民共和国，进行国事活动，接受外国使节。③根据全国人大常委会的决定，派遣和召回驻外全权代表，批准和废除同外国缔结的条约和重要协定等。

三、中华人民共和国国务院维护国家安全的职责

《宪法》第85条规定："中华人民共和国国务院，即中央人民政府，是最高

国家权力机关的执行机关,是最高国家行政机关。"国务院的性质体现在三个方面:①国务院是我国的中央人民政府,它同地方各级人民政府一起,组成我国整个国家行政系统。中央政府是在全国范围内总揽国家政务和负责国家行政管理责任的机关,地方行政机关虽然由本级权力机关产生,对其负责并报告工作,但同时也要统一服从中央政府的领导。②国务院是最高国家权力机关的执行机关。在我国,全国人民代表大会是最高国家权力机关,行政机关、司法机关由它产生,并受它监督;国务院通过行政管理活动,执行最高国家权力机关制定的法律、通过的各项决议和决定,还可以制定行政法规。③国务院也是最高国家行政机关。从中央到地方的行政组织体系中,国务院居于最高地位,统一领导地方各级行政机关。国务院的机构性质和定位,决定了其在维护国家安全方面,承担着重要职责。《国家安全法》第37条规定:"国务院根据宪法和法律,制定涉及国家安全的行政法规,规定有关行政措施,发布有关决定和命令;实施国家安全法律法规和政策;依照法律规定决定省、自治区、直辖市的范围内部分地区进入紧急状态;行使宪法法律规定的和全国人民代表大会及其常务委员会授予的涉及国家安全的其他职权。"

(一)根据宪法和法律,制定涉及国家安全的行政法规,规定有关行政措施,发布有关决定和命令

《宪法》第89条规定,国务院有权"根据宪法和法律,规定行政措施,制定行政法规,发布决定和命令"。根据《宪法》的规定,国务院行使领导和管理经济、城乡建设、教育、科学、文化、卫生、体育、计划生育、民政、公安、司法行政等方面工作。领导和管理上述方面工作的方式之一,就是根据宪法和法律,制定涉及国家安全的行政法规,规定有关行政措施,发布有关决定和命令。

行政法规是指国务院为领导和管理国家各项行政工作,根据宪法和法律,并依照法定权限和程序制定的规范性文件的总称。行政法规在我国法律体系中具有重要地位,其效力仅次于法律,高于地方性法规和规章。《立法法》第65条对制定行政法规的权限范围作了规定:一是为执行法律的规定需要制定行政法规的事项;二是《宪法》第89条规定的国务院行政管理职权的事项;三是全国人大及其常委会授权立法的事项。规定有关行政措施是指国家行政机关依据宪法、法律、行政法规等,针对特定的具体事项,规定在一定时期内所采取的具体措施。行政措施的形式有命令、决定、通知、通告等。

(二)实施国家安全法律法规和政策

国务院是最高国家权力机关的执行机关。对全国人大及其常委会制定的法律,国务院有执行的义务。就国务院实施涉及国家安全的法律来讲,一是要在

具体工作中坚决遵守和严格执行这些法律,二是可以制定配套的行政法规来更好地执行这些涉及国家安全的法律。除了具体实施全国人大及其常委会制定的关于国家安全的法律以外,实施涉及国家安全的行政法规,也是国务院的重要职责。国务院既是涉及国家安全的行政法规的制定者,也是这些行政法规的执行者。此外,在国家安全方面,还会出台一系列起指导作用的重要政策,这些政策的具体落实和实施,也是国务院的重要职责之一。

(三)依照法律规定决定省、自治区、直辖市的范围内部分地区进入紧急状态

《宪法》按进入紧急状态的地域范围,将紧急状态分为两种:一是全国或者个别省、自治区、直辖市范围进入紧急状态;二是个别省、自治区、直辖市的范围内部分地区进入紧急状态。全国人大常委会决定全国或者个别省、自治区、直辖市进入紧急状态。中华人民共和国主席根据全国人大的决定和全国人大常委会的决定,宣布进入紧急状态。国务院依照法律规定决定省、自治区、直辖市的范围内部分地区进入紧急状态。

紧急状态是国家迫不得已采取的一种非常措施,这些非常措施会对公民及组织的权利、自由进行限制,对经济活动、社会活动的正常开展带来一些负面影响。但如果不采取紧急状态,控制和消除危害,将会给国家和社会带来更大的灾难。宣布进入紧急状态,采取一些非常措施,是"两害相权取其轻"下的选择。因此,对于决定进入紧急状态的主体,必须进行严格限制。全国或者个别省、自治区、直辖市范围进入紧急状态,都应当由全国人大常委会决定。只有在省、自治区、直辖市的范围内部分地区需要进入紧急状态的情况下,一是考虑到影响范围相对较小,二是可以尽快采取措施,防止事态蔓延,可以由国务院决定。国务院决定省、自治区、直辖市的范围内部分地区进入紧急状态,也必须严格依照法律规定进行。

(四)行使宪法法律规定的和全国人民代表大会及其常务委员会授予的涉及国家安全的其他职权

国务院还行使宪法法律规定的和全国人大及其常委会授予的涉及国家安全的其他职权。《宪法》规定的国务院职权有18项,除了《国家安全法》第37条明文规定的以外,国务院还要履行好《宪法》赋予的其他职权。

当前中国特色社会主义法律体系已经形成并不断完善,国家和社会各个方面基本实现有法可依,法律对国务院在不同工作方面行使职权作了很多具体规定,细化了宪法规定,具有很强的可操作性,为国务院依法行使职权提供了法律遵循。此外,全国人大及其常委会还根据法律规定,或者根据经济社会发展和全面深化改革以及维护国家安全的需要,通过作出决定授权国务院行使某些

方面的职权。从法律规定上看,例如,《立法法》第9条规定:"本法第8条规定的事项尚未制定法律的,全国人民代表大会及其常务委员会有权作出决定,授权国务院可以根据实际需要,对其中的部分事项先制定行政法规,但是有关犯罪和刑罚、对公民政治权利的剥夺和限制人身自由的强制措施和处罚、司法制度等事项除外。"从授权决定上看,例如,全国人大常委会2012年作出的《关于授权国务院在广东省暂时调整部分法律规定的行政审批的决定》,2015年作出的《关于授权国务院在部分地方开展药品上市许可持有人制度试点有关问题的决定》,其中有些内容也涉及国家安全问题。

四、中华人民共和国中央军事委员会维护国家安全的职责

《宪法》第93条规定:"中华人民共和国中央军事委员会领导全国武装力量……中央军事委员会实行主席负责制……"第94条规定:"中央军事委员会主席对全国人民代表大会和全国人民代表大会常务委员会负责。"《宪法》的这些规定表明,中央军事委员会是国家最高军事机关,它的职权是领导全国武装力量,完成宪法赋予人民军队和其他武装力量巩固国防、抵抗侵略、保卫祖国、保卫人民的和平劳动、参加国家建设事业和努力为人民服务的神圣使命。《国家安全法》第38条规定:"中央军事委员会领导全国武装力量,决定军事战略和武装力量的作战方针,统一指挥维护国家安全的军事行动,制定涉及国家安全的军事法规,发布有关决定和命令。"

中华人民共和国的武装力量,由中国人民解放军现役部队和预备役部队、中国人民武装警察部队、民兵组成。中国人民解放军现役部队是国家的常备军,主要担负防卫作战任务,必要时可以依照法律规定协助维护社会秩序;预备役部队平时按照规定进行训练,必要时可以依照法律规定协助维护社会秩序,战时根据国家发布的动员令转为现役部队。中国人民武装警察部队在党中央、中央军事委员会的领导指挥下,担负国家赋予的安全保卫任务,维护社会秩序。民兵在军事机关的指挥下,担负战备勤务、防卫作战任务,协助维护社会秩序。中央军委主席由全国人大选举产生,对全国人大和全国人大常委会负责。

《国防法》对中央军事委员会领导全国武装力量作了具体规定:统一指挥全国武装力量;决定军事战略和武装力量的作战方针;领导和管理中国人民解放军的建设,制定规划、计划并组织实施;向全国人大及其常委会提出议案;根据宪法和法律,制定军事法规,发布决定和命令;决定中国人民解放军的体制和编制,规定总部以及军区、军兵种和其他军区级单位的任务和职责;依照法律、军事法规的规定,任免、培训、考核和奖惩武装力量成员;批准武装力量

的武器装备体制和武器装备发展规划、计划，协同国务院领导和管理国防科研生产；会同国务院管理国防经费和国防资产。此外，还有法律规定的其他职权，主要是与国务院共同领导一些工作，例如，民兵的建设和征兵、预备役工作以及边防、海防、空防的管理工作。

中央军事委员会决定军事战略和武装力量的作战方针，统一指挥维护国家安全的军事行动，制定涉及国家安全的军事法规，发布有关决定和命令，是中央军事委员会在行使维护国家安全方面领导全国武装力量职权的体现。2015年国务院新闻办公室发布的《中国的军事战略》提出，军事战略是筹划和指导军事力量建设和运用的总方略，服从服务于国家战略目标，站在新的历史起点上，中国军队适应国家安全环境新变化，贯彻新形势下积极防御军事战略方针，加快推进国防和军队现代化，坚决维护国家主权、安全、发展利益。

我国军队主要承担以下战略任务：应对各种突发事件和军事威胁，有效维护国家领土、领空、领海主权和安全；坚决捍卫祖国统一；维护新型领域安全和利益；维护海外利益安全；保持战略威慑，阻止核反击行动；参加地区和国际安全合作，维护地区和世界和平；加强反渗透、反分裂、反恐怖斗争，维护国家政治安全和社会稳定；担负抢险救灾、维护权益、安保警戒和支援国家经济社会建设等任务。

中央军事委员会制定涉及国家安全的军事法规，实现依法治军、从严治军是推进军队全面建设的重要保障。《立法法》第103条第1款规定："中央军事委员会根据宪法和法律，制定军事法规。"根据《立法法》的规定，中央军事委员会可以依据宪法和法律，制定涉及国家安全的军事法规。在我国现行的有关立法中，考虑到军队的特殊性，通常以法律规定的形式授权中央军委另行规定。例如，《审计法》规定，中国人民解放军审计工作的规定，由中央军事委员会根据《审计法》制定。中央军委根据这些授权，可以制定军事法规。

五、中央国家机关各部门维护国家安全的职责

维护国家安全是全社会共同的责任。中央国家机关各部门根据宪法和法律的规定，负责本领域的方针、政策、计划和重大行政措施的研究制定、组织实施和监督管理，肩负着本部门职责范围内贯彻执行国家各项重大方针政策和法律法规，管理指导本系统、本领域工作的重要职责。例如，《反间谍法》第3条规定："国家安全机关是反间谍工作的主管机关。公安、保密行政管理等其他有关部门和军队有关部门按照职责分工，密切配合，加强协调，依法做好有关工作。"第4条第2款规定："一切国家机关和武装力量、各政党和各社会团体及

各企业事业组织，都有防范、制止间谍行为，维护国家安全的义务。"《反恐怖主义法》第 8 条规定："公安机关、国家安全机关和人民检察院、人民法院、司法行政机关以及其他有关国家机关，应当根据分工，实行工作责任制，依法做好反恐怖主义工作。中国人民解放军、中国人民武装警察部队和民兵组织依照本法和其他有关法律、行政法规、军事法规以及国务院、中央军事委员会的命令，并根据反恐怖主义工作领导机构的部署，防范和处置恐怖活动。有关部门应当建立联动配合机制，依靠、动员村民委员会、居民委员会、企业事业单位、社会组织，共同开展反恐怖主义工作。"《国家安全法》第 39 条对宪法和法律关于中央国家机关各部门维护国家安全职责的相关内容，作了重申和进一步明确，规定："中央国家机关各部门按照职责分工，贯彻执行国家安全方针政策和法律法规，管理指导本系统、本领域国家安全工作。"

（一）中央国家机关各部门要按照职责分工，贯彻执行国家安全方针政策和法律法规

在中国特色社会主义法律体系中，各有关法律法规已经对中央国家各部门的职责作出了明确分工，各部门应当按照自身职责分工，贯彻执行国家安全方针政策和法律法规，落实维护国家安全的职责。同时，中央国家机关各部门职责分工的领域虽然有所不同，但在依法履行职责，贯彻执行有关方针、政策和法律法规，以及发布有关命令、指示和规章的过程中，在涉及国家安全的各个领域、各个方面，确保各领域关于国家安全的方针政策和法律法规得到有效落实，是各部门履行宪法责任，维护国家安全的重要体现。

中央国家机关各部门按照职责分工，贯彻执行国家安全方针政策和法律法规，主要体现在以下五个方面：一是组织本机关、本单位的人员学习贯彻落实党和国家有关国家安全工作的方针政策、法律法规；二是对本机关、本单位的人员进行维护国家安全的教育，动员、组织本机关、本单位的人员防范、制止危害国家安全的行为，履行维护国家安全的义务；三是组织本机关、本单位人员在依法履行职责的日常工作当中，贯彻执行维护国家安全的原则和要求；四是组织本机关、本单位人员依法支持、配合有关专门机关维护国家安全的专门工作，保守所知悉的专门工作涉及的国家秘密事项；五是在依法履行社会管理职能的过程中，强化国家安全意识，充分考虑维护国家安全的因素，指导、管理企业事业组织根据国家安全工作的要求，依法配合有关部门采取相关安全措施，提供数据、信息等必要的支持和协助等。

（二）中央国家机关各部门要按照职责分工，管理指导本系统、本领域国家安全工作

《宪法》第 90 条规定："国务院各部部长、各委员会主任负责本部门的工

作……各部、各委员会根据法律和国务院的行政法规、决定、命令，在本部门的权限内，发布命令、指示和规章。"《地方组织法》第66条规定："省、自治区、直辖市的人民政府的各工作部门受人民政府统一领导，并且依照法律或者行政法规的规定受国务院主管部门的业务指导或者领导。自治州、县、自治县、市、市辖区的人民政府的各工作部门受人民政府统一领导，并且依照法律或者行政法规的规定受上级人民政府主管部门的业务指导或者领导。"因此，中央国家机关各部门不仅要按照职责分工，组织本机关、本单位贯彻执行国家安全方针政策和法律法规，而且要依法管理指导本系统、本领域国家安全工作。

第二节 地方人大及政府维护国家安全的职责

我国是一个统一的、单一制的国家，但各地经济社会发展很不平衡。与这一国情相适应，我国《宪法》确立了"中央和地方的国家机构职权的划分，遵循在中央的统一领导下，充分发挥地方的主动性、积极性的原则"。根据《宪法》和《地方组织法》的有关规定，地方各级人大是地方国家权力机关，县级以上的地方各级人大设立常务委员会；县级以上的地方各级人大常委会是本级人民代表大会的常设机关，对本级人大负责并报告工作；省、自治区、直辖市的人大和县级以上地方各级人大，在本行政区域内，保证宪法、法律、行政法规的遵守和执行。在遵守和执行的法律法规中包括维护国家安全的法律法规。

地方各级人民政府包括省、自治区、直辖市、自治州、县、自治县、市、直辖区、乡、民族乡、镇的人民政府。根据《宪法》和《地方组织法》的规定，地方各级人民政府是地方各级人民代表大会的执行机关，是地方各级国家行政机关，对本级人大及其常委会和上一级国家行政机关负责并报告工作；地方各级人民政府都是国务院统一领导下的国家行政机关，都服从于国务院。县级以上的地方各级人民政府执行本级人大及其常委会的决议，以及上级国家行政机关的决定和命令，规定行政措施，发布决定和命令；乡、民族乡、镇的人民政府执行本级人大的决议和上级国家行政机关的决定和命令，发布决定和命令。各级地方人民政府依照法律规定的权限，管理本行政区域内的经济、教育、科学、文化、卫生、体育事业、环境和资源保护、城乡建设事业和财政、民政、公安、民族事务、司法行政、监察、计划生育等行政工作，其中还包括管理本行政区域内的国家安全工作。

香港特别行政区、澳门特别行政区是中华人民共和国不可分离的部分，是直辖于中央人民政府享有高度自治权的地方行政区域，按照《宪法》和香港、澳门两个特别行政区基本法的规定，香港、澳门特别行政区同样负有维护国家安全的责任。

一、地方各级人民代表大会和县级以上地方各级人大常委会维护国家安全的职责

《国家安全法》第40条第1款规定:"地方各级人民代表大会和县级以上地方各级人民代表大会常务委员会在本行政区域内,保证国家安全法律法规的遵守和执行。"

根据《宪法》《地方组织法》《立法法》《监督法》的有关规定,地方各级人大和县级以上地方各级人大常委会在本行政区域内,保证国家安全法律法规的遵守和执行,主要有以下几种方式:一是制定地方性法规。《宪法》和《立法法》规定,为执行法律、行政法规的规定,需要根据本行政区域的实际情况作具体规定的事项,省、自治区、直辖市的人大及其常委会根据本行政区域的具体情况和实际需要,在不同宪法、法律、行政法规相抵触的前提下,可以制定地方性法规。为了维护国家安全的需要,一些地方为实施有关法律制定了相关地方性法规,如为实施《兵役法》《国防教育法》,国务院、中央军委制定了《征兵工作案例》,北京、上海、天津、河北等二十多个省(区、市)人大常委会分别制定了《国防教育条例》。二是重大事项的决定权,县级以上地方各级人大及其常委会有权讨论、决定本行政区域内的政治、经济、教育、科学、文化、卫生、环境和资源保护、民政、民族等工作的重大事项。三是行使监督权,监督的方式有:听取和审议人民政府、人民法院和人民检察院的专项工作报告;审查和批准决算,听取和审议国民经济和社会发展计划、预算的执行情况报告;听取和审议审计工作报告;组织法律、法规实施情况的检查;对规范性文件进行备案审查;进行询问和质询;组织特定问题调查;等等。一些法律也对人大行使监督权作了规定。例如,《突发事件应对法》第16条规定:"县级以上人民政府作出应对突发事件的决定、命令,应当报本级人民代表大会常务委员会备案;突发事件应急处置工作结束后,应当向本级人民代表大会常务委员会作出专项工作报告"。《环境保护法》第27条规定:"县级以上人民政府应当每年向本级人民代表大会或者人民代表大会常务委员会报告环境情况和环境保护目标完成情况,对发生的重大环境事件应当及时向本级人民代表大会常务委员会报告,依法接受监督。"

二、地方各级人民政府维护国家安全的职责

《国家安全法》第40条第2款规定:"地方各级人民政府依照法律法规规定

管理本行政区域内的国家安全工作。"

地方各级人民政府管理本行政区域内的国家安全工作要依照法律规定进行。这里的"法规"既包括国务院制定的行政法规，也包括地方人大及其常委会制定的地方性法规。法律、法规关于地方各级人民政府职责的规定，主要有以下两种表现形式：

1. 原则性、综合性规定。例如，《国防法》第15条第2款规定："地方各级人民政府依照法律规定的权限，管理本行政区域内的征兵、民兵、预备役、国防教育、国民经济动员、人民防空、国防交通、国防设施保护、退出现役的军人安置和拥军优属等工作。"《突发事件应对法》第7条第1款规定："县级人民政府对本行政区域内突发事件的应对工作负责；涉及两个以上行政区域的，由有关行政区域共同的上一级人民政府负责，或者由各有关行政区域的上一级人民政府共同负责。"《军事设施保护法》第3条第1款规定："各级人民政府和军事机关应当从国家安全利益出发，共同保护军事设施，维护国防利益。"

2. 具体规定。主要有以下几种方式：①制定地方政府规章。《立法法》第82条第1款规定："省、自治区、直辖市和设区的市、自治州的人民政府，可以根据法律、行政法规和本省、自治区、直辖市的地方性法规，制定规章。"地方政府规章可以就下列事项作出规定：一类是为执行法律、行政法规、地方性法规的规定需要制定规章的事项；另一类是属于本行政区域的具体行政管理事项。设区的市、自治州的人民政府制定地方政府规章，限于城乡建设与管理、环境保护、历史文化保护等方面的事项。例如，北京、河北、辽宁、吉林等省（区、市）人民政府，根据《国防动员法》和国务院、中央军委《民用运力国防动员条例》制定了《民用运力国防动员办法》。②履行具体的行政管理职责。按照现有行政职权可分为行政规划、行政许可、行政强制、行政征收征用、行政给付、行政检查、行政确认、行政奖励、行政监督、行政裁决以及其他职责。我国专门制定了《行政许可法》《行政强制法》《行政复议法》《行政处罚法》，对行政机关职责作出规定。同时，在一些涉及国家安全的法律、法规中，也具体规定了地方人民政府的职责。例如，《国防动员法》第18条规定："县级以上人民政府应当将国防动员的相关内容纳入国民经济和社会发展计划……"《国防法》第48条规定："国家根据动员需要，可以依法征收、征用组织和个人的设备设施、交通工具和其他物资。县级以上人民政府对被征收、征用者因征收、征用所造成的直接经济损失，按照国家有关规定给予适当补偿。"《突发事件应对法》第7条第3款规定："突发事件发生地县级人民政府不能消除或者不能有效控制突发事件引起的严重社会危害的，应当及时向上级人民政府报告。上级人民政府应当及时采取措施，统一领导应急处置工作。"《戒严法》第5条规定："戒严地区内的人民政府应当依照本法采取必要的措施，尽快恢复正常社会秩序，保障人民的生命和财产安全以及基本生活必需品的供应。"《兵役法》第66条第1款规定："有服兵役义务的公民有下列行为之一的，由县级人民政府责令限期改正；逾期不改的，由县级人民政府强制其履行兵役义务，并可以处以罚款：……②应征公民拒绝、逃避征集的……"

三、香港特别行政区、澳门特别行政区维护国家安全的职责

《国家安全法》第40条第3款规定："香港特别行政区、澳门特别行政区应当履行维护国家安全的责任。"

按照《香港特别行政区基本法》《澳门特别行政区基本法》第23条的规定，特别行政区应自行立法禁止任何叛国、分裂国家、煽动叛乱、颠覆中央人民政府及窃取国家机密的行为，禁止外国的政治性组织或团体在香港（澳门）特别行政区进行政治活动，禁止香港（澳门）特别行政区的政治性组织或团体与外国的政治性组织或团体建立联系。香港特别行政区、澳门特别行政区应当按照基本法的要求自行制定维护国家安全的法律。

按照香港、澳门特别行政区基本法和香港、澳门特别行政区驻军法的规定，中央人民政府负责管理特别行政区的防务。为维护国家的主权、统一、领土完整和香港、澳门的安全，中央人民政府向特别行政区派驻负责防务的军队，履行防备和抵抗侵略、保卫特别行政区的安全、担负防卫勤务、管理军事设施、承办有关涉外军事事宜等多项职责。全国人大常委会决定宣布战争状态或者因特别行政区内发生特别行政区政府不能控制的危及国家统一或者安全的动乱而决定特别行政区进入紧急状态时，驻军根据中央人民政府决定和在特别行政区实施的全国性法律的规定履行职责。

特别行政区政府负责维持特别行政区的社会治安。特别行政区政府在必要时，可向中央人民政府请求驻军协助维持社会治安和救助灾害。特别行政区政府应当支持驻军履行防务职责，保障驻军和驻军人员的合法权益。驻军和特别行政区政府共同保护特别行政区内的军事设施。特别行政区政府应当协助驻军维护军事禁区的安全。驻军和特别行政区政府应当建立必要的联系，协商处理与驻军有关的事宜。

第三节 司法机关维护国家安全的职责

人民法院是代表国家行使审判权的机关。根据《宪法》第128条、第131

条的规定,"人民法院是国家的审判机关","依照法律规定独立行使审判权"。所谓"审判"指的是对矛盾和纠纷的审理和判决。在法治国家,所谓审判是指由国家的专门机构代表国家,依照宪法和法律规定的程序,对特定案件进行的审理和判决。代表国家行使审判权的机构作出的判决,要具有最高的权威性,并由国家强制力来保证执行,才能达到维护国家安全和社会稳定的目的。

人民检察院是国家的法律监督机关。根据《宪法》第134条、第136条的规定,"人民检察院是国家的法律监督机关","依照法律规定独立行使检察权"。在维护国家安全方面,《人民检察院组织法》《刑事诉讼法》专门规定,对于叛国案、分裂国家案以及严重破坏国家的政策、法律、法令、政令统一实施的重大犯罪案件,人民检察院行使检察权。

《国家安全法》第41条规定:"人民法院依照法律规定行使审判权,人民检察院依照法律规定行使检察权,惩治危害国家安全的犯罪。"

一、人民法院依法行使审判权

人民法院是代表国家行使审判权的机关。之所以需要一个专门机构代表国家行使审判权,是因为在国家机构与公民个人和其他组织之间、在公民个人和各种社会组织彼此之间,会产生各种各样的矛盾和纠纷。这些矛盾和纠纷中的一部分可以由矛盾和纠纷的主体进行自我化解,或者由其他社会力量予以化解。但是,当这些矛盾和纠纷发展到比较激烈的程度时,只有以国家的名义和国家的力量予以审理和判决,并以国家强制力来保证判决的执行,才能维护国家的安全和社会的稳定。这就需要国家设置一种代表公平、公正和正义力量并具有足够权威的机构,以国家的名义来行使这一审理和判决权。人民法院代表国家、以国家的名义行使审判权,是法律范围内各种矛盾和纠纷可以诉诸解决的终局机构。

国家的审判权只能由人民法院行使。作为国家权力的重要组成部分,审判权是一项专门的权力,只能由人民法院行使,任何其他机关、组织和个人都无权行使这一权力。任何个人或者其他组织私设公堂,刑讯逼供,都是非法的。一些个人或者组织可以对矛盾和纠纷进行一定程度的调解或者仲裁,但这些调解或者仲裁涉及的通常只能是平等主体的公民、法人和其他组织之间发生的具有财产性质的纠纷,而且都不是以国家的名义进行的。国家权力机关作出的决定虽然也可能带有裁判的性质,行政机关、检察机关以及军事机关也行使一定程度上的裁判职权。然而,这些机关都不是独立的审判机关,它们行使的具有裁判性质的职能都是分别派生和服务于立法权、行政权、检察权和军事权的。

而人民法院的根本职能就是行使审判权,人民法院在审判活动中也可能会行使一定的决策、管理和执行职能,而这些职能都是派生和服务于审判权的。审判权之所以只能由人民法院专门行使,根本原因在于,在社会主义国家,必须由独立的法院系统具体应用法律,才能保证国家法律的统一实施,维护社会主义法制的统一、国内市场的统一以及国家的统一,保障人民权利。如果有两个以上的平行的国家机构都可以具体应用法律对案件作出审理和判决,那么,在它们对法律适用的意见不一致时,就会导致法律适用的不统一,进而危害社会主义法制的统一。

人民法院行使的审判权包括刑事的、民事的和行政的审判权。从种类和范围上看,需要由人民法院适用法律予以解决的法律关系,就主要包括刑事法律关系、民事法律关系以及行政法律关系这三大类。目前,国家已经制定了《刑事诉讼法》《民事诉讼法》《行政诉讼法》以及《海事诉讼特别程序法》等专门的法律,对人民法院适用各类法律进行审理和判决的程序作出详细规定。根据这些法律的规定,人民法院的任务是,依照法律规定的程序,通过行使审判权,惩办犯罪分子,解决民事纠纷、经济纠纷和行政纠纷,以保卫人民民主专政的政权和社会主义制度,维护社会秩序,保护社会主义公共财产,保护公民个人的合法财产,保护公民的人身权利、民主权利和其他权利,保障社会主义现代化建设事业的顺利进行。危害国家安全的犯罪属于严重的刑事犯罪,人民法院对此予以惩治时,行使的是刑事审判权。

二、人民检察院依法行使检察权

根据《人民检察院组织法》《刑事诉讼法》等法律的规定,各级人民检察院行使下列职权:①对于叛国案、分裂国家案以及严重破坏国家的政策、法律、法令、政令统一实施的重大犯罪案件,行使检察权。②对于直接受理的刑事案件,进行侦查。③对于公安机关侦查的案件,进行审查,决定是否逮捕、起诉或者免予起诉;对于公安机关的侦查活动是否合法,实施监督。④对于刑事案件提起公诉,支持公诉;对于人民法院的审判活动是否合法,实行监督。⑤对于刑事案件判决、裁定的执行和监狱、看守所、劳动改造机关的活动是否合法,实行监督。其中,对于叛国、分裂国家的犯罪行为行使检察权被放在了首要的位置。因为这些犯罪行为直接和严重地危及国家的安全和统一,是非常严重的犯罪。检察机关通过行使检察权,对危害国家安全的犯罪行为依法予以惩治,以维护国家政权和社会的稳定,是检察机关的重要职责。

第四节 专门机关维护国家安全的职责

情报工作是维护国家安全的重要方面，也是国家安全工作的重要组成部分。对专门机关开展搜集涉及国家安全情报信息工作的职责在法律中作出规定，既体现了情报信息工作对于维护国家安全的重要意义，也是依法规范开展情报信息工作的必然要求，是世界主要国家的普遍做法。

从各国立法实践来看，多数国家均在法律中对维护国家安全专门机关的情报职责作出法律授权，以充分体现公权力的依法行使和权责一致。例如，美国通过多部法律明确了中央情报局、联邦调查局、国防情报局、国家安全局、国土安全部等一系列专门机关的情报信息职责；俄罗斯通过多部法律明确了俄罗斯联邦安全体系中有关专门机关保障俄罗斯安全利益，开展获取情报信息和情报活动的职责，并要求有关机构在履行情报信息职责时，必须要遵守俄罗斯联邦法律，依法进行，并尊重公民的权利和自由；英国、德国、韩国、越南、巴西等其他国家，也都在立法中对维护国家安全专门机关的情报信息职责作出了明确规定。

国家安全直接关系国家核心利益和重大利益，对于国家的生存、发展至关重要。而全面推进依法治国，要求坚持法定职责必须为、法无授权不可为，在法治轨道上开展工作。因此，国家安全机关、公安机关在搜集涉及国家安全的情报信息时，在国家安全工作中行使侦查、拘留、预审和执行逮捕以及法律规定的其他职权，或者有关军事机关在国家安全工作中依法行使相关职权时，必须严格依照宪法法律的规定行使职权。

因此，《国家安全法》第42条规定："国家安全机关、公安机关依法搜集涉及国家安全的情报信息，在国家安全工作中依法行使侦查、拘留、预审和执行逮捕以及法律规定的其他职权。有关军事机关在国家安全工作中依法行使相关职权。"

一、《国家安全法》重申和细化了《宪法》《刑法》《刑事诉讼法》对专门机关维护国家安全职责的有关规定

《宪法》第28条规定："国家维护社会秩序，镇压叛国和其他危害国家安全的犯罪活动，制裁危害社会治安、破坏社会主义经济和其他犯罪的活动，惩办和改造犯罪分子。"第29条规定："中华人民共和国的武装力量属于人民。它的任务是巩固国防，抵抗侵略，保卫祖国，保卫人民的和平劳动……"根据

《宪法》的上述要求，《刑法》在分则第一章专章规定了危害国家安全罪，并在危害公共安全罪、妨害社会管理秩序罪、危害国防利益罪、军人违反职责罪等其他章节中，规定了多项涉及危害各领域国家安全的罪名。为了保证《刑法》的正确实施，惩罚犯罪，保护人民，保障国家安全和社会公共安全，《刑事诉讼法》规定了惩治包括危害国家安全犯罪在内的各种犯罪的刑事诉讼制度——对刑事案件的侦查、拘留、执行逮捕、预审，由公安机关负责；国家安全机关依照法律规定，办理危害国家安全的刑事案件，行使与公安机关相同的职权；军队保卫部门对军队内部发生的刑事案件行使侦查权，军队保卫部门办理刑事案件，适用《刑事诉讼法》的有关规定。《刑事诉讼法》除规定了办理包括危害国家安全的刑事案件在内的所有刑事案件应共同遵守的刑事诉讼制度外，根据惩治危害国家安全犯罪的实际情况，还明确了一些特殊程序要求。例如，危害国家安全、恐怖活动案件的第一审由中级人民法院管辖；辩护律师在危害国家安全犯罪、恐怖活动犯罪案件的侦查期间会见在押犯罪嫌疑人，应当经侦查机关许可；涉嫌危害国家安全犯罪、恐怖活动犯罪的犯罪嫌疑人，在住处执行监视居住可能有碍侦查的，经批准，可以在指定的居所执行；对于危害国家安全犯罪、恐怖活动犯罪案件，根据侦查犯罪的需要，经过严格的批准手续，可以采取技术侦查措施；等等。《国家安全法》有关国家安全机关、公安机关、有关军事机关开展情报、侦查等专门工作，维护国家安全职责的规定，与上述宪法法律的规定是衔接一致的。

二、《国家安全法》对专门机关履行维护国家安全职责作出了法律授权和规范

宪法和法律赋予有关专门机关开展维护国家安全专门工作的职责，一方面是庄严的法律授权，另一方面，也是依法规范行使职权的必然要求。因此，《国家安全法》第42条规定的维护国家安全的有关专门机关的职责，仅限于国家安全机关、公安机关和有关军事机关在开展维护国家安全的专门工作中行使，而且在行使这些职权的过程中，要维护法律权威，严格依法办事，坚持有法必依、执法必严、违法必究。《国家安全法》在明确包括专门机关在内的各部门、各地方维护国家安全职责的同时，还规定，国家机关工作人员在国家安全工作和涉及国家安全活动中，滥用职权、玩忽职守、徇私舞弊的，依法追究法律责任；国家机关及其工作人员在国家安全工作和涉及国家安全活动中，应该严格依法履行职责，不得超越职权、滥用职权，不得侵犯个人和组织的合法权益；公民和组织对国家安全工作有向国家机关提出批评建议的权利，对国家机关及其工作人员在国家安全工作中的违法失职行为有提出申诉、控告和检举的权利。

三、依法搜集涉及国家安全的情报信息的职责

情报工作是维护国家安全的重要方面，也是国家安全工作的重要组成部分。国家安全机关、公安机关和有关军事机关依法搜集的涉及国家安全的情报信息，既包括涉及危害我国国家主权、安全和利益的情报信息，也包括涉及维护我国政治安全、人民安全、国土安全、军事安全、经济安全、金融安全、资源能源安全、粮食安全、文化安全、科技安全、网络信息安全、社会安全、生态安全、核安全、新型领域安全、海外利益和其他有关领域国家安全的情报信息。例如，《反恐怖主义法》第43条规定："国家反恐怖主义工作领导机构建立国家反恐怖主义情报中心，实行跨部门、跨地区情报信息工作机制，统筹反恐怖主义情报信息工作。有关部门应当加强反恐怖主义情报信息搜集工作，对搜集的有关线索、人员、行动类情报信息，应当依照规定及时统一归口报送国家反恐怖主义情报中心。地方反恐怖主义工作领导机构应当建立跨部门情报信息工作机制，组织开展反恐怖主义情报信息工作，对重要的情报信息，应当及时向上级反恐怖主义工作领导机构报告，对涉及其他地方的紧急情报信息，应当及时通报相关地方。"第44条规定："公安机关、国家安全机关和有关部门应当依靠群众，加强基层基础工作，建立基层情报信息工作力量，提高反恐怖主义情报信息工作能力。"

四、依法行使侦查、拘留、预审和执行逮捕以及法律规定的其他职权的职责

《国家安全法》第42条规定的"依法行使侦查、拘留、预审和执行逮捕以及法律规定的其他职权"包含以下两个方面的内容：

1."依法行使侦查、拘留、预审和执行逮捕的职责"，是指《刑事诉讼法》规定的侦查、拘留、预审、执行逮捕等职权。其中，"侦查"是指专门机关在办理刑事案件的过程中，依照《刑事诉讼法》规定的程序进行的专门调查工作，以及与之相关的强制性措施，包括讯问犯罪嫌疑人、询问证人、勘验、检查、搜查、查封、扣押物证、书证，鉴定，技术侦查措施，采取必要的强制措施等。"拘留"是指刑事拘留，即专门机关为了及时制止正在进行的犯罪，抓获现行犯罪分子和重大嫌疑分子，阻止犯罪危害延续，尽量消除犯罪后果，及时取得罪证查明案情，根据《刑事诉讼法》，在紧急情况下对现行犯或者重大嫌疑分子依法限制其人身自由的强制性措施。"预审"是指专门机关为准确认定犯罪、惩罚犯罪，保证刑事诉

讼活动的正常进行,对侦查中收集、调取的各种证据材料予以核实。也就是进一步运用侦查手段复核证据,认定案件事实,确定定案根据,并进一步发现犯罪线索,扩大侦查成果,以便正确处理案件。"执行逮捕"是指经过人民检察院批准逮捕或者人民法院决定逮捕,由专门机关对犯罪嫌疑人、被告人实施逮捕。

2. "法律规定的其他职权",是指专门机关根据《反间谍法》《反恐怖主义法》《人民警察法》《人民武装警察法》《邮政法》《出境入境管理法》《护照法》《保守国家秘密法》《治安管理处罚法》《集会游行示威法》《军事设施保护法》等法律的规定,在履行维护国家安全职责时,可以依法行使的职权。主要包含以下几类职权:①行政执法方面的职权,包括可以依法采取行政许可、行政处罚、行政强制等,必要时对有关人员的人身、财产进行临时性的约束或控制,对有关行政违法行为进行必要的处罚、惩戒和教育等;②行政调查方面的职权,包括向有关人员了解情况,调取有关的档案、数据、资料,要求企业、组织提供技术支持和协助,开展有关查验工作,责令停止相关危害国家安全信息的传输等;③行政管理方面的职权,根据职权法定原则,包括对有关人员、组织的日常活动进行管理,及时掌握日常情况,维护所管领域的正常秩序等。

第五节　国家机关及其工作人员履职要求

巩固党的执政地位,坚持和发展中国特色社会主义,头等大事就是要保证国家安全。习近平同志指出:"各地区各部门要各司其职、各负其责,密切配合、通力合作,勇于负责、敢于担当,形成维护国家安全和社会安定的强大合力。"[1]国家机关及其工作人员在履行维护国家安全职责过程中,要绷紧维护国家安全这根弦,将维护国家安全原则落实到各项具体工作中。《国家安全法》第43条规定:"国家机关及其工作人员在履行职责时,应当贯彻维护国家安全的原则。国家机关及其工作人员在国家安全工作和涉及国家安全活动中,应当严格依法履行职责,不得超越职权、滥用职权,不得侵犯个人和组织的合法权益。"

一、贯彻维护国家安全的原则

根据《国家安全法》第11条的规定,中华人民共和国公民、一切国家机关和武装力量、各政党和各人民团体、企业事业组织和其他社会组织,都有维护

---

[1] 杨丽娜、常雪梅:"习近平:切实维护国家安全和社会安定　为实现奋斗目标营造良好社会环境",载中国共产党新闻网:http://cpc.people.com.cn/n/2014/0427/c64094-24946886.html,2019年8月9日访问。

国家安全的责任和义务。各级国家机关及其工作人员自然也不能例外。这一规定强调，所有国家机关及其工作人员，不论是国家安全专门机关，还是只承担某一领域职责的国家安全工作的部门；不论是在从事法律明确规定的国家安全任务，还是在履行其他职责过程中，都必须始终贯彻维护国家安全的原则，将维护国家安全作为国家机关及其工作人员履行职责的基本要求。

二、严格依法履职

依法履职是宪法和法律对于国家机关及其工作人员的基本要求。《宪法》第5条明确规定，"一切国家机关和武装力量、各政党和各社会团体、各企业事业组织都必须遵守宪法和法律。一切违反宪法和法律的行为，必须予以追究。任何组织或者个人都不得有超越宪法和法律的特权"。《公务员法》也规定，所有公务员都应当"模范遵守、自觉维护宪法和法律"，"按照规定的权限和程序履行职责"。开展国家安全工作和涉及国家安全的活动也不能例外。

除了《国家安全法》以外，其他涉及国家安全的法律也有类似规定。例如，《反间谍法》第17条第1款规定："国家安全机关及其工作人员在工作中，应当严格依法办事，不得超越职权、滥用职权，不得侵犯组织和个人的合法权益。"《国家安全法》和其他有关法律在国家安全工作这个敏感的领域强调严格依法履职，更彰显了全面推进依法治国的信心和决心。各级国家机关及其工作人员都要自觉在宪法和法律范围内开展维护国家安全的工作和活动，严格依照法定权限和程序行使权力、履行职责，既不能超越职权，也不能滥用职权。

第十二章 国家安全制度

第一节 一般规定

国安才能国治，治国必先治安。维护国家安全，根本的任务和目的是保卫人民民主专政的政权和中国特色社会主义制度，保护人民的根本利益，保障改革开放和社会主义现代化建设的顺利进行，实现中华民族伟大复兴。维护国家安全，首要的是维护国家政权和社会制度。[1]

2018年3月，最高人民检察院在全国"两会"上所作的工作报告指出："坚决维护国家政治安全、维护社会大局稳定。坚持国家利益至上，以人民安全为宗旨，以政治安全为根本，严密防范和坚决打击各种渗透颠覆破坏活动、暴力恐怖活动、民族分裂活动、宗教极端活动。"[2]可以看到，分裂势力越是企图破坏国家安全、民族团结，就越是要加强民族团结，就越是要加快国家安全法治建设，搭建各族人民群众共同维护祖国统一、民族团结的钢铁长城，坚决维护社会大局稳定和人民生产生活长治久安。

《周易·系辞下》载："危者，安其位者也；亡者，保其存者也；乱者，有其治者也。是故君子安而不忘危，存而不忘亡，治而不忘乱，是以身安而国家可保也。"[3]党的十八届三中全会决定成立国家安全委员会，为着力深化改革国家安全体制、全力完善国家安全战略、全面挖掘国家安全工作跃升的新动能奠定了坚实基础。同时，国家安全委员会的成立是推进国家治理体系和治理能力现代化、实现国家长治久安的迫切要求，是全面建成小康社会、实现中华民族伟大复兴中国梦的重要保障，目的就是更好适应我国国家安全面临的新形势新任务，建立集中统一、高效权威的国家安全领导体制，加强对国家安全工作的领导。[4]

---

[1] 中国法制出版社编：《国家安全法律知识读本：注解版》，中国法制出版社2018年版，第37页。
[2] 南方：《曹建明：坚决维护国家政治安全、维护社会大局稳定》，载人民法治网：http://www.rm-fz.org.cn/contents/3/123418.html，2019年8月9日访问。
[3] 《周易》，张善文注译，花城出版社2001年版，第297页。
[4] 习近平：《习近平谈治国理政》，外文出版社2014年版，第200页。

一、统分结合、协调高效的国家安全制度与工作机制

2014年1月,经中共中央政治局研究确定,酝酿已久的国家安全委员会正式设立。同年1月24日,中共中央政治局会议明确国家安全委员会遵循"集中统一、科学谋划、统分结合、协调行动、精干高效"的原则开展工作。《国家安全法》是我国国家安全的基础性法律,也是统筹引领国家安全领域立法工作的综合性法律之一,该法涵盖了国家安全多个领域。《国家安全法》第44条规定:"中央国家安全领导机构实行统分结合、协调高效的国家安全制度与工作机制。"该条从实体和程序两个方面,对国家安全制度和工作机制进行了设计和规定。其中,"统分结合"是实体要求,"协调高效"是程序目标。

(一)"统分结合"是国家安全制度与工作机制的实体要求

1. 国家安全属于中央事权,即"统"。习近平同志在对十八届三中全会的决定的说明中明确指出:"国家安全委员会主要职责是制定和实施国家安全战略,推进国家安全法治建设,制定国家安全工作方针政策,研究解决国家安全工作中的重大问题。"[1]《国家安全法》第4条确立了"集中统一、高效权威"的国家安全领导体制;第5条明确规定,"统筹协调国家安全重大事项和重要工作"是中央国家安全领导机构的重要职责之一。这些都是"统"的要求在《国家安全法》中的具体体现。

国家安全是安邦定国的重要基石,是国家生存发展的前提、人民幸福安康的基础、中国特色社会主义事业的重要保障。必须毫不动摇坚持中国共产党对国家安全工作的绝对领导,这是维护国家安全的必然要求,也是发挥党总揽全局、统筹协调作用的重要体现。[2]在国家安全体制机制上实行"统"是适应国家安全形势发展的表现,也是对其他国家先进经验的借鉴。国家安全工作必须高度集中,统一于中央。当今世界各国国家安全领导体制,都建立了统一国家安全领导、协调机构,形成以国家元首或政府首脑为核心的国家安全领导体制,对涉及国家安全及相关领域事务实施全方位调控。例如,美国国家安全委员会负责处理涉及国家安全的重大问题,协调国防、安全、情报等相关事务。[3]

2. 国家安全事务上,各职能部门各负其责、分工合作,即"分"。我国实

---

[1] 姜萍萍、程宏毅:"关于《中共中央关于全面深化改革若干重大问题的决定》的说明",载中国共产党新闻网:http://cpc.people.com.cn/xuexi/n/2015/0720/c397563-27331312.html,2019年8月9日访问。

[2] 中国法制出版社编:《国家安全法律知识读本:注解版》,中国法制出版社2018年版,第39页。

[3] 郑淑娜主编:《中华人民共和国国家安全法解读》,中国法制出版社2016年版,第230页。

行"条块结合"的行政管理体制,对国家安全负有责任的各部门对本系统业务(所谓"条")、各地区对本辖区的国家安全事务(所谓"块"),负有领导职能,都是维护国家安全的责任主体。

世界各国的国家安全委员会或者类似机构普遍由该国的核心决策层组成,这一特点决定了国家安全委员会是一个决策部门,而不是执行部门。例如,美国国家安全委员会,包括总统、副总统、国务卿、国防部长4名法定成员及2名法定顾问,参谋长联席会议主席担任军事顾问,国家情报总监担任情报顾问。俄罗斯联邦安全会议由总统任主席,常委包括总理、联邦委员会(议会上院)主席、国家杜马(议会下院)主席、总统办公厅主任、安全会议秘书、内务部长、外交部长、国防部长、联邦安全局局长、对外情报局局长、安全会议副秘书、安全会议(专职)常委等。日本国家安全保障会议则由四大臣会议构成常设核心机构,包括首相、内阁官房长官、外务大臣和防卫大臣。

(二)"协调高效"是国家安全制度与工作机制的程序目标

1. 影响国家安全的因素呈多元化,决定了国家安全工作的决策需全盘考量,一旦国家安全危机出现或者次生、衍生危机出现,需要有效动员各方力量,共享各方信息,调动各方资源,统筹协调,集中优势,形成合力,共同应对国家安全危机,切实维护国家安全。"协调",是指正确处理组织内外各种关系,为组织正常运转创造良好的条件和环境,促进组织目标的实现。中央与地方之间、部门之间、军地之间以及地区之间关于国家安全的协同联动机制,目的就是防止各责任主体相互制约、产生内耗,确保国家安全工作的协调一致、共同行动,形成维护国家安全的合力。

2. 国家安全事关重大,要求国家安全工作体制机制必须高效运转,否则就会丧失战机、酿成大祸。因此,"高效"是各国在设计国家安全工作机制时必须考量的重要因素之一。纵观世界各国,国家安全机构通常直接对国家元首或政府首脑负责,在处置重大紧急突发事件时,国家元首或政府首脑可以通过国家安全机构工作机制直接对各有关部门发布指令。人员精干、层级紧缩,是各国国家安全体制机制高效运转的重要保证。

二、国家安全重点领域工作协调机制

党的十八大以来,以习近平同志为核心的党中央高度重视国家安全问题,立足国情、着眼长远,积极探索中国特色国家安全道路,力求健全国家安全体系,筑牢国家安全藩篱。在构建国家安全体系过程中,总体国家安全观统筹兼顾11个安全领域,汇聚合力来构筑国家安全屏障。其超越传统安全思维,兼顾

传统安全和非传统安全,统合内部安全和外部安全,协调各安全领域间的对立统一关系,为国家安全工作的开展明确目标,为国家安全法治实践提供方法,为国家安全新架构的搭建指明方向。坚持总体国家安全观,是习近平新时代中国特色社会主义思想的重要内容。[1]

非传统安全问题近年来在全球多个国家和地区不断蔓延,且呈现出愈演愈烈之趋势,以追求均势或霸权为目的的早期安全价值观已不再是国家安全的唯一目标,共同安全与合作安全成为许多人的共识。[2]对于大多数国家而言,国家安全工作涉及军事、外交、国防、情报、安全、内政、经济发展等众多部门。在工作配合中,常常产生部门利益化、情报信息沟通不畅、协调不力,甚至相互制约等问题。而建立协调机制,将各责任主体相互配合、相互协作共同完成维护国家安全任务的方式予以制度化,对于确保顺利完成维护国家安全的任务是十分必要的。很多国家都会通过建立一系列的制度和机制,协调各方利益,规范各方行为,从而达到减少决策执行成本的目的。《国家安全法》第45条规定:"国家建立国家安全重点领域工作协调机制,统筹协调中央有关职能部门推进相关工作。"

(一)国家安全重点领域

国家安全是国家生存与发展的首要前提,国家安全法治建设是国家安全的基本制度保障。所谓国家安全重点领域,主要是指那些对国家安全具有决定意义或者重要影响的领域。一旦这些领域产生安全风险,将对我国的总体国家安全造成较大的冲击和影响。《国家安全法》在第二章"维护国家安全的任务"中,规定了各相关领域维护国家安全的任务,这些领域将成为当前和今后一段时期维护国家安全的重点。

当然,国家安全的具体范围不是一成不变的,根据形势的发展,一些原本很突出的问题可能会逐渐淡化,而一些原本没能预见的风险可能会慢慢显现,维护国家安全的侧重点也会随着形势的发展而有所变化。我国根据经济社会发展和国家发展利益的需要,不断完善维护国家安全的任务。因此,维护国家安全是一个不断发展变化的过程。

(二)中央有关职能部门的协调机制

国家谋求安全,不是权宜之计,而是为了长治久安。"安全"一词,在中国古代原为"安"与"全"两个字。"安"表示"平安",《周易》载:"君子安

---

[1] 李恒、刘左鑫惠:"总体国家安全观下的反恐情报信息工作:问题与实践",载《行政与法》2018年第11期。
[2] 周琪、付随鑫:"中美国家安全观的分析与比较",载《当代世界与社会主义》2014年第6期。

而不忘危,存而不忘亡,治而不忘乱,是以身安而国家可保也。"《司马法》称:"天下虽安,忘战必危。"而"全"字主要是指"保全",《孙子兵法》载:"凡用兵之法,全国为上,破国次之。"[1] 正如毛泽东同志所说:"我们不但要提出任务,而且要解决完成任务的方法问题。我们的任务是过河,但是没有桥或没有船就不能过。不解决桥和船的问题,过河就是一句空话。不解决方法问题,任务也只是瞎说一顿。"[2]

目前,我国面对日益凸显的非传统领域安全问题,原有的国家安全体制机制存在诸多不适应、不完备。其中一个重要问题就是,国家安全资源和力量分散,配置不合理,统筹协调不够。必须建立工作协调机制,在力量使用、资源配置、信息共享等方面进行统筹考虑、统一调度,才能适应国家安全形势和任务的要求。

国家安全重点领域工作协调机制是中央有关职能部门之间的协调机制,这也从侧面印证了国家安全重点领域事务的决策权归于中央。由于这些部门在国家权力系统中处于顶层,往往在各自系统内对下级部门都有指导、协调的职能。这些顶层职能部门之间的关系协调好了,工作机制理顺了,实际上就是整个系统之间、部门之间的工作机制理顺了,有利于消除制约,形成合力。

三、国家安全工作督促检查和责任追究机制

落实国家安全工作需确保有关国家安全的决策和部署的全面实施。但是,就现实情况而言,部分地方和部门对国家安全工作部署的落实存在认识差异,重布置、轻落实,有令不行、有禁不止;存在选择性执行、象征性落实等问题。为解决这些问题,必须建立健全国家安全工作督促检查和责任追究机制。《国家安全法》第46条规定:"国家建立国家安全工作督促检查和责任追究机制,确保国家安全战略和重大部署贯彻落实。"

国家安全工作督促检查和责任追究机制的目的是确保国家安全战略和重大部署能够贯彻落实。2015年1月23日,中共中央政治局会议审议通过了《国家安全战略纲要》,《国家安全法》第6条对国家安全战略的主要内容作了明确规定,即"全面评估国际、国内安全形势,明确国家安全战略的指导方针、中长期目标、重点领域的国家安全政策、工作任务和措施"。所谓重大部署,主要是涉及国家安全的法律法规及规范性文件、重要会议精神、重要批示或指示、重

---

[1] 刘江永:《可持续安全论》,清华大学出版社2016年版,第9页。
[2] 《毛泽东选集(第一卷)》,人民出版社1991年版,第125页。

要工作方案以及经过批准付诸实施的相关部门提出的应对国家安全风险的意见和建议等。

健全完善常态化的国家安全工作督促检查和责任追究机制，主要是建立健全以下四个机制：

1. 制定国家安全工作的统筹协调机制。建立政府统一领导、办公厅（室）综合协调、督促检查机构组织实施的工作体系。地方各级政府、具有维护国家安全职责的各部门主要负责人是落实的第一责任人。各级政府办公厅（室）要围绕国家安全工作的中心任务和重大决策部署，研究提出督促检查国家安全工作计划。督促检查机构负责督促检查工作计划的组织实施，负责对本级政府各部门督促检查工作的协调和对下级政府督促检查工作的指导。

2. 落实国家安全工作的分级负责机制。各地区、各部门要根据职责要求，负责党中央、国务院对国家安全工作重大决策部署的督促检查；负责同级党委、政府决策部署的督促检查；负责对下级机关贯彻落实情况的督促检查。

3. 完善国家安全工作的协同配合机制。各地区、各部门要加强与党委督促检查国家安全工作的衔接和配合，充分发挥监察机关和审计部门专项审计的监督作用、统计部门民意调查的辅助作用、新闻媒体的舆论监督作用以及第三方机构的专业评估作用，整合各方资源，形成维护国家安全工作的合力。

4. 形成国家安全工作的动态管理机制。要规范督促检查国家安全工作的流程，实现对重大决策部署贯彻落实的全过程、动态化管理。在出台国家安全重大决策部署时，要督促检查机构会同有关部门同步建立督促检查工作台账，细化任务分工，明确责任单位，规定完成时限，加强跟踪督办，确保决策落实、政策落地。

具体而言，督促检查工作制度包括五项制度：一是限期报告制度。上级印发国家安全工作的重要文件、召开重要会议、作出重要部署后，下级和有关部门要按规定时限报告贯彻落实情况；上级领导同志的重要批示和交办事项，有关地方和部门要按时限办结并报告办理情况。二是调查复核制度。对地方和部门报告的国家安全工作重大决策部署落实情况，要选择社会关注度高、影响面大的事项进行实地调查复核。对重点督查事项，视情开展督查，切实增强督查实效。三是情况通报制度。对国家安全工作重大决策部署落实情况要适时通报，对抓落实工作成效明显的地方和部门，要总结其经验，交流推广，推动工作；对工作进展缓慢、落实不力的地方和部门，要指出问题，责成报告原因及改进意见。四是责任追究制度。发现国家安全工作重大决策部署落实中存在失职渎职、违纪违法等情形，要及时将有关情况和线索移送监察机关立案调查，严肃追责。五是督查调研制度。围绕国家安全工作中的重点问题、难点问题、热点问题，积极开展督查调研。深入基层,发现问题,查明原因,提出解决问题的对策、建议,为完善决策提供依据和参考。

四、国家安全战略贯彻实施机制

制定国家安全战略是维护国家安全的重要一步,但还只是第一步。更重要的是贯彻实施国家安全战略,确保国家安全战略规定的举措、任务能够落到实处,扎实推进,稳步实施。《国家安全法》第47条规定:"各部门、各地区应当采取有效措施,贯彻实施国家安全战略。"走中国特色国家安全道路,是站在人类命运共同体的国际安全立场提出的科学安全观。它包括国内安全与国际安全两个大局、传统安全与非传统安全两大领域,旨在构建国家与国际总体安全,谋求的是国家安全与国际安全的统一。[1]

各部门、各地区贯彻实施国家安全战略,有很多方式。目前主要是通过以下三种方式:①制定法律、行政法规、部门规章以及规范性文件,把法治贯穿于维护国家安全的全过程。②制定本领域、本系统的安全战略,细化目标、分解任务,使之更具针对性和可操作性。例如,2015年5月26日,国务院新闻办公室发表《中国的军事战略》白皮书,对国家安全形势特别是军事安全形势作出分析,对当前和今后一个时期的军事战略进行部署和规划。③制定工作计划和工作方案,列出进度表,明确责任人,组织人力物力财力贯彻落实国家安全战略。这是大多数部门和地区贯彻落实国家安全战略的方式。

五、国家安全重大事项跨部门会商工作机制

《国家安全法》第48条规定:"国家根据维护国家安全工作需要,建立跨部门会商工作机制,就维护国家安全工作的重大事项进行会商研判,提出意见和建议。"

所谓维护国家安全工作的重大事项,是指对国家安全有或可能产生重大影响的事项,包括对某一个阶段或某一个时期国家安全形势的评估,对国家安全风险的预警,国家安全危机的应对和管控,维护国家安全的体制机制建设,国家安全能力建设,国家安全保障体系建设,以及国家安全重大工作部署、资源配置、力量摆布等。

所谓跨部门,包括中央有关维护国家安全的职能部门之间的会商,也包括地方有关维护国家安全的职能部门之间的会商,但不包括中央有关国家安全的

---

[1] 刘江永:《可持续安全论》,清华大学出版社2016年版,第11~12页。

职能部门和地方有关国家安全的职能部门之间的会商。根据《国家安全法》第49条的规定，中央和地方之间的工作联系是协同联动，而不是会商。

所谓会商研判，包括会商和研判两层含义。会商是共同商量。在国家安全工作中，有时在作出重大决策前需要征求各相关部门的意见，使各部门形成共识、达成一致，因而会商的目的是消除分歧或求同存异，最终形成可行意见。而研判则是对事情的走向和发展趋势进行预测分析，是超前性的，也是决策的最重要的依据。研判要解决的是发生概率问题，理论上要穷尽所有可能，这样提出的意见建议才更具参考价值。这就要求会商要遵循一定的原则和规则，努力提高研判的水平和质量。总的原则是会商研判应当以宪法法律为依据，以客观事实为准绳，同时坚持民主决策、科学决策。[1]

六、国家安全协同联动机制

目前，我国国家安全体制机制存在国家安全资源和力量分散、配置不合理、统筹协调不够等问题。切实维护国家安全，需要打破中央与地方之间、部门之间、军地之间、地方之间的壁垒，既各司其职、各负其责，又密切配合、通力合作，在应对重大国家安全危机层面需步调一致、上下贯通、无缝对接、协同推进，形成维护国家安全的整体合力。《国家安全法》第49条规定："国家建立中央与地方之间、部门之间、军地之间以及地区之间关于国家安全的协同联动机制。"

所谓协同，是指国家为使中央与地方之间、部门之间、军地之间、地方之间能分工合作、协同一致地开展维护国家安全工作所进行的各类活动。协同的作用在于，使得每一个具有维护国家安全职能的部门、人员和其他参与主体都能成为国家安全工作的部分，从而保证整个国家安全工作体系有条不紊、井然有序地运行。所谓联动，是指国家安全工作各参与主体联合行动、步调一致、互相配合，以实现共同的维护国家安全的目标。协同的目的是联动，协同是过程和手段，联动是目的和结果。[2]

建立"协同联动机制"并不是《国家安全法》出台之后才有的做法。实际工作中，我国不少部门之间已经就重点领域、重点环节建立了协同联动机制。如社会治安形势分析研判联席会议制度，境外中国公民和机构安全保护工作部级联席会议制度，外国投资者并购境内企业安全审查部级联席会议制度，信访联席会议制度，环境保护部级联席会议制度，等等。可以预见，在维护国家安

---

[1] 郑淑娜主编：《中华人民共和国国家安全法解读》，中国法制出版社2016年版，第244页。
[2] 郑淑娜主编：《中华人民共和国国家安全法解读》，中国法制出版社2016年版，第245页。

全领域，将会依法建立更多、更广、更深层次的协同联动机制，以更加充分有效地调动各方面的力量，确保国家安全。《反恐怖主义法》第 8 条第 3 款就规定："有关部门应当建立联动配合机制，依靠、动员村民委员会、居民委员会、企业事业单位、社会组织，共同开展反恐怖主义工作。"

七、国家安全决策咨询机制

在我国，党和政府历来重视决策咨询工作。2004 年《中共中央关于加强党的执政能力建设的决定》从加强党的执政能力高度，要求改革和完善决策机制，明确提出对专业性、技术性较强的重大事项，要认真进行专家论证、技术咨询、决策评估；有组织地广泛联系专家学者，建立多种形式的决策咨询机制和信息支持系统。该决定出台后，各方越来越重视决策咨询机制的作用，相继通过立法方式规定了相关内容。2015 年 1 月，中共中央办公厅、国务院办公厅印发了《关于加强中国特色新型智库建设的意见》，为建立健全决策咨询制度提供了重要智力支撑。《国家安全法》第 50 条明确规定："国家建立国家安全决策咨询机制，组织专家和有关方面开展对国家安全形势的分析研判，推进国家安全的科学决策。"

国家安全作为治国理政的头等大事，关乎国家治理体系和治理能力现代化建设，建立健全国家安全领域的决策咨询机制，提升国家安全决策的科学化水平，既是国家安全形势发展的客观需要，也是国家安全工作自身规律的必然要求。加强国家安全领域决策咨询机制建设，关键是把握好以下几个方面：①坚持中国共产党的领导，坚持中国特色社会主义方向，遵守国家宪法法律法规，始终以维护国家利益和人民利益为根本出发点，立足我国国情，充分体现中国特色、中国风格、中国气派。②紧紧围绕国家安全决策亟需的重大课题，围绕维护国家安全的重大任务，开展前瞻性、针对性、储备性政策研究，提出专业化、建设性、切实管用的政策建议，着力提高综合研判和战略谋划能力。③坚持求真务实，理论联系实际，强化问题意识，提倡不同学术观点、不同政策建议的切磋争鸣、平等讨论，积极建言献策，创造有利于专家学者和智库发挥作用、积极健康向上的良好环境。[1]

第二节　情报信息

《孙子兵法·用间篇》载："故明君贤将，所以动而胜人，成功出于众者，

---

[1] 郑淑娜主编：《中华人民共和国国家安全法解读》，中国法制出版社 2016 年版，第 248 页。

先知也。先知者，不可取于鬼神，不可象于事，不可验于度，必取于人，知敌之情者也。"情报信息工作是国家安全工作的核心，组织第一，情报为先，没有情报信息就没有情报信息工作，没有情报信息工作就没有国家安全，情报信息工作首要任务在于先知先制、弥患无形。[1]由此可见，从古至今，情报信息一直是国家安全工作的重要组成部分之一。

一、情报信息的定义

何谓情报信息？目前国内外并未形成相对统一的认识。在古代，情报往往是指军事领域的信息。情报信息起源于人类为生存而发展的活动，人类最原始的组织为部落，当时的经济方式为简单的"以物易物"。在交易中常发生纷争，冲突一起，当然先要知道对方的情形。那时虽无"情报"一词，但情报工作实际已经展开。在原始的战斗中为了了解敌情，会派出少数人员先行打探。其传递情报的工具包括烽火、牛角等，这种工作仅在于阵前闻风打报告而已，尚未进行深度的情报工作，这就是最原始的情报技术。

"情报"中的"情"是指一切人、事、物的外在形象与内在实际。以外在形象而言，即我们日常所说的情形、情况、情状、情势、情态等；以内在实际而言，即指一切事物的质、量、性、能、动、变等。"报"是人对人、事、物之情期望了解的一种活动，其范围更加深远，为求了解其"情"所做的观察、收集、研判、传递等，均含在"报"的范围之中，甚至为从事上述诸活动而对人员的训练、培养与派遣，也应包含于"报"的意义之内。[2]1915年版《辞源》将"情报"的解释为"军中集种种报告，并预见之先兆，定敌情如何，而报于上官者"。[3]1989年版《辞海》对"情报"解释是获取他方有关情况以及对其分析判断的成果。早期《简明公安词典》对"情报"的解释是国家、政治集团的侦查防范部门或其他组织派人收集对方或相关方面有参考使用价值，并报告其上级或通报有关部门的情况。对"信息"的解释是数据、消息中所包含的意义。"信息"是对事物的本质、运动、规律的提取或归纳。"信息"有时也称为"情报"，唯物辩证法认为"信息"和"情报"具有辩证关系。可见，当"情报"和"信息"被某一具体部门运用时，在一定时候，"情报"和"信息"可以作为同一概念使用。[4]在实践中，"情报"与"信息"是紧密联系、密不可分的，

---

[1] 李恒、邓峰彬："非传统安全之恐怖主义衍生及反恐情报应对措施"，载《警学研究》2018年第6期。
[2] 刘硕主编：《公安情报学总论》，中国人民公安大学出版社2015年版，第2~4页。
[3] 黄雅君、刘永："论学科的发展动力"，载《档案管理》2005年第6期。
[4] 杜心全：《国内安全情报信息》，群众出版社2007年版，第2~3页。

不可能将其划分得十分清楚，也没有硬性区分的必要。所以，可以将"情报"和"信息"统称为"情报"或"情报信息"。

《辞源》的解释是"军中集种种报告，并预见之机兆，定敌情如何，而报于上官者"。而现代社会认为，情报本质上是一种为解决特定问题，针对特定目的、特定对象、特定时间所提供或寻找的，能起借鉴或参考作用的信息。按照不同标准，可将情报划分为不同类型。例如，按照情报内容，可分为政治情报、经济情报、军事情报、科技情报等；按照情报获取的方法和途径，可分为公开情报、秘密情报、人力情报、技术情报等；按照情报的加工程序，可分为一次情报、二次情报、三次情报等；按照情报的时效性，可分为动态情报、基础情报、预测情报等；按照情报的载体，可分为文字情报、实物情报、声像情报等。

《国家情报法》第2条规定："国家情报工作坚持总体国家安全观，为国家重大决策提供情报参考，为防范和化解危害国家安全的风险提供情报支持……"第11条规定："国家情报工作机构应当依法搜集和处理境外机构、组织、个人实施或者指使、资助他人实施的，或者境内外机构、组织、个人相勾结实施的危害中华人民共和国国家安全和利益行为的相关情报，为防范、制止和惩治上述行为提供情报依据或者参考。"纵观全球安全情势，情报信息是制定国家战略决策和政策的基础，是维护国家安全、保护国家利益和人民群众根本利益的工具，是进行军事行动和开展国际合作的依据，对一个国家的繁荣昌盛与国泰民安起到不可估量的作用。[1]

二、建立维护国家安全情报信息工作制度机制

国家安全是国家生存与发展的首要前提，国家安全法治建设是国家安全的基本制度保障。我国相继颁布并实施了《国家安全法》《反恐怖主义法》《国家情报法》等重要法律，专门针对"情报信息"制定了法律规范。我国在长期的对敌斗争和革命实践中积累了丰富的情报工作经验，随着全面依法治国的不断推进，迫切需要以法律的形式对情报工作的方法、机制、内容进行规定，为建立健全有关工作机制提供法律依据和保障。《国家安全法》第51条规定："国家健全统一归口、反应灵敏、准确高效、运转顺畅的情报信息收集、研判和使用制度，建立情报信息工作协调机制，实现情报信息的及时收集、准确研判、有效使用和共享。"

---

[1] 李恒、邓峰彬："国家安全视阈下反恐情报信息应用价值与法治实践"，载《中国刑警学院学报》2019年第2期。

《国家安全法》第 52 条第 1 款规定："国家安全机关、公安机关、有关军事机关根据职责分工，依法搜集涉及国家安全的情报信息。"特别是第四章第二节"情报信息"第 51 条~第 54 条中，分别规定了"情报工作制度""各部门搜集上报情报信息职责""情报信息工作运用现代科技手段和加强研判分析""情报信息的报送要求"等内容。"国家安全法的立法模式呈现'原始型'（即分散式立法）向'混合型 I'（即分散式+专门式立法）再向'混合型 II'（即分散式+专门式+综合式立法）发展的趋势。"[1]

（一）建立统一归口、反应灵敏、准确高效、运转顺畅的情报信息收集、研判和使用制度

维护国家安全的任务，涉及众多领域，每个领域维护国家安全都离不开情报信息。同时，根据《国家安全法》的规定，国家安全机关、公安机关、有关军事机关根据职责分工，依法搜集涉及国家安全的情报信息；国家机关各部门在履行职责中，对于获取的涉及国家安全的有关信息，应当及时上报。对上述情报信息的收集、研判和使用，直接影响到国家安全情况的掌握、有关风险监测预警的启动和管控处置措施的实施，对维护国家安全非常重要。因此，应当建立统一归口、反应灵敏、准确高效、运转顺畅的情报信息收集、研判和使用制度。

"统一归口"主要是指情报信息工作要坚持统一领导、归口管理，不断加强情报信息工作的系统性、科学性、全面性和集成性；"反应灵敏"主要是指情报信息的收集、研判、使用要紧紧围绕维护国家安全的实际需要，特别是对于时效性要求较高的重大突发事件的情报信息，要根据维护国家安全的需要，作出及时反应，为开展相关处置工作提供情报信息支持和参考；"准确高效"主要是指情报信息具有很强的客观性、时效性，收集、研判情报信息的过程中，要保证情报信息内容的准确性和流转的效率，确保其及时有效地发挥作用；"运转顺畅"主要是指情报信息工作在运转过程中要尊重客观规律，形成并不断完善情报信息顺畅流转的制度机制。[2]

（二）建立情报信息工作协调机制，实现情报信息的及时收集、准确研判、有效使用和共享

我国情报信息工作一直坚持集中统一领导下的工作协调机制。在这个机制下，国家安全机关、公安机关、军事机关按照本部门的主要情报职责分工，依法收集涉及国家安全的情报信息，为维护国家安全、主权和发展利益服务；而

---

[1] 周叶中、庞远福："论国家安全法：模式、体系与原则"，载《四川师范大学学报（社会科学版）》2016 年第 3 期。
[2] 郑淑娜主编：《中华人民共和国国家安全法解读》，中国法制出版社 2016 年版，第 251 页。

中央国家机关各有关部门根据工作职责，在依法履行职责过程中及时上报获取的涉及国家安全的信息。

实践中，统一归口、反应灵敏、准确高效、运转顺畅的情报信息收集、研判和使用制度在于不断建立完善相关工作协调机制，充分发挥各部门合力，强化情报信息的统筹协调，最终实现情报信息的及时收集、准确研判、有效使用和共享，充分发挥情报信息对于维护国家安全的重要作用，为维护国家安全和利益服务。[1]

三、各部门搜集上报涉及国家安全情报信息的职责

"一国的国家安全形势发生变化后将带动一国的国家情报需求发生变化。"[2]《国家安全法》第 52 条规定："国家安全机关、公安机关、有关军事机关根据职责分工，依法搜集涉及国家安全的情报信息。国家机关各部门在履行职责过程中，对于获取的涉及国家安全的有关信息应当及时上报。"

（一）国家安全机关、公安机关、有关军事机关依法搜集涉及国家安全的情报信息

"涉及国家安全的情报信息"，是指涉及《国家安全法》规定的国家安全范畴的各种情报信息，是广义的情报信息，包括涉及国家政治安全、人民安全、国土安全、军事安全、经济安全、金融安全、能源资源安全、粮食安全、文化安全、科技安全、网络信息安全、社会安全、生态安全、核安全、海外利益和其他有关领域安全的情报信息。

国家安全机关、公安机关、军事机关要根据本部门的职责分工，明确本部门情报工作的任务，根据维护国家安全的需要，开展有针对性、计划性、系统性的情报信息搜集工作，确立搜集范围和重点，依法履行搜集涉及国家安全情报信息的各项工作。"依法搜集"是指搜集情报信息的活动要严格依照法律规定的范围和权限开展，不得滥用职权、玩忽职守、徇私舞弊。[3]

（二）各部门及时上报涉及国家安全的信息

当前，恐怖主义、毒品走私、网络电信诈骗以及核扩散等全球性、跨国性犯罪是当今国际情报信息工作的新课题，同时也威胁着世界各国的和平、安全与发展。为维护国家安全和社会稳定，及时消除和化解各类不安定的涉恐因素，将恐怖主义、极端主义等消灭在萌芽状态、打击在预谋之中，不使其蔓延发酵造成社会危害，就必须认识到情报信息在国家安全中的重要价值。

---

[1] 郑淑娜主编：《中华人民共和国国家安全法解读》，中国法制出版社 2016 年版，第 252 页。

[2] 胡荟："论美国国家情报法制管理的循环演进机制"，载《情报杂志》2017 年第 4 期。

[3] 中国法制出版社编：《国家安全法律知识读本：注解版》，中国法制出版社 2018 年版，第 53 页。

在总体国家安全观视野下，各领域工作均涉及维护国家安全的各类情报信息。当前，影响国家安全的内外因素复杂，时空领域宽广，维护各个领域的国家安全都离不开信息的支撑和保障。国家机关各部门履行职责的过程，就是掌握有关情况、制定有关方针政策、从事有关管理活动的过程。在这个过程中，国家机关各部门会获取、掌握与国家安全各领域有关的信息。

各部门要强化国家安全意识，立足本部门职责，及时上报涉及国家安全的信息。这并不是要求各部门都同国家安全机关、公安机关、有关军事机关一样，开展搜集情报信息的专门工作，而是与《国家安全法》第43条的规定相衔接，要求各国家机关及其工作人员在履行职责时，应当强化国家安全意识，贯彻维护国家安全的原则，依法履行职责，及时关注、掌握本领域涉及国家安全的情况，并按照有关规定，将相关信息及时上报，以便国家根据维护国家安全的需要，及时掌握有关情况，制定有关政策，采取有关措施，切实维护各领域国家安全和利益。

四、开展国家安全情报信息工作的制度

《国家安全法》第53条规定："开展情报信息工作，应当充分运用现代科学技术手段，加强对情报信息的鉴别、筛选、综合和研判分析。"

（一）情报信息工作应当充分运用现代科学技术手段

运用先进科技手段开展情报信息工作，获取与国家安全有关的情报信息，一直以来是各国通行的做法。在历史进程中，照相技术、远程照相技术、航空技术以及其他领域的先进科学技术手段，都在不同的历史时期作为当时的先进技术，构成情报信息的重要来源之一，为掌握和运用上述技术的国家获得了巨大的情报效益。而无线电技术在应用于军事通信和外交通信领域后，更使得信号情报成为情报信息工作的一个新领域。此外，近年来电子化、信息化技术不断发展，无人机、信息技术等新技术也迅速被应用于各国的情报信息领域。特别是随着信息处理和通信技术的巨大发展和信息时代的到来，新技术对情报信息工作产生的重大影响越来越显现，往往能跨越空间、时间和领域的界限，组成庞大的技术情报搜集网，不分昼夜提供最新情报信息和有关关键数据，为维护国家安全和利益提供重要的参考依据。[1]可以说，每一次科学技术的重大革新，都带来人力搜集和技术获取情报信息的更深层次的有机结合，并带来情报信息工作深度和广度的重大变革和拓展。很多国家近年来的国家安全立法，都注意体现先进科学技术在情报信息工作中的运用，我国亦不例外。

---

[1] 郑淑娜主编：《中华人民共和国国家安全法解读》，中国法制出版社2016年版，第257页。

(二) 加强对情报信息的鉴别、筛选、综合和研判分析

《国家情报法》第22条规定:"国家情报工作机构应当适应情报工作需要,提高开展情报工作的能力。国家情报工作机构应当运用科学技术手段,提高对情报信息的鉴别、筛选、综合和研判分析水平。""情报信息工作"包括情报的产生、收集、整理、存储、组织、加工、处理、检索、鉴别、传递、筛选、综合、研判、分析以及利用等具体环节。[1]由于情报信息工作的客观规律,搜集的情报信息往往是零碎的、片面的,甚至有时是含混的、可疑的,存在多种解读的可能性。运用各种手段获取的情报信息,绝大多数情况下只能是情报素材,必须经过识别、选择和分析,作出科学的判断,才能成为真正的情报信息。因此,对情报信息进行分析研判是情报信息处理的一个关键环节。从大量的情报信息中明确对于维护国家安全最重要、最需要的情报信息,通常是十分困难的。此时需要将从各种来源搜集到的情报信息反复比较鉴别,多方补充印证,统一归口研判,以便形成完整可靠的情报信息,充分发挥情报信息工作的效益。

"鉴别"是对情报信息的真实性、客观性进行分析判断,去伪存真;"筛选"是指按照情报信息所服务的目标,对情报信息进行精选,去粗取精;"综合"是指将不同来源、不同角度的情报信息进行有机加工和整合,由此及彼,形成一个新的整体,使反映的情况更客观、更全面;"研判"是指对情报信息反映的情况进行研究判断,由表及里,提炼出情报信息最本质、最核心的内容,形成情报信息产品。对情报信息进行分析的过程,就是去伪存真、去粗取精、由此及彼、由表及里的过程,是通过各种科学的方式、方法,将分散、零散、片面的信息碎片加工、转化、整合,最终形成维护国家安全工作所需要的、反映客观情况的情报信息产品,从而为维护国家安全提供重要参考。[2]

经过调查、了解和研究而作出的价值性判断过程即为"情报信息工作",也称"情报信息活动"。一般情况下,人类的情报活动是为取得利益或达到某种目的所采取的手段,是一种充满才智谋略的社会行为。在当代,人们及其组织集团相互竞争以求生存与发展,利用各类情报信息提高自身竞争力,这使得人们对国家的各种政治、经济、社会、科技及生态等知识更为需求。因此,这种获取知识的途径、方法、组织及活动就是"情报信息工作"[3]。

---

[1] 李恒、邓峰彬:"国家安全视阈下反恐情报信息应用价值与法治实践",载《中国刑警学院学报》2019年第1期。

[2] 郑淑娜主编:《中华人民共和国国家安全法解读》,中国法制出版社2016年版,第257页。

[3] 李恒、邓峰彬:"国家安全视阈下反恐情报信息应用价值与法治实践",载《中国刑警学院学报》2019年第1期。

美国情报学者高德生（Roy Godson）指出，"情报信息工作"包括四个要素：秘密收集（Clandestine Collection）；情报分析（Intelligence Analysis）与评估（Estimates）；反情报（Counter-Intelligence）；秘密行动（Cover Action）。美国前总统乔治·沃克·布什曾提出，情报信息是国家预测军事、政治、经济等潜在危险的基本工具，而情报信息工作则是国家预测机会的手段。美国国家情报总监（DNI）于2013年发布的《美国情报体系概述报告》指出，"情报信息工作"即"情报循环"（Intelligence Cycle），主要包括六大步骤：一是"情报计划与指导"（Planning and Direction）；二是"收集"（Collection）；三是"情报处理与开发"（Processing and Exploitation）；四是"分析与产制"（Analysis and Production）；五是"传送"（Dissemination）；六是"情报评估"（Estimate）。"情报信息工作"是情报产品生产及应用过程，即情报实践的活动，可以概括为开展情报的生产、组织、传递以及利用等专门活动。

现代科学技术手段在情报信息工作中的运用，还体现在情报信息的鉴别、筛选、综合和研判分析过程中。一方面，随着社会各个领域、各个方面的不断发展，随着世界上国家之间的交流越来越频繁、联系越来越密切，涉及国家安全的情报信息领域不断扩展、数量不断增多、覆盖面不断扩大。围绕维护政治、国土、军事、经济、金融、资源、粮食、文化、科技、网络、社会、生态、核、海外利益和有关新型领域国家安全，情报信息往往是海量级的，需要充分运用现代科学技术，进行比对、分析，从而实现高质高效的鉴别、筛选、综合和研判。另一方面，情报信息不仅包括情报信息专门机关获取和有关部门上报的"原始资料"，还包括后续的分析与评估及其结果。充分运用现代科学技术手段，不仅可以提高情报信息的传播和使用速度，缩短情报信息从产生到运用的时间，提高效率和传播水平，更有效地满足维护国家安全对情报信息的需要，而且可以更加有效地实现情报信息的比对、筛选和整合，充分发挥情报信息对于维护国家安全的重要保障作用。[1]

五、国家安全情报信息的报送制度

情报信息的报送是连接情报信息收集与使用的关键环节，只有保证情报信息报送的及时、准确和客观，才能确保情报信息在维护国家安全工作中发挥应有的重要作用。《国家安全法》第54条规定："情报信息的报送应当及时、准确、客观，不得迟报、漏报、瞒报和谎报。"

---

〔1〕 郑淑娜主编：《中华人民共和国国家安全法解读》，中国法制出版社2016年版，第257~258页。

（一）情报信息报送应当及时、准确、客观

"及时"是指立刻、马上，迅速地、毫不耽误地报送情报信息。情报信息报送的及时性是指获取情报与报送情报之间的时间差，即情报信息产生应有效果的时距限度，时间差越短，则时效性越强。时效性不仅体现着情报信息的价值，也体现着情报信息的质量。情报信息及时才有价值，才能最大限度地发挥作用。重要情报信息越早、越迅速地报送到决策部门，越能在关键时刻发挥关键作用。反之，无论何等重要的情报信息，如果迟到了，就可能时过境迁，难以发挥应有的作用。"准确"是指情报信息要严格符合事实、标准或真实情况。"客观"是指情报信息在意识之外，是不依赖精神而存在的，是不以人的意志为转移的。情报信息本质上是人的主观对客观事实、趋势的认识，因此，应当最大限度地接近客观真实情况。[1]

客观是准确的前提，准确、客观是情报信息工作的基本原则，也是其生命力所在，来不得半点虚假。"情报信息是情报机构的核心信息资源和唯一的生产资料。"[2]情报信息工作者在搜集情报时应力争获得真实、准确、客观的情报内容。情报分析部门要加强对情报的研判，力争多方印证、核实，综合研判。情报信息报送的及时性是以准确、客观为前提的，否则，再及时报送的情报信息，如果内容不准确，及时就失去了意义，相反还会带来消极的不可弥补的损失。及时性和准确性是情报信息的主要特点，是情报信息的两翼，是一个不可分割的整体。情报信息工作者要将二者结合起来，辩证统一起来。只有将情报的及时报送和准确、客观辩证地结合起来，才能体现情报的真正意义。[3]

（二）不得迟报、漏报、瞒报和谎报

为了确保情报信息报送的及时、准确和客观，就不得迟报、漏报、瞒报和谎报。"迟报"是指应当及时报送而没有及时报送；"漏报"是指在报送情报信息过程中，对已经获取的情报信息，没有按照规定上报；"瞒报"是指对已经获取的情报信息，故意隐瞒不报；"谎报"是指故意报送虚假、不真实、不客观的情报信息。无论是情报工作专门机关还是其他有关部门，在获取情报信息后，都要将情报信息及时、准确、客观地报送，不得迟报、漏报、瞒报、谎报。[4]

---

[1] 郑淑娜主编：《中华人民共和国国家安全法解读》，中国法制出版社2016年版，第237~260页。
[2] 孙敏等："国家安全领域的情报信息共享意愿研究"，载《情报杂志》2017年第1期。
[3] 郑淑娜主编：《中华人民共和国国家安全法解读》，中国法制出版社2016年版，第261页。
[4] 郑淑娜主编：《中华人民共和国国家安全法解读》，中国法制出版社2016年版，第262页。

第三节 风险预防、评估和预警

强化国家安全是维护国家主权和领土完整的核心要求，也是持续推进国民经济健康发展、实现社会和谐稳定的重要根本。目前，中国已经登上世界大国的政治舞台中心，国家安全和社会发展面临的环境复杂多变，同时还要应对来自世界各国政治、经济、文化、军事等全方位、宽领域的竞争博弈，各种安全风险和挑战前所未有。大国战略博弈、地缘政治风险、区域经济安全等矛盾叠加呼应；暴力恐怖、民族分裂、宗教极端活动的危害不断加深；意识形态风险、网络信息战争、海外利益保护等非传统安全不断加深加剧。中国改革已经进入攻坚期和深水区，社会矛盾等群体性事件升温发酵，敌情、社情、舆情等复杂交织。[1]

一、建立国家安全风险预案制度

预案是为了完成某项工作任务所作的全面、具体的实施方案。制定完善应对各领域国家安全风险预案，有利于未雨绸缪，及时、准确地识别危害国家安全的各类风险，做到各领域国家安全风险了然于胸，处置各类国家安全风险有章可循、有条不紊，以体系化、精准化的应对预案，将安全风险尽量消弭于萌芽状态，防止国家安全风险的扩大升级，避免工作中出现紧张忙乱、顾此失彼等问题，最大限度地降低国家安全风险的危害程度以及管控国家安全风险的成本。[2]《国家安全法》第55条规定："国家制定完善应对各领域国家安全风险预案。"制定科学、有效、合理的应对处置预案，目的是应对和规范处置各类危害国家安全事件，做好有关应急准备工作，确保及时、依法、高效、果断、妥善地处置相关事件，维护国家安全和社会稳定，保护公众生命财产安全。[3]

国家安全风险是指国家政权、主权、统一和领土完整、人民福祉、经济社会可持续发展和国家其他重大利益所面临的风险。制定完善应对各领域国家安全风险预案，必须要以总体国家安全观为指导，统筹维护各领域国家安全。

1. 国家安全风险预案需始终以总体国家安全观为根本遵循，坚持以人民安全为宗旨，以政治安全为根本，以经济安全为基础，以军事、文化、社会安全为保障，以促进国际安全为依托，统筹兼顾、综合施策，构建有效应对各领域

---

[1] 李恒："总体国家安全观战略下健全地铁反恐怖安全研究"，载《青海社会科学》2016年第5期。
[2] 郑淑娜主编：《中华人民共和国国家安全法解读》，中国法制出版社2016年版，第263页。
[3] 李恒："国家安全视域下反恐怖警务工作机制探究"，载《铁道警察学院学报》2018年第2期。

国家安全风险的科学的风险预案体系。

2. 贯彻国家安全战略的指导方针,根据国家安全形势发展变化和现实任务需求制定并不断完善风险预案。密切跟踪掌握国家安全风险动态,及时转换国家安全工作重心,同时通过精心组织模拟演练不断发现问题、纠正不足,定期充实调整各领域风险预案。

3. 各级、各部门应当强化守土有责的意识,在中央国家安全领导机构的统一领导下,根据维护国家安全的任务要求和职责规定,借助建立突发事件应急预案体系的有益经验和做法,充分利用现有资源,结合各自工作实际,以本级、本部门国家安全风险的实际情况为依据制定完善应急预案,防止照搬照抄上级预案。

二、建立国家安全风险评估和报告制度

党的十八大报告指出:"完善国家安全战略和工作机制,高度警惕和坚决防范敌对势力的分裂、渗透、颠覆活动,确保国家安全。"国泰民安是人民群众最根本、最普遍、最直接的愿望。实现中华民族伟大复兴的中国梦,保证人民群众安居乐业,国家安全与社会稳定是头等大事。[1]及时、准确、严谨、科学的风险评估,是辅助国家安全决策指导、做好维护各领域国家安全工作的基础。《国家安全法》第56条规定:"国家建立国家安全风险评估机制,定期开展各领域国家安全风险调查评估。有关部门应当定期向中央国家安全领导机构提交国家安全风险评估报告。"

(一)风险评估机制

建立国家安全风险评估机制,对于有效预防和化解国家安全风险,管控国家安全危机,建立健全国家安全保障制度,都是至关重要的。因此,必须切实增强对国家安全风险的准确评估和预警能力。而培育和不断增强这一能力的有效途径,就是根据维护国家安全的现实需求,定期组织开展实地调查研究,全面收集整理各领域与国家安全风险相关的信息,并运用科学方法就上述风险的危害性和发展态势进行全面细致的评估。在此过程中,应当注重发挥专业机构、专业人员和有关专家学者的作用,确保评估方法科学严谨、评估结果全面准确。

(二)风险报告制度

为了准确掌握各领域国家安全风险评估情况,并根据汇总的风险评估报告综合研判、统筹协调、科学决策,有关部门应定期向中央国家安全领导机构提

---

[1] 李恒:"域外考察下的中国反恐情报预警与响应体系构建",载《情报杂志》2017年第7期。

交国家安全风险评估报告。由此可见,各部门所提交的国家安全风险评估报告的科学性、准确性,直接关系到国家安全决策的成效。有关部门必须强化责任意识、大局意识和忧患意识,按照中央国家安全领导机构的统一部署和要求,以及本部门承担的维护国家安全的具体职责,认真组织开展国家安全风险评估工作,定期提交高质量的国家安全风险评估报告。[1]

三、国家安全风险监测预警制度

《国家安全法》第57条规定:"国家健全国家安全风险监测预警制度,根据国家安全风险程度,及时发布相应风险预警。"

(一)国家安全风险监测

监测是准确预警和有效管控风险和危机的前提。考虑到各领域国家安全风险的产生原因和发展态势各有不同,各级人民政府及其有关部门必须及时跟踪掌握有关信息,根据风险的种类和特点,通过精细划分监测区域和确定监测项目,建立起常态化、动态化的监测体系,才有可能实现对国家安全风险的实时监测,为有效防范、化解和管控风险奠定基础。而做好国家安全风险监测工作,需要从制度建设入手,明确机构人员,细化任务分工,同时配备专业设备设施,形成上下衔接、实时共享、效能统一的监测网络。[2]

(二)国家安全风险预警

所谓预警,是指在各领域国家安全风险发生蔓延并造成现实危害之前,根据以往总结的规律或监测得到的可能性前兆,向有关部门和社会发出紧急信号、报告危险情况,以便及时采取相应有效措施应对安全风险,避免国家重大利益因应对准备不足而遭受损失。[3]考虑到国家安全风险分布于不同领域,相关应对措施具有较强专业性,难以划定统一的预警标准,需要各级各部门根据各自职责分工和风险紧急程度、危害性等,制定预警标准,及时发布风险预警。

例如,《反恐怖主义法》第47条规定:"国家反恐怖主义情报中心、地方反恐怖主义工作领导机构以及公安机关等有关部门应当对有关情报信息进行筛查、研判、核查、监控,认为有发生恐怖事件危险,需要采取相应的安全防范、应对处置措施的,应当及时通报有关部门和单位,并可以根据情况发出预警。有关部门和单位应当根据通报做好安全防范、应对处置工作。"因此,预警发布之后,有关人民政府及其相关部门必须根据国家安全风险的特点以及可能造成的

---

〔1〕 郑淑娜主编:《中华人民共和国国家安全法解读》,中国法制出版社2016年版,第267页。
〔2〕 郑淑娜主编:《中华人民共和国国家安全法解读》,中国法制出版社2016年版,第269页。
〔3〕 郑淑娜主编:《中华人民共和国国家安全法解读》,中国法制出版社2016年版,第268页。

危害,启动国家安全风险应急预案,做好应对处置准备,并及时向社会公众发布信息、提供建议,消除公众恐慌情绪,防止不实信息传播蔓延。此外,需要注意的是,国家安全风险始终处于动态发展变化之中,既有可能在预警期间因应对处置得当而消退或者消失,也不能排除因处置不当或其他不可控因素的出现而愈发紧急严重。因此,预警信息发布单位要密切跟踪监测国家安全风险发展变化,根据具体情况适时调整预警级别,并将调整结果及时通报相关部门和社会公众,以便对应急响应级别作出调整。

四、危害国家安全事件报告制度

《国家安全法》第58条规定:"对可能即将发生或者已经发生的危害国家安全的事件,县级以上地方人民政府及其有关主管部门应当立即按照规定向上一级人民政府及其有关主管部门报告,必要时可以越级上报。"

即将发生或者已经发生的危害国家安全的事件,通常由县级以上地方人民政府及其有关主管部门负责组织处置。但是,将相关情况立即报告上一级人民政府及其有关部门,有利于后者迅速掌握情况,进行综合研判、全面部署、高效决策,以最大限度地降低危害国家安全事件的现实危害和影响。对于已经发生的情况紧急的危害国家安全的事件,组织处置工作的人民政府及其有关部门可以边处置边迅速上报。事态特别紧急严重时,可以越级上报。而报告的主要内容包括:事件的性质、起因、危害程度和发展态势,已经采取的先期处置措施、拟采取的处置方案、请求上级批准的重大事项等。[1]

第四节 审查监管

总体国家安全观丰富了国家安全的内涵和外延,是推进国家治理体系和治理能力现代化的重大理论成果,是指导新时期国家安全工作的纲领性思想,是新时期国家安全工作的根本遵循。[2] 目前,许多国家出于维护自身国家安全和反制他国竞争的需要,建立了较为完备、严密的国家安全审查和监管制度,并通过制定和修改相关法律,对影响或者可能影响国家安全的外国投资并购本国企业,军用品出口,网络技术、设备和服务等重大事项和活动,进行严格的审查和监管。

---

[1] 郑淑娜主编:《中华人民共和国国家安全法解读》,中国法制出版社2016年版,第269页。
[2] 《总体国家安全观干部读本》编写组编著:《总体国家安全观干部读本》,人民出版社2019年版,第29页。

一、建立国家安全审查监管的制度和机制

《国家安全法》第 59 条规定:"国家建立国家安全审查和监管的制度和机制,对影响或者可能影响国家安全的外商投资、特定物项和关键技术、网络信息技术产品和服务、涉及国家安全事项的建设项目,以及其他重大事项和活动,进行国家安全审查,有效预防和化解国家安全风险。"

(一)建立国家安全审查和监管的制度和机制,有效预防和化解国家安全风险

建立国家安全审查和监管制度是从源头上预防和化解国家安全风险的重要举措。美国、俄罗斯、法国、德国、英国、加拿大、澳大利亚、日本等国家均已建立起国家安全审查制度。例如,美国对外资并购本国企业的国家安全审查由来已久。1975 年,福特总统建立了外国投资委员会。1988 年美国国会通过《1950 年国防产品法修正案》即《埃克森—费罗里奥修正案》,该修正案生效实施后,任何威胁美国国防安全的外资并购都必须接受外国投资委员会的安全审查。"9·11"恐怖袭击事件后,2007 年美国国会通过了《外国投资与国家安全法》,扩展了对"国家安全"的界定,将"重要基础设施""国土安全"和"关键资产"都包括在国家安全的范围以内。此外,外资并购如果威胁到美国在关键技术领域的世界领先地位或者影响美国的本土就业,都会被视为威胁国家安全。

我国关键领域、关键设备、材料和核心零部件大量依赖进口,在关键基础设施建设过程中的政府招标、采购活动没有安全审查环节,特别是对国外网络产品和技术的引进没有严格的安全评估和市场准入制度。我国政府部门和重点行业的服务器、存储设备、操作系统、数据库中许多都是国外产品,很多重要信息系统依靠国外厂商提供服务,形成了巨大的安全隐患。

法治实践是主观见之于客观的活动,是国家安全法治建设与发展的基础和前提,也是国家安全法治繁荣的根本保证。保障我国国家安全、推动国家安全法治建设是完善和发展中国特色社会主义法治体系、推进国家治理体系和治理能力现代化的重要组成部分。与防范国家安全风险的要求相比,我国国家安全审查监管制度和机制存在较大差距,不能适应形势需要。这一点突出表现在以下几个方面:①我国国家安全审查监管缺乏统一规范和顶层制度设计,立法层次相对偏低。我国现行法律、法规、规范性文件对国家安全审查监管的规定还存在零散化、碎片化的情况,有的只局限于某一个方面或者几个方面,着眼于解决局部性问题,没有从整体上对安全审查监管作出全面规定。②有的领域审查监管制度仍然存在空白。例如,目前我国外资安全审查机制在金融等一些重

要领域尚不成熟,现有审查机制对网络信息、资源生态、社会、文化等非传统安全领域还未实现有效覆盖。③国家安全审查监管机制本身也需要随着实践的发展不断完善,进一步厘清审查职责,确保顺畅运行,有效沟通,充分发挥行业主管部门作用,实现审查严格、监管有力。[1]

面对国家安全各领域存在的风险隐患,必须高度警惕,充分认识加强国家安全审查监管的重要性和紧迫性,加强国家安全审查监管工作,发挥其维护国家安全的防火墙作用。

(二)我国国家安全审查的范围

我国国家安全审查的范围包括外商投资、特定物项和关键技术、网络信息技术产品和服务、涉及国家安全事项的建设项目以及其他重大事项和活动。

1. 外商投资。我国较早重视对外资项目进行国家安全审查,并建立了外资并购安全审查制度。2007 年颁布的《反垄断法》第 31 条规定:"对外资并购境内企业或者以其他方式参与经营者集中,涉及国家安全的,除依照本法规定进行经营者集中审查外,还应当按照国家有关规定进行国家安全审查。"2011 年 2 月《国务院办公厅关于建立外国投资者并购境内企业安全审查制度的通知》,明确了并购安全审查范围,包括外国投资者并购境内军工及军工配套企业,重点、敏感军事设施周边企业,以及关系国防安全的其他单位;外国投资者并购境内关系国家安全的重要农产品、重要能源和资源、重要基础设施、重要运输服务、关键技术、重大装备制造等企业,且实际控制权可能被外国投资者取得。2015 年 4 月《国务院办公厅关于印发自由贸易试验区外商投资国家安全审查试行办法的通知》明确国家安全审查总的原则是,对影响或可能影响国家安全、国家安全保障能力,涉及敏感投资主体、敏感并购对象、敏感行业、敏感技术、敏感地域的外商投资进行安全审查。安全审查范围为外国投资者在自贸试验区内投资军工、军工配套和其他关系国防安全的领域,以及重点、敏感军事设施周边地域;外国投资者在自贸试验区内投资关系国家安全的重要农产品、重要能源和资源、重要基础设施、重要运输服务、重要文化、重要信息技术产品和服务、关键技术、重大装备制造等领域,并取得所投资企业的实际控制权。

十八届三中全会提出,要探索对外商投资实行准入前国民待遇加负面清单的管理模式;构建开放型经济新体制,放宽投资准入,推进金融、教育、文化、医疗等服务业领域有序开放,放开育幼养老、建筑设计、会计审计、商贸物流、电子商务等服务业领域外资准入限制,进一步放开一般制造业。为落实十八届三中全会的部署,2015 年 10 月国务院发布了《国务院关于实行市场准入负面清

---

[1] 郑淑娜主编:《中华人民共和国国家安全法解读》,中国法制出版社 2016 年版,第 272 页。

单制度的意见》，同时有关部门正在研究制定外国投资国家安全审查和监管的相关法律、行政法规，提升外商投资安全审查和监管制度和机制的立法层级。

2. 特定物项和关键技术。进出口管制是国家安全体系的重要一环。为了维护国家安全，法律、行政法规和部门规章对特定物项和关键技术的进出口作了规定，实行严格的管理措施。《对外贸易法》第 16 条、第 26 条规定，为维护国家安全，国家可以限制或者禁止有关货物、技术的进口或者出口，可以限制或者禁止有关的国际服务贸易。第 17 条规定，国家对与裂变、聚变物质或者衍生此类物质的物质有关的货物、技术进出口，以及与武器、弹药或者其他军用物资有关的进出口，可以采取任何必要的措施，维护国家安全。第 27 条规定，国家对与军事有关的国际服务贸易，以及与裂变、聚变物质或者衍生此类物质的物质有关的国际服务贸易，可以采取任何必要的措施，维护国家安全。《货物进出口管理条例》《技术进出口管理条例》规定，国家对货物、技术进出口实行统一的管理制度，有对外贸易法规定情形的禁止或者限制进出口货物和技术的目录，由国务院对外经贸主管部门会同国务院有关部门制定、调整并公布。

出口管制是维护国家安全、反恐防暴、履行不扩散核武器的国际义务、保护重要战略稀缺资源和保持关键领域技术领先的重要手段。自 20 世纪 90 年代中期以来，我国逐步建立起涵盖核、生物、化学、导弹等相关两用物项和技术的出口管理体系，并制定了行政法规、规章，对列入出口管制或者管理清单的"核材料、核设备和反应堆用非核材料等物项及其相关技术""核两用品及相关技术""生物两用品及相关设备和技术""导弹及相关物项和技术""有关化学品及相关设备和技术"，以及"用于军事目的的装备、专用生产设备及其他物资、技术和有关服务"的出口实行许可制度，进行严格的管制或者管理。

3. 网络信息技术产品和服务。为了保障网络安全，维护网络空间主权和国家安全、社会公共利益，保护公民、法人和其他组织的合法权益，促进经济社会信息化健康发展，2016 年 11 月 7 日全国人大常委会发布了《网络安全法》，其第 35 条明确指出："关键信息基础设施的运营者采购网络产品和服务，可能影响国家安全的，应当通过国家网信部门会同国务院有关部门组织的国家安全审查。"

网络安全审查制度对进入中国市场的重要信息技术产品及其提供者都将进行安全审查，重点是产品安全性和可控性，防止产品提供者借助提供产品之便，非法控制、干扰、中断用户系统，非法收集、存储、处理和利用用户有关信息。对于审查不合格的产品和服务，不得在中国境内使用。

4. 涉及国家安全事项的建设项目。根据《行政许可法》第 12 条第 1 项的规定，直接涉及国家安全、公共安全、经济宏观调控、生态环境保护以及直接关系人身健康、生命财产安全等特定活动，需要按照法定条件予以批准的事项可以设定行政许可。2004年6月29日，国务院发布第412号令中《国务院决定对确需保留的行政审批项目设定行政许可的目录》第66项明确规定，涉及国家安全事项的建设项目审批，实施机关为安全部、地方各级国家安全机关"。一些地方性法规、地方政府规章对涉及国家安全事项建设项目的审批和管理也专门作出了规定。例如，《广东省涉及国家安全事项的建设项目管理规定》规定，重要国家机关、军事设施、重点科研单位和军工单位的周边建设项目，出入境口岸、邮件和快件处理场所、电信枢纽等建设项目，属于涉及国家安全事项的建设项目。国家安全机关依法对新建、改建、扩建的涉及国家安全事项的建设项目实施审批、监督管理。

二、中央国家机关各部门的国家安全审查职责

《国家安全法》第60条规定："中央国家机关各部门依照法律、行政法规行使国家安全审查职责，依法作出国家安全审查决定或者提出安全审查意见并监督执行。"负有安全审查职责的中央国家机关各部门要充分认识国家安全审查的重要性和紧迫性，发挥其维护国家安全"防火墙"的作用。与此同时，也要正确处理维护国家安全与促进对外开放的关系，避免对经济社会发展形成新的障碍。因此，国家安全审查活动必须依法进行。中央国家机关各部门依法行使国家安全审查职责包括两层含义：一是依法直接对涉及国家安全的事项作出审查决定；二是通过明确有关审查标准和程序，领导或指导本系统的基层部门，依法对涉及国家安全的事项作出审查决定。

1. 现行法律、行政法规和规范性文件，对中央国家机关各部门在国家安全审查活动中的职责作出了规定。从目前国家安全审查的主体看，既有单个部门，也有由相关部门组成的跨部门协调机构。

在外商投资国家安全审查方面，根据《反垄断法》《关于建立外国投资者并购境内企业安全审查制度的通知》《自由贸易试验区外商投资国家安全审查试行办法的通知》的规定，外商投资国家安全审查工作，由外国投资者并购境内企业安全审查部际联席会议具体承担。联席会议在国务院领导下，由国家发展改革委、商务部牵头，根据外商投资所涉及的行业和领域，会同相关部门开展安全审查。联席会议的主要职责是：分析外商投资对国家安全的影响；研究、协调外商投资国家安全审查工作中的重大问题；对需要进行安全审查的外商投资进行安全审查并作出决定。

在特定物项和关键技术的国家安全审查方面，《对外贸易法》规定，国务院

对外贸易主管部门即商务部主管全国货物进出口、技术进出口和国际服务贸易的对外贸易工作。《核两用品及相关技术出口管制条例》规定，出口管制清单所列的核两用品及相关技术，应当向商务部提出申请，商务部应当自收到出口申请表和相关文件之日起，会同国家原子能机构或者会同国家原子能机构商有关部门，涉及外交政策的，并商外交部，进行审查并在45个工作日内作出许可或者不许可的决定；《导弹及相关物项和技术出口管制条例》规定，出口导弹相关物项和技术，应当向国务院对外经贸主管部门提出申请，国务院对外经贸主管部门应当自收到出口申请表和相关文件之日起进行审查，或者会同国务院有关部门、中央军事委员会有关部门进行审查，并在45个工作日内作出许可或者不许可的决定；《军品出口管理条例》规定，国家军品出口主管部门在国务院、中央军事委员会的领导下，主管全国的军品出口工作，对全国的军品出口实施监督管理；等等。

在网络信息技术产品和服务方面的国家安全审查，主要由国家网络信息办公室、工业和信息化等部门承担。《网络安全法》第35条明确规定："关键信息基础设施的运营者采购网络产品和服务，可能影响国家安全的，应当通过国家网信部门会同国务院有关部门组织的国家安全审查。"《电信条例》第12条规定："国务院信息产业主管部门审查经营基础电信业务的申请时，应当考虑国家安全、电信网络安全、电信资源可持续利用、环境保护和电信市场的竞争状况等因素。"第53条规定："国家对电信终端设备、无线电通信设备和涉及网间互联的设备实行进网许可制度。接入公用电信网的电信终端设备、无线电通信设备和涉及网间互联的设备，必须符合国家规定的标准并取得进网许可证。实行进网许可制度的电信设备目录，由国务院信息产业主管部门会同国务院产品质量监督部门制定并公布施行。"

在涉及国家安全事项的建设项目审查方面，根据《行政许可法》和国务院的相关规定，涉及国家安全事项的建设项目的审批，在中央层面的实施机关为国家安全部。目前，国家已建立外国投资者并购境内企业安全审查部际联席会议以及出口管制许可国际会商机制。国家发展改革委员会、工业和信息化部、国家安全部、商务部、国家国防科工局等中央国家机关有关部门依据相关法律、行政法规行使审查职权。

负有国家安全审查职责的中央国家机关各部门，应当严格依照法定的职责进行相关审查工作，不得超越职权、滥用职责，不得侵犯个人和组织的合法权益。

2. 由于国家安全审查事项中很多属于行政审批，随着依法行政进程的不断推进和行政审批制度改革，部分事项不仅可以由中央国家机关直接作出审查决定,也可以由有关地方政府中履行相关职能的部门作出审查决定。因此,中央国家机关各部门应当在本部门依法履行职责的范围内,明确有关国家安全事项的审查标准和程序要求,领导或指导本系统的基层部门,依法对涉及国家安全的事项作出审查决定,构筑保障国家安全、防范和化解国家安全风险的立体网络。

目前,国家安全审查主要采取跨部门会审、联审等方式,审查的结果以书面审查决定或者审查意见、行政许可、强制认证等不同形式予以体现。现行法律、行政法规和规范性文件对国家安全审查的方式和程序均作出了规定。中央国家机关各部门应依法作出国家安全审查决定或者提出安全审查意见并监督执行。[1]

三、省、自治区、直辖市的国家安全审查职责

《国家安全法》第61条规定:"省、自治区、直辖市依法负责本行政区域内有关国家安全审查和监管工作。"

1. 省、自治区、直辖市有关部门依法负责本行政区域内有关国家安全审查和监管工作,要依照本部门法定职责开展,并严格遵守法定的范围、条件、程序,对于具体事项是否符合国家安全审查标准,如果中央部门有明确规定,要严格按照本领域的相关规定执行。

2. 省、自治区、直辖市依法负责本行政区域内有关国家安全审查和监管工作,要结合本地实际,依法开展工作。我国幅员辽阔,各地经济、社会、文化发展不尽相同,国家安全审查事项涉及的范围也比较广泛。因此,在开展具体审查工作时,不仅要严格把握标准、依法办事,也要紧密围绕地方实际,确保国家安全审查的科学性和实际效果。一方面,要结合本地实际,严格执行国家法律法规关于国家安全审查和监管的规定;另一方面,实践中,部分地方通过制定和完善有关地方性法规、地方政府规章等,加强本地的国家安全审查和监管工作。例如,《广东省涉及国家安全事项的建设项目管理规定》规定,重要国家机关、军事设施、重点科研单位和军工单位的周边建设项目;出入境口岸、邮件和快件处理场所、电信枢纽等建设项目属于涉及国家安全事项的建设项目。国家安全机关依法对新建、改建、扩建的涉及国家安全事项的建设项目实施审批、监督管理。上海人大常委会2019年5月23日发布《关于贯彻实施〈外商投资法〉若干问题的决定》。

3. 省、自治区、直辖市负责本行政区域内有关国家安全审查和监管工作,

---

[1] 郑淑娜主编:《中华人民共和国国家安全法解读》,中国法制出版社2016年版,第274页。

要依照法律规定和事权划分的原则进行。中央和地方在各个领域都有明确的职责和权限，在开展国家安全审查和监管工作的过程中，依法应当由中央部门开展审查的，地方有关职能部门不能越权直接行使审查职权；依法应当由省、自治区、直辖市有关职能部门开展审查的，有关部门要有效实施法律法规规定，切实履行审查和监督职责。省、自治区、直辖市负责本行政区域内有关国家安全审查和监管工作，不仅要依据《国家安全法》开展，也要严格执行直接规范审查工作的有关法律法规、地方性法规、地方政府规章和相关规范性文件，在具体开展审查业务过程中，要接受中央有关部门依法开展的领导和指导。[1]

第五节　危机管控

国家安全危机管控制度，是国家安全制度中的重要内容。建立健全这一方面的制度，对于预警、防范、应对、掌控国家安全危机，能够起到更具全局性、稳定性和长期性的支撑作用。

一、建立国家安全危机管控制度

《国家安全法》第 62 条规定："国家建立统一领导、协同联动、有序高效的国家安全危机管控制度。"根据我国宪法及其他法律，国家安全危机主要有以下三种类型：战争、国防动员和紧急状态。目前，我国法律法规对危机管控制度作出了一些规定。例如，《突发事件应对法》第 4 条规定："国家建立统一领导、综合协调、分类管理、分级负责、属地管理为主的应急管理体制。"《国防动员法》第 15 条规定："国家实行国防动员计划、国防动员实施预案和国防动员潜力统计调查制度。"第 42 条规定："国家实行战争灾害的预防与救助制度，保护人民生命和财产安全，保障国防动员潜力和持续动员能力。"这些法律规范，或者就某些国家安全领域确立了危机管控制度，或者对处置国家安全危机的某些方面、某些环节作出了具体规定，为国家安全危机的管控提供了制度遵循，发挥了重要作用。

党的十九大报告进一步明确了坚持国家利益至上，以人民安全为宗旨，以政治安全为根本，统筹外部安全和内部安全、国土安全和国民安全、传统安全和非传统安全、自身安全和共同安全的总体国家安全观，阐述了维护国家安全的重大意义、工作目标，列举了渗透颠覆、暴力恐怖、民族分裂、宗教极端等

---

[1] 郑淑娜主编：《中华人民共和国国家安全法解读》，中国法制出版 2016 年版，第 291 页。

突出的危害国家安全的活动，指明了维护国家安全的"合力"路径。[1]但是，从贯彻总体国家安全观、全面应对国家安全危机角度而言，现有法律规定还是较为零散，针对性不强，衔接不够紧密，特别是在制度设计上，存在一些需要改进的地方。例如，虽然国家安全某些领域建立了危机应对预案，但在统筹协调机构问题上，还没有明确的法律规定；在安全危机发生后，相关单位的具体职责不够清晰，有些部门虽有一些规定，但也不全面、不系统；等等。

针对现实需要和存在的问题，《国家安全法》在总结已有制度规范的基础上，明确要求建立统一领导、协同联动、有序高效的国家安全危机管控制度。[2]

1. "统一指挥"，即国家安全危机的管控要依法服从统一指挥，不能各部门、各地方各行其是，应由中央国家安全领导机构或法律规定的领导机构，依法开展有关统一决策指挥工作，各部门、各地方要按照统一指挥，立足本部门职能和本地方实际，依法履行职责，形成维护国家安全的整体合力。

2. "协同联动"，即各相关部门、相关地方在危机管控工作中要相互配合、密切协作，既注重相互协调配合，从全局、整体出发开展工作，又注重相互联系沟通，形成维护国家安全的有机整体。

3. "有序高效"，这是对整个危机管理流程的效率要求，是指应对国家安全危机和采取相应管控措施要符合有关法律法规和规范性文件、政策的流程和要求，有序开展，并注重效率，确保有关危机管控措施及时执行、落实到位，实现预期管控效果。

二、国家安全危机管控措施的决策与实施

《国家安全法》第63条规定："发生危及国家安全的重大事件，中央有关部门和有关地方根据中央国家安全领导机构的统一部署，依法启动应急预案，采取管控处置措施。"

（一）危机管控的责任主体

《国家安全法》第5条规定，中央国家安全领导机构负有"统筹协调国家安全重大事项和重要工作"之责。这就意味着，一旦发生危及国家安全的重大事件，必须由中央国家安全领导机构对事件的应对和处置作出决策部署，并在事件处置过程中对有关重要事项进行统筹协调。这种统一领导的决策指挥模式，有利于全面准确研判安全危机的危害程度、影响范围等，有利于及时对危机作

---

[1]《总体国家安全观干部读本》编写组编著：《总体国家安全观干部读本》，人民出版社2019年版，第128页。
[2] 郑淑娜主编：《中华人民共和国国家安全法解读》，中国法制出版社2016年版，第291页。

出迅速高效的反应,有利于统合力量、整合资源、协调一致管控危机。

《国家安全法》第39条规定:"中央国家机关各部门按照职责分工,贯彻执行国家安全方针政策和法律法规,管理指导本系统、本领域国家安全工作。"因而,危机管控是宪法法律赋予有关部门的法定职责,有关部门必须按照法律法规相关规定,认真履职尽责,有效实施管控,努力消除危机。同时,地方各级人民政府依照法律法规规定,管理本行政区域内的国家安全工作。危及国家安全重大事件发生之后,有关地方要守土有责,及时作出反应,采取有效措施,控制危机事态发展,维护国家安全。

以反恐怖主义工作为例,在发生恐怖袭击事件后,事发地党委、政府及反恐怖主义专业职能部门,应当迅速采取应急措施,并立即报告上级反恐办。其中,事发地公安反恐部门应当先期处置,报告上级公安机关,并迅速收集汇总信息,及时分析研判,掌握事件发展和处置情况;同时,将事件情况、拟采取的处置措施,通报需要参与处置的反恐专业职能部门、省级反恐应急处置力量、专业检测鉴定机构及其上级主管部门;指导事发地采取应对措施,了解现场处置工作中存在的困难;部署相关地区、部门加强防范工作。[1]

(二) 应急预案及其启动

应急预案,是指针对各类可能危及国家安全的重大事件,规定应对的基本原则、组织体系、运行机制,制定应急管理、指挥、救援等工作方案,并明确事前、事中、事后各个过程中相关部门和人员的职责。应急预案的编制,应当依据有关法律、行政法规和制度,紧密结合实际情况,科学合理地确定内容。基于危机管控的特质,应急预案要具有针对性,做到指向明确、有的放矢;要富有实用性,能够预之在先、好用有效;要体现可操作性,便于按照规程,顺利进行操作。

应急预案编制原则包括:①以人为本原则。全力维护公众生命财产安全、国家安全和社会稳定,最大限度地避免和减少人员伤亡,减少财产损失和社会影响。②统一指挥原则。按照统一领导、分级负责、属地为主的原则,在各级党委、政府的具体领导和指挥下,各相关部门和单位充分发挥职能作用,密切配合,协同应对。③快速高效原则。处置工作应当快速反应,坚决果断,消除危害,稳妥善后,准确、及时发布信息,依法及时惩治制造危害国家安全事件的组织与人员。[2]

目前,我国在相关重要领域已经进行了有益探索,初步建立了一批防范处

---

[1] 李恒:《反恐怖警务工作实践研究》,中国人民公安大学出版社2017年版,第125页。
[2] 李恒:"国家安全视域下反恐怖警务工作机制探究",载《铁道警察学院学报》2018年第2期。

置突发事件的应急预案。比如,制定了《突发事件应急预案管理办法》,对应急预案的规划、编制、审批、发布、备案、演练、修订、培训、宣传教育等工作,作出了明确的规定。再如,制定了多个领域的应急预案,包括突发公共卫生事件、突发环境事件、重大食品安全事故、防汛抗旱、安全生产事故灾难、突发公共事件、医疗卫生救援、地震应急、核应急、突发重大动物疫情等。此外,相关职能部门对本部门本领域内可能发生的小概率突发事件,制定了内部掌握的应急预案。所有这些,既包括总体应急预案,又包含专项应急预案和部门应急预案,涵盖面较为广泛。《国家安全法》第 55 条规定:"国家制定完善应对各领域国家安全风险预案。"有关部门和有关地方在处理危及国家安全重大事件时,应当按照规定,及时启动预案,控制事态发展。[1] 应急处置预案的制定以《突发事件应对法》《国家安全法》《反恐怖主义法》等法律、法规和《国家突发公共事件总体应急预案》《国家处置大规模恐怖袭击事件应急预案》等文件为依据。[2]

（三）采取管控处置措施

能不能采取有效的管控处置措施,直接关系到危及国家安全重大事件处理的成败。根据我国宪法和法律规定,有关部门和有关地方按照中央统一部署,可以采取多种管控处置措施。例如,《突发事件应对法》第 49 条规定,突发事件发生后,可以"迅速控制危险源,标明危险区域,封锁危险场所,划定警戒区,实行交通管制以及其他控制措施";第 50 条规定,社会安全事件发生后,可以"对特定区域内的建筑物、交通工具、设备、设施以及燃料、燃气、电力、水的供应进行控制"。《戒严法》第 2 条规定:"在发生严重危及国家的统一、安全或者社会公共安全的动乱、暴乱或者严重骚乱,不采取非常措施不足以维护社会秩序、保护人民的生命和财产安全的紧急状态时,国家可以决定实行戒严。"第 14 条规定:"戒严期间,戒严实施机关可以决定在戒严地区采取交通管制措施,限制人员进出交通管制区域,并对进出交通管制区域人员的证件、车辆、物品进行检查。"

三、紧急状态、战争状态或者进行全国总动员、局部动员的决定

《国家安全法》第 64 条规定:"发生危及国家安全的特别重大事件,需要进入紧急状态、战争状态或者进行全国总动员、局部动员的,由全国人民代表大会、全国人民代表大会常务委员会或者国务院依照宪法和有关法律规定的权限

---

[1] 郑淑娜主编:《中华人民共和国国家安全法解读》,中国法制出版社 2016 年版,第 297 页。
[2] 李恒:"国家安全视域下反恐怖警务工作机制探究",载《铁道警察学院学报》2018 年第 2 期。

和程序决定。"

（一）决定进入紧急状态

紧急状态，是指发生或者即将发生特别重大突发事件，需要国家机关行使紧急权力予以控制、消除其社会危害和威胁时，有关国家机关按照宪法、法律规定的权限决定并宣布局部地区或者全国实行的一种临时性的严重危急状态。《宪法》第 67 条规定，全国人民代表大会常务委员会决定全国或者个别省、自治区、直辖市进入紧急状态；第 80 条规定，中华人民共和国主席根据全国人大的决定和全国人大常委会的决定，宣布进入紧急状态；第 89 条规定，国务院依照法律规定决定省、自治区、直辖市的范围内部分地区进入紧急状态。《戒严法》第 3 条规定："全国或者个别省、自治区、直辖市的戒严，由国务院提请全国人民代表大会常务委员会决定；中华人民共和国主席根据全国人民代表大会常务委员会的决定，发布戒严令。省、自治区、直辖市的范围内部分地区的戒严，由国务院决定，国务院总理发布戒严令。"

（二）决定进入战争状态

《宪法》第 62 条规定，全国人民代表大会决定战争和和平的问题；第 67 条规定，全国人民代表大会常务委员会"在全国人民代表大会闭会期间，如果遇到国家遭受武装侵犯或者必须履行国际间共同防止侵略的条约的情况，决定战争状态的宣布"。

"决定战争状态的宣布"与"决定战争和和平的问题"有所不同。战争与和平问题，攸关一个国家的生死存亡，往往是战争将不可避免或者正在进行之中，对决定是否进行战争或者停止战争所作的一种选择和决定，由全国人民代表大会决定；但现实生活中，战争虽然会有一定的预兆，但战争的爆发往往有一定的突然性，及时应战、快速应战，是维护国家安全的首要选择，不可能等待进入大会会期由全国人大决定，因此《宪法》规定，在全国人大闭会期间，由全国人大常委会"决定战争状态的宣布"。

（三）决定进行全国总动员、局部动员

全国总动员、局部动员，是在国家的主权、统一、领土完整和安全遭受威胁时，一般是指面临或者已经遭受外敌侵略或者发生内乱时，国家所采取的一种紧急措施。全国总动员是动员的最高等级，通常是在发生大规模全面战争或国家遭受特别重大的灾害，国家需要全力应对时决定并实施。全国总动员实施时，国家的军事、政治、经济、科技、文化和社会生活等将全面转入动员轨道。局部动员，通常是在国家安全受到中、低强度威胁或国家安全危机发生或影响局部地区时，有选择、有限度地在部分地区、部分领域实施的动员。

《宪法》第 67 条规定，全国人民代表大会常务委员会决定全国总动员或者局部动员;第80条规定,国家主席根据全国人大的决定和全国人大常委会的决定,发布动员令。全国人大常委会决定全国总动员或者局部动员后,即由国家主席发布动员令。动员令一经发出,国家或者局部地区将从平时体制转入动员体制,全国人民或者局部地区的人民都必须全力以赴地投入到抵抗侵略或者制止内乱、消除灾害的行动中去,一切工作都要服从动员的需要。

四、非常状态下特别措施的采取

《国家安全法》第65条规定:"国家决定进入紧急状态、战争状态或者实施国防动员后,履行国家安全危机管控职责的有关机关依照法律规定或者全国人民代表大会常务委员会规定,有权采取限制公民和组织权利、增加公民和组织义务的特别措施。"

1. 只有在"国家决定进入紧急状态、战争状态或者实施国防动员后"这一法定条件出现时,有关机关才可以采取特别措施。

2. 采取特别措施的主体是"履行国家安全危机管控职责的有关机关"。例如,《国防动员法》规定,在全国或者部分省、自治区、直辖市实行特别措施,由国务院、中央军事委员会决定并组织实施;在省、自治区、直辖市范围内的部分地区实行特别措施,由国务院、中央军事委员会决定,由特别措施实施区域所在省、自治区、直辖市人民政府和同级军事机关组织实施。《戒严法》规定,全国或者个别省、自治区、直辖市的戒严,由国务院组织实施。省、自治区、直辖市的范围内部分地区的戒严,由省、自治区、直辖市人民政府组织实施;必要时,国务院可以直接组织实施。

3. 采取特别措施的具体内容。我国一些法律对非常状态下采取的特别措施作出了规定。例如,《戒严法》规定,在发生严重危及国家的统一、安全或者社会公共安全的动乱、暴乱或者严重骚乱,不采取非常措施不足以维护社会秩序、保护人民的生命和财产安全的紧急状态时,国家可以决定实行戒严。实施戒严期间,戒严实施机关可以决定在戒严地区采取下列措施,并可以制定具体实施办法:一是禁止或者限制集会、游行、示威、街头讲演以及其他聚众活动;二是禁止罢工、罢市、罢课;三是实行新闻管制;四是实行通讯、邮政、电信管制;五是实行出境入境管制;六是禁止任何反对戒严的活动。此外,《戒严法》还规定,可以在戒严地区采取交通管制措施,限制人员进出交通管制区域,并对进出交通管制区域人员的证件、车辆、物品进行检查;可以对武器、弹药、管制刀具、易燃易爆物品、化学危险物品、放射性物品、剧毒物品等物品采取特别管理措施;为保障戒严地区内的人民基本生活必需品的供应,戒严实施机关可以对基本生活必需品的生产、运输、供应、价格采取特别管理措施。

五、国家安全危机管控措施的合理性原则

《国家安全法》第 66 条规定："履行国家安全危机管控职责的有关机关依法采取处置国家安全危机的管控措施，应当与国家安全危机可能造成的危害的性质、程度和范围相适应；有多种措施可供选择的，应当选择有利于最大程度保护公民、组织权益的措施。"

《国家安全法》关于"危机管控"的规定，赋予了履行国家安全危机管控职责的有关机关依法采取处置国家安全危机的管控措施的权力，解决了危机管控部门行使权力的合法性问题。但由于危机管控措施具有临时性、应急性和强制性等特征，不可避免地会对公民和组织的合法权益造成一定程度的损害，法律也要求公民和组织对这种损害承担"特别牺牲"的义务。但是，无论是行政机关还是人民代表大会、司法机关、军事机关，行使的都是公权力。在行使权力可能损害公民、组织权益时，就应当符合合理原则，作为合法原则的必要补充。

合理原则又称为适当原则、比例原则、禁止过度原则，是行政法上的一个基本原则，意指行政行为在形式合法的前提下应当尽可能合理、适当和公正。强调合理原则，既是为了进一步坚持合法原则，也是为了保护人民利益——保护人民利益既体现在出现国家安全危机时，国家采取种种强有力的危机管控措施，保护广大人民的利益；也体现在国家采取具体的危机管控措施时对权益受损的公民、组织尽到最大程度的保护义务。

《国家安全法》赋予履行国家安全危机管控职责的有关机关可以采取的管控处置措施具有很大的自由裁量权。自由裁量权越大，就越有可能造成公民、组织权益损害，就越有必要在立法中确立合理性限制。总的来说，有关机关行使危机管控措施时，应当遵循以下要求：①管控措施应当与国家安全危机可能造成的危害的性质、程度和范围相适应。这就要求采取管控措施的机关，应当在确保危机能够被管控的前提下，对所面临的国家安全危机加强情报收集和研判，分析其可能造成的危害，以及这种危害的性质、程度和范围。根据分析研判结果，采取相应的管控措施。而不能一律采取最严厉的、对公民和组织权益损害较大的措施。②在多种管控措施可供选择，并具有相同效果的情况下，危机管控部门应当选择最大程度有利于保护公民、组织权益的措施。[1]

---

[1] 郑淑娜主编：《中华人民共和国国家安全法解读》，中国法制出版社 2016 年版，第 300 页。

六、国家安全危机信息报告和发布机制

及时的信息报告,是有效处置国家安全危机事件的前提和基础。建立高效的国家安全危机事件发布机制,确保统一及时准确地发布有关信息,增加工作的透明度,对于妥善有效处置国家安全危机事件,保护人民生命、财产安全,维护国家安全,具有重要意义。《国家安全法》第67条规定:"国家健全国家安全危机的信息报告和发布机制。国家安全危机事件发生后,履行国家安全危机管控职责的有关机关,应当按照规定准确、及时报告,并依法将有关国家安全危机事件发生、发展、管控处置及善后情况统一向社会发布。"

1. 国家安全危机事件发生后,报告的义务主体是履行国家安全危机管控职责的有关机关,对报告的要求是"准确、及时"。

2. 国家安全危机事件的信息发布,是管控处置国家安全危机事件的一项重要工作。统一、准确、及时发布有关信息,有利于公众全面、准确了解国家安全危机事件情况,协助做好管控处置工作。有关机关应当尊重公众的知情权,按照规定统一、准确、及时发布相关信息,让公众远离谣言,克服恐慌,减少不安定因素,形成有关机关和公众的良性互动。[1]

履行国家安全危机管控职责的有关机关负有发布信息的职责,发布的内容包括"发生、发展、管控处置及善后情况"。履行国家安全危机管控职责的有关机关,发布信息的内容应当全面,为保证信息发布的及时性、准确性,一些尚未调查研究清楚全面情况、较为复杂的国家安全危机事件,可以先发布部分信息,不必一次性将国家危机事件的发生、发展、管控处置及善后情况全面发布。

七、及时解除管控处置措施的制度

《国家安全法》第68条规定:"国家安全威胁和危害得到控制或者消除后,应当及时解除管控处置措施,做好善后工作。"

无论是特别措施,还是一般的管控处置,都会对公民、组织的生活、生产产生影响,影响到公民、组织的权益。管控处置措施随着危及国家安全的重大事件或者特别重大事件的发生而实施,也应当随着威胁和危害得到控制和消除而停止。一旦国家安全威胁和危害得到控制或者消除后,应当及时解除管控处置措施,使非常状态转为平常状态。

危及国家安全的重大事件或者特别重大事件具有很强的破坏性,往往对正

---

[1] 郑淑娜主编:《中华人民共和国国家安全法解读》,中国法制出版社2016年版,第315页。

常的社会秩序、人民生活造成极大的干扰和破坏。当国家安全威胁和危害得到控制或者消除后,应当采取措施恢复与重建正常的生产、生活、工作和社会秩序。[1]例如,《突发事件应对法》第58条规定:"突发事件的威胁和危害得到控制或者消除后,履行统一领导职责或者组织处置突发事件的人民政府应当停止执行依照本法规定采取的应急处置措施,同时采取或者继续实施必要措施,防止发生自然灾害、事故灾难、公共卫生事件的次生、衍生事件或者重新引发社会安全事件。"第59条规定:"突发事件应急处置工作结束后,履行统一领导职责的人民政府应当立即组织对突发事件造成的损失进行评估,组织受影响地区尽快恢复生产、生活、工作和社会秩序,制定恢复重建计划,并向上一级人民政府报告。受突发事件影响地区的人民政府应当及时组织和协调公安、交通、铁路、民航、邮电、建设等有关部门恢复社会治安秩序,尽快修复被损坏的交通、通信、供水、排水、供电、供气、供热等公共设施。"

---

[1] 郑淑娜主编:《中华人民共和国国家安全法解读》,中国法制出版社2016年版,第341页。

第十三章 国家安全保障

第一节 总体保障

一、总体保障的含义

《国家安全法》第69条规定:"国家健全国家安全保障体系,增强维护国家安全的能力。"

区别于《国家安全法》第70条~第76条所规定的法制保障、经费保障、物资保障、科技保障、人才保障、专门工作手段保障和宣传教育保障等具体保障措施,第69条是对所有保障措施作出的总体性规定,具有整体性、宏观性和全面性的特征,故而被称作总体性保障措施。根据该规定,国家安全保障措施的目的在于增强维护国家安全的能力,手段是健全国家安全保障体系。国家安全保障体系是各类国家安全保障措施相互促进、相互支持的有机结合体。

二、总体保障的特征

1. 国家安全事务的绝对重要性要求建立国家安全保障措施体系。当前,在传统安全与非传统安全交织的背景下,经济高速发展与各种社会矛盾耦合在一起,国际安全问题层出不穷、错综复杂,对我国提出了一系列重大挑战。依法维护国家安全,确保国家及人民免于危险或威胁,是依法治国的核心要求,也是实现中华民族伟大复兴的必然战略抉择。[1]国家安全涉及国家政权、主权、领土完整和人民福祉、经济社会可持续发展等重大国家利益,是一国法治建设的重中之重。习近平同志强调:"我们要坚持走和平发展道路,但决不能放弃我

---

[1] 康均心、虞文梁:"后《国家安全法》时代的国家安全法律体系建设",载《郑州大学学报(哲学社会科学版)》2016年第3期。

们的正当权益,决不能牺牲国家核心利益。任何外国不要指望我们会拿自己的核心利益做交易,不要指望我们会吞下损害我国主权、安全、发展利益的苦果。"[1]保障国家安全是国家的根本大计。国家安全事务的绝对重要价值要求《国家安全法》设立保障措施以有效维护国家安全。

2. 国家安全法治要求《国家安全法》设专章规范保障措施。长期以来,我国已经建立了不少国家安全保障措施。例如,《国防教育法》规定了国防教育保障,《国防动员法》规定了战略物资储备与调用,《突发事件应对法》规定了应急物资储备和使用,《科学技术进步法》和《专利法》规定了加大科技对国家安全事业的支持,等等。[2]但是,上述规范设置过于零散,且缺乏总体规划和通盘考虑,有的条文缺乏可操作性,有的法律之间不乏抵牾之处,不利于建立一个科学、合理、完备、全面的国家安全保障体系。依法维护国家安全是全面依法治国的题中之义。《国家安全法》全方位、立体式地构建了国家安全的法治保障,体现了加快国家安全法治建设的要求,重点解决了国家安全各领域带有普遍性的、亟待立法填补空白的问题,同时为今后制定相关配套法律法规预留了空间,统领国家安全各领域的立法工作,为制定其他有关维护国家安全的法律法规提供基础支撑。[3]因此,在现行《国家安全法》中应当设立专章集中规范国家安全保障措施。

3. 国家设置保障措施的目标是增强维护国家安全的能力,方法是健全国家安全保障体系。传统观念认为,国家安全的含义只单纯与军事相关,国家安全的内容包括领陆、内水、领海、领空等国家疆土不受侵犯和国家军事实力强大等。现代观念则认为,国家安全的含义已经越来越超越单纯与军事相关的限制。特别是,"相较于以国家为中心、主要协调国与国之间关系的传统安全(Traditional Security)而言,以恐怖主义为中心的非传统安全(Non-traditional Security)正演变成一个全球性问题。非传统安全是一种除政治、军事、外交等传统安全以外的新型安全,其涵盖性往往超过一个国家的能力范围,强调的是以人类发展为中心,解决的是人与发展的问题"。[4]为了能够增强维护国家安全的能力,就必须建立一个完备、全面、综合、协调的国家安全保障体系。

---

[1] 凌陈、段欣毅:"更好统筹国内国际两个大局夯实走和平发展道路的基础",载人民网:http://politics.people.com.cn/n/2013/0130/c1001-20367778.html,2019年8月15日访问。
[2] 乔晓阳主编:《中华人民共和国国家安全法释义》,法律出版社2016年版,第303页。
[3] 贾宇:"以总体国家安全观为指引、以法治为保障的中国《国家安全法》",载《法制与社会发展》2017年第3期。
[4] 康均心:"全球反恐背景下国家安全法治体系构建",载《山东大学学报(哲学社会科学版)》2017年第2期。

第二节 法制保障

一、国家安全法制保障的意义

《国家安全法》第70条规定:"国家健全国家安全法律制度体系,推动国家安全法治建设。"

通过制定专门的国家安全法,以法律的形式确立维护国家安全的基本制度,明确维护国家安全的各项任务,构建国家安全保障体系,是世界各国的通行做法。建设社会主义法治国家,离不开国家安全法治建设。国家安全法治是法治中国的重要组成部分。国家安全法治也必须遵循法治的普遍规律和规范,不能出现法外之治的特殊。[1]《国家安全法》的颁布实施最重要的意义即是进一步推进了国家安全法治建设。

二、国家安全法制保障的措施

(一)我国的国家安全法制体系

我国国家安全立法数量较多,据统计,涉及国家安全的法律法规达到100多部,其中有数十部主要规范国家安全问题;内容广泛,覆盖政治安全、国土安全、军事安全、经济安全、文化安全、社会安全、科技安全、网络信息安全、生态安全、能源资源安全、核安全等领域;形式多样,既有宪法、法律,也有行政法规、地方性法规、地方政府规章和部门规章,已初步搭建起我国国家安全法律制度框架。具体而言,我国国家安全立法主要包括以下三类:

1. 宪法。宪法是我国的根本大法,是《国家安全法》的立法依据和授权来源。《宪法》第28条规定,"国家维护社会秩序,镇压叛国和其他危害国家安全的犯罪活动"。具体到保障国家安全的规定,既有政治安全的,也有经济安全、军事安全的,还包括公民组织的具体义务等。例如,《宪法》规定,禁止任何组织或者个人破坏社会主义制度;禁止对任何民族的歧视和压迫;禁止破坏民族团结和制造民族分裂的行为;等等。

2. 专门立法。国家安全专门立法,主要包括:《反间谍法》,主要规定国家安全机关反间谍侦查工作;《反恐怖主义法》,主要规定防范和惩治恐怖活动,

---

[1] 刘跃进:"新国家安全法传递的三个新信号",载《紫光阁》2015年第8期。

加强反恐怖主义工作;《保守国家秘密法》及其实施条例,规范保密工作。维护国家统一和领土完整的立法,如《反分裂国家法》《领海及毗连区法》《专属经济区和大陆架法》。维护国家政治秩序和社会秩序的立法,如《集会游行示威法》及其实施条例、《戒严法》。维护国防和军事安全的立法,如《国防法》《人民防空法》《国防动员法》《军事设施保护法》及其实施办法。

3. 相关法律中涉及维护国家安全的部分条款和内容。相关法律中涉及维护国家安全的部分条款和内容主要包括大量涉及政治、经济、社会、文化、生态等领域安全的法律规定。如《刑法》设单章规定危害国家安全罪和危害国防利益罪,《刑事诉讼法》用9个条款规定办理危害国家安全犯罪的特别诉讼程序。《突发事件应对法》《全国人民代表大会常务委员会关于维护互联网安全的决定》《全国人民代表大会常务委员会关于加强网络信息保护的决定》《全国人民代表大会常务委员会关于取缔邪教组织、防范和惩治邪教活动的决定》,均将维护国家安全作为立法目的。《对外贸易法》第16条规定,为维护国家安全,国家可以限制或者禁止有关货物、技术的进口或者出口;《反垄断法》第31条规定,"对外资并购境内企业或者以其他方式参与经营者集中,涉及国家安全的,除依照本法规定进行经营者集中审查外,还应当按照国家有关规定进行国家安全审查";《邮政法》第3条规定,"除因国家安全或者追查刑事犯罪的需要,由公安机关、国家安全机关或者检察机关依照法律规定的程序对通信进行检查外,任何组织或者个人不得以任何理由侵犯公民的通信自由和通信秘密";等等。[1]

(二)我国国家安全法制体系的完善

1. 在立法领域,应当抓紧制定配套法律法规,形成覆盖全面、运行良好的国家安全法律体系。"建立和完善国家安全法律制度体系,依法维护国家安全,是一项管长远、管根本的基础性工作。中国特色国家安全法律制度体系是中国特色社会主义法治体系的重要组成部分。国家安全法规定的一些基本制度要靠若干法律和有关配套规定来落实。"[2]当前,网络安全、能源安全、金融安全等问题是国家安全面临的紧迫问题,也是国家安全立法要优先解决的问题。要加快制定网络安全、生物生态安全、核安全和战略资源储备、紧急状态等方面的法律,加强陆地国土安全、海洋安全、科技安全、公共决策的风险评估等方面的立法工作,修改完善各领域法律法规。

---

[1] 乔晓阳主编:《中华人民共和国国家安全法释义》,法律出版社2016年版,第305~307页。
[2] 李建国:"全面实施国家安全法 共同维护国家安全——在贯彻实施国家安全法座谈会上的讲话",载《中国人大》2016年第8期。

2. 在执法领域，所有机构、组织都必须认真实施法律，切实履行法定的职责和义务，依法维护国家安全。对于违反国家安全法的行为，必须严肃追究、严厉惩治。要加大对国家安全各项建设的投入，在国家安全战略物资储备等方面，采取必要措施，提供强有力的保障。

3. 在守法领域，要通过多种形式开展国家安全宣传教育活动，培育全体公民的国家安全意识。与经济快速发展形成对比，我国公民的国家安全意识相对滞后。长期的和平环境使一些人产生了麻痹思想，忧患意识淡化。为此，必须通过国家安全观教育、爱国主义教育、主权意识教育、公民国家责任教育、法律意识教育等方式，牢固树立起国家利益和国家安全高于一切的中华民族集体认同，将国家安全教育纳入国民教育体系和公务员教育培训体系，扩大国家安全意识教育的社会覆盖面，增强全民国家安全意识，动员全社会的力量，共同维护国家安全。

第三节 经费保障

一、国家安全经费保障的意义

《国家安全法》第71条规定："国家加大对国家安全各项建设的投入，保障国家安全工作所需经费和装备。"

国家安全的范畴非常广阔，具体包括政治安全、国土安全、军事安全、经济安全、文化安全、社会安全、科技安全、网络信息安全、生态安全、能源资源安全、核安全等。国家安全的各项建设具体分为物质建设、人才建设与制度建设。物质建设包括有关维护国家安全的各种设备、器械、装置、基础设施等；人才建设包括从事国家安全工作的专业人才的培训、锻炼和储备；制度建设包括国家安全制度、体制、机制的建设与运作。做好这些工作都必须有适当的经费作为保障，否则，都将难以为继。

二、国家安全经费保障的措施

为了维护国家安全，为国家安全各项工作提供基本保障，国家应当保障国家安全工作所需的经费和装备。经费和装备是保障国家安全工作的物质基础，在各项保障措施中处于重要的基础性地位。

（一）国家安全经费保障的投入范围

国家安全工作是需要投入的，通常包括人、财、物的投入。《国家安全法》第

71条所指的国家安全建设既包括设备、器械、基础设施等硬件方面的建设，也包括人才培养、科技研发等软件方面的建设，还包括国家安全制度、体制、机制建设。国家要加大这方面投入，确保国家安全各项工作的经费，建立起坚强的维护国家安全体系。

（二）国家安全经费保障的经费来源

国家安全工作所需经费来自中央和地方财政。中央和地方各级人民政府要加大对国家安全工作的投入，确保维护国家安全各项工作所需的必要经费。从长远讲，国家对国家安全工作的投入应与国民经济增长的水平相适应。

（三）国家安全经费的筹措和使用原则

1. 中央和地方共同出资原则。维护国家安全是一种国家行为，中央是国家安全工作经费来源的主体；按照守土有责原则，地方也应承担与其责任相适应的经费，分别列入中央和地方财政预算。

2. 高效使用和节约原则。要重视国家安全工作的投入产出，高效合理使用，绝不能以国家安全为借口盲目投入，要杜绝浪费。

3. 突出重点原则。特别是从中央层面讲，应把维护国家安全的经费主要投向重点地区和重点领域，抓住国家安全工作的主要矛盾，把国家安全工作经费用在刀刃上。

以反恐怖主义工作为例，反恐怖主义的任务越是艰巨，反恐怖主义的经费和装备保障就越为重要。例如，美国作为目前全球主要的反恐大国之一，其每年投入的反恐经费逾千亿美元。根据美国布朗大学沃森国际研究所发布的研究报告显示，仅2001年~2011年的10年间，美国在伊拉克、阿富汗和巴基斯坦的反恐战争开支就为2.7万亿美元，至2020年预期反恐经费开支可能达到3.7万亿~4.4万亿美元。从美国反恐经费支出范围来看，其具有开支项目多、涉及范围广的特点。首先，美国的反恐经费覆盖了几乎所有的武装力量与相关国防部门，既有现役陆、海、空三军，还包括预备役部队和美国国民警卫队。其次，美国反恐经费不仅包括了参战人员的基本工资和各种津贴补贴，而且在补偿范围上还涉及对参战人员的家属和子女进行补助，即使是一般的义务兵其子女也享受生活补贴。最后，美国重视对科研的投入，注重情报与特种作战支出。美国全球反恐经费中的科研经费在投向上不仅关注常规力量，还在战略力量上有一定的投入，尤其划拨专项科研经费用于情报和通信支出，以及特种作战部队开支使用。综上，经费和装备保障在现代国家维护国家安全利益中具有举足轻重的地位。

第四节 物资保障

一、国家安全物资保障的意义

《国家安全法》第 72 条规定:"承担国家安全战略物资储备任务的单位,应当按照国家有关规定和标准对国家安全物资进行收储、保管和维护,定期调整更换,保证储备物资的使用效能和安全。"

战略物资概念始于 20 世纪 30 年代。第二次世界大战爆发前,许多国家尤其是西方国家根据第一次世界大战的教训,从扩军备战的需要出发,积极储备或控制铝、铬、石油等重要物资,从而逐步形成了战略物资的概念。最初,战略物资专指用于制造武器装备和军用物资的原材料,随着科学技术的进步和经济的发展,人们确定战略物资的着眼点已不局限于军事方面,而是基于国民经济的总体需要。因而,战略物资的种类不断增加,范围不断扩大。

国家战略物资储备是为了更好地调控社会经济发展,应对可能出现的战争、严重自然灾害、经济失调或由于国际市场的大波动对国内经济引起冲击等紧急情况和其他意外不测事件,国家有目的、有计划积累的,直接掌握的物资后备力量。国家战略物资储备对国家的社会经济发展和综合安全有着重要的保险功能、调控功能和稳定功能。世界各大国历来都设有物资储备,必要的物资储备是国家稳定发展的重要保证。国家战略物资储备制度是指,依照一定法律规定和授权,由国家政府统一实施的战略物资储备及其管理制度。国家战略物资储备制度的执行主体主要是国家政府,对象物可以是战略性物资,也可以是战略性资源,实施前提是明确的法律依据和授权。[1]

近年来,随着自然灾害频发和世界经济环境的日趋复杂,世界各国在除粮食储备、军用物资储备、石油储备外,还进行有目的、有计划的其他各种生产原材料、燃料及机械设备等战略物资后备力量的积累,以应对可能出现的局部战争、严重的自然灾害、大规模经济失调或者是由于国际生产原材料市场大波动或区域经济封锁引起的冲击等紧急情况和意外事件。无疑,国家战略物资储备已经成为一个国家经济和国防发展的主要组成部分,成为国家综合实力的重要体现和核心竞争力的重要标志。国家战略物资储备具有以下特征:

1. 保险性和预期性。保险性是指储备作为一种避险工具,主要是为了应对

---

[1] 王忠文:"试析国家战略储备制度",载《消费导刊》2008 年第 18 期。

未来可能遇到的风险以及避免由此造成的损失。储备作为应对风险的工具或手段，具有明显的保险特征，体现有备无患思想，是针对未来可能出现的供应短缺等风险而提前进行的预防性安排，目的是消除或减缓资源供应不足风险，或者说通过投放储备以增加供给，弥补因进口减少导致的社会总成本增加。与这种保险性相似或相近的特征是储蓄，这一点在各国战略物资储备的长期实践中表现得尤为突出，即储备是为了弥补计划缺口等未来必然发生的需求。从这一角度出发，习惯上把储备看成是后备力量，即一种储蓄行为。虽然储蓄也可以用来应对各种不测事件，但主要还是用来满足预计的需求。由于储备的目的主要是满足预期需求和应对意外损失，因此，储备兼具储蓄和保险性质。

2. 公益性和垄断性。公益性是指储备作为公共物品的外部性特征。我们可以把可供人类使用的物品根据提供的方式区分为私人物品和公共物品两大类。私人物品是指通过交易过程可以获得其所有权的物品，具有竞争性和排他性特征。而公共物品是指那些外部性较强，存在着普遍的"搭便车"现象，具有非排他性和非竞争的物品（包括服务），如路灯之类的公共设施、国防安全设施等。由于公共物品具有强大的外部性，其分配过程具有垄断性，且又存在信息不对称性，因此，这类物品不应由市场而应由政府来提供。储备作为垄断性的公共物品，首先，体现在其机密性上，各国都对储备的关键内容严格保密，尤其是对大宗生产材料、能源资源、稀有金属等的关键资料严格保密。其次，国家战略物资储备的供和求显然不受供求规律的制约，不是由市场配置决定的。这是因为储备的需求取决于国家战略决策，和储备物资本身的使用效用并无必然和直接的联系。最后，国家战略物资储备是政府为保障国家发展与稳定提供的基础性服务，作为个人无法拒绝这项服务，政府在提供服务时也无法排除个人或个别组织，这是一种社会性的完全公共品。也就是说，国家战略物资储备不仅具有公共物品的公益性，更具有政府垄断性。

3. 战略性和机动性。战略性是指国家战略物资储备的需求设定需要政府从国家的长远发展角度进行，综合评估战争、经济危机、自然灾害或突发性重大事件带来的风险，从国计民生的层面来整体把握。由于国家战略物资储备具有其他宏观经济调控手段所不能替代的战略作用，因此，国家战略物资储备计划，通常与国家中长期计划同时制定，作为国家发展规划的一部分，满足一定时期内国家发展的战略保障需要。国家战略物资储备的战略性决定了纳入国家战略物资储备体系的物资品类、数量和规模必须与国民经济和国防安全的发展相适应。国家战略物资储备在采购、转运、储存和使用过程中，不必经过社会的分配过程和市场的配置过程，完全依靠国家政策和国家物资储备部门的调度，甚至也可以不需要交易过程，这便大大增加了其机动性，在国家需要时可以直接进入市场参与宏观调控或直接投放到所需主体进行运作。例如，2008年汶川大地震发生的第二天，国家物资储备局在获得指令后，紧急在四川、甘肃等省出库国家储备成品油、航空煤油，用来支援救灾工作，同时，还启用湖北、吉林、四川、云南、甘肃等城市中心储备仓库的库房、场地、铁路专线、起重设备、人员等现有资源条件对抗震救灾物资进行接收、储存、转运，支持抗震救灾工作。国家战略物资储备的这种高效的机动性，包括快速的响应能力和不计成本的执行能力，是任何其他社会产品和资源所不具备的。[1]

国家战略物资储备的基本使命是维护国家安全尤其是国家经济安全，确保在特殊时期国家经济运转良好。战略物资储备对于一个国家的军事安全、经济安全和社会安全都具有十分重要的意义。首先，从军事安全的角度看，国家战略物资储备是有效应对现代化军事战略的重要物质基础。现代化军事战争不仅是科技的较量，还需要雄厚的能源等战略物资。其次，从经济安全的角度看，国家战略物资储备是有效化解全球性经济波动造成的负面影响、保持国内经济平稳健康发展的重要手段。在当前世界经济一体化背景下，一国经济很容易受到世界经济波动的影响，为了有效防范和应对经济风险，必须加强国家战略物资储备。最后，从社会安全的角度看，国家战略物资储备是预防自然灾害、维护社会稳定的重要手段。自然灾害具有突发性、不可预测性、大范围破坏性等特征，尤其是重大自然灾害对社会安全的影响巨大，一旦发生自然灾害，而相应的战略物资储备不足，就会引起严重的社会动荡。[2]

国家安全战略物资储备的原则包括：①服从国家安全需要，同时兼顾经济效益，不应造成浪费。②尽量做到足量够用，但也要符合国情和发展阶段，不要盲目追求数量。③既要确保种类安全，但同时又要突出重点。④要布局合理，确保调用物资能快速抵达使用现场。战略物资储备的布局要做到既安全，又方便使用，一般应选择在不易受战争破坏和有完善交通设施的地区。可采用国家储备、军队储备、企业储备等多种方式进行存储。[3]

二、国家安全物资保障的措施

承担国家安全战略物资储备任务的单位，是根据相关法律法规规定，具备国家规定的资格条件，并经国务院有关主管部门审核批准，实际承担战略物资储备任务的企业事业单位。

---

[1] 于梦曦："国家战略物资储备体系研究"，吉林大学2015年硕士学位论文。
[2] 肖京："国家安全视角下的战略物资储备立法完善"，载《中州学刊》2016年第11期。
[3] 乔晓阳主编：《中华人民共和国国家安全法释义》，法律出版社2016年版，第311页。

在我国，既有国有企业、事业单位，也有其他各类所有制单位。目前，我国有15类储备物资，分别由不同部门、机构管理。具体包括：①由国家物资储备局管理的储备物资，主要是有色金属、化工原材料、林产品等。②中储粮总公司管理的中央储备粮。③中储棉总公司管理的中央储备棉。④中国农资集团管理的化肥储备。⑤华商储备中心管理的食糖储备。⑥中国盐业总公司管理的食盐。⑦供销社管理的边销茶。⑧供销社管理的羊毛。⑨华商储备中心管理的猪肉。⑩国家医药管理局管理的医药。⑪民政部管理的救灾物资。⑫国家防汛抗旱指挥部办公室管理的防汛物资。⑬国家烟草总公司管理的烟叶。⑭国家茧丝绸协调办公室管理的蚕丝。⑮国家发展改革委管理的国家石油储备。[1]

承担国家安全战略物资储备任务的单位应当坚持以下原则：①坚持物资储备决策权高度集中原则。国家储备的物资是中央政府的储备，为保证物资储备在关键时刻能够用得上、调得出，必须坚持国家物资储备的收储、轮换、动用的决策权集中统一。②坚持储备功能与经营功能分开原则。国家储备行政管理部门要切实担负起规划和监管的职责，不再直接从事储备物资的市场运作。储备单位储存国家储备物资，要实行政策性储备与正常业务严格区分，单独存放、单独建账、单独核算。③坚持政策制定和服务提供分开的原则。国家物资储备行政管理部门作为储备规划的政策制定者，基层储备单位和其他性质的仓储企业都可以作为物资储备的具体服务提供者。④精简、统一、效能的原则。要在满足储备工作需要的前提下，合理设置管理结构，撤并承担国家物资储备任务的基层单位，压缩精简工作人员，减少冗员，降低成本，提高效率。⑤积极稳妥、分步实施的原则。正确处理安全、稳定、改革和发展的关系，注意总结经验，稳步推进。要一次规划，突出重点，有计划、分步骤地组织实施。[2]

第五节 科技保障

一、国家安全科技保障的意义

《国家安全法》第73条规定："鼓励国家安全领域科技创新，发挥科技在维护国家安全中的作用。"

科技决定国力，科技改变国运。当今世界是一个瞬息万变的世界，也是一

---

〔1〕 芮执多："关于国家战略物资储备体制改革的一些思考"，载《中国储运》2007年第9期。
〔2〕 芮执多："关于国家战略物资储备体制改革的一些思考"，载《中国储运》2007年第9期。

个唯科技马首是瞻的世界，科技是强国的支撑。2013年7月17日，习近平同志在中国科学院考察工作时指出："西方国家之所以能称雄世界，一个重要原因就是掌握了高端科技。真正的核心技术是买不来的。正所谓'国之利器，不可以示人'。"党的十八大报告指出："科技创新是提高社会生产力和综合国力的战略支撑，必须摆在国家发展全局的核心位置。"只有拥有强大的科技创新能力，才能提高我国国际竞争力。党的十九大特别强调："创新是引领发展的第一动力，是建设现代化经济体系的战略支撑。要瞄准世界科技前沿，强化基础研究，实现前瞻性基础研究、引领性原创成果重大突破。加强应用基础研究，拓展实施国家重大科技项目，突出关键共性技术、前沿引领技术、现代工程技术、颠覆性技术创新，为建设科技强国、质量强国、航天强国、网络强国、交通强国、数字中国、智慧社会提供有力支撑。加强国家创新体系建设，强化战略科技力量。"

二、国家安全科技保障的措施

科技创新不仅是提高社会生产力和综合国力的战略支撑，也是保障国家安全的关键。今天的国家安全内涵已然发生了重大改变，领空、海洋、网络等新领域，如果没有高科技支撑，根本无安全可言。习近平同志强调："科技创新作为提高社会生产力、提升国际竞争力、增强综合国力、保障国家安全的战略支撑，必须摆在国家发展全局的核心位置。"[1]例如，在反恐怖活动与反恐怖工作中，特别强调科学技术的运用与保障。

无论是对恐怖分子和恐怖主义组织的直接打击，对恐怖主义犯罪案件的调查、侦查和取证，对在逃的恐怖分子和隐匿的恐怖主义组织的追捕，还是对恐怖主义犯罪实施的综合预防、全面遏制，高新科学技术的"身影"无处不在，在反恐中是否能够运用高新科学技术已经成为反恐任务能否顺利完成的关键。美国曾制定专门的反恐怖研究与发展计划，斥巨资开发先进的反恐怖技术与设备。例如，可早期探明爆炸物藏匿地点的技术和手段、抵御恐怖分子杀伤性武器袭击的措施、更为先进的监视技术以及基础设施安全防卫技术。

恐怖分子的活动一般具有高度隐匿性，恐怖袭击的发生往往具有突然性，因此，对恐怖分子相关的情报搜集工作与信息分析、研判工作显得格外重要。这是"御敌于千里之外"，将恐怖主义扼杀在"犯罪的摇篮之中"的决定性因素。而在情报搜集工作中，高新科学技术手段的运用能够让情报人员"如虎添

---

[1] 宋晨、姜萍萍："维护重点领域国家安全"，载中国共产党新闻网：http://theory.people.com.cn/n1/2018/0815/c419481-30229193-7.html，2019年8月10日访问。

翼"。在恐怖主义的综合预防过程中，高新技术亦占据重要地位。例如，运用远距离视频监控技术可以强化对公共场所的安全保护。与传统的监控手段相比，远距离视频监控技术可以在更大的场合、全天候地实施监控，能够有效降低人力成本，为刑事侦查提供证据。世界各国都在大力发展该技术，特别是2000年之后针对公共安全的恐怖袭击日趋增多，美国、西班牙、英国、俄罗斯等国家的城市加快了对社会公共场所以及其他可能遭受恐怖袭击的重点区域的视频监控系统建设。

在反化学恐怖主义袭击中，科学技术也发挥着不可替代的作用。我国在化学恐怖预测、防止和监控过程中，经常采用的技术手段有：①传感器技术，如气体传感器、离子传感器、压电式传感器、光学传感系统等；②机器人技术；③仪器分析技术，包括毒物色谱分析技术、波谱分析技术、电化学分析技术；④化学毒物直观识别技术，如物理识别技术、化学识别技术、生物识别技术、生化识别技术；⑤化学报警器。基于反恐怖工作中科学技术的重要性，《反恐怖主义法》第77条特别规定："国家鼓励、支持反恐怖主义科学研究和技术创新，开发和推广使用先进的反恐怖主义技术、设备。"

第六节 人才保障

一、国家安全人才保障的意义

《国家安全法》第74条规定："国家采取必要措施，招录、培养和管理国家安全工作专门人才和特殊人才。根据维护国家安全工作的需要，国家依法保护有关机关专门从事国家安全工作人员的身份和合法权益，加大人身保护和安置保障力度。"

考虑到维护国家安全有关工作的复杂性和特殊性，多数国家均在法律中对国家安全专门人才、特殊人才的保障作出了规定。

二、国家安全人才保障的措施

维护国家安全人才保障，具体包括两个方面的内容：一是针对满足国家安全工作需要的专门人才和特殊人才的人员保障措施；二是针对有关机关专门从事国家安全工作人员的保护措施。

（一）人员保障措施

根据《国家安全法》第74条第1款的规定，为了保障国家安全工作的特殊需要，国家采取必要措施，选择专门途径，招录、培养和管理从事国家安全工作的专门人才和特殊人才。

所谓专门人才，是指为了开展国家安全工作的需要，招录、培养、选拔、任用的具有开展有关专门工作职业素养的人才力量。所谓特殊人才，是指国家安全工作中，具备特殊能力、才能的人才力量。培养，是指根据国家安全工作的需要，对国家安全工作人员进行培训、教育，使其具备从事相关专门、特殊工作的有关技能和素养。招录，是指针对专门人才和特殊人才设置的招考、录用和遴选机制。管理，是指根据国家安全工作需要和专门人才、特殊人才的特点，对专门人才、特殊人才的任用、考核、晋升、退出、职级待遇、补贴优待等方面的综合管理措施。

（二）人员保护措施

根据《国家安全法》第74条第2款的规定，国家应当根据维护国家安全工作的需要，通过人身保护措施与安置保障措施，依法保护有关机关专门从事国家安全工作人员的身份和合法权益。

基于维护国家安全工作的长期性、持续性、复杂性和危险性，许多国家和地区均以法律形式规定了对执行国家安全任务、从事维护国家安全工作的专门人员和相关人员的人身保护措施，保障这些人员的人身安全。例如，美国《1947年国家安全法》规定："任何受权或曾经受权接触识别某一秘密情报员的秘密情报的人，故意地将这些秘密情报泄露给无权得知的任何人，明知这些秘密情报足以识别某一情报员的身份，并且美国政府正在采取积极措施隐蔽该情报员同美国的情报关系，将被处以5万元以下罚金或10年以下监禁，或者两罚并处。"该条款是为了保护情报官员、间谍、涉密人员身份的规定。土耳其《1991年打击恐怖主义法》对执行反恐怖活动的专门人员及相关人员的保护措施作了规范。该法第20条规定："①国家应对以下对象采取必要的保护措施：从事反恐斗争和反无政府斗争的官员和履行此职责的司法官员、情报官员、行政官员和军官，警长和警官，监狱和拘留中心的负责人，检察官，羁押恐怖分子的监狱和拘留中心的官员，国家安全法庭的法官、检察官和其他履行职责的工作人员，可能和已经成为恐怖组织袭击目标的人员，帮助揭露犯罪的证人和线人。②保护措施应包括整容手术以改变人的相貌，改变登记记录、驾驶执照、婚姻证书、学位和其他文书、军事服役期、动产和不动产权利，以及社会安全和其他权利的保护。③在执行上述措施期间，内务部和其他相关部门有义务对此保密。④上述保护措施的实施细则由总理办公室制定。⑤前述人员即使不在履行职责期间，亦有权使用武器保护自身、配偶和子女免受恐怖分子侵害。"俄罗斯在《2006年反恐法》第20条"享受法律和社会保护的反恐怖工作人员"

中对受保护的人员范围作了细致规定，主要包括三类："①直接参与反恐怖工作的联邦行政机关军人、工作人员和专家；②向负责发现、预防、制止、侦查和破获恐怖主义活动及最大限度地减轻其后果的国家行政人员给予经常或临时性协助的人员；③由于上述人员参与反恐怖工作而产生保护必要性的其家庭成员。"

在我国，有关国家安全工作人员保护措施的法律规范主要包括两类：第一类是针对有关机关专门从事国家安全工作的人员的保护措施。例如，《反间谍法》第18条规定："国家安全机关工作人员依法执行职务受法律保护。"《国防法》第59条规定："军人应当受到全社会的尊重。国家采取有效措施保护现役军人的荣誉、人格尊严，对现役军人的婚姻实行特别保护。现役军人依法履行职责的行为受法律保护。"第二类是针对与维护国家安全工作有关的其他人员的保护措施。例如，《反恐怖主义法》第76条规定："因报告和制止恐怖活动，在恐怖活动犯罪案件中作证，或者从事反恐怖主义工作，本人或者其近亲属的人身安全面临危险的，经本人或者其近亲属提出申请，公安机关、有关部门应当采取下列一项或者多项保护措施：①不公开真实姓名、住址和工作单位等个人信息；②禁止特定的人接触被保护人员；③对人身和住宅采取专门性保护措施；④变更被保护人员的姓名，重新安排住所和工作单位；⑤其他必要的保护措施。公安机关、有关部门应当依照前款规定，采取不公开被保护单位的真实名称、地址，禁止特定的人接近被保护单位，对被保护单位办公、经营场所采取专门性保护措施，以及其他必要的保护的措施。"《刑事诉讼法》第64条规定："对于危害国家安全犯罪、恐怖活动犯罪、黑社会性质的组织犯罪、毒品犯罪等案件，证人、鉴定人、被害人因在诉讼中作证，本人或者其近亲属的人身安全面临危险的，人民法院、人民检察院和公安机关应当采取以下一项或者多项保护措施：①不公开真实姓名、住址和工作单位等个人信息；②采取不暴露外貌、真实声音等出庭作证措施；③禁止特定的人员接触证人、鉴定人、被害人及其近亲属；④对人身和住宅采取专门性保护措施；⑤其他必要的保护措施。证人、鉴定人、被害人认为因在诉讼中作证，本人或者其近亲属的人身安全面临危险的，可以向人民法院、人民检察院、公安机关请求予以保护。人民法院、人民检察院、公安机关依法采取保护措施，有关单位和个人应当配合。"

根据《国家安全法》的规定，对国家安全工作人员的保护措施包括人身保护措施和安置措施，前者是指针对国家安全工作人员的人身进行专门性保护的措施，避免受到犯罪分子的打击报复；后者包括不公开其真实姓名、住址和工作单位等个人信息，禁止特定人员接触被保护者，变更被保护人员的姓名，重新安排住所和工作单位以及其他必要的保护措施。

第七节 专门工作手段保障

一、国家安全专门工作手段保障的意义

《国家安全法》第75条规定:"国家安全机关、公安机关、有关军事机关开展国家安全专门工作,可以依法采取必要手段和方式,有关部门和地方应当在职责范围内提供支持和配合。"

国家安全直接关系到国家的政权、主权、统一和领土完整等核心利益,国家安全工作具有激烈的对抗性和很强的专业性、艰巨性,工作难度大、风险高、周期长、不确定性强。通过专门的机构、专门的人员,运用专门的方法和手段,开展维护国家安全的专门工作,并在法律中对国家安全专门工作可以采用的特殊手段作出专门的授权性规定,保障和规范专门工作职权的行使,是各国通行的做法。

二、国家安全专门工作手段保障的措施

1. 开展国家安全专门工作、维护国家安全的专门机关仅限于国家安全机关、公安机关与有关军事机关。这些机构在行使维护国家安全的职权过程中,要维护法律权威,严格依法办事,坚持有法必依、执法必严、违法必究。国家机关及其工作人员在国家安全工作和涉及国家安全活动中,不得滥用职权、玩忽职守、徇私舞弊,否则应当根据法律追究法律责任。

2. 国家安全机关、公安机关和有关军事机关的具体职责范围是开展国家安全专门工作,具体包括依法搜集涉及国家安全的情报信息,依法行使侦查、拘留、预审和执行逮捕,依法行使其他有关国家安全工作的职权,等等。

3. 国家安全机关、公安机关、有关军事机关开展国家安全专门工作的方法包括法律赋予的必要手段和方式。必要手段和方式既包括一般手段,也包括特殊手段。其中,一般手段主要是指依法开展的一般执法活动,包括《治安管理处罚法》《反间谍法》《反恐怖主义法》《刑事诉讼法》等法律赋予的行政执法和刑事执法职权。例如,行政许可、行政处罚、行政强制以及刑事侦查中的搜查、讯问犯罪嫌疑人、询问证人、勘验、检查等。特殊手段主要是根据国家安全的特殊需要,当一般手段无法实现维护国家安全的任务时,依法经过严格审批,由国家安全机关、公安机关、有关军事机关采取的特殊工作手段和方式。例如,《刑事诉讼法》规定的对危害国家安全案件的证人、鉴定人采取保护措施,对涉嫌危害国家安全案件的犯罪嫌疑人指定居所监视居住,采取技术侦查

措施等；《人民警察法》规定的盘问、检查，遇有拒捕、暴乱、越狱、抢夺枪支或其他暴力行为的紧急情况时可以使用武器，采取技术侦查措施侦查犯罪，对严重危害社会治安秩序的突发事件根据情况实行现场管制等；《反间谍法》规定的优先乘坐公共交通工具、优先通行、优先使用或者依法征用、设置相关工作场所和设备设施，采取技术侦查措施侦查危害国家安全的行为，提请海关、边防等检查机关对有关人员和资料、器材免检，会同有关部门对有关公民或者其近亲属人身安全采取保护措施等。[1]

4. 在专门机关开展国家安全专门工作，依法采取必要手段和方式的时候，有关部门和地方应当在职责范围内提供支持和配合。一方面，社会的任何组织和个人都有维护国家安全的义务。《国家安全法》第 11 条规定："中华人民共和国公民、一切国家机关和武装力量、各政党和各人民团体、企业事业组织和其他社会组织，都有维护国家安全的责任和义务。"另一方面，国家安全任务的实现不能仅仅依靠国家专门机关，也需要社会上的每个人和每个组织的配合支持。为此，其还特别规定了"专群结合"工作原则，其第 9 条规定："维护国家安全，应当坚持预防为主、标本兼治，专门工作与群众路线相结合，充分发挥专门机关和其他有关机关维护国家安全的职能作用，广泛动员公民和组织，防范、制止和依法惩治危害国家安全的行为。"第 39 条、第 40 条还分别对中央国家机关各部门和地方维护国家安全的职责作出了规定。有关部门和地方在职责范围内，应为国家安全专门工作提供支持、配合。

第八节　宣传教育保障

一、国家安全宣传教育保障的意义

《国家安全法》第 76 条规定："国家加强国家安全新闻宣传和舆论引导，通过多种形式开展国家安全宣传教育活动，将国家安全教育纳入国民教育体系和公务员教育培训体系，增强全民国家安全意识。"

当前，全社会国家安全意识在一定程度上还比较淡薄，一些领导干部对国家安全风险挑战认识不足，社会公众自觉维护国家安全的意识不容乐观，支持配合有关部门开展维护国家安全工作的意识不强。开展国家安全宣传教育，有利于在全社会形成学法用法的良好氛围，不断提高全民的国家安全意识，提高维护国家安全的能力，形成维护国家安全的整体合力。

---

[1] 乔晓阳主编：《中华人民共和国国家安全法释义》，法律出版社 2016 年版，第 321~322 页。

二、国家安全宣传教育保障的措施

(一)加强国家安全新闻宣传和舆论引导,通过各种形式开展国家安全宣传教育活动

一切国家机关和武装力量、各政党、各社会团体、企业事业单位组织和其他社会组织,要切实提高思想认识,积极组织开展本部门、本单位以及面向全社会的国家安全宣传教育。认真学习国家安全法,增强国家安全意识和法治意识。

应当做到,结合培育和践行社会主义核心价值观、实施"六五"普法规划等工作,在全社会大力弘扬社会主义法治精神,深入开展国家安全形势教育,大力宣传《国家安全法》等国家安全和公共安全领域的法律法规,普及国家安全法律知识,引导干部群众认清国家安全形势、增强危机忧患意识、树立国家安全观念,积极支持配合国家安全机关履行职责,有效抵制各种危害国家安全的行为。

《国家安全法》明确将每年4月15日定为全民国家安全教育日,这是宣传普及国家安全法的有利契机。我们要把国家安全作为头等大事,将国家安全法宣传教育摆到更加重要的位置,以总体国家安全观为指导,以全民国家安全教育日活动为契机,创新方式方法,加大工作力度,深入开展国家安全宣传教育,切实增强全民国家安全意识。

当前,贯彻落实国家安全法任务艰巨繁重。要紧扣全民国家安全教育日、国家安全法实施周年等重要时间节点,组织开展一系列内容丰富、形式多样、注重实效的宣传教育活动,比如主题展览、知识竞赛、影视歌曲、典型评选等,主流媒体集中刊播相关专题报道、评论和理论文章,定期公布有关案例,注重通过多媒体平台提高宣传教育的实际效果,特别注意体现生活贴近性,让人民群众实实在在体会到国家安全与自己切身利益相关,提高全民维护国家安全的主动性和参与度。[1]

(二)将国家安全教育纳入国民教育体系和公务员教育培训体系,增强全民国家安全意识

国民教育体系,是指由正规学校构成的国家基本教育制度和体系,一般包括学前教育、小学教育、初中教育、高中教育和高等教育等层级,类型分为普通教育和职业教育。认真落实"将国家安全教育纳入国民教育体系"的法定要求,将国家安全法教育纳入《青少年法治教育大纲》,编写国家安全教育学生读本,系统规划和科学安排国家安全教育的目标定位、原则要求、实施路径。发

---

[1] 李建国:"贯彻实施国家安全法座谈会发言摘编",载《人民日报》2016年4月16日,第8版。

挥课堂教学主渠道作用，分阶段、分层次安排国家安全教育内容，构建大中小学有效衔接的国家安全教育教学体系。会同有关部门研究建设国家安全教育教学资源库，为学生提供更多的学习资源。深入实施中国特色新型高校智库建设推进计划，组织开展国家安全专题研究，为维护国家安全提供智力支持。多种形式开展国家安全宣传教育活动。各地各校大力宣传国家安全法，广泛开展国家安全知识竞赛、专题讲座、主题班会等活动，积极参与国家安全法律知识普及周、全国大学生信息安全竞赛等活动，引导师生牢固树立国家安全意识，坚决维护国家安全、坚定拥护中国共产党领导和中国特色社会主义制度。教育部正会同有关部门研究建立面向学生的国家安全校外教育项目和教育基地，进一步增强国家安全教育的针对性、实效性。[1]

公务员培训是国家机关根据相关法律法规规定和公务员相关工作职责要求，以提升公务员的综合素质和履职能力为目的，运用各种方式方法，有组织、有计划地对公务员进行的一种教育、培养和训练活动。公务员培训是加强公务员队伍建设、提升公务员素质和能力的重要手段，对推进国家治理体系与治理能力现代化、提高公共管理水平具有重要意义。《国家安全法》第43条规定："国家机关及其工作人员在履行职责时，应当贯彻维护国家安全的原则。国家机关及其工作人员在国家安全工作和涉及国家安全活动中，应当严格依法履行职责，不得超越职权、滥用职权，不得侵犯个人和组织的合法权益。"为了在履行职责过程中，更好地贯彻维护国家安全的原则，建设高素质的公务员队伍，有必要对公务员进行国家安全教育培训，将国家安全教育纳入公务员教育培训体系。

公务员培训主要包括初任培训、任职培训、专门业务培训和在职培训四种类型，在这四种培训中都应当加强国家安全教育培训。①初任培训。初任培训是对国家机关新录用公务员进行的培训。初任培训的主要内容包括政治理论、依法行政、公务员法和公务员行为规范、机关工作方式方法等，培训目的在于重点提高新录用公务员适应机关工作的能力。初任培训具有一定的强制性，要求在公务员试用期内完成，时间不少于12天。②任职培训。任职培训是基于新任职务的要求，对晋升领导职务（含副处以上非领导职务）的公务员进行的培训。任职培训的主要内容包括政治理论、领导科学、政策法规、廉政教育及所任职务相关业务知识等，培训目的在于重点提高培训对象胜任领导工作的能力。任职培训要求在公务员任职前或任职后1年内进行，并有相应的培训时间要求。③专门业务培训。专门业务培训是根据公务员从事专项工作的需要进行的专业知识和技能培训。专门业务培训的主要内容通常由机关根据专项工作的实际需

---

[1] 李建国："贯彻实施国家安全法座谈会发言摘编"，载《人民日报》2016年4月16日，第8版。

要确定,培训目的在于重点提高公务员的业务工作能力,使其能够胜任专项工作任务。④在职培训。在职培训是对全体公务员进行的以更新知识、提高工作能力为目的的培训。在职培训的主要内容通常由各级公务员主管部门和所在机关根据实际需要确定,坚持缺什么、补什么,注重新理论、新知识、新技能的培训,不断增强培训的针对性和实效性。[1]

---

[1] 杨汉卿、唐晓阳、代凯:"中国特色公务员培训制度建设与实践",载《广东行政学院学报》2017年第3期。

第十四章
公民、组织的义务和权利

《宪法》第54条、第55条规定,"中华人民共和国公民有维护祖国的安全、荣誉和利益的义务,不得有危害祖国的安全、荣誉和利益的行为";"保卫祖国、抵抗侵略是中华人民共和国每一个公民的神圣职责"。《国家安全法》第11条也规定:"中华人民共和国公民、一切国家机关和武装力量、各政党和各人民团体、企业事业组织和其他社会组织,都有维护国家安全的责任和义务。中国的主权和领土完整不容侵犯和分割。维护国家主权、统一和领土完整是包括港澳同胞和台湾同胞在内的全中国人民的共同义务。"在此基础上,《国家安全法》在第六章对"公民、组织的义务和权利"作了进一步的明确规定。

国家安全关乎国家核心利益,在国家安全工作中,应当重点强调公民和组织维护国家安全的义务和责任。在强调维护国家安全义务的同时,也应注重保护公民、组织在维护国家安全中的权利,包括公民、组织在国家安全工作中有申请人身保护的权利,获得补偿和抚恤优待的权利,对国家机关及其工作人员提出申诉、控告和检举的权利,等等。

第一节　公民和组织维护国家安全的一般义务

《国家安全法》第77条规定:"公民和组织应当履行下列维护国家安全的义务:①遵守宪法、法律法规关于国家安全的有关规定;②及时报告危害国家安全活动的线索;③如实提供所知悉的涉及危害国家安全活动的证据;④为国家安全工作提供便利条件或者其他协助;⑤向国家安全机关、公安机关和有关军事机关提供必要的支持和协助;⑥保守所知悉的国家秘密;⑦法律、行政法规规定的其他义务。任何个人和组织不得有危害国家安全的行为,不得向危害国家安全的个人或者组织提供任何资助或者协助。"

该条是关于公民和组织维护国家安全义务的规定。其中,第1款详细规定了公民和组织在维护国家安全方面应当履行的、必须要主动做出一定行为的七项积极义务,第2款规定了个人和组织在维护国家安全方面必须遵循的两项禁止性义务，禁止性义务的法律特征是公民和组织"不得"做某个行为。

一、积极性义务

（一）遵守宪法、法律法规关于国家安全的有关规定

公民和组织要履行遵守宪法、法律法规关于国家安全有关规定的义务，必须要积极主动地从事下列活动：首先，必须要对宪法、法律法规关于国家安全的有关规定的内容有比较全面和系统的了解，如此才能在准确理解宪法、法律法规关于国家安全的有关规定内容含义的基础上，自觉地遵守宪法、法律法规关于国家安全的有关规定。其次，公民和组织要充分了解和准确地理解宪法、法律法规关于国家安全有关规定的内容，除了可以通过自学方式掌握宪法、相关法律法规规定的精神之外，还应当参加由党政机关、专门的普法机构以及单位、社区、学校等组织的学习宣传教育活动，来提高自身对有关规定的立法宗旨和立法意义的认识，增强遵守宪法、法律法规的自觉性。最后，公民和组织遵守宪法、法律法规关于国家安全的有关规定，最核心的要求是遵守各项规定，履行维护国家安全的义务。

（二）及时报告危害国家安全活动的线索

危害国家安全活动表现在每一个领域，渗透到日常生活的方方面面，往往具有一定的隐蔽性。专门的国家安全机构依靠社会公众提供的线索来及时跟踪、调查和发现危害国家安全活动的线索，可以达到事半功倍的效果。公民和组织应当积极主动及时地报告危害国家安全活动的线索，从而增强专门的国家安全机关侦查危害国家安全活动的能力。对此，《反间谍法》第21条也规定："公民和组织发现间谍行为，应当及时向国家安全机关报告。"《反恐怖主义法》也有规范，其第9条规定："任何单位和个人都有协助、配合有关部门开展反恐怖主义工作的义务，发现恐怖活动嫌疑或者恐怖活动嫌疑人员的，应当及时向公安机关或者有关部门报告。"第44条规定："公安机关、国家安全机关和有关部门应当依靠群众，加强基层基础工作，建立基层情报信息工作力量，提高反恐怖主义情报信息工作能力。"第46条规定："有关部门对于在本法第三章规定的安全防范工作中获取的信息，应当根据国家反恐怖主义情报中心的要求，及时提供。"第91条规定："拒不配合有关部门开展反恐怖主义安全防范、情报信息、调查、应对处置工作的，由主管部门处2000元以下罚款；造成严重后果的，处5日以上15日以下拘留，可以并处1万元以下罚款。单位有前款规定行为的，由主管部门处5万元以下罚款；造成严重后果的，处10万元以下罚款；并对其直接负责的主管人员和其他直接责任人员依照前款规定处罚。"

（三）如实提供所知悉的涉及危害国家安全活动的证据

公民和组织如实提供所知悉的涉及危害国家安全活动的证据，可以帮助专门的国家安全机构及时和有效地侦破危害国家安全活动的案件，为检察机关依法提起公诉提供充分的事实根据，并为法院作出正确的判决、及时和有效地依法惩治危害国家安全活动提供可靠的定罪量刑依据。公民和组织履行本项义务的重点注意事项有三个方面：其一，要"如实"，只有实事求是地提供证据，才能保证专门的国家机构处理危害国家安全活动案件时作出正确判断。其二，提供的涉及危害国家安全活动的证据应当是其"知悉"的，不是道听途说或者是通过间接传播渠道获得的，这样可以保证专门的国家机构处理相关证据时避免浪费时间和精力，保证办案质量和效率。其三，应当提供的"证据"是涉及危害国家安全活动的，"证据"本身应当符合法律法规所规定的证据特征。《反间谍法》第 22 条规定："在国家安全机关调查了解有关间谍行为的情况、收集有关证据时，有关组织和个人应当如实提供，不得拒绝。"《刑法》第 311 条规定："明知他人有间谍犯罪或者恐怖主义、极端主义犯罪行为，在司法机关向其调查有关情况、收集有关证据时，拒绝提供，情节严重的，处 3 年以下有期徒刑、拘役或者管制。"《反恐怖主义法》第 82 条进一步规定："明知他人有恐怖活动犯罪、极端主义犯罪行为，窝藏、包庇，情节轻微，尚不构成犯罪的，或者在司法机关向其调查有关情况、收集有关证据时，拒绝提供的，由公安机关处 10 日以上 15 日以下拘留，可以并处 1 万元以下罚款。"

（四）为国家安全工作提供便利条件或者其他协助

《国家安全法》第 11 条第 1 款规定："中华人民共和国公民、一切国家机关和武装力量、各政党和各人民团体、企业事业组织和其他社会组织，都有维护国家安全的责任和义务。"因此，维护国家安全不仅仅是《国家安全法》所规定的各类专门的国家安全机关的职责，也是公民和组织的法律义务。这就要求公民和组织应当积极配合专门的国家安全机构有效地开展各项维护国家安全工作，为国家安全工作提供便利条件或者其他协助。"为国家安全工作提供便利条件"既包括允许执行国家安全任务的机构和人员进入特定场所、使用特定工具、查阅必要材料，也包括拆除各种妨碍国家安全工作的设施设备、停止影响国家安全工作的行为、暂时中断与外界的联系等。"其他协助"的范围很广，涉及人力物力财力等多方面的协助，必要时包括直接参与某些特定的国家安全工作。

（五）向国家安全机关、公安机关和有关军事机关提供必要的支持和协助

该项义务与公民和组织"为国家安全工作提供便利条件或者其他协助"的法律义务的区别在于，公民和组织"为国家安全工作提供便利条件或者其他协

助"的法律义务是面向所有国家安全工作而言的，而公民和组织"向国家安全机关、公安机关和有关军事机关提供必要的支持和协助"的法律义务是一项特定义务。这些义务表现为"国家安全机关、公安机关和有关军事机关"依法赋予公民和组织的特定任务。接受这些特定任务的公民和组织必须要认真履行任务，公民所在的单位以及有关组织的上级领导机关应当无条件给予支持。如《反恐怖主义法》第18条规定，电信业务经营者、互联网服务提供者应当为公安机关、国家安全机关依法进行防范、调查恐怖活动提供技术接口和解密等技术支持和协助。

（六）保守所知悉的国家秘密

保守国家秘密是宪法、法律所规定的公民的基本义务。《保守国家秘密法》第3条第2款明确规定："一切国家机关、武装力量、政党、社会团体、企业事业单位和公民都有保守国家秘密的义务。"《刑法》第398条同样规定："国家机关工作人员违反保守国家秘密法的规定，故意或者过失泄露国家秘密，情节严重的，处3年以下有期徒刑或者拘役；情节特别严重的，处3年以上7年以下有期徒刑。非国家机关工作人员犯前款罪的，依照前款的规定酌情处罚。"

（七）法律、行政法规规定的其他义务

这是对《国家安全法》第11条第1款所规定的任何个人和组织"都有维护国家安全的责任和义务"要求的呼应性规定，强调了公民和组织在维护国家安全方面具有广泛的法律义务，必须以高度的责任心来认真履行各项维护国家安全的法律义务。

二、禁止性义务

国家安全是整个国家和民族的根本利益所在，危害国家安全的行为，直接危害我国人民民主专政的政权和社会主义制度，破坏社会的安定团结，阻碍政治经济的繁荣进步。因此，国内外敌对势力所实施的危害中华人民共和国国家安全的行为历来是《刑法》打击的重点。依据《刑法》第102条～第112条的规定，危害国家安全的行为不仅包括背叛国家，分裂国家，煽动分裂国家，武装叛乱、暴乱，颠覆国家政权，煽动颠覆国家政权，投敌叛变，叛逃，间谍，为境外窃取、刺探、收买、非法提供国家秘密、情报和资敌等行为；还包括资助危害国家安全犯罪活动的行为。

《刑法》对危害国家安全罪配置了较重的法定刑，除煽动分裂国家罪、颠覆国家政权罪、煽动颠覆国家政权罪、资助危害国家安全犯罪活动罪和叛逃罪以外，其他危害国家安全的犯罪对国家和人民危害特别严重、情节特别恶劣的，可以判处死刑。此外，依据《刑法》的规定，犯危害国家安全罪的，应当附加剥夺政治权利，可以并处没收财产。

第二节　机关、人民团体、企业事业组织和其他社会组织的特殊义务

《国家安全法》第78条规定："机关、人民团体、企业事业组织和其他社会组织应当对本单位的人员进行维护国家安全的教育，动员、组织本单位的人员防范、制止危害国家安全的行为。"该条是关于单位对本单位的人员进行国家安全教育及防范、制止危害国家安全行为的规定；是对以往规定的继承和重申。1993年《国家安全法》第15条规定："机关、团体和其他组织应当对本单位的人员进行维护国家安全的教育，动员、组织本单位的人员防范、制止危害国家安全的行为。"另外，《反间谍法》第19条规定："机关、团体和其他组织应当对本单位的人员进行维护国家安全的教育，动员、组织本单位的人员防范、制止间谍行为。"与我国1993年《国家安全法》以及《反间谍法》中的相关规定不同的是，2015年《国家安全法》对"单位"的内涵和外延作了进一步扩充，由"机关、团体和其他组织"拓展为"机关、人民团体、企业事业组织和其他社会组织"，强调了"人民团体""企业事业组织"在履行《国家安全法》所规定的"单位"义务中应当发挥的重要作用。

习近平同志指出，"要以设立全民国家安全教育日为契机，以总体国家安全观为指导，全面实施国家安全法，深入开展国家安全宣传教育，切实增强全民国家安全意识"。[1]维护国家安全与每一个人都息息相关，一次不经意的拍摄或者一次无心的网上发帖，都可能会被别有用心的敌对势力和组织所利用，给国家安全带来意想不到的损失。从近年曝光的案件来看，涉案者除了直接从事涉密工作的人员之外，还包含了国企职工、公司白领、在校大学生甚至打工者这样的普通人群。这些情况也反映出当前相当一部分国人的国家安全意识淡薄甚至缺失，防范意识薄弱，对一些可能泄露国家机密危及国家安全的行为及其可能对国家安全造成的威胁缺乏基本的辨别能力。因此，加强总体国家安全观教育，提升全民国家安全意识就显得尤为重要和紧迫。

---

[1] 程宏毅、常雪梅："习近平在首个全民国家安全教育日之际作出重要指示"，载中国共产党新闻网：http://cpc.people.com.cn/n1/2016/0415/c64094-28278100.html，2019年8月10日访问。

一、面向全社会加强总体国家安全观和《国家安全法》的宣传教育和舆论引导工作

提升国家安全意识要面向全社会加强总体国家安全观和《国家安全法》的宣传教育和舆论引导工作,依靠广泛深入的宣传营造维护国家安全人人有责的社会共识。2015 年,全国人大颁布《中华人民共和国国家安全法》并设立全民国家安全教育日,同时以法律条文的形式将维护和实现国家安全作为公民和社会组织的权利与义务确定下来。要充分利用国家安全教育日这个契机,借助各种传播载体向全社会宣传《国家安全法》的基本内容、危害国家安全的主要表现和严重后果,突出维护国家安全工作的重要性,使公民个人和社会组织明确自身对维护国家安全所享有的权利和必须承担的义务,形成维护国家安全人人有责的广泛社会共识。增进公民和社会对国家安全的危机意识与忧患意识,坚定捍卫国家安全和利益的决心和信心。

二、面向不同群体开展有针对性的国家安全教育,在思想认识上提升全民和全社会的国家安全意识

面向不同群体开展有针对性的国家安全教育,在思想认识上提升全民和全社会的国家安全意识。①落实全面依法治国重大方略将法治教育纳入学校教育的要求,将国家安全教育纳入国民教育体系特别是高等教育当中,将国家安全教育同思想政治理论课结合起来,提升大学生群体的国家安全意识。②融入干部教育体系当中,加强保密教育工作。将国家安全教育同公务员入职培训和业务培训相结合,加强政府机关、事业单位和国有企业的日常学习,通过国家安全教育专题片和开展涉密单位保密教育等基础工作,提升相关单位工作人员对国家安全问题的认识和了解。③融入普通大众的日常生活当中,通过形式多样和人民群众喜闻乐见的方式,宣传国家安全工作。通过媒体曝光一些普通人泄露国家机密危害国家安全的典型案例,为人们敲响维护国家安全的警钟,使人们认识到国家安全就在自己身边,每个人的一言一行都可能与国家安全息息相关,个人国家安全意识薄弱及其行为同样会影响到国家总体安全,使全体社会成员都明确意识到国家安全的重要性和敏感性,始终绷紧国家安全这根弦。

三、坚定理想信念是提升国家安全意识的根本要求

对中国而言,维护和实现国家总体安全本质上就是维护中国特色社会主义道路、理论、制度和文化的安全,在思想认识上就是要坚定中国特色社会主义

和共产主义的共同理想信念，这是在全社会牢固树立国家安全意识的信念基础，也是个人全身心投入到维护国家安全实际斗争当中的精神动力来源。如果对中国特色社会主义的道路、理论、制度和文化缺乏自信，对中国特色社会主义事业和共产主义的远大理想目标缺乏认同，那么在内心深处就会缺乏维护和实现国家安全的精神动力，在思想认识上就难以真正地树立和坚持国家安全意识，在行动上必然会倦怠消极甚至走向维护国家总体安全的对立面。一些人由于放松了思想改造和理论学习，导致理想信念缺失，思想不断腐化堕落，不能正确和妥善处理好国家安全与个人利益的主从关系。因为个人待遇和抱负未能实现，最终被敌对势力和组织所拉拢腐蚀，通过泄露和出卖国家利益来消解个人的不如意和不得志，完全置国家安全和利益于不顾，给国家利益和国家安全造成重大损失。由此可见，对于每个人，特别是工作在涉及国家安全的关键领域和重要行业和岗位的个人来说，加强中国特色社会主义和共产主义的理想信念教育，不断提高政治觉悟与修养，是确保始终忠于国家、忠于人民，全身心投入国家安全事业的不可或缺的精神品质。

第三节　企业事业组织配合有关部门的义务

《国家安全法》第 79 条规定："企业事业组织根据国家安全工作的要求，应当配合有关部门采取相关安全措施。"本条是根据国家安全工作的特点，对企业事业组织提出的一项维护国家安全的特定义务。该项法律义务的主要内容就是要求企业事业组织应当"根据国家安全工作的要求"，积极配合"有关部门"采取相关"安全措施"。《国家安全法》中有多个条文与该条规定的"根据国家安全工作的要求""有关部门"和"安全措施"的含义具有紧密的联系。

一、《国家安全法》规定的网络与信息安全保障义务

《国家安全法》第 25 条规定："国家建设网络与信息安全保障体系，提升网络与信息安全保护能力，加强网络和信息技术的创新研究和开发应用，实现网络和信息核心技术、关键基础设施和重要领域信息系统及数据的安全可控；加强网络管理，防范、制止和依法惩治网络攻击、网络入侵、网络窃密、散布违法有害信息等网络违法犯罪行为，维护国家网络空间主权、安全和发展利益。"根据上述规定，"国家建设网络与信息安全保障体系，提升网络与信息安全保护能力"必然需要企业事业单位与政府和专门的国家安全机构相互配合、紧密合作。

1. 一般企业事业单位必须配合专门的国家安全机构对企业事业单位所建设的网络与信息安全保障系统采取必要的安全措施，防止出现安全隐患和风险，危害国家安全。《国家安全法》第 53 条和第 59 条的规定都涉及第 79 条规定的企业事业组织的相关义务。第 53 条规定："开展情报信息工作，应当充分运用现代科学技术手段，加强对情报信息的鉴别、筛选、综合和研判分析。"第 59 条规定："国家建立国家安全审查和监管的制度和机制，对影响或者可能影响国家安全的外商投资、特定物项和关键技术、网络信息技术产品和服务、涉及国家安全事项的建设项目，以及其他重大事项和活动，进行国家安全审查，有效预防和化解国家安全风险。"

2. 与网络与信息安全保障相关的特殊企业事业单位更是负有在网络与信息安全保障体系建设方面与专门的国家安全机构配合、合作的特殊义务，旨在保证专门的国家安全机构具备保护网络与信息安全的整体能力。《国家安全法》第 73 条和第 75 条的相关规定与此项特殊义务具有紧密联系。第 73 条规定："鼓励国家安全领域科技创新，发挥科技在维护国家安全中的作用。"第 75 条规定："国家安全机关、公安机关、有关军事机关开展国家安全专门工作，可以依法采取必要手段和方式，有关部门和地方应当在职责范围内提供支持和配合。"

3. 为了保证《国家安全法》第 79 条所规定的企业事业组织"根据国家安全工作的要求"，积极配合"有关部门"采取相关"安全措施"的法律义务能够在实际工作中得到有效履行，《国家安全法》还通过其他条文来促进和保障第 79 条所规定的企业事业组织的相关法律义务的履行。例如，《国家安全法》第 11 条第 1 款规定："中华人民共和国公民、一切国家机关和武装力量、各政党和各人民团体、企业事业组织和其他社会组织，都有维护国家安全的责任和义务。"上述规定将"维护国家安全"作为"企业事业组织"的一般性义务，故"企业事业组织"在"根据国家安全工作的要求"，应当积极配合"有关部门"采取相关"安全措施"方面应当是无条件的。此外，第 12 条规定："国家对在维护国家安全工作中作出突出贡献的个人和组织给予表彰和奖励。"该条规定又为企业事业组织"根据国家安全工作的要求"，应当积极配合"有关部门"采取相关"安全措施"法律义务的履行提供了一种法律上的激励机制，有助于调动企业事业组织履行此项法律义务的主动性和积极性。

二、《反恐怖主义法》规定的网络监管义务

为落实《国家安全法》第 79 条有关"企业事业组织根据国家安全工作的要求，应当配合有关部门采取相关安全措施"的规定，《反恐怖主义法》第三章专

章规定了安全防范制度。其中第19条规定:"电信业务经营者、互联网服务提供者应当依照法律、行政法规规定,落实网络安全、信息内容监督制度和安全技术防范措施,防止含有恐怖主义、极端主义内容的信息传播;发现含有恐怖主义、极端主义内容的信息的,应当立即停止传输,保存相关记录,删除相关信息,并向公安机关或者有关部门报告。"第20条规定:"铁路、公路、水上、航空的货运和邮政、快递等物流运营单位应当实行安全查验制度,对客户身份进行查验,依照规定对运输、寄递物品进行安全检查或者开封验视。对禁止运输、寄递,存在重大安全隐患,或者客户拒绝安全查验的物品,不得运输、寄递。"第21条规定:"电信、互联网、金融、住宿、长途客运、机动车租赁等业务经营者、服务提供者,应当对客户身份进行查验。对身份不明或者拒绝身份查验的,不得提供服务。"

第四节 公民和组织支持配合国家安全工作受法律保护

《国家安全法》第80条规定:"公民和组织支持、协助国家安全工作的行为受法律保护。因支持、协助国家安全工作,本人或者其近亲属的人身安全面临危险的,可以向公安机关、国家安全机关请求予以保护。公安机关、国家安全机关应当会同有关部门依法采取保护措施。"

对支持、协助国家安全工作的人员采取人身安全保护是各国通行的做法。从世界各国立法实践看,很多国家都在法律中明确国家对支持、协助国家安全工作的人员负有保护责任,并明确了有关保护措施,以便充分调动全民维护国家安全的积极性。例如,美国《中央情报局条例》规定,为了国家安全利益或由于国家情报使命,中央情报局有权决定特殊的外国人及其直系亲属进入美国永久居住,而不考虑移民法或者其他法律限制。美国《情报人员身份保护法》规定,美国政府保护从事机密情报工作的官员、行为人、提供情报人员和提供消息来源人员的人身安全。俄罗斯《联邦对外情报法》规定,为了保护向俄罗斯联邦对外情报机关提供或曾经提供过秘密协助的人员和家属的安全,在不违反俄罗斯联邦法律和不侵犯他人合法权益的情况下,可以采取保护性措施。对因情报活动在境外被监禁、逮捕或判刑的情报工作人员及其家人,国家有义务无条件全力解救;秘密协助或协助过对外情报机构的非俄罗斯公民,可以申请取得俄罗斯联邦公民的资格;已经取得公民资格的人,同对外情报机构合作的时间计入工龄,执行与对外情报机构工作人员相同的补助金、获得境外营救等社会保障。俄罗斯《联邦安全总局条例》规定,俄罗斯联邦安全总局在职权范围内,参与解决对有关人员给予或取消俄罗斯联邦国籍、俄罗斯联邦公民出境、外国公民和无国籍者入境、为其办理在俄罗斯联邦暂住许可和居留证、给予其在俄罗斯联邦政治避难和在俄联邦境内居住权的有关事项。

一、公民和组织支持、协助国家安全工作的行为受法律保护

我国是人民当家作主的社会主义国家。维护国家安全要坚持一切为了人民、一切依靠人民。开展国家安全工作，不仅要靠国家机关依法履行职责，也要充分发挥全社会维护国家安全的积极性，鼓励和保护公民和组织对国家安全工作给予必要的支持和协助。具体来说，《国家安全法》第80条第1款规定的"公民和组织支持、协助国家安全工作"，主要包括两大类情形：一是根据《国家安全法》的规定，履行支持、协助国家安全的义务。包括及时报告危害国家安全活动的线索，如实提供所知悉的涉及危害国家安全活动的证据，为国家安全工作提供便利条件或者其他协助，向国家安全机关、公安机关和有关军事机关提供有关数据信息、技术支持和协助，以及对国家安全专门工作依法采取必要手段和方式的支持配合等。二是根据其他法律法规的规定，履行支持、协助国家安全的义务。比如，根据《人民警察法》，对人民警察依法执行职务给予支持和协助；根据《反间谍法》，为反间谍工作提供便利或者其他协助，及时向国家安全机关报告间谍行为，如实提供有关间谍行为的情况、证据等；根据《人民武装警察法》，对人民武装警察部队执行安全保卫任务给予必要的支持和协助；根据《国防动员法》，接受依法征用用于社会生产、服务和生活的设施、设备、场所、物资等民用资源；根据《反恐怖主义法》，协助、配合有关部门开展反恐怖主义工作，发现恐怖活动嫌疑或者恐怖活动嫌疑人员时及时向公安机关或者有关部门报告；等等。

二、公安机关、国家安全机关会同有关部门依法对有关人员采取保护措施

《国家安全法》第80条第2款规定了公民向公安机关、国家安全机关请求予以保护和公安机关、国家安全机关会同有关部门采取保护措施的要求。

1. 公民因支持、协助国家安全工作，本人或者其近亲属的人身安全面临危险的，可以向公安机关、国家安全机关请求予以保护。对支持、协助国家安全工作的公民予以人身保护，不仅体现了一切为了人民、一切依靠人民，而且体现了维护国家安全坚持尊重和保障人权的原则，体现了公民在维护国家安全中权利和义务的一致性，有利于保护公民支持、协助国家安全工作的积极性，构筑坚不可摧的人民防线，形成全社会共同维护国家安全的良好局面。

《国家安全法》第 80 条第 2 款中的"人身安全面临危险",主要是指公民或者其近亲属因支持、协助国家安全工作,面临被胁迫、被威胁,或者面临打击报复,或者在境外人身自由和基本权利受到威胁等现实的危险。关于近亲属的范围,按照《刑事诉讼法》第 108 条的规定,是指夫、妻、父、母、子、女、同胞兄弟姊妹。维护国家安全的过程中,有些工作政治性、对抗性很强,特别是危害国家安全的犯罪往往性质恶劣、组织性强,公民支持、协助国家安全工作,往往成为发现、防范、制止和惩治危害国家安全活动的重要渠道和突破口,公民本人及其近亲属,容易成为有关敌对势力、敌对分子威胁、恐吓、打击报复的对象,人身安全处于危险状态。有关公民支持、协助国家安全工作,发现本人或近亲属的人身安全面临威胁时,要及时采取自我保护和避险措施,并及时向公安机关、国家安全机关请求予以保护。

2. 公安机关、国家安全机关应当会同有关部门依法采取保护措施。公民依法向公安机关、国家安全机关请求对其或其近亲属的人身安全予以保护的,公安机关、国家安全机关要迅速开展审查甄别,根据公民人身安全现实危险的实际情况,具体掌握是否有必要采取特别保护措施、采取哪些特别保护措施,符合法律规定应予保护的,要及时采取一项或多项保护措施。具体的保护措施,一般包括:①在国家安全工作中,不公开有关公民的真实姓名、住址和工作单位等个人信息,对这些个人信息采取适当的保密措施,包括在有关工作记录、法律文书中使用化名以替代有关公民真实的个人信息等。使用化名替代的,要对载有有关公民真实身份信息的材料标明密级,严格保密,妥善管理。②有关公民需要作为证人出庭作证的,要采取不暴露其外貌、真实声音的相关技术措施,使有关公民的外貌、声音等不暴露给被告人和旁听人员等。③根据具体情况,确有必要时,对有关公民采取一定的人身安全保护措施,禁止可能对其实施打击报复的特定人员在一定期间、一定范围内接触有关公民。④视情对有关公民的人身和住宅采取专门性保护措施,保护人身和住宅的安全。⑤在极特殊的情况下,根据国家安全工作的需要,可以为有关公民更换住宅、姓名等。⑥根据公民面临人身安全危险的实际程度、具体情况和有关客观条件,采取其他必要的保护措施。

3. 对于反恐怖主义等比较特殊的领域,有关法律专门明确了具体的保护措施。《反恐怖主义法》不仅明确了对个人的保护措施,还明确了对单位的保护措施,规定因报告和制止恐怖活动,在恐怖活动犯罪案件中作证,或者从事反恐怖主义工作,本人或者其近亲属的人身安全面临危险的,经本人或者其近亲属提出申请,公安机关、有关部门应当采取下列一项或者多项保护措施:①不公开真实姓名、住址和工作单位等个人信息;②禁止特定的人接触被保护人员;

③对人身和住宅采取专门性保护措施；④变更被保护人员的姓名，重新安排住所和工作单位；⑤其他必要的保护措施。同时规定，公安机关、有关部门应当采取不公开被保护单位的真实名称、地址，禁止特定的人接近被保护单位，对被保护单位办公、经营场所采取专门性保护措施，以及其他必要的保护措施。

考虑到公安机关、国家安全机关对符合《国家安全法》第80条规定的公民依法采取保护措施，其具体情况千差万别，比较复杂，有时需要动用国家资源和力量，需要其他有关部门给予支持配合，《国家安全法》第80条第2款规定："公安机关、国家安全机关应当会同有关部门依法采取保护措施。"公安机关、国家安全机关要根据维护国家安全和保护公民人身安全不受威胁的需要和实际情况，明确需要有关部门予以支持配合的事项，有关部门应当在本部门职责范围内，积极予以支持配合，共同落实保障相关公民人身安全的具体措施。

第五节　获得赔偿和抚恤优待的权利

《国家安全法》第81条规定："公民和组织因支持、协助国家安全工作导致财产损失的，按照国家有关规定给予补偿；造成人身伤害或者死亡的，按照国家有关规定给予抚恤优待。"该条规定的目的是对个人和组织积极履行维护国家安全义务的行为给予法律上的有效保障。

《国家安全法》第81条分两个层次规定了积极履行维护国家安全义务的行为得到法律上有效保障的措施：一是对经济损失给予相应补偿。这体现了我国《宪法》规定的对公民合法私有财产保护的原则。二是对人身伤害或死亡，给予抚恤优待。这体现了法律上的公平和公正待遇原则，也是《宪法》规定的公民获得物质帮助权的体现。

一、公民和组织因支持、协助国家安全工作导致财产损失的，按照国家有关规定给予补偿

《宪法》第13条第1款规定："公民的合法的私有财产不受侵犯。"在现代国家，财产权是公民享有的一项基本权利。财产权与其他公民基本权利相比，更具有基础性。这是因为，财产是公民实现个人自治、保持个人尊严以及实现自身发展的必要条件。没有财产权，或者财产得不到保护，个人就很容易受制于他人，处于服从、被强制状态，很难保持独立的人格和尊严。可以说，财产权是其他一切自由和权利的物质基础。各国宪法都将财产权的保护作为一项基本原则。但是同时，《宪法》也规定国家为了公共利益的需要，可以依照法律规

定对公民的私有财产实行征收或者征用并给予补偿。征收和征用是两个不同的法律概念，征收是指为了公共利益需要，国家将私人所有的财产强制地征归国有；征用是指为了公共利益需要而强制性地使用公民的私有财产。从国家机关的角度，对公民的私有财产实行征收和征用，应当遵循三个原则：①公共利益原则。公共利益通常是指全体社会成员的共同利益和社会的整体利益，要同商业利益相区别，同部门、单位和小集体的利益相区别。②依照法定程序原则。征收、征用在一定程度上限制了公民的私有财产权，为了防止这种手段的滥用，平衡私有财产保护和公共利益需要的关系，征收征用必须严格依照法律规定的程序进行。③依法给予补偿原则。尽管征收和征用是为了公共利益的需要，但都不能采取无偿剥夺的方式，必须依法给予补偿。

《国家安全法》第81条从公民权利的角度出发，进一步明确规定了公民和组织因支持、协助国家安全工作导致财产损失的，有按照国家有关规定获得补偿的权利。对此，涉及国家许多领域的其他法律法规，也都作了相关具体规定。例如，《国防动员法》第58条规定："被征用的民用资源使用完毕，县级以上地方人民政府应当及时组织返还；经过改造的，应当恢复原使用功能后返还；不能修复或者灭失的，以及因征用造成直接经济损失的，按照国家有关规定给予补偿。"《人民武装警察法》第13条规定："人民武装警察部队因执行安全保卫任务的需要，在特别紧急情况下，经现场最高指挥员出示人民武装警察证件，可以临时使用有关单位或者个人的设备、设施、场地、交通工具以及其他物资，使用后应当及时返还，并支付适当费用；造成损失的，按照国家有关规定给予补偿。"《传染病防治法》第45条规定："传染病暴发、流行时，根据传染病疫情控制的需要，国务院有权在全国范围或者跨省、自治区、直辖市范围内，县级以上地方人民政府有权在本行政区域内紧急调集人员或者调用储备物资，临时征用房屋、交通工具以及相关设施、设备。紧急调集人员的，应当按照规定给予合理报酬。临时征用房屋、交通工具以及相关设施、设备的，应当依法给予补偿；能返还的，应当及时返还。"《反间谍法》第11条第2款规定："国家安全机关因反间谍工作需要，按照国家有关规定，可以优先使用或者依法征用机关、团体、企业事业组织和个人的交通工具、通信工具、场地和建筑物，必要时，可以设置相关工作场所和设备、设施，任务完成后应当及时归还或者恢复原状，并依照规定支付相应费用；造成损失的，应当补偿。"《反恐怖主义法》第78条规定："公安机关、国家安全机关、中国人民解放军、中国人民武装警察部队因履行反恐怖主义职责的紧急需要，根据国家有关规定，可以征用单位和个人的财产。任务完成后应当及时归还或者恢复原状，并依照规定支付相应费用；造成损失的，应当补偿。因开展反恐怖主义工作对有关单位和个人的合法权益造成损害的,应当依法给予赔偿、补偿。有关单位和个人有权依法请求赔偿、补偿。"

二、公民和组织因支持、协助国家安全工作造成人身伤害或者死亡的,按照国家有关规定给予抚恤优待

对于从事国家安全相关工作的国家机关工作人员和军人的抚恤优待,我国法律法规作了明确规定。例如,《人民警察法》第41条规定:"人民警察因公致残的,与因公致残的现役军人享受国家同样的抚恤和优待。人民警察因公牺牲或者病故的,其家属与因公牺牲或者病故的现役军人家属享受国家同样的抚恤和优待。"《公务员法》第83条规定:"公务员依法参加社会保险,按照国家规定享受保险待遇。公务员因公牺牲或者病故的,其亲属享受国家规定的抚恤和优待。"《国防法》第62条规定:"国家和社会抚恤优待残疾军人,对残疾军人的生活和医疗依法给予特别保障。"第63条规定:"国家和社会优待现役军人家属,抚恤优待烈士家属和因公牺牲、病故军人的家属,在就业、住房、义务教育等方面给予照顾。"第64条规定:"民兵、预备役人员和其他人员依法参加军事训练,担负战备勤务、防卫作战任务时,应当履行自己的职责和义务;国家和社会保障其享有相应的待遇,按照有关规定对其实行抚恤优待。"《人民武装警察法》第22条规定:"人民武装警察因执行任务伤亡的,按照国家有关军人抚恤优待的规定给予抚恤优待。"《人民警察抚恤优待办法》对于公安机关(含铁路、交通、民航、森林公安机关和海关缉私部门)、国家安全机关、司法行政机关的人民警察和人民法院、人民检察院的司法警察的抚恤优待作了进一步的具体规定。《军人抚恤优待条例》对于中国人民解放军现役军人、服现役或者退出现役的残疾军人以及复员军人、退伍军人、烈士遗属、因公牺牲军人遗属、病故军人遗属、现役军人家属的抚恤优待作了具体规定。因参战伤亡的民兵、民工的抚恤,因参加军事演习、军事训练和执行军事勤务伤亡的预备役人员、民兵、民工以及其他人员的抚恤,参照《军人抚恤优待条例》的有关规定办理。

除了上述人员以外,涉及国家安全某些领域的法律法规也对一般公民因支持、协助相关工作造成人身伤害或者死亡的抚恤优待作了规定。例如,《人民警察法》第34条第2款规定:"公民和组织因协助人民警察执行职务,造成人身伤亡或者财产损失的,应当按照国家有关规定给予抚恤或者补偿。"《人民武装警察法》第25条规定:"公民、法人和其他组织协助人民武装警察部队执行任务造成人身伤亡和财产损失的,按照国家有关规定给予抚恤优待和补偿。"根据

《国防动员法》第 53 条的规定，担负国防勤务的人员因执行国防勤务伤亡的，由当地县级人民政府依照《军人抚恤优待条例》等有关规定给予抚恤优待。《突发事件应对法》第 61 条规定："县级以上人民政府对在应急救援工作中伤亡的人员依法给予抚恤。"《消防法》第 50 条规定："对因参加扑救火灾或者应急救援受伤、致残或者死亡的人员，按照国家有关规定给予医疗、抚恤。"《反恐怖主义法》第 75 条规定："对因履行反恐怖主义工作职责或者协助、配合有关部门开展反恐怖主义工作导致伤残或者死亡的人员，按照国家有关规定给予相应的待遇。"

上述法律规定主要都是针对某一个特定的国家安全领域的情形。《国家安全法》第 81 条进一步明确，只要是公民和组织因支持、协助国家安全工作造成人身伤害或者死亡的，都应当按照国家有关规定给予抚恤优待。我国民政部 2013 年修改了《伤残抚恤管理办法》，规定为维护社会治安同违法犯罪分子进行斗争致残的人员；为抢救和保护国家财产、人民生命财产致残的人员；法律、行政法规规定应当由民政部门负责伤残抚恤的其他人员，都依据《伤残抚恤管理办法》进行抚恤。伤残人员从被批准残疾等级评定后的第 2 个月起，由发给其伤残证件的县级人民政府民政部门按照规定予以抚恤。根据《个人所得税法》的规定，抚恤金免交个人所得税。

此外，根据《烈士褒扬条例》的规定，公民牺牲符合下列情形之一的，评定为烈士：①在依法查处违法犯罪行为、执行国家安全工作任务、执行反恐怖任务和处置突发事件中牺牲的；②抢险救灾或者其他为了抢救、保护国家财产、集体财产、公民生命财产牺牲的；③在执行外交任务或者国家派遣的对外援助、维持国际和平任务中牺牲的；④在执行武器装备科研试验任务中牺牲的；⑤其他牺牲情节特别突出，堪为楷模的。公民被评定为烈士的，依照条例的规定予以褒扬。烈士的遗属，依照条例的规定享受抚恤优待。按照《烈士褒扬条例》的规定，国家给烈士遗属发给一次性的烈士褒扬金，符合条件的遗属还可以领取定期抚恤金。烈士遗属享受相应的医疗优惠待遇。烈士的子女符合公务员考录条件的，在同等条件下优先录用为公务员。烈士子女接受学前教育和义务教育的，应当按照国家有关规定予以优待。在公办幼儿园接受学前教育的，免交保教费；烈士子女报考普通高中、中等职业学校、高等学校研究生的，在同等条件下优先录取；报考高等学校本、专科的，可以按照国家有关规定降低分数要求投档；在公办学校就读的，免交学费、杂费，并享受国家规定的各项助学政策。烈士遗属符合就业条件的，由当地人民政府人力资源社会保障部门优先提供就业服务；烈士遗属已经就业，用人单位经济性裁员时，应当优先留用；烈士遗属从事个体经营的，市场监督管理、税务等部门应当优先办理证照，烈士遗属在经营期间享受国家和当地人民政府规定的优惠政策。符合住房保障条件的烈士遗属承租廉租住房、购买经济适用住房的，县级以上地方人民政府有关部门应当给予优先、优惠照顾；家住农村的烈士遗属住房有困难的，由当地人民政府帮助解决。

第六节　提出批评建议以及申诉、控告和检举的权利

《国家安全法》第82条规定："公民和组织对国家安全工作有向国家机关提出批评建议的权利，对国家机关及其工作人员在国家安全工作中的违法失职行为有提出申诉、控告和检举的权利。"该条是关于公民和组织的批评建议权以及申诉、控告和检举权的规定。

在我国，国家的一切权力属于人民。人民可以用直接民主的方式，自己直接行使当家作主的权利，但主要还是通过间接民主的方式，选举自己的代表组成各级国家政权机关，代表人民行使当家作主的权力。对于人民群众个人直接行使权力，就不存在自己监督自己的问题。但是，对于人民通过选举产生各级国家机关及其工作人员，代表人民行使权力，就存在一个接受人民监督的问题。在国家机构及其工作人员代表人民行使权力的过程中，人民可以通过各种途径和形式对他们实行监督，以保证各级国家机关及其工作人员不折不扣地代表人民行使权力，全心全意为人民服务。本条规定的公民和组织的批评建议权以及申诉、控告和检举权就是就国家安全工作对国家机关及其工作人员监督的权利。

一、公民和组织的批评建议权

《宪法》第41条第1款规定："中华人民共和国公民对于任何国家机关和国家工作人员，有提出批评和建议的权利。"批评权是指，公民对国家机关及其工作人员在工作中的缺点和错误，提出批评意见的权利。建议权是指，公民为帮助国家机关及其工作人员改进工作，对国家机关及其工作人员的各项工作，提出意见和建议的权利。《国家安全法》第82条所规定的国家机关是指，国家的各级权力机关、行政机关、审判机关、检察机关、监察机关、军事机关及其所属部门。国家机关不符合人民利益的所作所为，不限于违法失职方面的行为，还包括其他方面的不负责行为、不适当行为、效率不高行为等。因此，根据《国家安全法》第82条的规定，国家机关即使没有违法失职的行为，公民和组织对国家安全工作也有提出批评和建议的权利。

二、申诉、控告和检举的权利

《宪法》第41条中规定，中华人民共和国公民"对于任何国家机关和国家工作人员的违法失职行为，有向有关国家机关提出申诉、控告或者检举的权利，但是不得捏造或者歪曲事实进行诬告陷害。对于公民的申诉、控告或者检举，有关国家机关必须查清事实，负责处理。任何人不得压制和打击报复"。

申诉权是指，公民对本人及其亲属所受到的有关处罚或者处分不服，或者受到不公正的待遇，向有关国家机关陈述理由、提出要求的权利。申诉分为法律中的申诉和非法律中的申诉。法律中的申诉是指，公民对已经发生法律效力的判决或者裁定不服，而向上级司法机关申诉的行为；非法律中的申诉是指，公民对有关国家机关给予的处分或者处罚不服而向司法机关以外的国家机关提出的申诉。控告权是指，公民向有关国家机关指控或者告发某些国家机关及其工作人员各种违法失职行为的权利。包括到司法机关就有关的刑事诉讼、民事诉讼和行政诉讼的案件进行告发，到党的纪律检查机关告发，到行政机关告发，等等。检举权是指，公民对国家机关及其工作人员违法失职行为向有关国家机关予以揭发的权利。公民和组织对国家机关及其工作人员在国家安全工作中的违法失职行为有提出申诉、控告和检举的权利。不同于批评建议权，该项权利针对的是"国家机关及其工作人员在国家安全工作中的违法失职行为"。同时，根据宪法和有关法律法规的规定，对国家机关及其工作人员提出申诉、控告和检举，不得捏造或者歪曲事实进行诬告陷害。

对于公民和组织的批评建议权以及申诉、控告和检举权，我国多部单行立法均予以明确保护。如《反间谍法》第26条规定："任何个人和组织对国家安全机关及其工作人员超越职权、滥用职权和其他违法行为，都有权向上级国家安全机关或者有关部门检举、控告。受理检举、控告的国家安全机关或者有关部门应当及时查清事实，负责处理，并将处理结果及时告知检举人、控告人。对协助国家安全机关工作或者依法检举、控告的个人和组织，任何个人和组织不得压制和打击报复。"《反恐怖主义法》第94条规定："反恐怖主义工作领导机构、有关部门及其工作人员在反恐怖主义工作中滥用职权、玩忽职守、徇私舞弊或者有其他违法违纪行为的，任何单位和个人有权向有关部门检举、控告。有关部门接到检举、控告后，应当及时处理并回复检举、控告人。"《刑法》对国家机关工作人员滥用职权、假公济私，对控告人、申诉人、批评人、举报人实行报复陷害等行为也作了明确规定。例如，《刑法》第254条规定："国家机关工作人员滥用职权、假公济私，对控告人、申诉人、批评人、举报人实行报复陷害的，处 2 年以下有期徒刑或者拘役；情节严重的，处 2 年以上 7 年以下有期徒刑。"

第七节 特别措施的合法性和合理性要求

《国家安全法》第 83 条规定："在国家安全工作中，需要采取限制公民权利和自由的特别措施时，应当依法进行，并以维护国家安全的实际需要为限度。"本条是关于特别措施应遵循合法性和合理性的规定。

国家安全工作的性质决定了在一些特殊情况下，有关机关及其工作人员有必要采取限制公民权利和自由的特别措施。例如，《宪法》第 40 条规定："中华人民共和国公民的通信自由和通信秘密受法律的保护。除因国家安全或者追查刑事犯罪的需要，由公安机关或者检察机关依照法律规定的程序对通信进行检查外，任何组织或者个人不得以任何理由侵犯公民的通信自由和通信秘密。"根据这一规定，因国家安全需要，公安机关或者检察机关就可以依照法律规定的程序对《宪法》规定的公民通信自由和通信秘密进行一定的限制。《国家安全法》第 65 条也规定："国家决定进入紧急状态、战争状态或者实施国防动员后，履行国家安全危机管控职责的有关机关依照法律规定或者全国人民代表大会常务委员会规定，有权采取限制公民和组织权利、增加公民和组织义务的特别措施。"这里规定的特别措施包括了《戒严法》《突发事件应对法》《国防动员法》等法律法规规定的许多措施，其中涉及对公民权利和自由的限制。例如，《戒严法》规定的禁止或者限制集会、游行、示威、街头讲演以及其他聚众活动，禁止罢工、罢市、罢课，实行新闻管制，实行通讯、邮政、电信管制，实行出境入境管制。《突发事件应对法》规定的禁止或者限制使用有关设备、设施，关闭或者限制使用有关场所，封锁有关场所、道路，查验现场人员的身份证件，限制有关公共场所内的活动等。

但是，根据《国家安全法》总则中关于尊重与保障人权原则的规定，《国家安全法》既是授权法，也是限权法。为了防止权力滥用，即使在特殊情况下也要最大程度维护公民的权利和自由，国家机关在采取上述特别措施时，一是必须依法进行，遵循合法性原则；二是必须以维护国家安全的实际需要为限度，遵循适当原则，或者说是合理性原则。

一、特别措施应当依法进行

权力法定和依法行政是一项基本的宪法原则，也是对公权力行使的最基本要求。根据《宪法》规定，一切国家机关和武装力量、各政党和各社会团体、各企业事业组织都必须遵守宪法和法律，任何组织或者个人都不得有超越宪法和法律的特权，在国家安全工作领域也不能例外。《行政强制法》第4条也规定，行政强制的设定和实施，应当依照法定的权限、范围、条件和程序。为了进一步推进依法行政，加快建设法治政府，党的十八届四中全会进一步要求，行政机关不得法外设定权力，没有法律法规依据不得作出减损公民、法人和其他组织合法权益或者增加其义务的决定。一般而言，合法性原则要求采取限制公民权利和自由的特别措施的权限、范围、条件和程序都应当依法进行。

1. 按照法定的权限、范围实施特别措施。不是所有从事国家安全工作的国家机关都有权实施限制公民权利和自由的特别措施，通常涉及规定这一类措施的单行法律，都会对采取措施的主体进行明确规定。即使是有权采取措施的机关，在实施措施时也不得超越本部门的职权范围，也不能实施应当由其他机关实施的措施。

2. 按照法定的条件实施特别措施。《国家安全法》第65条规定的条件是"国家决定进入紧急状态、战争状态或者实施国防动员后"，相关国家机关才可以采取特别措施。有关法律法规也对于进入这些状态的前提条件作出了明确规定。例如，根据《戒严法》的规定，在发生严重危及国家的统一、安全或者社会公共安全的动乱、暴乱或者严重骚乱，不采取非常措施不足以维护社会秩序、保护人民的生命和财产安全的紧急状态时，国家可以决定实行戒严。全国或者个别省、自治区、直辖市的戒严，由国务院提请全国人民代表大会常务委员会决定；中华人民共和国主席根据全国人民代表大会常务委员会的决定，发布戒严令。省、自治区、直辖市的范围内部分地区的戒严，由国务院决定，国务院总理发布戒严令。只有在出现上述法定条件的时候，有关国家机关才可以依法采取特别措施。

3. 按照法定的程序实施特别措施。《行政强制法》等法律法规对于采取行政强制措施的一般程序作了规定，有关单行法律法规还对具体的特别措施的实施程序作了明确。例如，《民用运力国防动员条例》就对战时及平时特殊情况下，国家根据国防动员需要依法对民用运载工具及相关设备、设施、人员进行统一组织和调用的具体程序，包括国防交通主管机构根据上级下达的民用运力国防动员任务和使用单位提出的申请，迅速启动、实施民用运力国防动员预案；国防交通主管机构会同人民武装动员机构，按照上级下达的民用运力国防动员要求，通知被征民用运力的单位和个人，明确其被征民用运载工具及相关设备的类型、数量和操作、保障人员，以及民用运力集结的时间、地点和方式；被征民用运力的单位和个人按照通知要求，组织被征民用运力在规定时限内到达集结地点，并保证被征民用运载工具及相关设备的技术状态和操作、保障人员的技能符合军事行动的要求;被征民用运力集结地的人民武装动员机构会同国防交通主管机构及有关部门组成精干的指挥机构,对集结后的民用运力进行登记编组,查验整备情况,组织必要的应急训练,保证按时交付使用单位;被征民用运力交接后,有关民用运载工具及相关设备的安全防护、后勤保障和装备维修等,由使用单位负责,其执行任务所在地的人民政府予以协助。有关机关在实施特别措施时,也必须严格遵照这些法定程序执行。

二、特别措施应以维护国家安全实际需要为限

有关法律在规定特别措施时,通常都会留有一定的自由裁量余地,例如,《突发事件应对法》第49条规定:"自然灾害、事故灾难或者公共卫生事件发生后,履行统一领导职责的人民政府可以采取下列一项或者多项应急处置措施。"并在后面列举了十项措施可供选择。为了防止自由裁量权的滥用,在采取特别措施时,既要合法,也要适当、合理,这是在合法性基础上对于采取特别措施的机关的更高要求。具体而言,所谓的适当或者合理,就是实施的特别措施应以维护国家安全实际需要为限。在行政强制领域中,这通常被称为"比例原则",也就是指行政机关在可以采用多种方式实现某一行政目的的情况下,应当采用对当事人权益损害最小的方式,这样做才是适当和合理的。根据比例原则,在强制手段和非强制手段都能达到目的时,应当采用非强制手段;同样是采取限制公民权利和自由的特别措施,在达到目的的前提下,应当选择对公民损害最小的;当采用一项应急处置措施就可以达到控制危机的效果时,不应采用多项处置措施。在一些法律法规中,对于这一原则也有明确规定。例如,《突发事件应对法》第58条规定:"突发事件的威胁和危害得到控制或者消除后,履行统一领导职责或者组织处置突发事件的人民政府应当停止执行依照本法规定采取的应急处置措施。"根据《人民警察使用警械和武器条例》第7条的规定,人民警察遇有八类情形,经警告无效的,可以使用警棍、催泪弹、高压水枪、特种防暴枪等驱逐性、制服性警械,但是人民警察依照规定使用警械,应当以制止违法犯罪行为为限度;当违法犯罪行为得到制止时,应当立即停止使用。《海关工作人员使用武器和警械的规定》第6条也规定:"海关工作人员使用武器或者警械时,应当以制服对方为限度。"

第十五章 危害国家安全的法律责任

第一节 危害国家安全法律责任概述

一、危害国家安全法律责任的概念及特征

法律责任,是指因违反了法定义务或契约义务,或不当行使法律权利、权力所产生的,由行为人承担的不利后果;是由特定法律事实所引起的对损害予以补偿、强制履行或接受惩罚的特殊义务,亦由于违反第一性义务而引起的第二性义务;主要包括民事责任、行政责任和刑事责任。法律责任的目的就在于:通过使当事人承担不利的法律后果,保障法律上的权利、义务、权力得以生效,实现法的价值。

所谓危害国家安全的法律责任,是指国家安全法律关系主体由于违反了有关国家安全法律法规的规定,而应当承担的否定性的法律后果。国家安全法律责任制度的产生在于危害国家安全行为的发生,正是因为有危害国家安全行为的发生,法定机关通过执法实践对于法定责任的确认,国家安全法律的强制性才能现实地体现出来。国家安全法律责任和危害国家安全行为之间有着必然的联系。

(一)危害国家安全行为的客体

行为是否侵犯了一定的客体,侵害了什么样的客体,是划清行为是否违法,以及此种违法行为与彼种违法行为的界限。

毫无疑问,危害国家安全行为的客体就是"国家安全"。但是,何为"国家安全",世界范围内具有不同的立法例。例如,《俄罗斯联邦国家安全法》第1条第3款规定:"国家安全的基本客体是,个人的权利和自由,社会的物质和精神财富,国家的宪法制度、主权和领土完整。"《蒙古国家安全法》第2条规定:"国家安全是指蒙古国家的独立、主权、领土完整、神圣不可侵犯的国境保持正常,依照宪法确认的国家、社会、机关具备安全存在的条件。"我国《国家安全

法》第 2 条规定:"国家安全是指国家政权、主权、统一和领土完整、人民福祉、经济社会可持续发展和国家其他重大利益相对处于没有危险和不受内外威胁的状态,以及保障持续安全状态的能力。"

可以看出,虽然世界各国对国家安全的内容规定得不尽相同,但归结到一点,即国家安全的内容涉及政治、经济、文化等社会生活的方方面面,范畴非常广泛。

(二)危害国家安全行为的客观方面

危害行为的表现形式多种多样,这些形形色色的危害行为可归纳为两种基本表现形式,即作为和不作为。所谓作为,是指行为人以身体活动实施的违反禁止性规范的危害行为,即"不应为而为之";所谓不作为,是指行为人负有实施某种行为的特定法律义务,能够履行而不履行的危害行为,即"应为而不为"。

危害国家安全的行为,也可以分为作为和不作为两种形式。以不作为形式实施的危害国家安全的行为,主要表现为维护国家安全的机关及其工作人员不履行或者不认真履行维护国家安全的职责,具有法定义务的组织或个人不履行或不认真履行维护国家安全的义务,从而危害国家安全的行为;以作为形式实施的危害国家安全的行为,从广义上讲,包括来自国家外部军事入侵,国家间的领土争端,颠覆国家的政权,推翻国家的社会制度,进行民族分裂,破坏国家的统一,投敌叛变、制造叛乱、动乱,窃取、刺探、收买国家秘密和其他间谍活动,以及危害国家安全的其他破坏活动。这些危害国家安全的行为,有军事上公开的危害国家安全,也有秘密进行的各种破坏活动;有政治上的颠覆,有经济上的侵略,还有文化上的渗透等。

(三)危害国家安全行为的主体

以主体是否要求必须具备特殊身份为标准,危害行为的主体可以分为一般主体和特殊主体。不要求以特殊身份作为要件的主体,称为一般主体;要求以特殊身份作为要件的主体,称为特殊主体。对于危害国家安全行为的主体,同样可以分为一般主体和特殊主体。

就以不作为形式实施的危害国家安全行为的主体而言,一般具有特殊性。例如,就不履行或者不认真履行维护国家安全职责的主体而言,原则上只能是本国的国家机关及其工作人员;就不履行或者不认真履行维护国家安全义务的主体来说,原则上也只能是本国的公民和组织。

与之不同,以作为形式实施的危害国家安全行为的主体,原则上只要是一般主体即可。就自然人而言,无论是本国人、外国人还是无国籍人,均有可能实施危害国家安全的行为;就组织而言,包括境内的一切组织,也包括境外的组织、机构,甚至国家本身也可以成为危害国家安全行为的主体。

危害国家安全的行为，有的是境外的敌对势力实施的，有的是境内敌对分子实施的，有的是境外敌对势力与境内的敌对分子相勾结实施的。

（四）危害国家安全行为的主观方面

危害国家安全行为的主观方面，是指行为人对其进行的危害国家安全行为及造成的后果所持的故意或过失的心理状态。这种心理状态是行为人承担国家安全法律责任的主观基础。

所谓故意，是指明知自己的行为会发生危害国家安全的结果，希望或者放任这种结果的发生的心理状态。所谓过失，是指应当预见自己的行为可能会发生危害国家安全的结果，因疏忽大意而没有预见，或虽有预见但轻信可以避免，以致发生危害结果的心理状态。

二、危害国家安全法律责任的规定模式

（一）世界各国危害国家安全法律责任的规定模式

从世界各国来看，国家安全法的渊源不外乎如下三种：一是专门的国家安全法。据不完全统计，目前制定有专门的国家安全法的有美国、巴西、泰国、捷克、印度、韩国、罗马尼亚、阿根廷、俄罗斯、蒙古、哈萨克斯坦等国家。[1] 二是有关国家安全的单行法律法规——或调整国家安全领域某一方面的社会关系，或规范国家安全机构的职责权限。前者如巴西国家情报法、美国情报人员身份保护法、俄罗斯国外情报法、英国通信监听法、俄罗斯侦缉行动法等；后者如美国中央情报局条例、意大利安全情报机关组织条例和关于国家机密的规定、韩国国家安全企划部法、俄罗斯国家安全机关法等。三是散见于其他法律法规，如刑法、出入境法、海关法、移民法、保密法等之中的国家安全法规范。如各国刑法中有关间谍罪、窃密罪等的规定，美国的控制外侨入境法、间谍法、叛乱法，德国数据保护法，英国官方保密法等。

从有关国家安全法的渊源出发，世界各国有关危害国家安全法律责任的规定，综合来看，也主要有三种模式：

1. 在专门的国家安全法中并不对危害国家安全的法律责任作出规定，有关危害国家安全的法律责任由有关国家安全的单行法律法规或附属法律法规作出明确规定。例如，俄罗斯《国家安全法》共五章22条，分别为"总则""国家安全系统""国家安全会议""国家安全活动的经费开支"和"对安全活动的监督"，并未对危害国家安全的法律责任作出规定；有关危害国家安全的法律责

---

[1] 李竹：《国家安全立法研究》，北京大学出版社2006年版，第3页。

任,主要规定在《俄罗斯侦缉行动法》《俄罗斯联邦对外情报机关法》《俄罗斯联邦国家安全机关法》《俄罗斯联邦刑法典》等单行法律法规和附属法律法规中。

2. 在专门的国家安全法中对危害国家安全的法律责任作出明确规定的基础上,有关国家安全的单行法律法规或附属法律法规对危害国家安全的法律责任予以进一步的细化。例如,美国1947年《国家安全法》第601条(美国间谍、情报员及其他来源的秘密情报的保护)明确规定,"①任何受权或曾经受权接触识别某一秘密情报员的秘密情报的人,故意地将这些秘密情报泄露给无权得知的任何人,明知这些秘密情报足以识别某一情报员的身份,并且美国政府正在采取积极措施隐瞒该情报员同美国的情报关系,将被处以5万元以下罚金或10年以下监禁,或者两罚并处。②任何曾受权接触机密情报,知悉某一情报员身份的人,故意将任何能识别该秘密情报员的情报泄露给无权得知这类秘密情报的人,明知道泄露这类情报会暴露该秘密情报员的身份,并且美国政府正在采取措施隐瞒该情报员同美国的情报关系,将被处以25 000元以下罚金或10年以下监禁,或者两罚并处。③凡在某种活动中企图识别和暴露秘密情报员者,泄露会导致能辨别出某人为秘密情报员的情报给任何未经批准接触此类机密的人,明知泄露这类机密会导致该秘密情报员被暴露,损害或妨碍美国的国外情报活动,并且美国政府正在采取隐瞒措施掩饰该情报员同美国政府的关系,将被处以15 000元以下罚金或3年以下监禁,或两罚并处"。在此基础上,美国国会又专门制定了旨在保护美国的从事机密情报工作的官员、行为人、提供情报人员和提供消息来源的法律——《情报人员身份保护法》,进一步完善了有关危害国家安全法律责任的规定。

又如,1980年《韩国国家安全法》在其第二章"罪与刑"和第三章"特别刑事诉讼规定"专门就危害国家安全的法律责任作了明确规定,主要规定对反国家团体成员或受其指使、资助者,犯有刑法或该法所列之罪,按刑法及该法有关条款给予处罚;对反国家活动者还规定了特别诉讼程序,如对经两次传唤不到的知情人可拘捕、拘留以及反国家活动者拘留期的延长、公诉保留等内容。《韩国国家保安法》还在其附则中规定了知情不举罪,对知情不举者处5年以下有期徒刑,并科10万元以下罚金;但对亲属知情不举者可减轻处罚。

3. 专门的国家安全法实际上就是一部有关危害国家安全法律责任的法律。例如,1953年巴西《国家安全法》第1条开宗明义地指出:"本法规定反对国家及其政治和社会秩序罪的定义和处罚。"实际上是一部惩治危害国家安全罪的单行刑法,并包含相应的刑事诉讼程序和刑罚执行、改造监管等方面的内容。如该法规定,在国家领土内建立或维持旨在进行间谍活动的组织的,处8年至

20 年监禁，累犯的刑罚加重三分之一；在侦查阶段或者刑事诉讼过程中，如果检查或警察机关代表提出要求时，阻止诉讼的有关当局根据职权可以对嫌疑犯发布预防性拘捕令（30 天）；对依照该法犯有反对国家及其政治和社会秩序罪的罪犯判处拘役或监察的刑罚时，要在不同于一般罪犯服刑的场所或部门中执行，并不受任何劳改或有关监狱制度的约束。

（二）我国危害国家安全法律责任的规定模式

我国 2015 年《国家安全法》并未对危害国家安全的法律责任作出明确规定，仅仅是在第 13 条中规定"国家机关工作人员在国家安全工作和涉及国家安全活动中，滥用职权、玩忽职守、徇私舞弊的，依法追究法律责任。任何个人和组织违反本法和有关法律，不履行维护国家安全义务或者从事危害国家安全活动的，依法追究法律责任"。对此，在《国家安全法（草案）》的审议过程中，有的常委会组成人员提出，草案对法律责任的规定比较笼统，可操作性不强，建议单列"法律责任"一章；有的建议应对国家机关工作人员不履行维护国家安全的责任和违法行为的法律责任作出规定。

考虑到《国家安全法》是一部综合性、全局性、基础性的法律，涉及的领域广泛，在本法中对违反国家安全的行为追究法律责任可以作出原则性规定，但具体的法律责任还需要通过其他法律来明确。例如，《刑法》《反间谍法》《反恐怖主义法》等法律，均对相关违法犯罪行为追究法律责任作出了具体规定。据此，参照《国防法》在总则中对法律责任作原则规定的做法，2015 年《国家安全法》对有关法律责任也只是作出了原则规定。

根据 2015 年《国家安全法》第 13 条的规定，危害国家安全的法律责任大体可以分为两部分：一是国家机关工作人员危害国家安全的法律责任；二是个人和组织危害国家安全的法律责任。而不论是对国家机关工作人员危害国家安全法律责任的追究，还是对个人和组织危害国家安全法律责任的追究，都不得不依照有关国家安全法律法规的相关规定进行。

第二节　国家机关工作人员危害国家安全的法律责任

一、国家机关工作人员不履行维护国家安全的职责

维护国家安全是中央和地方的共同责任，是党政军的共同责任。根据《宪法》和有关法律，《国家安全法》在第三章规定了全国人大及其常委会、国家主席、国务院、中央军委、中央国家机关各部门和地方各级人民代表大会及其常

委会、地方各级人民政府，包括香港、澳门两个特别行政区，人民法院、人民检察院、国家安全机关、公安机关、有关军事机关等维护国家安全的责任；并对国家机关及其工作人员履行职责应当贯彻维护国家安全的原则作出专门规定，即在其第43条明确规定，"国家机关及其工作人员在履行职责时，应当贯彻维护国家安全的原则。国家机关及其工作人员在国家安全工作和涉及国家安全活动中，应当严格依法履行职责，不得超越职权、滥用职权，不得侵犯个人和组织的合法权益"。

与之相对应《国家安全法》第13条第1款规定："国家机关工作人员在国家安全工作和涉及国家安全活动中，滥用职权、玩忽职守、徇私舞弊的，依法追究法律责任。"

（一）国家机关工作人员

国家机关工作人员，是指在国家各级立法机关、各级行政机关、各级司法机关、各级监察机关、各级军事机关中从事公务的人员。国家机关工作人员范围远小于国家工作人员——根据《刑法》第93条的规定，"本法所称国家工作人员，是指国家机关中从事公务的人员。国有公司、企业、事业单位、人民团体中从事公务的人员和国家机关、国有公司、企业、事业单位委派到非国有公司、企业、事业单位、社会团体从事公务的人员，以及其他依照法律从事公务的人员，以国家工作人员论"，仅指在国家机关中从事公务的工作人员。对于国家机关工作人员的认定，还需要把握以下两点。

1. 国家机关工作人员中的国家机关的认定不能简单地等同于《宪法》意义上的"国家机构"，其外延应大于"国家机构"，如理论和实务中一般认为中国共产党的各级机关、中国人民政治协商会议的各级机关的公职人员也属于《刑法》意义上的国家机关工作人员。

2. 结合有关《刑法》的立法和司法解释，国家机关工作人员的认定原则上采取"职务论"而非"身份论"。典型的如全国人大常委会2002年12月28日《关于〈中华人民共和国刑法〉第九章渎职罪主体适用问题的解释》规定，"在依照法律、法规规定行使国家行政管理职权的组织中从事公务的人员，或者在受国家机关委托代表国家机关行使职权的组织中从事公务的人员，或者虽未列入国家机关人员编制但在国家机关中从事公务的人员，在代表国家机关行使职权时，有渎职行为，构成犯罪的，依照刑法关于渎职罪的规定追究刑事责任"。再如，根据最高人民检察院2002年4月24日《关于企业事业单位的公安机构在机构改革过程中其工作人员能否构成渎职侵权犯罪主体问题的批复》规定，"企业事业单位的公安机构在机构改革过程中虽尚未列入公安机关建制，其工作人员在行使侦查职责时，实施渎职侵权行为的，可以成为渎职侵权犯罪的主体"。

此外，最高人民法院 2000 年 9 月 14 日《关于未被公安机关正式录用的人员、狱医能否构成失职致使在押人员脱逃罪主体的批复》、最高人民检察院 2001 年 3 月 2 日《关于工人等非监管机关在编监管人员私放在押人员行为和失职致使在押人员脱逃行为适用法律问题的解释》等都采取肯定性意见，即未被公安机关正式录用的人员、狱医以及工人等非监管机关在编监管人员在受委托履行监管职责时，可以成立《刑法》第 400 条的私放在押人员罪、失职致使在押人员脱逃罪。

作为国家机关工作人员，负有依法勤勉履职，恪尽职守，保持职务廉洁性的法律义务。能否做到依法行政、严格执法，直接关系到国家机关的形象，关系到维护国家安全领域工作的效率和成效，关系到国家和人民的利益。因此，对于在国家安全领域工作和涉及国家安全活动中有违法违纪行为的国家机关工作人员，要依法追究法律责任。

（二）滥用职权、玩忽职守、徇私舞弊

国家机关工作人员不履行维护国家安全的职责主要表现为三种不当行为，即滥用职权、玩忽职守和徇私舞弊。

1. 滥用职权，是指国家机关工作人员超出法定职权，决定或者处理其无权决定、处理的事项，或者在行使职权时，以权谋私、假公济私，不正确地履行职责，或者违背法定程序、目的随意或过度地行使职权，致使公共财产、国家和人民利益遭受损失的行为。例如，在查处危害国家安全事件中利用职权便利调查个人纠纷、打击报复他人；在采取限制公民权利和自由的特别措施时，超出法律规定的限度；或者不经法定批准程序，违法使用技术侦查措施；等等。

2. 玩忽职守，是指国家机关工作人员不负责任，怠于履行法定职责，致使公共财产、国家和人民利益遭受损失的行为。简单说就是，对于自己应当履行的，而且也有条件履行的职责，不尽到自己应尽的职责，马马虎虎，草率从事，敷衍塞责，甚至违令抗命。例如，发现应当查处或者处理的危害国家安全的行为，或者接到举报后不作为，不依法予以处理；在本职工作中不尽职尽责，麻痹大意，导致危害国家安全的事件发生或者蔓延；等等。

3. 徇私舞弊。徇私，在司法实践中主要表现为贪图钱财、贪图女色、袒护亲友、照顾关系、打击报复或者为徇其他私情、私利。舞弊，是指弄虚作假、玩弄职权的行为，属于客观的构成要件要素，具体就表现为在履行职责或者行使职权过程中滥用职权或玩忽职守。徇私可以解释为一种动机。国家机关工作人员所从事的维护国家安全的职责，一般具有裁量性。有些裁量性事务，需要国家机关工作人员具有较高的法律素质、政策水平、技术能力，这种事务容易出现差错；有的裁量性事务，对国家机关工作人员的法律素质、政策水平、技术能力的要求则相对低一些，这种事务一般不会出现差错。徇私舞弊的规定，就是为了将因为法律素质、政策水平、技术能力不高而造成差错的情形，排除在国家机关工作人员不履行或不认真履行维护国家安全的职责之外。换言之，当国家机关工作人员不是因为法律素质、政策水平、技术能力不高而出错，而是基于徇私的内心起因违背职责时，才可能被追究法律责任。

二、承担法律责任的方式

对于国家机关工作人员不履行维护国家安全职责的行为，应当根据行为危害性程度、情节轻重等，分别追究行政责任或刑事责任。

（一）行政责任

行政责任主要是针对国家机关工作人员不履行维护国家安全的行为，情节比较轻微，危害性不大，根据《刑法》的有关规定尚不构成犯罪的违法、违纪行为，可视情节的轻重，给予相应的行政处分。行政处分，是指国家机关根据法律、行政法规的规定，按照行政隶属关系，对所属的国家机关工作人员尚不构成犯罪的违法、违纪行为给予的一种惩戒。《公务员法》第59条规定了公务员的禁止行为，其中与《国家安全法》相呼应的规定有："①散布有损宪法权威、中国共产党和国家声誉的言论，组织或者参加旨在反对宪法、中国共产党领导和国家的集会、游行、示威等活动……③挑拨、破坏民族关系，参加民族分裂活动或者组织、利用宗教活动破坏民族团结和社会稳定……⑩滥用职权，侵害公民、法人或者其他组织的合法权益；⑪泄露国家秘密或者工作秘密；⑫在对外交往中损害国家荣誉和利益……"第61条规定，公务员因违纪违法应当承担纪律责任的，依照《公务员法》给予处分或者由监察机关依法给予政务处分；违纪违法行为情节轻微，经批评教育后改正的，可以免予处分；第62条规定了行政机关公务员处分的种类有六种：警告、记过、记大过、降级、撤职和开除。追究行政责任，给予行政处分应当依照《公务员法》《行政监察法》以及《行政机关公务员处分条例》等规定的权限、程序等进行。

（二）刑事责任

刑事责任，是指国家机关工作人员滥用职权、玩忽职守、徇私舞弊的行为相当严重，造成重大损失，依照《刑法》有关规定已经构成犯罪的，所应当追究的法律责任，此时，不能以行政处分代替刑事处罚。《刑法》第397条规定："国家机关工作人员滥用职权或者玩忽职守，致使公共财产、国家和人民利益遭受重大损失的，处3年以下有期徒刑或者拘役；情节特别严重的，处3年以上7年以下有期徒刑。本法另有规定的，依照规定。国家机关工作人员徇私舞弊，犯前款罪的，处 5 年以下有期徒刑或者拘役；情节特别严重的，处 5 年以上 10 年以下有期徒刑。本法另有规定的，依照规定。"

需要注意的是，《刑法》在其第九章除了规定一般国家机关工作人员的渎职罪，即滥用职权罪和玩忽职守罪以外，还针对特定部门工作人员，特定领域、特定活动规定了特殊的渎职罪。也就是说，《刑法》第 397 条所规定的滥用职权罪和玩忽职守罪可以说是渎职罪的普通规定、一般条款，同第九章规定的渎职罪存在法条竞合关系。根据《刑法》第 397 条的规定，当滥用职权罪、玩忽职守罪同其他渎职犯罪发生竞合的，适用的原则是特殊条款优先的规则，即按其他渎职罪定罪量刑。因此，如果国家机关工作人员不履行维护国家安全的职责，滥用职权、玩忽职守、徇私舞弊，构成其他渎职类犯罪的，应该按照其具体行为触犯的罪名来定罪量刑，而不再以滥用职权罪或玩忽职守罪追究刑事责任。例如，《刑法》第 398 条规定："国家机关工作人员违反保守国家秘密法的规定，故意或者过失泄露国家秘密，情节严重的，处 3 年以下有期徒刑或者拘役；情节特别严重的，处 3 年以上 7 年以下有期徒刑。"对于国家机关工作人员故意或过失泄露国家秘密的行为，就不再定滥用职权或玩忽职守罪，而是直接以故意泄露国家秘密罪或者过失泄露国家秘密罪论处。

第三节 个人和组织危害国家安全的法律责任

一、个人和组织不履行维护国家安全义务的法律责任

国家安全是维护国家的政权稳定和公民依法行使各项自由和权利的根本保障，是国家生存和发展的最基本、最重要的前提。维护国家安全是国家的头等大事，是每一个公民的义务。《宪法》第 54 条规定："中华人民共和国公民有维护祖国的安全、荣誉和利益的义务，不得有危害祖国的安全、荣誉和利益的行为。"《国家安全法》第 11 条也明确规定："中华人民共和国公民、一切国家机关和武装力量、各政党和各人民团体、企业事业组织和其他社会组织，都有维护国家安全的责任和义务。中国的主权和领土完整不容侵犯和分割。维护国家主权、统一和领土完整是包括港澳同胞和台湾同胞在内的全中国人民的共同义务。"在此基础上，《国家安全法》在第六章第 77 条、第 78 条和第 79 条对"公民和组织维护国家安全的一般义务""机关、人民团体、企业事业组织和其他社会组织的特殊义务""企业事业组织配合有关部门的义务"进一步作了具体而明确的规定。

《宪法》《国家安全法》和其他法律法规有关公民、组织维护国家安全义务的规定，是强制性的，是为了督促个人、组织依法积极主动履行义务，在维护国家安全工作中发挥作用。对于拒绝履行，或者不认真履行维护国家安全义务的公民或组织，应当追究相应的法律责任。对此，《国家安全法》第13条第2款即规定，"任何个人和组织违反本法和有关法律，不履行维护国家安全义务……的依法追究法律责任"。

对于其他公民或组织不履行维护国家安全义务的行为，也可依据行为危害性程度、情节轻重等，分别追究行政责任或刑事责任。

（一）行政责任

行政责任主要是针对其他公民或组织不履行维护国家安全义务的行为，情节比较轻微，危害性不大，根据《刑法》的有关规定尚不构成犯罪的违法行为，可视情节的轻重，给予相应的行政处罚。行政处罚是指，行政机关或者其他行政主体依照法定职权和程序，针对行政相对人违反行政法律规范，侵害法律保护的行政关系，尚未构成犯罪的行为作出的制裁措施。根据《行政处罚法》《治安管理处罚法》和其他行政法律、法规的规定，我国的行政处罚措施主要包括警告，罚款，没收违法所得和没收非法财物，责令停产停业，暂扣或吊销许可证、执照，行政拘留等。追究行政责任，给予行政处罚应当依照《行政处罚法》《治安管理处罚法》以及其他行政法律法规规定的权限、程序等进行。

例如，《治安管理处罚法》第50条第1款第1项规定，拒不执行人民政府在紧急状态情况下依法发布的决定、命令，处警告或者200元以下罚款；情节严重的，处5日以上10日以下拘留，可以并处500元以下罚款。《间谍法》第29条规定："明知他人有间谍犯罪行为，在国家安全机关向其调查有关情况、收集有关证据时，拒绝提供的，由其所在单位或者上级主管部门予以处分，或者由国家安全机关处15日以下行政拘留。"《反恐怖主义法》第91条规定："拒不配合有关部门开展反恐怖主义安全防范、情报信息、调查、应对处置工作的，由主管部门处2000元以下罚款；造成严重后果的，处5日以上15日以下拘留，可以并处1万元以下罚款。单位有前款规定行为的，由主管部门处5万元以下罚款；造成严重后果的，处10万元以下罚款；并对其直接负责的主管人员和其他直接责任人员依照前款规定处罚。"

（二）刑事责任

刑事责任，是指其他公民或者组织不履行维护国家安全义务的行为相当严重，造成重大损失，依照《刑法》有关规定已经构成犯罪的，所应当追究的法律责任，此时不能以行政处罚代替刑事处罚。例如，《刑法》第311条规定："明知他人有间谍犯罪或者恐怖主义、极端主义犯罪行为，在司法机关向其调查有关情况、收集有关证据时，拒绝提供，情节严重的，处3年以下有期徒刑、拘役或者管制。"第286条之一规定："网络服务提供者不履行法律、行政法规规定的信息网络安全管理义务，经监管部门责令采取改正措施而拒不改正，有下列情形之一的，处3年以下有期徒刑、拘役或者管制，并处或者单处罚金……"

二、从事危害国家安全活动的法律责任

国家安全是整个国家和民族的根本利益所在，危害国家安全的行为，直接危害我国人民民主专政的政权和社会主义制度，破坏社会的安定团结，阻碍政治政权的稳定和经济的繁荣进步。因此，国内外敌对势力所从事的危害中华人民共和国国家安全的活动历来是我国打击的重点。

（一）刑事责任

我国《刑法》分则第一章对危害国家安全罪作了明确而具体的规定。依据《刑法》第102条~第112条的规定，危害国家安全的犯罪包括背叛国家罪；分裂国家罪；煽动分裂国家罪；武装叛乱、暴乱罪；颠覆国家政权罪；煽动颠覆国家政权罪；资助危害国家安全犯罪活动罪；投敌叛变罪；叛逃罪；间谍罪；为境外窃取、刺探、收买、非法提供国家秘密、情报罪；资敌罪等。

此外，针对破坏军事安全、经济安全、金融安全、资源能源安全、粮食安全、网络信息安全、生态安全等行为，针对恐怖主义、极端主义活动，《刑法》也作了明确的规定。例如，《刑法》第120条~120条之六规定的有关恐怖主义、极端主义活动的犯罪，第143条、第144条规定的生产、销售不符合安全标准的食品罪和生产、销售有毒、有害食品罪，第286条、第287条之一规定的破坏计算机信息系统罪、非法利用信息网络罪，第338条规定的污染环境罪，第343条规定的非法采矿罪、破坏性采矿罪，等等。

（二）行政责任

从事危害国家安全活动，情节较轻的，也可以予以行政处分或者行政处罚。我国2015年《国家安全法》没有对从事危害国家安全活动的刑事责任作出规定，也没有对从事危害国家安全活动的行政责任作出规定。但与《国家安全法》紧密相关的《反恐怖主义法》《反间谍法》对违法的行为人作了比较详细的行政责任的规定。

《反恐怖主义法》第80条、第81条、第92条、第94条也规定，"参与下列活动之一，情节轻微，尚不构成犯罪的，由公安机关处10日以上15日以下拘留，可以并处1万元以下罚款"；"利用极端主义，实施下列行为之一，情节轻微，尚不构成犯罪的，由公安机关处5日以上15日以下拘留，可以并处1万元

以下罚款";"阻碍有关部门开展反恐怖主义工作的,由公安机关处5日以上15日以下拘留,可以并处5万元以下罚款。单位有前款规定行为的,由公安机关处20万元以下罚款,并对其直接负责的主管人员和其他直接责任人员依照前款规定处罚。阻碍人民警察、人民解放军、人民武装警察依法执行职务的,从重处罚";"反恐怖主义工作领导机构、有关部门的工作人员在反恐怖主义工作中滥用职权、玩忽职守、徇私舞弊,或者有违反规定泄露国家秘密、商业秘密和个人隐私等行为,构成犯罪的,依法追究刑事责任;尚不构成犯罪的,依法给予处分"。

《反间谍法》第29条、第30条、第31条同样规定,"明知他人有间谍犯罪行为,在国家安全机关向其调查有关情况、收集有关证据时,拒绝提供的,由其所在单位或者上级主管部门予以处分,或者由国家安全机关处15日以下行政拘留;构成犯罪的,依法追究刑事责任";"以暴力、威胁方法阻碍国家安全机关依法执行任务的,依法追究刑事责任。故意阻碍国家安全机关依法执行任务,未使用暴力、威胁方法,造成严重后果的,依法追究刑事责任;情节较轻的,由国家安全机关处15日以下行政拘留";"泄露有关反间谍工作的国家秘密的,由国家安全机关处15日以下行政拘留;构成犯罪的,依法追究刑事责任"。

声　明　　1. 版权所有，侵权必究。
　　　　　2. 如有缺页、倒装问题，由出版社负责退换。

图书在版编目（CIP）数据

中国国家安全法教程/贾宇，舒洪水主编. —北京：中国政法大学出版社，2021.2
ISBN 978-7-5620-9824-9

Ⅰ.①中…　Ⅱ.①贾…②舒…　Ⅲ.①国家安全法－中国－教材　Ⅳ.①D922.14

中国版本图书馆CIP数据核字(2021)第014282号

出　版　者	中国政法大学出版社
地　　　址	北京市海淀区西土城路25号
邮　　　箱	fadapress@163.com
网　　　址	http://www.cuplpress.com（网络实名：中国政法大学出版社）
电　　　话	010-58908435(第一编辑部) 58908334(邮购部)
承　　　印	固安华明印业有限公司
开　　　本	720mm×960mm　1/16
印　　　张	23.75
字　　　数	440千字
版　　　次	2021年2月第1版
印　　　次	2021年2月第1次印刷
印　　　数	1～5000册
定　　　价	69.00元